Mühlmeyer
Richard

Lernsituationen zur Betriebslehre der Banken und Sparkassen

2

Arbeitsbuch zur Förderung der beruflichen Handlungsfähigkeit

Merkur
Verlag Rinteln

Wirtschaftswissenschaftliche Bücherei für Schule und Praxis
Begründet von Handelsschul-Direktor Dipl.-Hdl. Friedrich Hutkap †

Verfasser:

Dipl.-Kfm. Jürgen Mühlmeyer, Studiendirektor

Dipl.-Hdl. Willi Richard, Studiendirektor

Umschlagfotos:

Bild links:	Markus Goetzke, Commerzbank AG
Bild rechts oben:	Frank11 – www.colourbox.de
Bild rechts unten:	#224153 – www.colourbox.de

* * * * *

2. Auflage 2022

Gesamtherstellung:
Merkur Verlag Rinteln Hutkap GmbH & Co. KG, 31735 Rinteln

E-Mail: info@merkur-verlag.de
lehrer-service@merkur-verlag.de
Internet: www.merkur-verlag.de

Merkur-Nr. 1857-02
ISBN 978-3-8120-1857-9

Vorwort

Das Arbeitsbuch „Lernsituationen zur Betriebslehre der Banken und Sparkassen 2“ ist der zweite Teil einer zweibändigen Reihe für den Ausbildungsberuf „Bankkaufmann/Bankkauffrau“. Das Arbeitsbuch beinhaltet die bankbetrieblichen Lernfelder, die im **Teil 2 der gestreckten Abschlussprüfung** (Ende der Ausbildung) geprüft werden, und zwar

Lernfeld 8:	Kunden über die Anlage in Finanzinstrumenten beraten
Lernfeld 9:	Baufinanzierungen abschließen
Lernfeld 12:	Kunden über Produkte der Vorsorge und Absicherung informieren
Lernfeld 13:	Finanzierungen für Geschäfts- und Firmenkunden abschließen

Die Gliederung folgt somit dem Rahmenlehrplan für den Ausbildungsberuf „Bankkaufmann und Bankkauffrau“ vom 13. 12. 2019. Der Rahmenlehrplan ist mit der Verordnung über die Berufsausbildung zum Bankkaufmann und zur Bankkauffrau vom 05. 02. 2020 abgestimmt. Die Verordnung trat am 01. 08. 2020 in Kraft.

Zentrales Ziel der Berufsschule ist es, die **Handlungskompetenz** der Auszubildenden zu fördern. Die Lernfelder orientieren sich deshalb an Handlungsfeldern, die für die Berufsausübung bedeutsam sind. Lernen vollzieht sich in vollständigen Handlungen, möglichst selbst ausgeführt oder gedanklich nachvollzogen (vgl. Rahmenlehrplan für den Ausbildungsberuf Bankkaufmann und Bankkauffrau, Teil III Didaktische Grundsätze).

Das Arbeitsbuch konkretisiert die Lernfelder des Rahmenlehrplans in Form von **Lernsituationen.** Die Situationsbezogenheit und die Problemorientierung der Lernsituationen fördern die **berufliche Handlungsfähigkeit** der Auszubildenden. Die Lernsituationen dokumentieren damit den Gedanken der **Kompetenzorientierung.**

Lernbuch
Kap. x.x

Das Arbeitsbuch ist mit dem **Lernbuch „Betriebslehre der Banken und Sparkassen 2 – kompetenzorientiert“** (Merkur-Nr. 0857) inhaltlich abgestimmt.

Zu Beginn jeder Situation verweisen Kapitelangaben auf die im Lernbuch enthaltenen Fachinformationen, auf die bei Bedarf zugegriffen werden kann. Es ist daher ideal, wenn Lernbuch und Arbeitsbuch gemeinsam im Unterricht eingesetzt werden.

Das Lernbuch eignet sich als Informationspool für die Erarbeitung der Lernsituationen. Die Fachinhalte des Lernbuchs bieten im Verbund mit den Lernsituationen des Arbeitsbuchs – beispielsweise im Hinblick auf die Recherche relevanter Informationen im Internet sowie dem Einsatz von Textverarbeitungs-, Präsentations- und Tabellenkalkulationsprogrammen – vielfältige Möglichkeiten, **digitale Kompetenzen** fächerübergreifend auszubilden.

Die Erarbeitung und Umsetzung der didaktischen Jahresplanung ist zentrale Aufgabe einer dynamischen Bildungsgangarbeit. Um diesen Prozess anzustoßen, wird auf der Internetseite des Verlags zu den Lernsituationen des Arbeitsbuchs eine **modellhafte didaktische Jahresplanung** angeboten (→ www.merkur-verlag.de, Schlagwort „1857“). Das dort verwendete Schema zur **Dokumentation von Lernsituationen** integriert die **Kategorie Digitale Kompetenzen.** In dieser Kategorie wird durch die Dokumentation des digitalen Kompetenzerwerbs und mittels weiterer Arbeitsaufträge sichergestellt, dass und in welcher Weise die Integration von Aspekten digitaler Kompetenzförderung erfolgt.

Im Januar 2022

Die Verfasser

Inhaltsverzeichnis

Lernfeld 8: Kunden über die Anlage in Finanzinstrumenten beraten

Lernfeld 9: Baufinanzierungen abschliessen

Lernfeld 12: Kunden über Produkte der Vorsorge und Absicherung informieren

Lernfeld 13: Finanzierungen für Geschäfts- und Firmenkunden abschliessen

1 Gläubiger- und Teilhabereffekten vergleichen

Lernbuch Kap. 11.2

Gläubigerpapier

Situation:

Emilia Welters ist Kundin der Kundenbank AG. Sie hat in einer Informationsschrift über die Geldanlage die nachfolgend abgedruckten Wertpapiere gefunden. Sie bittet Sie als Kundenberater(-in) der Kundenbank AG, ihr Auskunft über die beiden Papiere zu erteilen.

Teil 1

15. Januar | 1,50 % Euro-Anleihe von 2017/2027 | WKN 353950 | € 1000,00

€ 1000,00 Nr. 24198

INTEX
Aktiengesellschaft
Bonn

1,50 %

Inhaber-Teilschuldverschreibung
über eintausend Euro

1000 Euro

der 1,50 % Anleihe von 2017/2027 im Gesamtnennbetrag von Euro 150 000 000,– eingeteilt in
24 000 Teilschuldverschreibungen von je € 5000,–
Nr. 00 001 bis 24 000
27 000 Teilschuldverschreibungen von je € 1000,–
Nr. 24 001 bis 51 000
30 000 Teilschuldverschreibungen von je € 100,–
Nr. 51 001 bis 81 000

Für diese Teilschuldverschreibungen gelten die umseitig abgedruckten Anleihebedingungen. Danach verpflichten wir uns insbesondere dem Inhaber dieser Teilschuldverschreibung den Betrag von EINTAUSEND EURO mit 1,50 % jährlich zu verzinsen und die Teilschuldverschreibung bei Fälligkeit bedingungsgemäß einzulösen. Die Zinsen werden jährlich nachträglich am 15. Januar eines jeden Jahres gezahlt.
Bonn, im Januar 2017

INTEX AKTIENGESELLSCHAFT

Für die obige Anleihe haben wir das Amt als Treuhänderin der jeweiligen Gläubiger nach Maßgabe der Anleihebedingungen übernommen.
Düsseldorf, im Januar 2017
Deutsche Bank Aktiengesellschaft

Herbst
Kontrollunterschrift

Teil 3

INTEX Aktiengesellschaft
4. Jahreszinsschein zur Inhaber- Teilverschuldverschreibung über € 1000,00 der 1,50 % Euro Anleihe von 2017/2027, zahlbar mit 15,00 € am 15. Janaur 2021 bei den in den Anleihebedingungen genannten Zahlstellen.
INTEX Aktiengesellschaft
Zinsschein 4 | 353950 | 24198 | € 15,00 | 15. Januar 2021

INTEX Aktiengesellschaft
3. Jahreszinsschein zur Inhaber- Teilverschuldverschreibung über € 1000,00 der 1,50 % Euro Anleihe von 2017/2027, zahlbar mit 15,00 € am 15. Janaur 2020 bei den in den Anleihebedingungen genannten Zahlstellen.
INTEX Aktiengesellschaft
Zinsschein 3 | 353950 | 24198 | € 15,00 | 15. Januar 2020

INTEX Aktiengesellschaft
6. Jahreszinsschein zur Inhaber- Teilverschuldverschreibung über € 1000,00 der 1,50 % Euro Anleihe von 2017/2027, zahlbar mit 15,00 € am 15. Janaur 2023 bei den in den Anleihebedingungen genannten Zahlstellen.
INTEX Aktiengesellschaft
Zinsschein 6 | 353950 | 24198 | € 15,00 | 15. Januar 2023

INTEX Aktiengesellschaft
5. Jahreszinsschein zur Inhaber- Teilverschuldverschreibung über € 1000,00 der 1,50 % Euro Anleihe von 2017/2027, zahlbar mit 15,00 € am 15. Janaur 2022 bei den in den Anleihebedingungen genannten Zahlstellen.
INTEX Aktiengesellschaft
Zinsschein 5 | 353950 | 24198 | € 15,00 | 15. Januar 2022

Zinsscheine + Coupons

Teilhaberpapier

Teil 2

WKN 762 620 Stück 500

INTEX

Nr. 0000439

Fünfhundert Aktien

Der Inhaber dieser Sammelurkunde ist mit fünfhundert Stückaktien an der INTEX Aktiengesellschaft, Bonn, mit einem anteiligen Betrag am Grundkapital nach Maßgabe der Satzung als Aktionär beteiligt.
Bonn, im Januar 2012

INTEX Aktiengesellschaft

Der Aufsichtsrat Der Vorstand

Vorsitzender

Kontrollunterschrift

Teil 4

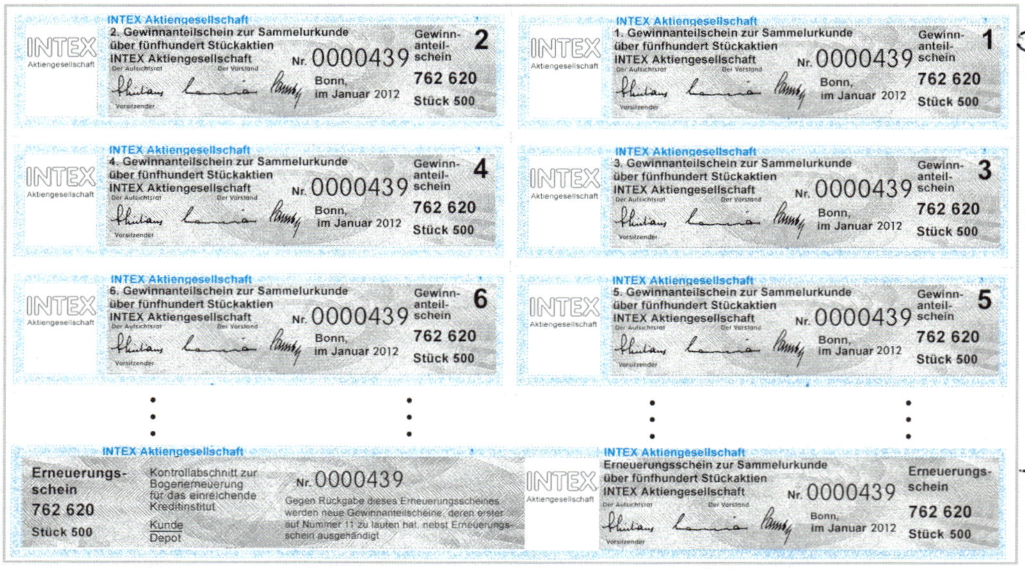
INTEX Aktiengesellschaft
2. Gewinnanteilschein zur Sammelurkunde über fünfhundert Stückaktien INTEX Aktiengesellschaft Nr. 0000439 Gewinnanteilschein 2
Bonn, im Januar 2012 762 620 Stück 500

INTEX Aktiengesellschaft
1. Gewinnanteilschein zur Sammelurkunde über fünfhundert Stückaktien INTEX Aktiengesellschaft Nr. 0000439 Gewinnanteilschein 1
Bonn, im Januar 2012 762 620 Stück 500

INTEX Aktiengesellschaft
4. Gewinnanteilschein zur Sammelurkunde über fünfhundert Stückaktien INTEX Aktiengesellschaft Nr. 0000439 Gewinnanteilschein 4
Bonn, im Januar 2012 762 620 Stück 500

INTEX Aktiengesellschaft
3. Gewinnanteilschein zur Sammelurkunde über fünfhundert Stückaktien INTEX Aktiengesellschaft Nr. 0000439 Gewinnanteilschein 3
Bonn, im Januar 2012 762 620 Stück 500

INTEX Aktiengesellschaft
6. Gewinnanteilschein zur Sammelurkunde über fünfhundert Stückaktien INTEX Aktiengesellschaft Nr. 0000439 Gewinnanteilschein 6
Bonn, im Januar 2012 762 620 Stück 500

INTEX Aktiengesellschaft
5. Gewinnanteilschein zur Sammelurkunde über fünfhundert Stückaktien INTEX Aktiengesellschaft Nr. 0000439 Gewinnanteilschein 5
Bonn, im Januar 2012 762 620 Stück 500

INTEX Aktiengesellschaft
Erneuerungsschein 762 620 Stück 500
Kontrollabschnitt zur Bogenerneuerung für das einreichende Kreditinstitut
Kunde Depot
Nr. 0000439
Gegen Rückgabe dieses Erneuerungsscheines werden neue Gewinnanteilscheine, deren erster auf Nummer 11 zu lauten hat, nebst Erneuerungsschein ausgehändigt.

INTEX Aktiengesellschaft
Erneuerungsschein zur Sammelurkunde über fünfhundert Stückaktien INTEX Aktiengesellschaft Nr. 0000439 Erneuerungsschein
Bonn, im Januar 2012 762 620 Stück 500

Dividenden

Talon

Aufgaben:

1 Erklären Sie der Kundin, um welche Wertpapiere es sich handelt.

2 Nennen Sie ihr die Rechte, die das jeweilige Wertpapier dem Eigentümer verbrieft.

3 Erklären Sie Frau Welters,

a) wer Emittent dieser Wertpapiere ist,

b) welche Art der Mittelbeschaffung der Emittent in den beiden Fällen gewählt hat,

c) welche Vor- und Nachteile die jeweilige Emission dem Emittenten bietet.

4 Geben Sie der Kundin an, aus welchen Teilen diese Wertpapiere bestehen und was diese Wertpapierteile verbriefen.

5 Vergleichen Sie Teil 3 mit Teil 4. Stellen Sie der Kundin die Unterschiede heraus.

6 Geben Sie Frau Welters an, wie der letzte Abschnitt des Teils 4 bezeichnet wird und welche Funktion er erfüllt.

7 Die Kundin möchte wissen, wann der Ertrag zu dem in Teil 1 bzw. zu dem in Teil 2 abgedruckten Wertpapier gezahlt wird.

8 Erklären Sie der Kundin, warum Wertpapiere in Urkundenform – sogenannte effektive Stücke – in der Praxis kaum noch anzutreffen sind.

2 Die Vorgaben des Wertpapierhandelsgesetzes bei der Anlageberatung beachten

Lernbuch Kap. 11.3.4

Situation:

Im Rahmen einer internen Weiterbildungsveranstaltung der Kundenbank AG stellt sich heraus, dass die Kundenberater(-innen) zwar in der Lage sind, eine kundenorientierte Anlageberatung durchzuführen. Es zeigt sich jedoch auch, dass viele Mitarbeiter(-innen) in ihren Kundenberatungsgesprächen eher „aus dem Bauch heraus" agieren und sich ihren rechtlichen Verpflichtungen nicht immer in hinreichendem Maße bewusst sind.

Aufgabe:

Kreditinstitute sind vor der Durchführung von Wertpapierdienstleistungen verpflichtet, im Falle einer Anlageberatung Vorgaben des Wertpapierhandelsgesetzes einzuhalten.

Stellen Sie zusammen, welche Verhaltensregeln das Wertpapierhandelsgesetz (siehe Auszug auf S. 10) im Rahmen der Anlageberatung für Wertpapierdienstleistungsunternehmen vorsieht.

Verhaltensregeln nach dem Wertpapierhandelsgesetz im Überblick
Allgemeine Verhaltensregeln nach § 63
Besondere Verhaltensregeln nach § 64

Wertpapierhandelsgesetz
Abschnitt 11

Verhaltenspflichten, Organisationspflichten, Transparenzpflichten

§ 63 Allgemeine Verhaltensregeln; Verordnungsermächtigung

(1) Ein Wertpapierdienstleistungsunternehmen ist verpflichtet, Wertpapierdienstleistungen und Wertpapiernebendienstleistungen ehrlich, redlich und professionell im bestmöglichen Interesse seiner Kunden zu erbringen;

(2) Ein Wertpapierdienstleistungsunternehmen hat einem Kunden, bevor es Geschäfte für ihn durchführt, die allgemeine Art und Herkunft von Interessenkonflikten und die zur Begrenzung der Risiken der Beeinträchtigung der Kundeninteressen unternommenen Schritte eindeutig darzulegen, soweit die organisatorischen Vorkehrungen nach § 80 Abs. 1 Satz 2 Nr. 2 nicht ausreichen, um nach vernünftigem Ermessen zu gewährleisten, dass das Risiko der Beeinträchtigung von Kundeninteressen vermieden wird. [...]

(3)–(6) [...]

(7) Wertpapierdienstleistungsunternehmen sind verpflichtet, ihren Kunden rechtzeitig und in verständlicher Form angemessene Informationen über das Wertpapierdienstleistungsunternehmen und seine Dienstleistungen, über die Finanzinstrumente und die vorgeschlagenen Anlagestrategien, über Ausführungsplätze und alle Kosten und Nebenkosten zur Verfügung zu stellen, die erforderlich sind, damit die Kunden nach vernünftigem Ermessen die Art und die Risiken der ihnen angebotenen oder von ihnen nachgefragten Arten von Finanzinstrumenten oder Wertpapierdienstleistungen verstehen und auf dieser Grundlage ihre Anlageentscheidung treffen können. Die Informationen können auch in standardisierter Form zur Verfügung gestellt werden. [...]

§ 64 Besondere Verhaltensregeln bei der Erbringung von Anlageberatung und Finanzportfolioverwaltung; Verordnungsermächtigung

(1) Erbringt ein Wertpapierdienstleistungsunternehmen Anlageberatung, muss es den Kunden zusätzlich zu den Informationen nach § 63 Absatz 7 rechtzeitig vor der Beratung und in verständlicher Form darüber informieren

1. ob die Anlageberatung unabhängig erbracht wird (Unabhängige Honorar-Anlageberatung) oder nicht;
2. ob sich die Anlageberatung auf eine umfangreiche oder eine eher beschränkte Analyse verschiedener Arten von Finanzinstrumenten stützt, insbesondere, ob die Palette an Finanzinstrumenten auf Finanzinstrumente beschränkt ist, die von Anbietern oder Emittenten stammen, die in einer engen Verbindung zum Wertpapierdienstleistungsunternehmen stehen oder zu denen in sonstiger Weise rechtliche oder wirtschaftliche Verbindungen bestehen, die so eng sind, dass das Risiko besteht, dass die Unabhängigkeit der Anlageberatung beeinträchtigt wird, und
3. ob das Wertpapierdienstleistungsunternehmen dem Kunden regelmäßig eine Beurteilung der Geeignetheit der empfohlenen Finanzinstrumente zur Verfügung stellt. [...]

(2) Im Falle einer Anlageberatung hat das Wertpapierdienstleistungsunternehmen einem Privatkunden rechtzeitig vor dem Abschluss eines Geschäfts über Finanzinstrumente, für die kein Basisinformationsblatt nach der Verordnung (EU) Nr. 1286/2014 erstellt werden muss,

1. über jedes Finanzinstrument, auf das sich eine Kaufempfehlung bezieht, ein kurzes und leicht verständliches Informationsblatt,
2. in den Fällen des Satzes 3 ein in Nr. 1 genanntes Informationsblatt oder wahlweise ein standardisiertes Informationsblatt oder
3. in den Fällen des Satzes 4 ein dort genanntes Dokument anstelle des in Nr. 1 genannten Informationsblatts

zur Verfügung zu stellen.

Die Angaben in den Informationsblättern nach Satz 1 dürfen weder unrichtig noch irreführend sein und müssen mit den Angaben des Prospekts vereinbar sein. [...]

(3) Das Wertpapierdienstleistungsunternehmen muss von einem Kunden alle Informationen

1. über Kenntnisse und Erfahrungen des Kunden in Bezug auf Geschäfte mit bestimmten Arten von Finanzinstrumenten oder Wertpapierdienstleistungen,
2. über die finanziellen Verhältnisse des Kunden, einschließlich seiner Fähigkeit, Verluste zu tragen, und
3. über seine Anlageziele, einschließlich seiner Risikotoleranz,

einholen, die erforderlich sind, um dem Kunden ein Finanzinstrument oder eine Wertpapierdienstleistung empfehlen zu können, das oder die für ihn geeignet ist und insbesondere seiner Risikotoleranz und seiner Fähigkeit, Verluste zu tragen, entspricht. Ein Wertpapierdienstleistungsunternehmen darf seinen Kunden nur Finanzinstrumente und Wertpapierdienstleistungen empfehlen oder Geschäfte im Rahmen der Finanzportfolioverwaltung tätigen, die nach den eingeholten Informationen für den Kunden geeignet sind. [...]

(4) Ein Wertpapierdienstleistungsunternehmen, das Anlageberatung erbringt, muss dem Privatkunden auf einem dauerhaften Datenträger vor Vertragsschluss eine Erklärung über die Geeignetheit der Empfehlung (Geeignetheitserklärung) zur Verfügung stellen. Die Geeignetheitserklärung muss die erbrachte Beratung nennen sowie erläutern, wie sie auf die Präferenzen, Anlageziele und die sonstigen Merkmale des Kunden abgestimmt wurde. [...]

Wird die Vereinbarung über den Kauf oder Verkauf eines Finanzinstruments mittels eines Fernkommunikationsmittels geschlossen, das die vorherige Übermittlung der Geeignetheitserklärung nicht erlaubt, darf das Wertpapierdienstleistungsunternehmen die Geeignetheitserklärung ausnahmsweise unmittelbar nach dem Vertragsschluss zur Verfügung stellen, wenn der Kunde zugestimmt hat, dass ihm die Geeignetheitserklärung unverzüglich nach Vertragsschluss zur Verfügung gestellt wird und das Wertpapierdienstleistungsunternehmen dem Kunden angeboten hat, die Ausführung des Geschäfts zu verschieben, damit der Kunde die Möglichkeit hat, die Geeignetheitserklärung zuvor zu erhalten.

3 Über Möglichkeiten der Vermögensanlage in Anleihen Auskunft erteilen

Situation 1: Bundeswertpapiere

Lernbuch Kap. 11.4.5.2

Lukas Nieland hat 20 000,00 EUR geerbt, für die er eine Geldanlage sucht. Eine Pressenotiz der Deutschen Bundesbank im Internet macht ihn auf eine Bundesanleihe aufmerksam. Herr Nieland hat noch keine Erfahrung mit Bundeswertpapieren. Um Näheres zu erfahren, vereinbart er mit Ihnen als Kundenberater(-in) einen Gesprächstermin. Zur Gesprächsvorbereitung machen Sie sich mit den „Emissionsbedingungen für Bundesanleihen, Bundesobligationen, Bundesschatzanweisungen und Unverzinslichen Schatzanweisungen des Bundes" vertraut.

Emissionsbedingungen für Bundesanleihen, Bundesobligationen, Bundesschatzanweisungen und Unverzinsliche Schatzanweisungen des Bundes
(Fassung Dezember 2012) – Auszug

Die Bundesrepublik Deutschland (im Folgenden: „der Bund") begibt Bundesanleihen, Bundesobligationen, Bundesschatzanweisungen und Unverzinsliche Schatzanweisungen des Bundes (im Folgenden: „Bundeswertpapiere") zu nachstehenden Bedingungen; für inflationsindexierte Bundesanleihen und inflationsindexierte Bundesobligationen gelten gesonderte Emissionsbedingungen.

Begebung:

Bundeswertpapiere werden im Tenderverfahren über die „Bietergruppe Bundesemissionen" begeben. Für die Tenderverfahren gelten die „Verfahrensregeln für Tender bei der Begebung von Bundesanleihen, Bundesobligationen, Bundesschatzanweisungen und Unverzinslichen Schatzanweisungen des Bundes".

Emissionsvolumen:

Das Gesamtvolumen einer Emission (Zuteilungsbetrag und Marktpflegebetrag) wird vom Bund jeweils nach Abschluss des Tenderverfahrens festgelegt. Der Bund behält sich vor, das Emissionsvolumen während der Laufzeit der Bundeswertpapiere durch Aufstockung weiter zu erhöhen.

Nennbeträge:

Bundeswertpapiere haben eine Stückelung von 0,01 EUR und können in beliebigen Nennbeträgen gehandelt und übertragen werden.

Nominalzinssatz, Laufzeit, Zinsberechnung:

(1) Der Nominalzinssatz, die Laufzeit und der Zinslaufbeginn der Bundeswertpapiere ergeben sich aus der jeweiligen Tender-Ausschreibung.

(2) Die Zinsen werden bei Bundesanleihen, Bundesobligationen und Bundesschatzanweisungen jährlich nachträglich gezahlt; bei Unverzinslichen Schatzanweisungen des Bundes ergibt sich die Verzinsung als Differenz zwischen Nennwert und Kaufpreis. Die Verzinsung endet mit dem Ablauf des dem Fälligkeitstag vorhergehenden Tages; das gilt auch dann, wenn die Leistung nach § 193 des Bürgerlichen Gesetzbuches (BGB) bewirkt wird.

(3) Die Zinsen werden bei Bundesanleihen, Bundesobligationen und Bundesschatzanweisungen nach der taggenauen Zinsmethode, das heißt der tatsächlichen Anzahl der Tage in der jeweiligen Zinsperiode (365 oder 366) ermittelt (Actual/Actual), bei Unverzinslichen Schatzanweisungen des Bundes nach der Zinsmethode act/360 berechnet.

Rückzahlung:

Bundesanleihen, Bundesobligationen, Bundesschatzanweisungen und Unverzinsliche Schatzanweisungen des Bundes werden am festgelegten Fälligkeitstag zum Nennwert zurückgezahlt. Eine vorzeitige Kündigung ist ausgeschlossen.

Verschaffung der Rechte:

(1) Für den Gesamtbetrag der jeweiligen Emission wird eine Sammelschuldbuchforderung für die Clearstream Banking AG Frankfurt („CBF") in das Bundesschuldbuch eingetragen (Wertrechte).

(2) Die Gläubiger der Bundeswertpapiere erhalten Miteigentumsanteile an der im Bundesschuldbuch eingetragenen Sammelschuldbuchforderung.

(3) Die Begründung einer Einzelschuldbuchforderung ist ausgeschlossen.

(4) Die Ausgabe von Wertpapierurkunden ist für die gesamte Laufzeit ausgeschlossen.

Verschiedenes:

(1) Bundeswertpapiere sind mündelsicher gemäß § 1807 Abs. 1 Nr. 2 BGB.

(2) Bundeswertpapiere sind für die Anlage des gebundenen Vermögens von Versicherungsunternehmen geeignet.

(3) Bundeswertpapiere sind notenbankfähig gemäß Artikel 18.1 ESZB/EZB-Satzung.

(4) Form und Inhalt der Bundeswertpapiere sowie die Rechte und Pflichten der Gläubiger und des Bundes bestimmen sich nach deutschem Recht.

Zum Gesprächstermin legt Ihnen Herr Nieland die im Internet gefundene Pressenotiz der Deutschen Bundesbank vor.

DEUTSCHE BUNDESBANK
EUROSYSTEM

Bundesrepublik Deutschland
Finanzagentur GmbH

Pressenotiz

Frankfurt am Main
20. Juli 2021
Seite 1 von 1

Ausschreibung Tenderverfahren
Aufstockung 30-jährige Bundesanleihe

Die Bundesrepublik Deutschland – Finanzagentur GmbH wird für Rechnung des Bundes über die Deutsche Bundesbank die am 20. September 2017 begebene

1,25 % Anleihe der Bundesrepublik Deutschland von 2017 (2048)

fällig am 15. August 2048
Zinstermin 15. August gzj.
nächste Zinszahlung am 15. August 2021
ISIN DE0001102432

im Rahmen eines Tenderverfahrens nochmals aufstocken. Angestrebt wird ein Aufstockungsbetrag (inkl. Marktpflegequote) von 1,5 Mrd €. Das derzeitige Anleihevolumen beträgt 28,5 Mrd €.

Bietungsberechtigt sind Mitglieder der Bietergruppe Bundesemissionen. Gebote müssen über einen Nennbetrag von mindestens 1 Mio € oder einem ganzen Vielfachen davon lauten. Kursgebote müssen auf volle 0,01-Prozentpunkte lauten. Gebote ohne Angabe eines Bietungskurses sind möglich. Die vom Bund akzeptierten Kursgebote werden zu dem im Gebot genannten Kurs, Gebote ohne Kursangabe zum gewogenen Durchschnittskurs der akzeptierten Kursgebote zugeteilt. Repartierung bleibt vorbehalten. Die Trennung der Anleihe in Kapitalanspruch und einzelne Zinsansprüche („Stripping") ist möglich.

Zeitlicher Ablauf des Tenderverfahrens:

Abgabe der Gebote:	Mittwoch, 21. Juli 2021, 8.00 Uhr bis 11.30 Uhr Frankfurter Zeit
Einbeziehung in den Börsenhandel:	Mittwoch, 21. Juli 2021
Valutierungstag:	Freitag, 23. Juli 2021
Anschaffung des Gegenwertes:	im Rahmen der Lieferung-gegen-Zahlungs-Abwicklung in der Nachtverarbeitung der Clearstream Banking AG Frankfurt, beginnend am Vorabend des Valutierungstages

Im Übrigen gelten die Verfahrensregeln für Tender, die Besonderen Bedingungen der Deutschen Bundesbank für Auktionen von Bundeswertpapieren über das Bund Bietungs-System (BBS) und die Emissionsbedingungen für Wertpapiere des Bundes.

Deutsche Bundesbank, Kommunikation
Wilhelm-Epstein-Straße 14, 60431 Frankfurt am Main, Telefon: +49 (0)69 9566-3511 oder -3512, Telefax: +49 (0)69 9566-3077
presse@bundesbank.de, www.bundesbank.de

Quelle: Deutsche Bundesbank, Pressenotiz vom 20. Juli 2021.

Aufgaben:

1 Erläutern Sie dem Kunden die Anlage in Bundesanleihen unter Risikoaspekten.

2 Sie teilen Herrn Nieland mit, dass Wertpapiere des Bundes mündelsicher, für die Anlage des gebundenen Vermögens (Sicherungsvermögens) von Versicherungsgesellschaften geeignet und notenbankfähig sind.

Der Kunde möchte diesen Sachverhalt erklärt bekommen. Nehmen Sie die nachfolgenden Texte zu Ihrer Beantwortung zu Hilfe.

Mündelsicherheit

Vermögenswerte von Personen, die unter Vormundschaft stehen, unterliegen einem besonderen Anlegerschutz. Sie dürfen nur in bestimmten Anlageformen angelegt werden.

Auszug aus dem BGB

II. Führung der Vormundschaft

§ 1793 [Aufgaben des Vormunds, ...]

Der Vormund hat das Recht und die Pflicht, für die Person und das Vermögen des Mündels zu sorgen, insbesondere den Mündel zu vertreten. [...]

§ 1806 [Anlegung von Mündelgeld]

Der Vormund hat das zum Vermögen des Mündels gehörende Geld verzinslich anzulegen, soweit es nicht zur Bestreitung von Ausgaben bereit zu halten ist.

§ 1807 [Art der Anlegung]

(1) Die im § 1806 vorgeschriebene Anlegung von Mündelgeld soll nur erfolgen:

1. in Forderungen, für die eine sichere Hypothek an einem inländischen Grundstück besteht, oder in sicheren Grundschulden oder Rentenschulden an inländischen Grundstücken;
2. in verbrieften Forderungen gegen den Bund oder ein Land sowie in Forderungen, die in das Bundesschuldbuch oder in das Landesschuldbuch eines Landes eingetragen sind;
3. in verbrieften Forderungen, deren Verzinsung vom Bund oder einem Land gewährleistet ist;
4. in Wertpapieren, insbesondere Pfandbriefen, sowie in verbrieften Forderungen jeder Art gegen eine inländische kommunale Körperschaft oder die Kreditanstalt einer solchen Körperschaft, sofern die Wertpapiere oder die Forderungen von der Bundesregierung mit Zustimmung des Bundesrats zur Anlegung von Mündelgeld für geeignet erklärt sind;
5. bei einer inländischen öffentlichen Sparkasse, wenn sie von der zuständigen Behörde des Landes, in welchem sie ihren Sitz hat, zur Anlegung von Mündelgeld für geeignet erklärt ist, oder bei einem anderen Kreditinstitut, das einer für die Anlage ausreichenden Sicherungseinrichtung angehört.

(2) ...

Sicherungsvermögen

Versicherungsunternehmen müssen zur Besicherung der Ansprüche ihrer Versicherungsnehmer ein Sicherungsvermögen als gesondertes Vermögen bilden. Nach dem Versicherungsaufsichtsgesetz sind die Bestände des Sicherungsvermögens und des sonstigen gebundenen Vermögens so anzulegen, dass möglichst große Sicherheit und Rentabilität bei jederzeitiger Liquidität des Versicherungsunternehmens unter Wahrung angemessener Mischung und Streuung erreicht wird.

Notenbankfähigkeit

Zur Besicherung von geldpolitischen Operationen des Europäischen Systems der Zentralbanken (Geldpolitik) sind die Kreditinstitute verpflichtet, Sicherheiten zu stellen, die das Kriterium der Notenbankfähigkeit erfüllen (Artikel 18.1 der Satzung des Europäischen Systems der Zentralbanken [ESZB]).

Zu den notenbankfähigen Sicherheiten zählen marktfähige Schuldtitel (Wertpapiere), die von der EZB festgelegte einheitliche und in der gesamten Währungsunion geltende Zulassungskriterien erfüllen.

Die Hauptzulassungskriterien sind:

- Sitz des Emittenten in einem Staat des Europäischen Wirtschaftsraums oder einem anderen G10-Staat.
- Belegenheit der Wertpapiere in der Europäischen Wirtschafts- und Währungsunion
- Denomination[1] in Euro oder einer ehemaligen Währung der Europäischen Wirtschafts- und Währungsunion
- Hohe Bonität des Schuldners

Des Weiteren können auch nicht marktfähige Sicherheiten notenbankfähig sein, sofern sie für die nationalen Finanzmärkte und Bankensysteme von besonderer Bedeutung sind und für die die nationalen Zentralbanken die Zulassungskriterien vorbehaltlich der EZB-Mindeststandards festlegen. Aus deutscher Sicht handelt es sich hierbei um Kreditforderungen an Handel und Industrie.

1 Denomination = Benennung.

3 Der Kunde wünscht Auskunft über den Begriff „Tenderverfahren". Nehmen Sie den abgedruckten Text zu Hilfe und beantworten Sie ihm die Frage.

Auszug aus dem Handbuch für kundenzentriertes Bankmanagement:

Tenderverfahren

Das Tenderverfahren wird für die Begebung von Bundesanleihen, Bundesobligationen, Bundesschatzanweisungen und Unverzinslichen Schatzanweisungen des Bundes genutzt. Die Konditionen der einzelnen Ausschreibung werden öffentlich bekannt gegeben. Die Kaufgebote der bietungsberechtigten Mitglieder der „Bietergruppe Bundesemissionen" sind bis zum festgelegten Bietungsschluss bei den zuständigen Hauptverwaltungen der Deutschen Bundesbank per E-Mail im Rahmen des Bundes Bietungssystems (BBS) zu übermitteln. Sie müssen bei Anleihen, Bundesobligationen, Bundesschatzanweisungen und Unverzinslichen Schatzanweisungen über einen Nennbetrag von mindestens 1 Mio. EUR oder einem ganzen Vielfachen lauten. Neben Kursgeboten sind auch Gebote ohne Angabe eines Bietungskurses zulässig.

Auf der Grundlage des so ermittelten Bietungsergebnisses entscheidet der Emittent über die Zuteilung. Hierbei werden alle Kursgebote, die über dem akzeptierten Mindestkurs liegen, zum individuell gebotenen Kurs zugeteilt. Gebote ohne Kursangabe werden zum gewogenen Durchschnittskurs der akzeptierten Kursgebote zugeteilt. Der Emittent hat nach den Ausschreibungsbedingungen bei hohem Gebotsaufkommen die Möglichkeit, Gebote ohne Kursangabe und/oder die Kursgebote zum akzeptierten Mindestkurs nur zu einem gewissen Prozentsatz zuzuteilen (Repartierung). Ferner kann er bei zu niedrigem Bietungsaufkommen bzw. bei ihm nicht marktgerecht erscheinenden Kursgeboten auch ganz auf die Zuteilung verzichten.

Das Zuteilungsergebnis wird den Bietern unverzüglich mitgeteilt. Sie haben den Gegenwert am jeweiligen Zahlungstag (zwei Geschäftstage nach Bietungsschluss) bis spätestens 13:00 Uhr auf ihrem BBK-Girokonto bereitzustellen.

Quelle: Der Markt für deutsche Bundeswertpapiere; Herausgeber: Deutsche Bundesbank Frankfurt am Main, 2000.

4 Lukas Nieland ist über die hohe Verzinsung der Bundesanleihe verwundert. Er hat im Internet gesehen, dass eine andere Bundesanleihe, die vor Kurzem begeben wurde, mit einem Zinssatz von 0% ausgestattet war.

Erklären Sie dem Kunden den Sachverhalt und verdeutlichen Sie ihm dabei den Unterschied zwischen Nominalverzinsung und Rendite.

(Die Bundesanleihe wurde am 23. Juli 2021 zu einem Durchschnittskurs von 132,74 % zugeteilt.)

5 Berechnen Sie dem Kunden die Rendite (effektive Verzinsung) der Bundesanleihe. Legen Sie dabei eine Restlaufzeit von 27 Jahren und einen Erwerbskurs von 132,74 % zugrunde.

Benutzen Sie für Ihre Berechnung folgende überschlägige Formel:

$$\text{Rendite} = \text{Nominalzins} \pm \frac{\text{Kursgewinn/Kursverlust}}{\text{Restlaufzeit in Jahren}} \cdot \frac{100}{\text{Kaufkurs}}$$

6 Der Kunde Lukas Nieland möchte wissen, ob er die Bundeswertpapiere auch selbst im Safe verwahren kann. Geben Sie dem Kunden Auskunft über die Lieferung der Bundesanleihe.

7 Der Kunde hat in der Pressenotiz gelesen, dass die Bundesanleihe zum Handel an der Börse eingeführt werden soll.

Erklären Sie ihm die Bedeutung der beabsichtigten Börseneinführung.

Fortsetzung der Situation:

Nach einigen Tagen setzt sich Herr Nieland noch einmal wegen seiner Geldanlage mit Ihnen telefonisch in Verbindung. Er teilt Ihnen mit, dass er im Wirtschaftsteil seiner Tageszeitung gelesen hat, dass der Bund noch weitere Wertpapiere anbietet. Er bittet nochmals um einen Termin, um sich über Bundesobligationen und inflationsindexierte Bundesanleihen informieren zu lassen.

Aufgabe:

8 Um den Kunden im Beratungsgespräch die Gemeinsamkeiten und die Unterschiede zwischen Bundesanleihen und Bundesobligationen zu verdeutlichen, fertigen Sie die nachfolgende Übersicht (S. 16) an, wobei Sie den folgenden Text der Finanzagentur zu Hilfe nehmen.

Auszüge aus dem Handbuch für kundenzentriertes Bankmanagement:

Bundesanleihen

Bundesanleihen zählen zu den Bundeswertpapieren mit den längsten Laufzeiten. Die Laufzeit beträgt in der Regel 10 Jahre oder 30 Jahre ab Emissionszeitpunkt. 2020 wurden Bundesanleihen mit 7 und 15 Jahren Ursprungslaufzeit ergänzt. Bundesanleihen dienen dem Staat als Emittenten dazu, Kapital für notwendige Investitionen zu erhalten. Sein Vorteil ist hierbei die sehr lange Laufzeit, sodass er sehr langfristig über das Kapital verfügen kann. Für den Anleger haben Bundesanleihen potenzielle Vorteile: Bundesanleihen gehören zu den sichersten Geldanlagen weltweit, da die Bundesrepublik das bestmögliche Rating AAA (Triple A) besitzt. Ein Kurs-, Zins- oder Währungsrisiko besteht nicht, wobei allerdings ein Kursrisiko in dem Fall existiert, dass der Anleger die Anleihen vor Fälligkeit an der Börse verkaufen möchte. Diese Börsenhandelbarkeit ist ein weiterer Vorteil, denn dadurch kann der Anleger die Bundesanleihen bei Bedarf sofort wieder veräußern. Somit ist er trotz der sehr langen Laufzeit äußerst flexibel. Ein Nachteil von Bundesanleihen ist die gemessen an der Laufzeit relativ geringe Verzinsung. Diese kann mit konkurrierenden Anlageprodukten der privaten Banken in der Regel nicht Schritt halten. Bundesanleihen werden im Tenderverfahren über die „Bietergruppe Bundesemissionen" begeben. Bietungsberechtigt sind nur Mitglieder der Bietergruppe. Gebote müssen über einen Nennbetrag von mindestens 1 Mio. EUR oder einem ganzen Vielfachen davon lauten. Der Anleger kann Bundesanleihen über seine Bank erwerben, die auch die Verwahrung und Verwaltung der Wertpapiere für ihn übernimmt. Es besteht kein Mindestauftragsvolumen und kein Anlagehöchstbetrag. Die kleinste Stückelung beträgt 0,01 EUR. Die Papiere können ohne Einschränkung von jedermann erworben werden. Die Zinsen für Bundesanleihen werden jährlich nachträglich durch die Bundesrepublik Deutschland – Finanzagentur GmbH gezahlt. Am Fälligkeitstag zahlt die Finanzagentur GmbH den Nennwert der Anleihe an den Anleger zurück. Eine vorzeitige Rückzahlung oder Kündigung durch den Emittenten ist ausgeschlossen. Bundesanleihen sind Wertrechte, d. h., die Ausgabe von Wertpapierurkunden ist für die gesamte Laufzeit ausgeschlossen. Die Anleger erhalten als Gläubiger der Bundeswertpapiere Miteigentumsanteile an einer im Bundesschuldbuch eingetragenen Sammelschuldbuchforderung. Bundesanleihen sind mündelsicher, d. h., das Vermögen von unter Vormundschaft, Betreuung oder Pflegschaft stehender Personen kann in Bundesanleihen angelegt werden.

Quelle: Text in Anlehnung an Bundesrepublik Deutschland – Finanzagentur GmbH.

Bundesobligationen

Bundesobligationen (Bobls) sind festverzinsliche Wertpapiere (Schuldverschreibungen) der Bundesrepublik Deutschland. Sie sind mit einem festen Nominalzins ausgestattet, der jährlich nachträglich gezahlt wird, und haben im Gegensatz zu den länger laufenden Bundesanleihen nur eine Laufzeit von 5 Jahren. Bundesobligationen sind ein Mittel der Kreditfinanzierung von Staatsausgaben.

Bundesobligationen werden wie Bundesanleihen im Tenderverfahren über die „Bietergruppe Bundesemissionen" begeben. Bietungsberechtigt sind nur Mitglieder der Bietergruppe. Gebote müssen auch hier über einen Nennbetrag von mindestens 1 Mio. EUR oder einem ganzen Vielfachen davon lauten. Bundesobligationen werden in unregelmäßigen Abständen neu aufgelegt, gewöhnlich gibt es drei Emissionen pro Jahr. Die Emissionen nennt man Serien. Jede Serie hat einen festen Zinssatz und ein Fälligkeitsdatum. Ab dem Tag der Emission werden Bundesobligationen an der Börse gehandelt. Sie können somit während der Laufzeit zum aktuellen Kurs täglich ge- und verkauft werden. Der Anleger kann die Bundesobligationen über sein Kreditinstitut erwerben, das auch die Verwahrung und Verwaltung übernimmt. Ein Mindestauftragswert und ein Anlagehöchstbetrag bestehen nicht. Die kleinste Stückelung beträgt 0,01 EUR. Wie Bundesanleihen können Bundesobligationen ohne Einschränkung von jedermann erworben werden. Sie werden zum Nennwert am Fälligkeitstag von der Finanzagentur GmbH zurückgezahlt. Eine vorzeitige Rückzahlung oder Kündigung seitens des Emittenten ist ausgeschlossen. Auch Bundesobligationen sind wie Bundesanleihen Wertrechte. In Form von Sammelschuldbuchforderungen werden die Rechte dem Anleger verschafft. Bundesobligationen gelten nach § 1807 Abs. 1 Nr. 2 BGB als mündelsicher.

Gerade Bundesobligationen werden von Privatanlegern gern für die eigene Geldanlage erworben. Die mittelfristige Laufzeit, die hohe Sicherheit und die Liquidität dieser Rentenpapiere spricht Anleger an.

Quelle: Text in Anlehnung an Bundesrepublik Deutschland – Finanzagentur GmbH.

Merkmale	Bundesanleihen	Bundesobligationen
Ausgabezweck		
Stückelung		
Mindestauftragswert		
Anlagehöchstbetrag		
Zinszahlung		
Laufzeit		
Rückzahlung		
Erwerber		
Verkauf bzw. vorzeitige Rückgabe		
Verkaufsstellen		
Lieferung		
Verwahrung/ Verwaltung		
Sicherheit für den Erwerber		

Fortsetzung der Situation:

Sie haben im Beratungsgespräch Lukas Nieland die Gemeinsamkeiten und Unterschiede von Bundesanleihen und Bundesobligationen erläutert.

Im weiteren Gesprächsverlauf gehen Sie auf inflationsindexierte Anleihen des Bundes ein. Ihnen liegen die Pressenotiz der Deutschen Bundesbank vom 10. Januar 2022 über die Aufstockung der 0,1 % inflationsindexierten Anleihe des Bundes von 2021 (2033) (siehe unten) und die Informationen für Privatanleger über inflationsindexierte Anleihen (S. 18) vor, mit deren Hilfe Sie Herrn Nieland die Anlageform erklären.

DEUTSCHE BUNDESBANK
EUROSYSTEM

Bundesrepublik Deutschland
Finanzagentur GmbH

Pressenotiz

Frankfurt am Main
10. Januar 2022
Seite 1 von 2

Ausschreibung Tenderverfahren
Aufstockung der 0,10 % inflationsindexierten Anleihe des Bundes von 2021 (2033)

Wie bereits angekündigt, wird der Bund am **11. Januar 2022** die

0,10 % inflationsindexierte Anleihe des Bundes von 2021 (2033)
ISIN DE0001030583

im Rahmen eines Tenderverfahrens aufstocken. Es wird ein Aufstockungsbetrag (einschließlich Marktpflegequote) von 0,75 Mrd € angestrebt. Das derzeitige Emissionsvolumen beträgt 3,9 Mrd €.

⋮ ⋮ ⋮ ⋮

Ausstattungsmerkmale der aufzustockenden inflationsindexierten Bundesanleihe:

Fälligkeit:	15. April 2033
Zinstermin:	15. April gzj., Zinslaufbeginn 11. Februar 2021
Erste Zinszahlung:	15. April 2022 für 428 Tage
Referenzindex:	Harmonisierter Verbraucherpreisindex der Euro-Zone (HVPI) ohne Tabak
Basisindex:	104,47500
Index-Verhältniszahl:	1,04507 (am Valutierungstag 13. Januar 2022)

Es gelten die Verfahrensregeln für Tender, die Besonderen Bedingungen der Deutschen Bundesbank für Auktionen von Bundeswertpapieren über das Bund Bietungs-System (BBS) und die Emissionsbedingungen der Erstemission.

Deutsche Bundesbank, Kommunikation
Wilhelm-Epstein-Straße 14, 60431 Frankfurt am Main, Telefon: +49 (0)69 9566-3511 oder -3512, Telefax: +49 (0)69 9566-3077
presse@bundesbank.de, www.bundesbank.de

Quelle: Deutsche Bundesbank, Pressenotiz vom 10. Januar 2022.

Informationen für Privatanleger über die inflationsindexierte Anleihe der Bundesrepublik Deutschland

Was ist eine inflationsindexierte Anleihe?

Bei einer inflationsindexierten Anleihe des Bundes handelt es sich um eine Schuldverschreibung, bei der die Höhe der Zahlungsströme (z. B. der Rückzahlungsbetrag) im Gegensatz zu einem nominalverzinslichen Wertpapier von der Entwicklung eines Inflationsindexes abhängen.

Der Wert der Anleihe wird vor Inflation geschützt, indem für alle relevanten Berechnungen der Nennwert der inflationsindexierten Anleihe mit einer sogenannten Index-Verhältniszahl multipliziert wird. Diese täglich ermittelte Index-Verhältniszahl bildet die Inflationsentwicklung seit dem ersten Zinslaufbeginn ab (siehe hierzu auch die Frage „Wie findet die Inflationsentwicklung Eingang in die Zahlungsströme einer inflationsindexierten Anleihe?“).

Inflationsindexierte Anleihen haben gegenüber nominalverzinslichen Anleihen einen niedrigeren Kupon. Während bei nominalverzinslichen Anleihen der Kupon als fester Prozentsatz des Nennwertes gezahlt wird, wird bei inflationsindexierten Anleihen der Kupon als fester Prozentsatz des Produkts aus Nennwert der Anleihe und der zum jeweiligen Kupontermin gültigen Index-Verhältniszahl gezahlt. Bei inflationsindexierten Anleihen erhöht sich daher bei Inflation die Zinszahlung von Jahr zu Jahr. Die Zinszahlung erfolgt jährlich.

Bei Fälligkeit der inflationsindexierten Anleihe wird der Nennwert, multipliziert mit der zum Fälligkeitstag gültigen Index-Verhältniszahl, zurückgezahlt. Der Rückzahlungsbetrag erhöht sich dadurch um die Inflation, die sich während der Laufzeit der Anleihe eingestellt hat. Bei Deflation über die Laufzeit der Anleihe wird der ursprüngliche Nennwert zurückgezahlt.

Inflationsindexierte Anleihen des Bundes werden wie andere Bundeswertpapiere an der Frankfurter Wertpapierbörse gehandelt. Den täglich aktualisierten Kurs der inflationsindexierten Anleihe des Bundes finden Sie unter www.deutsche-finanzagentur.de → Finanzagentur → Aktuelles → „Laufzeiten und tägliche Rendite börsennotierter Emissionen“.

Die Inflationsentwicklung, die bei einer inflationsindexierten Anleihe durch die Index-Verhältniszahl abgebildet wird, wird als die relative Veränderung eines vom Bund ausgewählten Inflationsindex (Referenzindex) über den Betrachtungszeitraum ermittelt.

Welcher Index ist das?

Als Referenzindex für inflationsindexierte Anleihen des Bundes wird der unrevidierte Harmonisierte Verbraucherpreisindex (HVPI) ohne Tabak in der Eurozone verwendet.

Der HVPI misst das Preisniveau von Gütern und Dienstleistungen, die von privaten Haushalten in der Europäischen Währungsunion erworben oder bezahlt werden.

Er wird monatlich von Eurostat, dem statistischen Amt der Europäischen Gemeinschaft mit Sitz in Luxemburg, ermittelt und auf deren Internetseite veröffentlicht.

Wie findet die Inflationsentwicklung Eingang in die Zahlungsströme einer inflationsindexierten Anleihe?

Da der Inflationsindex von Eurostat mit einer zeitlichen Verzögerung ermittelt und veröffentlicht wird, werden auch die Zahlungsströme einer inflationsindexierten Anleihe mit einer Zeitverzögerung an die Inflationsentwicklung angepasst. Dazu wird eine Index-Verhältniszahl verwendet, die Ausdruck der Inflationsentwicklung ist.

Für die Berechnung der Index-Verhältniszahl wird das Verhältnis zwischen dem Wert des Referenzindexes am Abrechnungstag und dem Wert des Referenzindexes am Tag des ersten Zinslaufbeginns der Anleihen (Basisindex) bestimmt. [...]

Da inflationsindexierte Anleihen täglich erworben werden können, wird zur Bestimmung der nominalen Zahlungsströme einer inflationsindexierten Anleihe ein täglicher Wert für den Referenzindex benötigt. Dieser wird auf der Grundlage des von Eurostat monatlich veröffentlichten HVPI von der Deutschen Finanzagentur berechnet.

Der Wert des täglichen Referenzindexes sowie die Index-Verhältniszahl der inflationsindexierten Anleihen des Bundes können unter www.deutsche-finanzagentur.de → Private Anleger → Produkte → Inflationsindexierte Anleihe → „Täglicher Referenzindex und Index-Verhältniszahl“ abgefragt werden.

Aufgaben:

9 Stellen Sie Herrn Nieland die Unterschiede zwischen einer normalverzinslichen (konventionellen) Bundesanleihe und einer inflationsindexierten Anleihe des Bundes heraus.

10 Erklären Sie dem Kunden die Bedeutung der in der Ausschreibung angegebenen Index-Verhältniszahl.

11 Der Kunde möchte wissen, an welchem Index sich die ausgeschriebene inflationsindexierte Anleihe orientiert.

12 Errechnen Sie dem Kunden die Zinsbeträge zum jeweiligen Zinstermin und den Rückzahlungsbetrag zum 15. April 2033, wenn er für 50 000,00 EUR Nennwert die inflationsindexierte Anleihe des Bundes kaufen würde. Es wird während der Laufzeit der Anleihe eine konstante Inflationsentwicklung von 2,0 % p. a. unterstellt.

13.01.2022		Inflationsindex (Basisindex) 104,47500	Index-Verhältniszahl 1,04507		
Zinstermine	**Zinstage**	**Inflations-/Basisindex**	**Index-Verhältniszahl**	**Zinsbetrag EUR**	**Rückzahlungsbetrag EUR**
15.04.2022	428	105,0017	1,0503		———
15.04.2023	365	107,1017	1,0713		———
15.04.2024	366	109,2437	1,0927		———
⋮		⋮			⋮
15.04.2033	365	130,5563	1,3059		

13 Welcher Betrag wird dem Anleger zurückgezahlt, wenn aufgrund einer Deflationsentwicklung die Index-Verhältniszahl am 15. April 2033 kleiner 1 ist?

> In Zeiten allgemeiner Preissteigerungen sind inflationsindexierte Anleihen eine interessante Alternative für den sicherheitsorientierten Anleger. Der Kauf lohnt sich dann, wenn die Teuerungsrate über die gesamte Laufzeit der Anleihe stärker steigt als der Markt eingepreist hat.

Quelle: In Anlehnung an: Wette auf die Inflation. Handelsblatt 10.03.2006.

14 Geben Sie Herrn Nieland an, für welchen Anlegerkreis die inflationsindexierte Anleihe infrage kommt.

Situation 2: Pfandbriefe

Lernbuch Kap. 11.4.5.4

Der Kunde Hans-Peter Marschmann möchte 22 000,00 EUR in Wertpapiere anlegen. Für ihn kommt nur eine sichere Anlage infrage. In einem Werbeprospekt hat er den nebenstehenden Effektenausschnitt gefunden.

Sie haben als Kundenberater(-in) telefonisch einen Beratungstermin mit Herrn Marschmann vereinbart und bereiten sich durch die Bearbeitung der folgenden Aufgaben auf das Gespräch mit dem Kunden vor.

> **0,5 % Hypothekenpfandbrief**
> Deutsche Hypothekenbank AG
> über 1 000,00 EUR
>
> Der Pfandbrief entspricht den gesetzlich vorgeschriebenen Sicherheitsbestimmungen und ist zur Anlage von Mündelgeld zugelassen.

Aufgaben:

1 Erklären Sie, um was für Wertpapiere es sich bei Pfandbriefen handelt, welche Arten unterschieden werden und warum Pfandbriefe als besonders sicher gelten.

2 Stellen Sie die Sicherheitsbestimmungen, die das Gesetz für die Ausgabe von Pfandbriefen vorsieht, in der folgenden Tabelle zusammen.

Gesetzliche Sicherheitsbestimmungen für Pfandbriefe	
Erlaubnis und deren Voraussetzungen	
Aufsicht	
Deckungskongruenz	
Deckungsregister	
Treuhänder	
Insolvenzvorrecht	

Pfandbriefgesetz (PfandBG) vom 22.05.2005 (Auszug)
zuletzt geändert durch Gesetz vom 03.06.2021 m.W. v. 10.06.2021

Abschnitt 1
Anwendungsbereich, Erlaubnis und Aufsicht

§ 1 [Begriffsbestimmungen]

(1) Pfandbriefbanken sind Kreditinstitute, deren Geschäftsbetrieb das Pfandbriefgeschäft umfasst. Pfandbriefgeschäft ist:

1. die Ausgabe gedeckter Schuldverschreibungen aufgrund erworbener Hypotheken unter der Bezeichnung Pfandbriefe oder Hypothekenpfandbriefe (im Folgenden: Hypothekenpfandbriefe),
2. die Ausgabe gedeckter Schuldverschreibungen aufgrund erworbener Forderungen gegen staatliche Stellen unter der Bezeichnung Kommunalschuldverschreibungen, Kommunalobligationen oder Öffentliche Pfandbriefe (im Folgenden: Öffentliche Pfandbriefe),
3. die Ausgabe gedeckter Schuldverschreibungen aufgrund erworbener Schiffshypotheken unter der Bezeichnung Schiffspfandbriefe.
4. die Ausgabe gedeckter Schuldverschreibungen aufgrund erworbener Registerpfandrechte nach § 1 des Gesetzes über Rechte an Luftfahrzeugen oder ausländischer Flugzeughypotheken unter der Bezeichnung Flugzeugpfandbriefe.

(2), (3) [...]

§ 2 [Erlaubnis]

(1) Ein Kreditinstitut mit Sitz im Geltungsbereich dieses Gesetzes, das das Pfandbriefgeschäft betreiben will, bedarf der schriftlichen Erlaubnis der Bundesanstalt für Finanzdienstleistungsaufsicht (Bundesanstalt) nach § 32 des Kreditwesengesetzes. Zusätzlich muss das Kreditinstitut für eine Erlaubnis zum Betreiben des Pfandbriefgeschäfts folgende Voraussetzungen erfüllen:

1. Das Kreditinstitut muss über ein Kernkapital von mindestens 25 Mio. EUR verfügen.
2. Das Kreditinstitut muss als CRR-Kreditinstitut [...] zugelassen sein.
3. Das Kreditinstitut muss über geeignete Regelungen und Instrumente im Sinne des § 27 zur Steuerung, Überwachung und Kontrolle der Risiken für die Deckungsmassen und das darauf gründende Emissionsgeschäft verfügen.
4. Aus dem der Bundesanstalt vorzulegenden Geschäftsplan des Kreditinstituts muss hervorgehen, dass das Kreditinstitut das Pfandbriefgeschäft regelmäßig und nachhaltig betreiben wird und dass ein dafür erforderlicher organisatorischer Aufbau vorhanden ist.
5. Der organisatorische Aufbau und die Ausstattung des Kreditinstituts müssen, abhängig von der Reichweite der Erlaubnis, künftigen Pfandbriefemissionen sowie dem Immobilienfinanzierungs-, Staatsfinanzierungs-, Schiffsfinanzierungs- oder Flugzeugfinanzierungsgeschäft angemessen Rechnung tragen.

[...]

(2), (3), (4), 5) [...]

§ 3 [Aufsicht; ...]

(1) Die Bundesanstalt übt die Aufsicht über die Pfandbriefbanken nach den Vorschriften dieses Gesetzes und den in § 6 Absatz 1 Satz 1 des Kreditwesengesetzes genannten Gesetzen und Verordnungen aus. Sie ist befugt, alle Anordnungen zu treffen, die geeignet und erforderlich sind, um das Geschäft der Pfandbriefbanken mit diesem Gesetz und den dazu erlassenen Rechtsverordnungen im Einklang zu erhalten. Sie hat zu von ihr bestimmten Zeitpunkten auf der Grundlage geeigneter Stichproben die Deckung der Pfandbriefe zu prüfen; hierbei kann sie sich anderer Personen und Einrichtungen bedienen. Die Prüfung soll in der Regel nach jeweils drei Jahren erfolgen. Die von anderen staatlichen Stellen ausgeübte Aufsicht bleibt unberührt.

(2) [...]

Abschnitt 2
Allgemeine Vorschriften über die Pfandbriefemission

§ 4 [Deckungskongruenz; ...]

(1) Die jederzeitige Deckung der umlaufenden Pfandbriefe nach dem Barwert, der die Zins- und Tilgungsverpflichtungen einbezieht, muss sichergestellt sein; der Barwert der eingetragenen Deckungswerte muss den Barwert der zu deckenden Verbindlichkeiten um 2 % übersteigen (barwertige sichernde Überdeckung). Die barwertige sichernde Überdeckung muss bestehen in

1. Schuldverschreibungen, Schuldbuchforderungen, Schatzwechseln und Schatzanweisungen, deren Schuldner der Bund, ein Sondervermögen des Bundes, ein Land, die Europäischen Gemeinschaften, ein anderer Mitgliedstaat der Europäischen Union [...] ist, [...]
2. Schuldverschreibungen, für deren Verzinsung und Rückzahlung eine der unter Nr. 1 bezeichneten Stellen die Gewährleistung übernommen hat.

2a. [...]

3. Guthaben bei geeigneten Kreditinstituten [...], sofern die Höhe der Forderungen der Pfandbriefbank bereits beim Erwerb bekannt ist.

[...]

(1a), (2), (3), (3a), (3b), (4), (5), (6)

(7) Es ist verboten, für eine Pfandbriefbank Pfandbriefe in den Verkehr zu bringen, wenn deren Betrag nicht durch die im jeweiligen Deckungsregister eingetragenen Werte vorschriftsmäßig gedeckt ist. [...]

§ 4a [...]

§ 5 [Deckungsregister]

(1) Die zur Deckung der Pfandbriefe [...] verwendeten Deckungswerte sind von der Pfandbriefbank einzeln in das für die jeweilige Pfandbriefgattung geführte Register (Deckungsregister) einzutragen. [...]

(1a), (1b), (1c) [...]

(2) Innerhalb des ersten Monats eines jeden Kalenderhalbjahres hat die Pfandbriefbank der Bundesanstalt eine Aufzeichnung sämtlicher Eintragungen des Deckungsregisters in elektronischer Form zu übermitteln. Der nach § 7 bestellte Treuhändler hat dabei die Übereinstimmung mindestens der das letzte Kalenderhalbjahr betreffenden Eintragungen mit den im entsprechenden Kalenderhalbjahr im Deckungsregister vorgenommenen Eintragungen zu bestätigen. [...]

(3) [...]

§ 6 [Inhalt der Pfandbriefe]

[...]

§ 7 [Treuhänder und Stellvertreter]

(1) Bei jeder Pfandbriefbank ist ein Treuhänder sowie mindestens ein Stellvertreter zu bestellen.

(2) Treuhänder und Stellvertreter müssen die zur Erfüllung ihrer Aufgaben erforderlichen Kenntnisse und Erfahrungen besitzen. Die Qualifikation als Wirtschaftsprüfer oder vereidigter Buchprüfer lässt die erforderlichen Kenntnisse vermuten. Eine Bestellung als Treuhänder oder Stellvertreter ist ausgeschlossen, wenn Gründe vorliegen, nach denen die Besorgnis der Befangenheit besteht. Das ist insbesondere der Fall, wenn die Person in einem Beschäftigungs- oder Mandatsverhältnis mit der Pfandbriefbank steht oder innerhalb der vorausgegangenen drei Jahre gestanden hat.

(3) Die Bestellung erfolgt durch die Bundesanstalt nach Anhörung der Pfandbriefbank. [...] Die Bestellung kann befristet und jederzeit aus sachlichem Grund durch die Bundesanstalt widerrufen werden. [...]

(4) Der Treuhänder hat der Bundesanstalt die von ihm im Rahmen seiner Tätigkeit getroffenen wesentlichen Feststellungen und Beobachtungen mitzuteilen und ihr auf Verlangen Auskunft zu erteilen. Der Treuhänder ist an Weisungen der Bundesanstalt nicht gebunden.

(5) [...]

§ 8 [Aufgaben]

(1) Der Treuhänder hat darauf zu achten, dass die vorschriftsmäßige Deckung für die Pfandbriefe [...] jederzeit vorhanden ist; [...]

(2) Der Treuhänder hat darauf zu achten, dass die zur Deckung der Pfandbriefe [...] verwendeten Werte gemäß § 5 Abs. 1 in das jeweilige Deckungsregister eingetragen werden. [...]

(3), (4) [...].

§ 10 [Befugnisse]

(1) Der Treuhänder ist befugt, jederzeit die Unterlagen der Pfandbriefbank einzusehen und Auskünfte zu verlangen, soweit sie sich auf die Pfandbriefe und auf die in die Deckungsregister eingetragenen Werte beziehen.

(2) [...]

§ 11 [Vergütung, Streitentscheidung]

[...]

Abschnitt 5

[...] Trennungsprinzip bei Insolvenz der Pfandbriefbank

§ 29 [Schutz vor Zwangsvollstreckung, ...]

[...]

§ 30 [Trennungsprinzip bei Insolvenz der Pfandbriefbank]

(1) Die in die Deckungsregister eingetragenen Werte [...] bilden vom allgemeinen Vermögen der Pfandbriefbank getrennte Vermögensmassen, die nicht in die Insolvenzmasse fallen, wenn über das Vermögen der Pfandbriefbank das Insolvenzverfahren eröffnet wird (insolvenzfreie Vermögen). Die Forderungen der Pfandbriefgläubiger werden von der Eröffnung des Insolvenzverfahrens über das Vermögen der Pfandbriefbank nicht berührt; [...]

(2) bis (7) [...]

Fortsetzung der Situation:

Sie haben Herrn Marschmann im Beratungsgespräch den Pfandbrief beschrieben und ihm den Aspekt der Sicherheit dieser Wertpapiere erläutert.

Einige Tage später ruft der Kunde erneut an und bittet um ein weiteres Gespräch. Er teilt Ihnen mit, dass ein Bekannter ihm Bundesschatzanweisungen als Geldanlage empfohlen hat. Nun möchte er wissen, wodurch sich Pfandbriefe von Bundesschatzanweisungen unterscheiden.

Aufgabe:

3 Fertigen Sie für das Gespräch mit Herrn Marschmann unter Zuhilfenahme der Pfandbriefbedingungen der Landesbank Berlin (siehe unten) und des abgedruckten Textes über Bundesschatzanweisungen (siehe S. 22) eine Übersichtsmatrix (siehe Vorlage auf S. 22 f.) an.

Pfandbriefbedingungen (Auszug) LBB LandesBank Berlin

§ 1 (Form und Nennbetrag)

(1) Die Landesbank Berlin AG (die **„Pfandbriefschuldnerin"**) begibt im Gesamtnennbetrag von 10 000 000,00 EUR (das **„Emissionsvolumen"**) am 06. 04. 20.. (der **„Emissionstag"**) auf den Inhaber lautende, untereinander gleichberechtigte Hypothekenpfandbriefe (ISIN: DE000LBB20K5/WKN: LBB20K) (die **„Pfandbriefe"**). Die Emission ist aufgeteilt in Pfandbriefe im Nennbetrag von je 5 000,00 EUR.

(2) Die Pfandbriefe samt Zinsansprüchen sind für die gesamte Laufzeit in einer auf den Inhaber lautenden Globalurkunde (nachstehend die „Globalurkunde" genannt) ohne Zinsscheine verbrieft, die bei der Clearstream Banking AG hinterlegt wird.

(3) Die Lieferung effektiver Pfandbriefe oder Zinsscheine kann nicht verlangt werden. Den Inhabern der Pfandbriefe (nachstehend **„Gläubiger"** genannt) stehen Miteigentumsanteile an der Globalurkunde zu, die gemäß den Regelungen und Bestimmungen der Clearstream Banking AG übertragen werden können.

(4), (5) [...]

§ 2 (Verzinsung)

(1) Die Pfandbriefe werden bezogen auf den Nennbetrag [...] ab dem 06. 04. 20.. mit 0,20 % pro Jahr (der **„Zinssatz"**) verzinst. Die Verzinsung endet mit Ablauf des Tages, der dem Rückzahlungstag vorausgeht.

(2) Zinsen werden jeweils für eine Zinsperiode nachträglich am 06. 04. eines jeden Jahres (jeweils ein **„Zinszahlungstag"**) gezahlt. [...]

Der maßgebliche Zinszahlungstag ist der nächstfolgende Geschäftstag. [...]

§ 3 (Fälligkeit, Kündigung)

(1) Sofern keine vorzeitige Rückzahlung erfolgt, werden die Pfandbriefe nach 10-jähriger Laufzeit am 06. 04. 20.. (der **„Rückzahlungstag"**) zum Rückzahlungsbetrag (wie unten definiert) zurückgezahlt.

(2) Der **„Rückzahlungsbetrag"** entspricht dem Nennbetrag.

§ 4 (Zahlungen)

(1) Sämtliche Zahlungen sind in Euro zu erbringen.

(2) Die zahlbaren Beträge sind an die Zahlstelle zu zahlen. Die Zahlstelle hat die zahlbaren Beträge an das Clearingsystem zwecks Gutschrift auf die jeweiligen Geldkonten der Hinterleger von Pfandbriefen zur Weiterleitung an die Gläubiger zu zahlen. [...]

§ 5 (Status)

Die Verpflichtungen aus den Pfandbriefen stellen unmittelbare und unbedingte Verpflichtungen der Pfandbriefschuldnerin dar. Die Pfandbriefe sind nach Maßgabe des Pfandbriefgesetzes gedeckt und stehen in gleichem Rang mit allen anderen Verpflichtungen aus Hypothekenpfandbriefen der Pfandbriefschuldnerin.

§§ 6–11

[...]

§ 12 (Ausschluss der Kündigungsgründe für die Gläubiger)

Die Kündigung der Pfandbriefe durch die Gläubiger ist ausgeschlossen.

Berlin, 06.04.20..
Landesbank Berlin AG

Auszug aus dem Handbuch für kundenzentriertes Bankmanagement:

Bundesschatzanweisungen („Schätze")

Bundesschatzanweisungen sind festverzinsliche Wertpapiere der Bundesrepublik Deutschland, die an der Börse gehandelt werden. Das Papier „Bundesschatzanweisung" hat eine feste Laufzeit von 2 Jahren. Es gibt keinen Mindestanlagebetrag. Die Zinszahlung erfolgt jährlich.

Es handelt sich um festverzinsliche Inhaberschuldverschreibungen, die eine Zwischenform von Geldmarkt- und Kapitalmarktpapieren darstellen. Sie werden vom Bund, den Sondervermögen, Ländern und Gemeinden aufgelegt. Der Anteil am Schuldenportfolio des Bundes beträgt allein an Bundesschatzanweisungen rund 12 Prozent.

Bundesschatzanweisungen („Schätze") sind Einmalemissionen, die mit einer Laufzeit von 2 Jahren im vierteljährlichen Rhythmus (März, Juni, September, Dezember) ausschließlich im Tenderverfahren begeben werden. Dabei sind nur Kreditinstitute, die der sogenannten „Bietergruppe Bundesemissionen" angehören, berechtigt, für diese Wertpapiere bei der ausgebenden Stelle – Deutsche Finanzagentur – zu bieten. Nach Abgabe der Angebote der teilnehmenden Banken und Sparkassen legt die Finanzagentur den niedrigsten akzeptierten Ausgabekurs fest. Alle Gebote, die diesen festgelegten Kurs erreichen oder übersteigen, werden berücksichtigt. Privatpersonen können direkt nach Beendigung des Bieterverfahrens die ausgegebenen Bundesschatzanweisungen an der Börse erwerben.

Bundesschatzanweisungen können jederzeit an der Börse gekauft und verkauft werden. Ein Verkauf vor Ablauf der Anleihe ist mit dem normalen Kursrisiko vor Endfälligkeit behaftet. Damit lassen sich ggf. bei sinkendem Kapitalmarktzinsniveau auch Kursgewinne realisieren. Andererseits droht bei steigendem Zinsniveau ein zumeist geringer Kursverlust.

Quelle: http\\www.finanztip.de

Merkmale	Bundesschatzanweisungen	Pfandbriefe
Laufzeit		
Stückelung (Mindestanlage)		
Verzinsung		
Art der Begebung/ des Verkaufs		

Merkmale	Bundesschatzanweisungen	Pfandbriefe
Käuferkreis		
Effektive Auslieferung		
Börsenfähigkeit		
Kursrisiko		
Verkauf vor Fälligkeit (Liquidisierbarkeit)		

Fortsetzung der Situation:

Hans-Peter Marschmann hat auf der Homepage der Landesbank Berlin eine Anzeige über „Öffentliche Pfandbriefe mit variablem Zinssatz" gefunden (siehe unten).

Er wendet sich erneut an Sie als seine(-n) Kundenberater(-in) und bittet um nähere Erläuterungen zu diesem Produkt.

Landesbank Berlin AG LBB

Emission von EUR 55.000.000,00 Öffentlicher Pfandbriefe mit variablem Zinssatz (6-Monats-Euribor + 0,571 Prozentpunkte Spread)

Anleihebedingungen der Pfandbriefe (Auszug)

§ 1 (Form und Nennbetrag): Die Landesbank Berlin AG begibt im Gesamtnennbetrag von EUR 55.000.000,00 am 19. 11. 20. . auf den Inhaber lautende, untereinander gleichberechtigte Teilschuldverschreibungen als Öffentliche Pfandbriefe im Sinne des § 1 Absatz 1 Nr. 1 Pfandbriefgesetz. Die Emission ist aufgeteilt in 550 Stück im Nennbetrag von je EUR 100.000,00.

§ 2 (Verzinsung): (1) Die Pfandbriefe sind bezogen auf den ausstehenden Nennbetrag vom 07. 11. des Ausgabejahres (einschließlich) bis zum letzten Zinszahlungstag im Mai des Fälligkeitsjahres (ausschließlich) zu einem Satz zu verzinsen, der gemäß nachfolgender Regelung bestimmt wird.

(2) Zinsen werden jeweils für eine Zinsperiode nachträglich am 07. 05. und 07. 11. eines jeden Jahres gezahlt. Zinsperiode ist jeder Zeitraum vom 07. 11. des Ausgabejahres (einschließlich) bis zum ersten Zinszahlungstag (ausschließlich) sowie jeder Zeitraum von einem Zinszahlungstag (einschließlich) bis zum darauf folgenden Zinszahlungstag (ausschließlich). Als Zinsberechnungsmethode gilt „actual/360".

(3) Der Zinssatz für jede Zinsperiode ist der 6-Monats-EURIBOR. Die Zinsfestlegung für die betreffende Zinsperiode erfolgt jeweils zwei Bankarbeitstage vor ihrem Beginn. Der für die jeweilige Zinsperiode gültige Zinssatz ist der am Zinsfeststellungstag um ca. 11.00 Uhr Brüsseler Ortszeit veröffentlichte EURIBOR-Zinssatz für 6-Monats-EUR-Einlagen zuzüglich 0,571 Prozentpunkte Spread. Nimmt der 6-Monats-EURIBOR einen negativen Wert an, wird er gegen den Spread verrechnet, sodass er den Spread verringert. Der Zinssatz beträgt mindestens 0 (Null).

§ 3 (Fälligkeit): Die Pfandbriefe werden am 07. 05. 20. . nach 8 Jahren Laufzeit zurückgezahlt.

Aufgaben:

4 Beschreiben Sie dem Kunden die Besonderheit dieses Öffentlichen Pfandbriefs im Vergleich zu einem Hypothekenpfandbrief.

5 Erklären Sie die Ausdrücke 6-Monats-Euribor und Spread.

Auszug aus dem Handbuch für kundenzentriertes Bankmanagement:

EURIBOR

EURIBOR (Euro InterBank Offered Rate) ist der Zinssatz für Termingelder in Euro im Interbankengeschäft, der geschäftstäglich für die Laufzeiten von 1 Monat bis 12 Monaten ermittelt wird. Er ist bei variabel verzinslichen Euro-Anleihen der wichtigste Referenzzinssatz.

Banken mit erstklassiger Kreditwürdigkeit melden geschäftstäglich Angebotssätze (Briefsätze) an einen Informationsanbieter. Dieser ermittelt Durchschnittssätze und veröffentlicht sie um 11:00 Uhr mit drei Nachkommastellen. Dabei fließen die 15 % der höchsten und die 15 % der niedrigsten gemeldeten Zinssätze nicht in die EURIBOR-Berechnung ein. Dies soll dazu führen, dass Zinsausreißer nicht den Markt verfälschen. Für die Zinsberechnung gilt actual/360.

Spread

Der Auf- bzw. Abschlag (engl. Spread) ist eine konstante Zinsmarge, die zum Referenzzinssatz addiert oder von ihm abgezogen wird. Die Höhe des Spreads richtet sich hauptsächlich nach der Bonität des Schuldners. Erstklassige Adressen zahlen in der Regel weniger als den Referenzzinssatz oder nur den Referenzzinssatz. Schuldner mit einer schwächeren Bonität zahlen oft deutliche Aufschläge.

Der Spread wird zudem durch die sonstige Ausstattung der Anleihe beeinflusst, wie etwa die Gewährung eines Minimal- bzw. Maximalkupons, die Laufzeit und die Tilgungsmodalitäten.

6 Geben Sie an, wovon die Höhe des Spreads abhängig ist.

7 Bei welcher Zinserwartung empfehlen Sie Herrn Marschmann den Kauf dieses Öffentlichen Pfandbriefs?

8 Beschreiben Sie Herrn Marschmann die Entwicklung des Kurses dieses Öffentlichen Pfandbriefs im Vergleich zu einer festverzinslichen Anleihe.

9 Erläutern Sie dem Kunden die Risiken, die mit dem Kauf dieses Öffentlichen Pfandbriefs verbunden sein können.

10 a) Nach ausführlicher Anlageberatung und Erstellung einer Geeignetheitserklärung kauft Herr Marschmann am 19. November des Ausgabejahres nom. 100 000,00 EUR Öffentliche Pfandbriefe der Landesbank Berlin AG.

Welcher Zinssatz wird ihm für die erste Zinsperiode vergütet, wenn folgende Eurogeldmarktsätze für die Zinsfestlegung entscheidend sind?

Eurogeldmarktsätze unter Banken (in Prozent) (Auszug)
Euro-Libor = 1 Monat –0,5734 %, 2 Monate –0,5554 %, 3 Monate –0,5610 %, 6 Monate –0,5410 %, 12 Monate –0,4970%, **ESTR**[1]: –0,57066 %, **Euribor** = 1 Monat –0,562 %, 3 Monate –0,548 %, 6 Monate –0,526 %, 12 Monate –0,490 %.

1 Die Euro Short-Term Rate (ESTR) ist ein Referenzzinssatz für die Währung Euro. Sie ist ein kurzfristiger Euro-Zinssatz, der von der Europäischen Zentralbank (EZB) ermittelt wird. Der Zinssatz basiert auf der Geldmarktstatistik des Eurosystems. Seit dem 1. 1. 2022 hat die ESTR den EONIA-Zinssatz ersetzt.

b) Errechnen Sie die Zinsen in EUR, die der Kunde für die ersten beiden Zinsperioden erhält, wenn der 6-Monats-EURIBOR am 5. Mai des dem Ausgabejahr folgenden Jahres (zwei Bankarbeitstage vor Beginn der neuen Zinsperiode) –0,551 % beträgt. Die beiden Zinsperioden fallen nicht in ein Schaltjahr.

Lernbuch Kap. 11.4.5.5

Situation 3: Unternehmensanleihen

Ihr Kunde Yusuf Ekizi ist an einer nachhaltigen Geldanlage interessiert. Sie stellen ihm die folgende Stufenzinsanleihe der Energiekontor-Gruppe vor.

Die Energiewende gestalten

EnergieKontor seit 1990

Fördern Sie die erneuerbaren Energien zusammen mit Energiekontor und investieren Sie über die Emittentin der StufenzinsAnleihe 2020 in Wind- und Solarstrom-projekte. Es lohnt sich – für Sie und für die Umwelt.

Rendite mit erneuerbarer Energie

StufenzinsAnleihe 2020

- Ökologisch nachhaltige Geldanlage in Erneuerbare Energien
- 4-stufige Verzinsung von 4 Prozent bis auf 5 Prozent pro Jahr
- Absicherung durch laufende Erträge von zwei Windparks und durch eine Konzernbürgschaft
- Flexibilität durch Börsenzulassung – Verkauf zum aktuellen Marktpreis möglich

Die Energiekontor-Gruppe hat mehr als 30 Jahre Erfahrung in der Realisierung von Windenergieprojekten und betreibt heute Windparks in Deutschland, Portugal und Großbritannien. Seit 1990 hat Energiekontor rund 580 Windkraftanlagen mit einer Gesamtleistung von über 840 Megawatt realisiert. Das entspricht einem Investitionsvolumen von über 1,3 Mrd. EUR.

Die Energiekontor Stufenzinsanleihe 2020 im Überblick
(Klassische Unternehmensanleihe ohne Nachrangklausel aus der Stufenzins-Reihe von Energiekontor)

Emittentin	Energiekontor Finanzanlagen VIII GmbH & Co. KG (Teil der Energiekontor-Gruppe)
Zweck der Anleihe	Gewährung von Refinanzierungsdarlehen an zwei Windparks in Portugal
Anleihevolumen	15 100 000,00 EUR
Zinsstufen	4,0 % p.a. vom 01.03.2021 bis 28.02.2026; 4,25 % p.a. vom 01.03.2026 bis 28.02.2031; 4,5 % p.a. vom 01.03.2031 bis 28.02.2035; 5,0 % p.a. vom 01.03.2035 bis 28.02.2039
Rückzahlstufen	15 % am 01.03.2026; 15 % am 01.03.2031; 10 % am 01.03.2035; 60 % am 01.03.2039
Laufzeit	18 Jahre
Mindestzeichnungssumme	3 000,00 EUR, höhere Beträge in 1 000-Euro-Schritten. Die Ausgabe erfolgt zum Nennwert.
Übertragbarkeit und Handelbarkeit	Die gesamte Anleihe wird in einer Globalurkunde verbrieft, die bei der Clearstream Banking AG, Frankfurt hinterlegt wird. Sie kann ohne Beschränkung verkauft oder übertragen werden. Der Handel an einer deutschen Wertpapierbörse ist zum 01.03.2021 vorgesehen.
Sicherheiten	1. Sachwerte: Die Stufenzinsanleihe 2020 gewährt Refinanzierungsdarlehen an die zwei Windparks Montemuro (Portugal) und Penedo Ruivo (Portugal) gegen Bestellung von banküblichen Sicherheiten (das heißt Abtretung der Einspeiseerlöse, der Anlagenstandortrechte etc.). Zusätzlich erfolgt die Sicherungsabtretung der Kommanditanteile an den Betreibergesellschaften der zwei Windparks zugunsten der Emittentin. 2. Kontrollkonzept: Einrichtung eines Treuhandkontos zur Mittelverwendungskontrolle und zur Kontrolle der Abtretung; Anlegervertreter über die gesamte Laufzeit; Einsatz eines Wirtschaftsprüfers bei Sicherheitenwechsel. 3. Bürgschaft der Energiekontor AG: Die Energiekontor AG gibt eine nachrangige Bürgschaft über 12 835 000,00 EUR als zusätzliche Sicherheit des Anleihekapitals. 4. Flexibilität: Durch den geplanten Börsenhandel ist auch während der Laufzeit ein Verkauf zum aktuellen Marktpreis möglich.

Aufgaben:

1 Informieren Sie als Kundenberater(-in) Yusuf Ekizi über das Chance-Risiko-Verhältnis einer Anlage in diesem Wertpapier.

2 Geben Sie dem Kunden an, für welche Anleger das obige Angebot geeignet ist.

Fortsetzung der Situation:

Yusuf Ekizi legt Ihnen das Verkaufsangebot einer $1^{1}/_{4}$ % Unternehmensanleihe vor. Er wünscht über diese Anleihe informiert zu werden.

Unternehmensanleihe

Verkaufsangebot

$1^{1}/_{4}$ % Teilschuldverschreibungen im Gesamtbetrag von 150.000.000,00 EUR

Zinsen	$1^{1}/_{4}$ % jährlich, zahlbar am 1. Februar eines jeden Jahres
Ausgabekurs	$99^{1}/_{2}$ %, spesenfrei, unter Verrechnung von Stückzinsen
Laufzeit	Längstens 15 Jahre
Rückzahlung	Nach 3 tilgungsfreien Jahren in 12 gleichen Jahresraten durch Auslosung zum Nennwert

Zur Finanzierung betrieblicher Investitionen legt der Emittent eine Anleihe im Gesamtbetrag von 150 Millionen EUR auf. Die Anleihe wird besichert durch erststellige Gesamtgrundschulden auf betrieblich genutztem Grundbesitz.

Anleihetreuhänderin ist die Deutsche Bank AG, Düsseldorf.

Die Zulassung der Anleihe zum Handel im regulierten Markt an sämtlichen deutschen Wertpapierbörsen wird so bald wie möglich beantragt.

Die Teilschuldverschreibungen werden ab 7. Februar 20.. von den unten aufgeführten Kreditinstituten freibleibend verkauft. Die Ausgabe von Einzelurkunden ist ausgeschlossen. Die Teilschuldverschreibungen werden in für die gesamte Laufzeit bei der Clearstream Banking AG, Frankfurt, hinterlegten Sammelurkunden verbrieft.

Aufgaben:

3 Ermitteln Sie den Gesamtverkaufserlös der Unternehmensanleihe bei einem vollen Verkaufserfolg. (Stückzinsen bleiben dabei unberücksichtigt.)

4 Ermitteln Sie die mittlere Laufzeit und die Effektivverzinsung der Anleihe. Legen Sie den 01.02.20.. als Emissionsdatum zugrunde. Schaltjahre bleiben unberücksichtigt.

5 Erklären Sie dem Kunden, warum er bei ansonsten vergleichbaren Emissionsbedingungen für die Unternehmensanleihe im Vergleich zu Bundesanleihen eine höhere Rendite erzielt.

6 Nennen Sie ihm zwei Faktoren, die den Kurs der Unternehmensanleihe beeinflussen. Beschreiben Sie dabei, welche Auswirkungen diese Faktoren auf den Kurs dieser Anleihe haben.

7 Die Anleihe ist durch Gesamtgrundschulden abgesichert. Erklären Sie dem Kunden diesen Sachverhalt.

Auszug aus dem Handbuch für kundenzentriertes Bankmanagement:

Unternehmensanleihen

Unternehmensanleihen oder Corporate Bonds werden von deutschen beziehungsweise internationalen Firmen oder ausländischen Töchtern deutscher Unternehmen emittiert. Dabei begeben Industrieunternehmen häufig Schuldverschreibungen als Alternative zur herkömmlichen Kreditaufnahme bei den Banken, um die Liquidität des Unternehmens zu gewährleisten oder zu stützen. Dabei ist insbesondere das Rating des Emittenten zu beachten, denn die Bonität der einzelnen Unternehmen beeinflusst den zu zahlenden Zinssatz für die emittierte Anleihe. So wirkt sich das Rating auf die Konditionsgestaltung noch zu begebender Anleihen aus – insbesondere auf die Höhe der Rendite. Unternehmensanleihen mit erstklassigem Rating weisen dabei eine niedrigere Rendite auf als die mit einem schlechten Rating.

Die Vorteile von Unternehmensanleihen bestehen darin, dass die Bonität eines jeden Papiers durch das jeweilige Rating der Agenturen geliefert wird und somit die Anlageentscheidung erleichtern kann. Zudem besteht die Möglichkeit einer Anhebung des Anleihenkurses durch eine Rating-Verbesserung während der Laufzeit. Einen Nachteil könnten Zahlungsschwierigkeiten sowie die Insolvenz eines Unternehmens darstellen. Zudem muss während der Laufzeit der Unternehmensanleihen mit einer potenziellen Verschlechterung des Ratings gerechnet werden, wodurch der Kurs fallen kann.

Quelle: www.finanzen.net

Situation 4: Auslandsanleihen

Lernbuch Kap. 11.4.5.6

Die Kundin Fatma Arslan hat Ende März 2018 für ca. 15 000,00 EUR die nachfolgende Anleihe gekauft.

Türkei-Anleihe: 12,400 % bis 08.03.2028 WKN: A19YE2 /ISIN: TRT080328T15			
KUPONDATEN		**STAMMDATEN**	
Kupon in %	12,400	Name	TURKEY 18-28
Erstes Kupondatum	19.09.2018	ISIN	TRT080328T15
Letztes Kupondatum	07.03.2028	WKN	A19YE2
Zahlweise Kupon	Zinszahlung normal	Anleihe-Typ	Staatsanleihe
Zinstermin Periode	halbjährlich	Kategorisierung	■ Anleihen (Obligationen, Schuldverschreibungen, Bonds, Notes) ■ Währungsanleihen ■ Government Bonds
Zinstermine pro Jahr	2		
		Emittentengruppe	Zentralregierungen
Zinsablauf ab	21.03.2018	Land	Türkei
EMISSIONSDATEN		Nachrang	Nein
Emittent	Türkei, Republik(/anleihen/ tuerkeianleihen)		
Emissionsvolumen*	10.587.229.921	**STEUERN UND DEPOT**	
Emissionswährung	TRY (türkische Lira)	Steuerzahlende Stelle	Depotbank (Zahlstelle)
Emissionsdatum	21.03.2018	Steuertyp	Kein Quellensteuerabzug (einkommen- bzw. körperschaftsteuerpflichtig)
Fälligkeit	08.03.2028		
* Hinweis: Der Betrag stellt das Maximum des möglichen Volumens der Anleihe dar.			
Die Tuerkei Republik-Anleihe ist handelbar unter der WKN A19YE2 bzw. der ISIN TRT080328T15. Die Anleihe wurde am 21.03.2018 emittiert und hat eine Laufzeit bis 08.03.2028. Das Emissionsvolumen betrug bis zu 10,6 Mrd. Die zugrundeliegende Währung TRY.			

Als Frau Arslan im Januar 2022 ihren Depotauszug erhält, stellt sie fest, dass das Wertpapier erheblich unter dem Erwerbspreis liegt.

Aufgaben:

1 Erklären Sie der Kundin mögliche Ursachen für den Wertverlust.

2 Stellen Sie ihr dar, wodurch der Wertverlust vermindert wird.

3 Frau Arslan erwähnt, dass sie im Internet im Zusammenhang mit der Geldanlage in Wertpapieren häufig auf den Begriff „Rating" gestoßen sei, aber nicht so recht verstanden habe, was das konkret bedeutet. Sie bittet Sie um eine Erklärung dieses Begriffs.

Fortsetzung der Situation:

Die Kundin Fatma Arslan ist an dem Erwerb weiterer Auslandsanleihen interessiert. Sie besprechen mit ihr die beiden folgenden Emissionen.

BNP Paribas-Anleihe: 0,564 % bis 15.09.2031

KUPONDATEN		STAMMDATEN	
Kupon in %	0,564	Name	BNP PARIBAS 21/31 MTN
Erstes Kupondatum	15.09.2022	ISIN	FR0014005211
Letztes Kupondatum	14.09.2031	WKN	BP45TX
Zahlweise Kupon	Zinszahlung normal	Anleihe-Typ	Unternehmensanleihen Euroland
Nächster Zinstermin	15.09.2021	Kategorisierung	Anleihen (Obligationen, Schuldverschreibungen, Bonds, Notes) Währungsanleihen Medium-Term Notes
Zinstermin Periode	Ganzjährig	Emittentengruppe	Kreditinstitute (außer Zentralnotenbanken)
Zinstermine pro Jahr	1	Land	Frankreich
Zinslauf ab	19.08.2021	Stückelung	100000
EMISSIONSDATEN		Stückelung Art	Prozent-Notiz
Emittent	BNP Paribas S.A.	Nachrang	Nein
Emissionsvolumen*	10000000		
Emissionswährung	EUR		
Emissionsdatum	19.08.2021		
Fälligkeit	15.09.2031		

* Hinweis: Der Betrag stellt das Maximum des möglichen Volumens der Anleihe dar.

Die BNP Paribas S.A. ist **eine französische Großbank, die am 23. Mai 2000 durch die Fusion der Banque Nationale de Paris (BNP) und der Bank Paribas entstanden ist.** Vertreten in 71 Ländern war sie gemessen an den Einlagen 2010 die größte Bank Europas, gemessen am Börsenwert im Jahr 2019 die drittgrößte Bank Europas und gemessen an der Bilanzsumme die zweitgrößte Bank in Europa.

Die BNP Paribas-Anleihe ist handelbar unter der WKN BP45TX bzw. der ISIN FR0014005211. Die Anleihe wurde am 19.08.2021 emittiert und hat eine Laufzeit bis 15.09.2031. Das Emissionsvolumen betrug bis zu 10,00 Mio. Der Kupon der BNP Paribas-Anleihe (BP45TX) beträgt 0,564 %. Die nächste Auszahlung des Kupons findet am 15.09.2021 statt.

Insgesamt schneidet die BNP Paribas im Rating wie folgt ab: Die großen Ratingagenturen Standard & Poor's und Fitch geben ein Rating, das im Bereich „sichere Anlage" und damit deutlich im Investment Grade liegt (Standard & Poor's A+, Fitch AA−).

National Australia Bank-Anleihe: 1,699 % bis 15.09.2031

KUPONDATEN		STAMMDATEN	
Kupon in %	1,699	Name	NATL AUSTR.B 21/31 FLRMTN
Erstes Kupondatum	15.03.2022	ISIN	XS2386287416
Letztes Kupondatum	14.09.2031	WKN	A3KV1Y
Zahlweise Kupon	Zinszahlung normal	Anleihe-Typ	Unternehmensanleihen Welt Rest
Zinstermin Periode	Halbjährig	Kategorisierung	Anleihen (Obligationen, Schuldverschreibungen, Bonds, Notes) Währungsanleihen Subordinated Floating Rate Medium-Term Notes
Zinstermine pro Jahr	2	Emittentengruppe	Kreditinstitute (außer Zentralnotenbanken)
Zinslauf ab	15.09.2021	Land	Australien
EMISSIONSDATEN		Stückelung	1000
Emittent	National Australia Bank Ltd.	Stückelung Art	Prozent-Notiz
Emissionsvolumen*	600000000	Nachrang	Ja
Emissionswährung	GBP		
Emissionsdatum	15.09.2021		
Fälligkeit	15.09.2031		

* Hinweis: Der Betrag stellt das Maximum des möglichen Volumens der Anleihe dar.

Die **National Australia Bank Ltd. (NAB)** mit Sitz in Melbourne ist die viertgrößte Bank Australiens und die 52-größte Bank der Welt, gemessen an dem verwalteten Vermögen (Stand 30. September 2017). Im November 2014 betrieb die NAB 1590 Niederlassungen und Servicecenter und 4412 Geldautomaten in Australien, Neuseeland und Asien, die 12,7 Millionen Kunden bedienen.

Die National Australia Bank-Anleihe ist handelbar unter der WKN A3KV1Y bzw. der ISIN XS2386287416. Die Anleihe wurde am 15.09.2021 emittiert und hat eine Laufzeit bis 15.09.2031. Das Emissionsvolumen betrug bis zu 600 Mio. Die zugrunde liegende Währung ist GBP. Für Anleger aus dem Euro-Raum besteht damit zusätzlich zum Investmentrisiko ein Währungsrisiko. Es besteht eine Kündigungsoption des Emittenten am 15.09.2026. Wird die Kündigungsoption genutzt, beträgt die Rückzahlung dann 100. Der Kupon der National Australia Bank-Anleihe (A3KV1Y) beträgt 1,699 %. Beim aktuellen Kurs von 99,85 ergibt sich somit eine Rendite von 1,7154 %. Das zuletzt am 13.09.2021 17:18:34 erstellte Moody's Rating der Anleihe lautet Baa1.

Nachrangige Anleihen, auch TIER1-Anleihen genannt, werden meist von Banken angeboten. Nachrangig bedeutet, dass bei einem Zahlungsausfall des Emittenten alle anderen Verbindlichkeiten der Bank zuerst befriedigt werden, bevor die Anleiheneigner ihr Geld bekommen.

Aufgabe:

4 Legen Sie der Kundin die Chancen und Risiken einer Anlage in den beiden obigen Anleihen dar.

Situation 5: Floating-Rate-Notes/Zerobonds

Lernbuch Kap. 11.4.5.8

Ihr Kunde Heiko Fischer (ledig, 60 Jahre alt, alleinstehend, in leitender Position bei einem Großhandelsunternehmen beschäftigt) besucht Sie am 02. 03. 20.. zu einem Beratungsgespräch, weil er 50 000,00 EUR anlegen will.

Herr Fischer hat aus dem Wirtschaftsteil einer Zeitung die beiden abgebildeten Anzeigen ausgeschnitten. Er erwägt, zum Zwecke der Altersvorsorge in diese Anleihen zu investieren.

Im Beratungsgespräch erfahren Sie, dass dem Kunden Bundesanleihen bekannt, die beiden abgebildeten Anleihen aber unbekannt sind.

Helaba
Landesbank Hessen-Thüringen

10 000 000,00 EUR

Anleihe mit variablem Zinssatz von 20../20..

Ausgabekurs:	99,775 %
Verzinsung:	3-Monats-Euribor zuzüglich 0,8 Prozentpunkte, zahlbar vierteljährlich nachträglich am 30. Januar, 30. April, 30. Juli und 30. Oktober
Rückzahlung:	30. Januar 20.. zum Nennwert
Rating:	Moody's: Aa3 S&P AA–

DZ BANK
Die Initiativbank

3 000 000,00 EUR

Nullkupon-Anleihe (Zerobonds) von 20../20..

Ausgabepreis:	66,35 % freibleibend
Rückzahlung:	Die Anleihe wird im Jahre 20.. zu 100 % zurückgezahlt.
Rating:	Moody's: Aa3 S&P A–

Aufgaben:

1 Erläutern Sie Herrn Fischer

a) drei Besonderheiten der variabel verzinslichen Anleihe (Floating-Rate-Note Landesbank Hessen-Thüringen) im Vergleich zur Bundesanleihe.

b) drei Besonderheiten der Nullkupon-Anleihe (Zerobonds DZ Bank) im Vergleich zur Bundesanleihe.

2 Beurteilen Sie das Bonitäts-/ Emittentenrisiko der beiden abgebildeten Wertpapiere. Nehmen Sie die Ratingskala (siehe Lernsituation 6, Situation 2 auf S. 55) zu Hilfe.

3 Erläutern Sie Herrn Fischer, warum die variabel verzinsliche Anleihe mit einem Aufschlag auf den 3-Monats-Euribor verzinst wird.

4 Nennen Sie zwei Einflussfaktoren, die den Kurs der variabel verzinslichen Anleihe beeinflussen können.

5 Wann sind die Erträge der jeweiligen Anleihe vom Anleger zu versteuern?

6 Herr Fischer fragt, welches Risiko er hat, wenn er die Anleihe mit variablem Zinssatz bzw. die Nullkupon-Anleihe vorzeitig verkaufen muss.

a) Erläutern Sie die Auswirkungen auf die Kursentwicklung für jedes der beiden Wertpapiere, wenn in Zukunft mit deutlich steigenden Zinsen gerechnet wird.

b) Welche Anlage empfehlen Sie, wenn in Zukunft mit deutlich steigenden Zinsen zu rechnen ist?

7 Herr Fischer entscheidet sich zum Kauf von nom. 50 000,00 EUR der Anleihe mit variablem Zinssatz. Berechnen Sie die Zinsgutschrift in Euro zum nächsten Zinstermin (30. April 20..). Ein eventuell vorhandener Bestand im allgemeinen Verlustverrechnungstopf ist nicht zu berücksichtigen. Ein Freistellungsauftrag liegt nicht vor. Der Abzug von Kirchensteuer bleibt unberücksichtigt.

(3-Monats-Euribor am 30. Januar 20.. = −0,548 %; Zinsmethode act/360; kein Schaltjahr)

4 Kunden über die Vermögensanlage in Aktien informieren

Situation 1: Grundlagen von Aktien

Lernbuch Kap. 11.5

Ihre Kundin Paula Büttner hat im Magazin „Wirtschaftswoche" gelesen, dass man bei der heutigen Kapitalmarktsituation nicht um den Kauf von Aktien herumkommt. Aus diesem Grunde kommt sie zu Ihnen als Anlageberater(-in) und möchte sich über Aktien informieren.

Aufgaben:

1 Erklären Sie der Kundin, was Aktien sind und stellen Sie Chancen und Risiken dar, die mit einer Geldanlage in Aktien verbunden sind.

2 Erläutern Sie ihr die Aussage, die in der Wirtschaftswoche getroffen wurde.

3 Nennen Sie der Kundin die Rechte, die ihr als Aktionärin grundsätzlich zustehen.

4 Erklären Sie Frau Büttner, warum es nicht sinnvoll ist, sein gesamtes Anlagekapital in Aktien nur eines Unternehmens anzulegen.

5 Die Kundin möchte wissen, welche Kosten beim Kauf von Aktien entstehen.

6 Informieren Sie die Kundin, wie sie die in ihrem Besitz befindlichen Aktien wieder verkaufen kann.

7 Frau Büttner hat in der „Wirtschaftswoche" auch gelesen, dass es verschiedene Aktienarten gibt. Da ihr diese nicht geläufig sind, bittet sie Sie um Auskunft.

a) Erklären Sie Frau Büttner den Unterschied zwischen Stamm- und Vorzugsaktien.

b) Nennen Sie ihr Gründe, warum Vorzugsaktien i. d. R. niedriger notiert werden als Stammaktien.

c) Erläutern Sie der Kundin die Motive, die Aktiengesellschaften zur Emission von Vorzugsaktien bewegen.

Fortsetzung der Situation:

Frau Büttner ist in den Aktienmarkt eingestiegen und hat Aktien der Siemens AG und Aktien der Ringmetall AG gekauft. Die Siemens AG hat die Kundin nach dem Kauf der Aktien angeschrieben, dass sie sie namentlich und unter Angabe ihrer Adresse ins Aktienregister der Gesellschaft eingetragen hat. Frau Büttner bittet Sie um Auskunft über diesen Sachverhalt.

Aufgaben:

8 Erklären Sie der Kundin, warum sie beim Kauf der Siemens AG Aktien in das Aktienregister der Gesellschaft eingetragen wird.

9 Verdeutlichen Sie ihr, welche Vorteile für die Siemens AG mit der Führung eines Aktienregisters verbunden sind.

Fortsetzung der Situation:

Paula Büttner hat auch Aktien der Eifelhöhen-Klinik AG in ihrem Depot. Die Eifelhöhen-Klinik veröffentlicht die folgende Bekanntmachung.

Eifelhöhen-Klinik AG
Nettersheim/Marmagen

Bekanntmachung

zur Umstellung der Aktien von der Nennbetragsaktie auf die Stückaktie, verbunden mit einem Aktiensplit, sowie zur hieraus folgenden Umstellung der Börsennotierung.

– Wertpapier-Kenn-Nummer 565 360 –

Die ordentliche Hauptversammlung der Eifelhöhen-Klinik AG vom 5. August 20.. hat beschlossen, die Einteilung des Grundkapitals von der Nennbetragsaktie in die Stückaktie zu ändern und in diesem Zusammenhang einen Aktiensplit durchzuführen. Der rechnerische Wert je Stückaktie beträgt 5,00 EUR. Jede Stückaktie ist am Grundkapital der Eifelhöhen-Klinik AG in gleichem Umfang beteiligt; der jeweilige Anteil eines Aktionärs am Grundkapital der Eifelhöhen-Klinik AG verändert sich durch die Umstellung auf die Stückaktie nicht. Das Grundkapital der Eifelhöhen-Klinik AG beträgt unverändert 15 600 000,00 EUR und ist nunmehr eingeteilt in 3 120 000 Stückaktien.

Die Umstellung des Grundkapitals auf die Stückaktie ist verbunden mit einem Aktiensplit im Verhältnis 1 : 10 für die bisherigen Aktienstückelungen. An die Stelle einer Aktie im Nennbetrag von 50,00 EUR treten nunmehr zehn Stückaktien und an die Stelle einer Aktie im Nennbetrag von 1 000,00 EUR treten zweihundert Stückaktien. Die entsprechende Satzungsänderung wurde am 7. September 20.. in das Handelsregister des Amtsgerichts Bonn eingetragen.

Mit der Umstellung auf die Stückaktie und dem Aktiensplit ist auch eine Umstellung der Börsennotierung verbunden. Die Notierung für sämtliche Aktien der Eifelhöhen-Klinik AG (Wertpapier-Kenn-Nummer 565 360) wird ab dem 29. Januar 20.. von der bisherigen Einheit 1 Stück = 50,00 EUR auf die Einheit Stückaktien im Verhältnis 1 : 10 umgestellt. ...

Von den Aktionären ist nichts zu veranlassen.

Bonn, im Januar 20..

DER VORSTAND

Aufgaben:

10 Erklären Sie der Kundin den Unterschied zwischen Nennwertaktien und nennwertlosen Stückaktien.

11 Geben Sie Frau Büttner Auskunft darüber, was man unter einem Aktiensplit versteht und welche Bedeutung er für die Aktiengesellschaft hat.

12 Welchen Anteil am Grundkapital besitzt Frau Büttner, wenn sie nach der Umstellung und dem Aktiensplit 300 Stückaktien der Eifelhöhen-Klinik AG im Depot hat.

Kurse (Angaben in Euro)		
	29.01.20..	28.01.20..
Eifelhöhen-Klinik AG	3,96	39,00

13 Errechnen Sie die folgenden Depotwerte unter Verwendung der angegebenen Kurse.

28.01.20..			**29.01.20..**		
Wertpapier	NW/St.	Kurswert	Wertpapier	NW/St.	Kurswert
Eifelhöhen-Klinik	NW 250000	EUR	Eifelhöhen-Klinik	Stück	EUR ....

Fortsetzung der Situation:

Frau Büttner kauft am 09.03.20.. (Montag) 140 Stück Aktien der SAAK Umwelttechnik AG zu einem Kurs von 31,95 EUR. Die Dividende im Mai dieses Jahres beträgt pro Aktie 1,65 EUR. Am 12.08. des gleichen Jahres (Mittwoch) verkauft sie die Aktien zu einem Kurs von 32,50 EUR. An Kosten sind angefallen: 0,5% Provision vom Kurswert beim Kauf und beim Verkauf und anteilige Depotgebühren von 24,80 EUR.

Die Kundin bittet Sie um Auskunft darüber, welche tatsächliche Verzinsung sie mit diesem Aktienwert während der Besitzdauer erzielt hat.

Aufgabe:

14 Führen Sie die Renditeberechnung durch.
(Die Tageberechnung erfolgt nach der Methode „30/360". Steuerliche Gesichtspunkte bleiben unberücksichtigt.)

Situation 2: Kapitalerhöhung

Lernbuch Kap. 11.5.3

Der Depotkunde Alfredo Lorenzo ist Aktionär der T.R.G. Metallbau AG Duisburg. Er legt Ihnen die folgende Finanzanzeige vor und bittet Sie um nähere Erläuterungen.

T.R.G. Metallbau Aktiengesellschaft
Duisburg

Aufforderung zur Entgegennahme von Berichtigungsaktien

Die ordentliche Hauptversammlung vom 20. 06. 20 . . hat beschlossen, das Grundkapital um 12 Mio. EUR durch Umwandlung eines entsprechenden Betrags der Kapitalrücklagen in Grundkapital auf 120 Mio. EUR zu erhöhen. Es sollen 4 800 000 nennwertlose Stückaktien mit Gewinnberechtigung ab 01. 01. 20 . . (das Geschäftsjahr der Gesellschaft ist mit dem Kalenderjahr identisch) ausgegeben werden.

Das Grundkapital ist nunmehr eingeteilt in 48 000 000 Stückaktien mit einem rechnerischen Anteil am Grundkapital von je Euro 2,50.

Der Beschluss über die Erhöhung des Grundkapitals wurde inzwischen in das Handelsregister beim Amtsgericht Duisburg eingetragen.

Die neuen Stückaktien erhalten jeweils die gleiche Wertpapier-Kenn-Nummer wie die alten Stückaktien. Sämtliche Aktien sind in einer permanenten Globalurkunde verbrieft, die bei der Clearstream Banking AG, Frankfurt am Main, hinterlegt worden ist.

Die Ausgabe der neuen Aktien erfolgt für die Aktionäre kostenfrei durch Depotgutschrift der entsprechenden Anzahl der girosammelverwahrten neuen Inhaberstückaktien.

Von den Aktionären unserer Gesellschaft ist wegen der Umstellung nichts zu veranlassen.

Duisburg, im November 20 . . Der Vorstand

Aufgaben:

1 Erklären Sie dem Kunden, was man unter Berichtigungsaktien versteht und geben Sie an, wie das Aktiengesetz diese Art der Kapitalerhöhung bezeichnet.

2 Erläutern Sie ihm, wodurch sich diese Form der Kapitalerhöhung von allen übrigen Arten der Grundkapitalerhöhung unterscheidet.

3 Geben Sie Alfredo Lorenzo Auskunft darüber, welche Vorteile Berichtigungsaktien der ausgebenden Gesellschaft und den Aktionären bieten.

4 Welchen Bilanzpositionen sind die Vorgänge aus der Kapitalerhöhung zuzuordnen?

Aktiva **Bilanz (alt) in Mio. Euro** Passiva

Aktiva		Passiva	
Anlagevermögen	354	Eigenkapital	
Umlaufvermögen	650	Gezeichn. Kapital	108
		Kapitalrücklage	146
		Gewinnrücklage	25
		Verbindlichkeiten	725
	1 004		1 004

Aktiva **Bilanz (neu) in Mio. Euro** Passiva

Aktiva		Passiva	
Anlagevermögen		Eigenkapital	
Umlaufvermögen		Gezeichn. Kapital	
		Kapitalrücklage	
		Gewinnrücklage	
		Verbindlichkeiten	

5 Errechnen Sie den Berichtigungsabschlag und den rechnerischen Wert der Aktie nach der Kapitalerhöhung (Kurs der Aktie 105,00 EUR).

6 Der Depotkunde Alfredo Lorenzo besitzt 150 Stück Aktien dieser Gesellschaft. Er möchte die Höchstzahl an Berichtigungsaktien, die sein Aktienbestand ermöglicht, erwerben.
Wie viele Berichtigungsaktien kann er erhalten und wie hoch ist die Teilrechtsspitze, die verkauft werden kann?

7 Wie viel Dividende in Prozent und in EUR (ohne Berücksichtigung von Abgeltungsteuer, Solidaritätszuschlag und Kirchensteuer) erhält der Aktionär Alfredo Lorenzo vor und nach der Kapitalerhöhung, wenn im alten und neuen Geschäftsjahr jeweils 8 500 000,00 EUR Gewinn ausgeschüttet wurden?
Vor der Kapitalerhöhung waren 43 200 000 Stück Aktien im Umlauf.

8 In dem Wirtschaftsteil seiner Tageszeitung hat Herr Lorenzo gelesen, dass die Aktie der T.R.G. Metallbau AG zwar in der Chartanalyse gut abschneidet, jedoch bei der Fundamentalanalyse als Wert gilt, von dem man sich besser trennen sollte.
Herr Lorenzo hat von derartigen Analysen keine Ahnung und bittet Sie um eine kundengerechte Erläuterung.

Lernbuch Kap. 11.5.3.4

Situation 3: Bezugsrechtshandel

Das Wertpapierdepot des Kunden Heiner Sump bei der Sparkasse Essen enthält u.a. folgende Papiere:

WKN 703010	NORATEC AG-Aktien	Bestand: Stück 1000

Der Kunde hat von der NORATEC Rostock das folgende Bezugsangebot erhalten:

NORATEC Rostock
Aktiengesellschaft

Bezugsangebot (Auszug)

Aufgrund der in der ordentlichen Hauptversammlung vom 20. Mai des vorletzten Jahres erteilten Ermächtigung hat der Vorstand mit Zustimmung des Aufsichtsrates beschlossen, das Grundkapital um 152 Mio. EUR auf 1515 Mio. EUR durch Ausgabe von 59457232 neuen Stückaktien mit voller Dividendenberechtigung für das laufende Geschäftsjahr zu erhöhen.

Die neuen Stückaktien sind von einem Bankenkonsortium mit der Verpflichtung übernommen worden, sie unseren Aktionären im Verhältnis 9 : 1 zum Preis von 38,00 EUR je Stückaktie zum Bezug anzubieten.

Vorbehaltlich der handelsregisterlichen Eintragung der Durchführung der Kapitalerhöhung, die spätestens für den 21. April 20. . vorgesehen ist, bitten wir unsere Aktionäre, ihr Bezugsrecht zur Vermeidung des Ausschlusses in der Zeit

vom 9. bis 22. April 20. .

über ihre jeweilige Depotbank bei einer Bezugsstelle auszuüben.

Auf je 9 alte Stückaktien kann eine neue Stückaktie zum Preis von 38,00 EUR bezogen werden. Der Bezugspreis ist bei der Bezugsanmeldung, spätestens jedoch am 22. April 20.., von den Beziehern zu zahlen.

Die Bezugsrechte werden vom 9. bis 20. April 20.. einschließlich im Regulierten Markt an der Hamburger Wertpapierbörse gehandelt.

Rostock im März 20. .

Herr Sump bittet Sie, ihn über diesen Vorgang zu informieren.

Aufgaben:

1 Erklären Sie dem Kunden, warum einem Aktionär bei einer Kapitalerhöhung in Form des Bezugsrechts ein gesetzlicher Anspruch auf die neuen Stücke gewährt wird.

2 Geben Sie an, unter welchen Voraussetzungen das gesetzliche Bezugsrecht ausgeschlossen werden kann.

3 Der Kunde möchte wissen, welche Art der Kapitalerhöhung vorliegt.

Aktiengesetz (Auszug)

§ 186 [Bezugsrecht]

(1) Jedem Aktionär muss auf sein Verlangen ein seinem Anteil an dem bisherigen Grundkapital entsprechender Teil der neuen Aktien zugeteilt werden. Für die Ausübung des Bezugsrechts ist eine Frist von mindestens zwei Wochen zu bestimmen.

(2) Der Vorstand hat den Ausgabebetrag oder die Grundlagen für seine Festlegung und zugleich eine Bezugsfrist gemäß Abs. 1 in den Gesellschaftsblättern bekannt zu machen. [...]

(3) Das Bezugsrecht kann ganz oder zum Teil nur im Beschluss über die Erhöhung des Grundkapitals ausgeschlossen werden. In diesem Fall bedarf der Beschluss [...] einer Mehrheit, die mindestens drei Viertel des bei der Beschlussfassung vertretenen Grundkapitals umfasst. Die Satzung kann eine größere Kapitalmehrheit und weitere Erfordernisse bestimmen. Ein Ausschluss des Bezugsrechts ist insbesondere dann zulässig, wenn die Kapitalerhöhung gegen Bareinlagen zehn vom Hundert des Grundkapitals nicht übersteigt und der Ausgabebetrag den Börsenpreis nicht wesentlich unterschreitet.

(4) [...]

(5) Als Ausschluss des Bezugsrechts ist es nicht anzusehen, wenn nach dem Beschluss die neuen Aktien von einem Kreditinstitut [...] mit der Verpflichtung übernommen werden sollen, sie den Aktionären zum Bezug anzubieten. Der Vorstand hat dieses Bezugsangebot mit den Angaben gemäß Abs. 2 Satz 1 und einen endgültigen Ausgabebetrag [...] bekannt zu machen. [...]

Fortsetzung der Situation:

Der Kunde erhält von seiner Bank, der Sparkasse Essen, die folgende Bezugsaufforderung:

Bezugsaufforderung

Institut	Depotkontonummer
42440	162842

Kenn-Nr.

703010 NORATEC Rostock AG

Die Gesellschaft erhöht ihr Grundkapital von EUR 1,363 MRD auf EUR 1,515 MRD .

Die neuen Aktien mit Gewinnberechtigung ab 01.01.20.. werden den Aktionären im Verhältnis 9,00 zu 1,00 in der Zeit vom 09.04.20.. bis 22.04.20.. einschließlich gegen Einreichung des Gewinnanteilscheins 64 zum Bezug angeboten.

Der Bezugsrechtshandel findet vom 09.04.20.. bis 20.04.20.. statt.

DER BEZUGSPREIS BETRÄGT EUR 38,00 JE NEUE NAMENS-STÜCKAKTIE

Ihr Bestand beträgt ST. 1000 NORATEC Rostock AG AKTIEN O.N.

Herrn, Frau, Firma

Herrn
Heiner Sump
Ruhrallee 57
45127 Essen

Absender

Sparkasse Essen

07.04.20..

8620 032604

Bearbeitungsvermerk

Aufgaben:

4 Ermitteln Sie den rechnerischen Wert des Bezugsrechts am 09.04.20.. und für den Kunden Heiner Sump den Wert der vorhandenen Bezugsrechte. Der Kurs der alten Aktien beträgt 49,85 EUR. Ein Dividendenvor- oder -nachteil bleibt unberücksichtigt.

5 An den ersten beiden Tagen des Bezugsrecht-Handels wird das Bezugsrecht an der Börse wie in nebenstehender Abbildung notiert.

Notieren Sie in Stichworten, welche Erklärung Sie dem Kunden geben können, warum rechnerischer Wert und notierter Wert voneinander abweichen.

BEZUGSRECHT-HANDEL

Notierung	12.04.	09.04.
Allg. G. & S. 08.04.-20.04.; 2:1:43,50 EUR	0,05	0,10
NORATEC Rostock 09.04.-20.04.; 9:1:38,00 EUR	1,11	1,16
SM Wirtschaftsb. 29.03.-12.04.; 4:1:32,00 EUR	3,70	4,10
Stork 30.03.-16.04.; 18:1:Bonus	1,15	-
Wereldhave 12.04.-16.04.; 21:1:Bonus	2,60	

6 Der Kunde Heiner Sump möchte 100 junge Aktien kaufen. Erteilen Sie am 15.04.20.. der Bank den entsprechenden Auftrag.

Auftrag

Ich/Wir beauftrage(n) Sie, auf die in meinem/unserem Depot verbuchten Wertpapiere

☐ *) unter **Zukauf**

3) von Stück Bezugsrechten

☐ *) unter **Verkauf**

3) von Stück Bezugsrechten

Stück/nom. neue Aktien der Gesellschaft **zu beziehen.**

☐ *) den gesamten Bezugsrechtsbestand **bestens zu verkaufen.**

Den Gegenwert bitte(n) ich (wir) über mein (unser) Konto zu verrechnen.

Bitte nichts eintragen

1)		Bankleitzahl
2)	42440 162842	Depot-Nr.
4)		Kenn-Nr.
7)	514000	Börsenplatz
80)		Kurs
89)		Schlusstag

Ort/Datum

Unterschrift(en) wie hinterlegt

*) Zutreffendes bitte ankreuzen

7 Ermitteln Sie den finanziellen Gesamtaufwand des Kunden Sump unter Berücksichtigung des Verkaufs der überzähligen Bezugsrechte. (Gebühren bleiben unberücksichtigt!) Kurs des Bezugsrechts 1,14 EUR.

8 Was veranlasst die Bank, wenn der Kunde keine Weisung erteilt?

9 Erklären Sie dem Kunden die folgenden Notierungen:

Datum	Notiz Bezugsrecht	Notiz alte Aktie	Bezugspreis junge Aktie
08.04.	–	49,85	–
09.04.	1,16	48,69	38,00

5 Über die Anlage in Investmentanteilen beraten

Situation 1: Grundprinzip der Investmentanlage

Lernbuch Kap. 11.6

Die langjährige Kundin Jette Wolters hat einen Fernsehbeitrag über Investmentfonds gesehen. Da sie diese Anlageform sehr interessant findet und mehr darüber erfahren möchte, bittet sie Sie um einige Auskünfte. Sie hat sich zu einem Kundengespräch bei Ihnen als Kundenberater(-in) angemeldet.

Sie informieren sich vor dem Kundengespräch im „Handbuch für kundenzentriertes Bankmanagement" über Investmentfonds (siehe unten).

Aufgaben:

1 Beschreiben Sie der Kundin Jette Wolters, was man unter einem Investmentfonds und unter Investmentanteilen versteht.

2 Erklären Sie ihr die Grundidee des Investmentsparens.

3 Die Kundin möchte wissen, in welche unterschiedlichen Vermögenswerte die Fondsmanager das Fondskapital investieren können. Stellen Sie der Kundin die Unterschiede zwischen den Fondsarten „offene – geschlossene Investmentfonds, Geldmarkt-, Renten-, Aktien-, Dach-, Immobilien-, Trading- und ClassicFonds" heraus.

4 Geben Sie Frau Wolters an, welche Rechte der Käufer eines Investmentanteils erwirbt?

5 Stellen Sie der Kundin die Vor- und Nachteile einer Anlage in Investmentanteilen dar und erläutern Sie ihr die Risiken von Fonds.

6 Die Kundin möchte den Unterschied zwischen Investmentanteilen und Aktien erklärt bekommen.

Auszug aus dem Handbuch für kundenzentriertes Bankmanagement:

Fonds – Was ist ein Investmentfonds?

Formal gesprochen handelt es sich bei einem Investmentfonds nach deutschem Recht um ein Publikums-Sondervermögen, das von einer Kapitalanlagegesellschaft, der sogenannten Investment- oder Fondsgesellschaft, verwaltet wird.

Plastischer ausgedrückt lässt sich ein Investmentfonds auch mit einem großen Topf vergleichen, in den viele – zum Teil Tausende von Anlegern – einen Teil ihres Vermögens hineinlegen. Die gebündelten Mittel werden dann von professionellen Fondsmanagern in verschiedene Vermögenswerte investiert. Die Anlage der eingesammelten Gelder erfolgt dabei im Namen der Fondsgesellschaft, aber für gemeinschaftliche Rechnung der Investoren.

Ziel der Fondsmanager ist es, das ihnen anvertraute Geld im Rahmen der durch die Fondsstatuten eingeräumten Möglichkeiten möglichst ertragreich anzulegen, dabei allerdings gleichzeitig den Risikoaspekt im Auge zu behalten. Grundsätzlich müssen sie sich dabei natürlich an den gesetzlichen Vorgaben sowie den Anlagerichtlinien des jeweiligen Fonds orientieren. Um der Grundidee des Investmentsparens – nämlich der Risikostreuung durch eine Vielzahl von Anlagen – gerecht zu werden, dürfen beispielsweise maximal 5 %, in Ausnahmefällen maximal 10 % des Anlagevermögens in Wertpapiere eines Emittenten investiert werden.

Die genauen fondsspezifischen Anlagerichtlinien oder auch Anlageziele werden bei Auflage des Fonds festgelegt und können in den Verkaufsprospekten nachgelesen werden. Häufig lässt sich der Anlageschwerpunkt aber bereits dem Namen entnehmen.

Im Gegenzug für das eingezahlte Kapital erhalten Anleger je nach Höhe ihrer Einlage eine bestimmte Anzahl von Investmentanteilen (Investmentzertifikaten), die jeweils den exakt gleichen Teil am Fondsvermögen widerspiegeln und den Anleger als Miteigentümer ausweisen. Gleichzeitig resultiert aus ihnen der Anspruch des Inhabers auf Erfolgsbeteiligung an der Entwicklung des jeweiligen Sondervermögens sowie das Recht auf Anteilsrückgabe zum offiziellen Rücknahmepreis.

Fondsarten

- Bei *offenen Investmentfonds* (Open-End-Funds) darf die Investmentgesellschaft in unbegrenzter Höhe Anlagegelder hereinnehmen. Sie darf für die zufließenden Mittel beliebig viele Fondsanteile ausgeben. Auf der anderen Seite ist sie aber auch dazu verpflichtet, diese jederzeit zum Rücknahmepreis (gegebenenfalls abzüglich eines Rücknahmeabschlags) wieder zurückzunehmen.

- *Geschlossene Fonds* (Closed-End-Funds) können dagegen nur in begrenztem Umfang Anlagegelder aufnehmen und dafür eine von vornherein festgelegte Anzahl von Anteilen ausgeben. Ist das geplante Volumen erreicht, wird der Fonds geschlossen und die Ausgabe der Anteile eingestellt. Ein Anspruch auf Rückgabe der Anteile besteht bis zum Ende der Laufzeit nicht.
- *Aktienfonds* bestehen überwiegend oder ausschließlich aus Aktien. Die Fonds weisen zwar oft relativ hohe Wertschwankungen auf, bieten aber gleichzeitig die höchsten Gewinnaussichten. Aktienfonds sind vor allem für langfristige Anlagen geeignet, da dann das Risiko eines Verlustes deutlich verringert wird.
- *Rentenfonds* investieren überwiegend in festverzinsliche Wertpapiere wie Pfandbriefe, Bundesobligationen und Anleihen mit unterschiedlichen Zinssätzen und Laufzeiten. Rentenfonds sind wesentlich risikoärmer als Aktienfonds, erwirtschaften dafür aber oft auch niedrigere Renditen.
- *Mischfonds* sind – wie der Name schon sagt – eine Mischung aus Aktien- und Rentenfonds. Dem Fondsmanagement ist es laut Anlagerichtlinien gestattet, sowohl in Aktien als auch in Rentenpapieren zu investieren. Der Fondsmanager kann in guten Börsenzeiten überwiegend in Aktien investieren und in schlechten Börsenzeiten auf sicherere Anleihen ausweichen.
- Ein *Geldmarktfonds* investiert ausschließlich in kurzfristige Geldmarktanlagen wie Tages- und Termingelder oder Rentenpapiere mit einer kurzen Restlaufzeit. Mit dieser äußerst risikoarmen Form der Geldanlage erzielen Anleger in der Regel höhere Renditen als mit Festgeld oder Tagesgeld. Geldmarktfonds eignen sich vor allem für kurzfristige Geldanlagen mit geringem Anlagerisiko.
- *Dachfonds* sind Investmentfonds, die ihr Vermögen wiederum in andere Arten von Investmentfonds investieren. Sie eignen sich für sicherheitsorientierte Einsteiger mit geringen Marktkenntnissen. Ein Vorteil von Dachfonds ist die relativ hohe Risikostreuung.
- *Immobilienfonds* investieren in Grundstücke, Gewerbe- und Wohnimmobilien. Die Rendite eines Immobilienfonds ergibt sich aus den Mieteinnahmen und der Wertsteigerung der Immobilien.
- *TradingFonds* sind Fonds ohne Ausgabeaufschlag. Sie eignen sich für einen Einstieg ohne Kostenhürde in nationale und internationale Renten-, Aktien- und Geldmärkte. Anstelle eines einmaligen Ausgabeaufschlags wird dem Fondsvermögen eine monatliche anteilige Vertriebs- bzw. Verwaltungsvergütung entnommen. Kosten entstehen also nur für die Zeit des Anteil-Besitzes.
- *ClassicFonds* sind Fonds mit Ausgabeaufschlag. Diese Fonds sind interessant, wenn Kapital längerfristig z.B. zum sukzessiven Vermögensaufbau angelegt werden soll.

Was sind Vorteile von Fonds?

Investmentfonds haben zunächst einmal den bereits angesprochenen Vorteil, dass selbst mit geringem Kapitaleinsatz eine breite Streuung des investierten Vermögens erzielt werden kann. Die Pleite eines Unternehmens, der Ausfall einer Anleihe oder der Fehlgriff beim Erwerb einer Immobilie können als Einzelinvestments zum Verlust eines großen Teils des eingesetzten Kapitals führen. Im Rahmen eines Fonds, der in viele, zum Teil über 100 verschiedene Vermögensgegenstände einer Anlageform investiert, fallen einzelne Ausfälle dagegen kaum ins Gewicht.

Was sind Nachteile von Fonds?

Ein wesentlicher Nachteil von Investmentfonds ist sicherlich darin zu sehen, dass sich mit ihnen nur ganz bestimmte Markterwartungen umsetzen lassen. Von wenigen Ausnahmen, wie beispielsweise Hedge- oder Futurefonds abgesehen, spielen sie ihre Stärken insbesondere in steigenden Märkten aus. Bei fallenden Assetpreisen oder in längeren Seitwärtsphasen ist mit ihnen dagegen in der Regel keine attraktive Rendite zu erzielen.

Was sind die Risiken von Fonds?

Spiegelbildlich zu den Chancen, ist das zentrale Risiko einer Vermögensanlage in Investmentfonds im allgemeinen Marktrisiko zu sehen. So wird es auch dem besten Manager nicht gelingen, sich einer negativen Entwicklung der Assetklasse, in die er zu investieren hat, gänzlich zu entziehen. Verliert der Deutsche Aktienindex rund 40 % seines Wertes, wie es beispielsweise 2002 der Fall war, liegen auch die Verluste der meisten Standardwertefonds in diesem Bereich.

Besonders hoch fällt das Marktrisiko bei Aktienfonds aus. Weniger Risiko weisen dagegen herkömmliche Rentenfonds auf. Bei Spezialfonds, deren Investments nicht breit gestreut werden, sondern sich auf einen bestimmten Bereich beschränken, kommen zum allgemeinen Marktrisiko noch länder-, technologie- oder branchenspezifische Risiken hinzu.

Quelle: In Anlehnung an: *www.finanztreff.de/wissen/fonds*.

Fortsetzung der Situation:

Jette Wolters hat im Wirtschaftsteil ihrer Tageszeitung gelesen, dass Investmentfonds auf verschiedene Weise „gemanagt" werden können. Sie kann sich darunter nichts vorstellen und bittet Sie um Erklärung.

Sie informieren sich vor dem Gespräch mit der Kundin wiederum im „Handbuch für kundenzentriertes Bankmanagement" (siehe unten).

Aufgaben:

7 Erklären Sie der Kundin Jette Wolters den Unterschied zwischen aktiv und passiv gemanagten Fonds.

8 Stellen Sie ihr die Vor- und Nachteile der jeweiligen Fondsart heraus.

Auszug aus dem Handbuch für kundenzentriertes Bankmanagement:

Vielfalt der Investmentfonds

Aktiv und passiv gemanagte Fonds

Im Fall **aktiv gemanagter Fonds** suchen sich professionelle Fondsmanager am Kapitalmarkt die aussichtsreichsten Anlagen, etwa Aktien, heraus. Daraus stellen sie einen möglichst optimalen Anlagenmix zusammen, wobei sie oft versuchen, eine bessere Performance als ein Vergleichsindex zu erzielen. Beispiele aktiv gemanagter Fonds sind klassische Aktien- und Rentenfonds.

Der Vorteil aktiv gemanagter Fonds liegt in seiner Anpassungsfähigkeit. Aktiv gemanagte Fonds können jederzeit auf Marktschwankungen reagieren. Eine Aktie schwächelt? Raus damit. Eine passende Aktie steigt? Kaufen. So bieten sie höhere Renditechancen.

Der Nachteil: Der Arbeitsaufwand schlägt sich in höheren Kosten nieder, die Anleger in Form von Verwaltungsgebühren, Kaufaufschlägen und Verkaufsabschlägen zahlen. Bei häufigem Umschichten können noch erkleckliche Transaktionsgebühren hinzukommen.

Passiv gemanagte Fonds bilden dagegen einen Vergleichsindex möglichst exakt nach, ohne damit konkurrieren zu wollen. Sie heißen deshalb auch Indexfonds. Ein solcher Indexfonds kann etwa auf Wertpapiere der 30 größten Aktienunternehmen Deutschlands setzen und damit den DAX nachbilden.

Die Vorteile passiv gemanagter Fonds: Sie sind einfach aufgebaut. Ihre Kursentwicklung entspricht weitgehend der des Vergleichsindex und ist damit immer transparent und aktuell. Außerdem sind sie deutlich kostengünstiger für Anleger. Sie brauchen kaum aktives Management, was die Verwaltungskosten gering hält. Umgeschichtet wird nur, wenn sich die Zusammensetzung des Index ändert. Das hält auch Transaktionsgebühren in engen Grenzen.

Von Nachteil kann hingegen sein, dass passiv gemanagte Fonds starr an ihren Vergleichsindex gebunden sind. Damit können sie nicht auf Marktschwankungen reagieren.

Aktiv oder passiv gemanagte Fonds – was ist nun besser?

Hinsichtlich Liquidität und Sicherheit macht die Art des Managements keinen Unterschied. Passiv gemanagte Fonds folgen zwar unabdingbar ihrem Index und bilden Gewinne wie Verluste eins zu eins ab. Dafür hängt der Erfolg aktiv gemanagter Fonds an den Entscheidungen des Managements, was auch keine hundertprozentige Trefferquote garantiert. Verluste sind also auch hier immer möglich.

Hinsichtlich der Rendite liefern passiv gemanagte Fonds meist recht übersichtliche Ergebnisse, von denen immerhin nur geringe Kosten abgehen. Aktiv gemanagte Fonds können – gutes Management vorausgesetzt – bessere Gewinne erzielen. Wegen ihrer höheren Kosten müssen sie das aber auch, um letztlich auf ähnliche Renditen zu kommen.

Es gibt also keinen klaren Sieger. Bankberater empfehlen eher aktiv gemanagte Fonds, was für die Bank auch lukrativer ist. Dennoch erfreuen sich passiv gemanagte Fonds seit Jahren zunehmender Beliebtheit. Und wenngleich Banker sie ihren Kunden selten spontan anbieten, haben nach Aussage von Experten die meisten von ihnen sie selbst in ihrem Depot.

Quelle: *www.zinsen-berechnen.de/fonds/aktiv-passiv-gemanagte-fonds.*

Fortsetzung der Situation:

Jette Wolters wünscht weitere Erläuterungen über Investmentfonds. Sie legt Ihnen eine Finanzanzeige der Sparkassenorganisation vor.

DekaSpezial - Ein Fonds der Sparkassenorganisation
- Steckbrief -

Fondstyp	„Open-end-Fonds", d. h., die Anzahl der auszugebenden Anteile ist unbegrenzt.
Kapitalverwaltungsgesellschaft	DEKA Deutsche Kapitalanlagegesellschaft mbH, Frankfurt/Main
Anlagepolitik	Erwerb von Wertpapieren aller Art ohne geografische oder branchenmäßige Begrenzung, mit dem Schwergewicht bei der Aktienanlage. Das Vermögen muss mindestens zu 50 % in Wertpapieren angelegt sein.
Ausschüttungen	keine; die vereinnahmten Erträge werden im Fonds wieder angelegt (Ertragsthesaurierung)
Verwahrstelle	Deka Bank Deutsche Girozentrale, Frankfurt/Main
Ausgabepreis	Anteilwert zuzüglich 5,26 % Ausgabeaufschlag
Rücknahmepreis	Anteilwert abzüglich 3,57 % Abschlag
Anlageprogramm	DEKA-Zuwachskonto
Berichterstattung	Rechenschaftsbericht zum 31.12. jeden Jahres
	Zwischenberichte zum 30.06. jeden Jahres, jeweils spätestens zwei Monate nach dem Stichtag bei den Vertriebsstellen erhältlich
Erwerb und Veräußerung	bei allen Sparkassen und Landesbanken sowie durch Vermittlung anderer Kreditinstitute

Aufgaben:

9 Geben Sie der Kundin an, um was für einen Fonds es sich

a) hinsichtlich der Anlagepolitik,

b) hinsichtlich der Ausschüttungen handelt.

10 Erläutern Sie ihr, wodurch sich Ausgabepreis und Rücknahmepreis unterscheiden. Begründen Sie, warum die Gesellschaft unterschiedliche Preise anwendet.

Fortsetzung der Situation:

Im Rahmen Ihrer Anlageberatung haben Sie Jette Wolters Investmentanteile angeboten. Sie hat in ein inländisches OGAW-Investmentvermögen investiert. Der Investmentfonds enthält die folgenden Werte:[1]

Nennwert in TEUR oder Stück	Wertpapier	Kurs in % oder Stück	Kurswert EUR
13 159	Deutsche Börse-Aktien	110,35	
56 628	SAP-Aktien	91,74	
7 402	BMW-Aktien	70,80	
500,0	1 % Anleihe des Bundes von 2015	106,91	
5 000,0	1,35 % Anleihe der Bayerischen Landesbank von 2014	103,60	

Barvermögen: 142 235,20 EUR   Anteilumlauf: 227 500 Stück

1 Vereinfachtes Beispiel ohne Beachtung der im Gesetz vorgesehenen Emittenten- und Anlagegrenzen.

Aufgaben:

11 Errechnen Sie den Fondswert und den Inventarwert eines Anteils.

12 Für den Ausgabepreis wird gemäß Anlagebedingungen ein Aufschlag auf den Inventarwert des Anteils zur Abgeltung der Ausgabekosten von 5 % berechnet. Die Rücknahme erfolgt zum Inventarwert abzüglich eines Abschlags von 3 %.

a) Errechnen Sie den Ausgabepreis je Anteil (auf volle 0,10 EUR aufgerundet).

b) Wie hoch ist der Rücknahmepreis je Anteil?

13 Nehmen Sie an, das Fondsvermögen betrüge 24 750 000,00 EUR bei einem Anteilumlauf von 230 000 Stück. Wie viel EUR würde ein Anteilschein kosten, wenn gesplittet würde und zu einem alten Anteil noch zwei neue Anteile ausgegeben würden?

14 Welchen Sinn hat das Splitting?

Fortsetzung der Situation:

Die Kundin Jette Wolters ist von der Idee des Investmentsparens begeistert. Sie teilt Ihnen telefonisch mit, dass sie mit Investmentfonds sukzessive Vermögen aufbauen will und bittet Sie um ein erneutes Gespräch. Ihnen liegt für das bevorstehende Beratungsgespräch ein Werbeprospekt der Deka-Bank über regelmäßiges Sparen mit Investmentfonds vor.

Regelmäßig Sparen mit Investmentfonds.
Mit einer Vielzahl an Vorteilen.

Deka Investmentfonds

Wo auch immer Ihre persönlichen Ziele und Wünsche in Zukunft liegen – ob es der Traumurlaub, die beste Ausbildung für Ihre Kinder oder eine entspannte Altersvorsorge ist: Mit einem Deka-Fonds Sparplan haben Sie jetzt die Möglichkeit, sich nach und nach ein kleines Vermögen aufzubauen.

Je früher Sie starten, desto schneller lassen sich Ihre Wünsche realisieren. Und mit regelmäßigem Sparen funktioniert das fast von alleine – selbst mit kleinen Beträgen. Schon ab 25,00 EUR können Sie sich kontinuierlich mit der Zeit eine große Summe ansparen, auf die Sie bei Bedarf jederzeit zurückgreifen können.

Durch die große Transparenz und die flexible Gestaltung ist ein Deka-FondsSparplan eine Top-Anlagemöglichkeit!

Ihre Vorteile mit einem regelmäßigen Deka-FondsSparplan

- Mit regelmäßigen Raten bereits ab 25,00 EUR können Sie sich bequem ein Vermögen aufbauen, um Ihre persönlichen Wünsche und Ziele zu realisieren.
- Profitieren Sie von attraktiven Renditechancen der internationalen Kapitalmärkte, beispielsweise durch die Berücksichtigung der Anlageklasse Aktien.
- Nutzen Sie mit einem Deka-Fonds Sparplan in Dachfonds die Möglichkeit, in einen Mix aussichtsreicher Deka Investmentfonds und Fonds international renommierter Kooperationspartner zu investieren.
- Das professionelle Anlagemanagement der DekaBank passt Ihre Anlage permanent den aktuellen Marktgegebenheiten an. So haben Sie die Möglichkeit, an aktuellen Kapitalmarkttrends zu partizipieren.
- Mit einem Deka-FondsSparplan investieren Sie regelmäßig denselben Betrag, sodass Sie im Auf und Ab der Märkte von einem durchschnittlich niedrigen Einstiegspreis profitieren und damit mehr Fonds-Anteile erwerben können.
- Sparen Sie flexibel und passen Sie die Höhe des regelmäßigen Sparbetrages individuell Ihren Möglichkeiten und Zielen an. Das angesparte Guthaben ist immer verfügbar, es besteht keine vertragliche Bindung und Sie haben keine Mindestlaufzeit. Daher ist eine Anpassung oder Aussetzung der Sparrate jederzeit möglich.

Bitte beachten Sie, dass sich Kursschwankungen der Aktien- und Rentenmärkte während der Laufzeit negativ auswirken können. Auch Währungsschwankungen an den Devisenmärkten können die Fondsperformance belasten.

▸ **Tipp 1:** Kombinieren Sie jetzt Ihren Sparplan mit einer Einmaleinlage als höhere Startrate – zur Anlage von frei verfügbarer Liquidität.

▸ **Tipp 2:** Wer regelmäßig spart, sollte auch attraktive Fördermöglichkeiten von Staat und Arbeitgeber beim Vermögensaufbau nutzen. Lassen Sie sich einfach beraten.

Aufgaben:

15 Notieren Sie für das Beratungsgespräch die Vorteile eines Deka-FondsSparplans.

16 Die Kundin möchte einen Deka-FondsSparplan abschließen und vierteljährlich Fondsanteile erwerben. Sie ist sich nicht schlüssig, ob sie vierteljährlich 750,00 EUR in Fondsanteilen anlegen oder vierteljährlich 10 Stück Fondsanteile erwerben soll. Erklären Sie der Kundin, was für sie vorteilhafter ist.

Errechnen Sie bei beiden Möglichkeiten den Durchschnittserwerbskurs pro Stück Anteil. Legen Sie folgende Ausgabepreise zugrunde (02.01.: 69,10 EUR, 01.04.: 73,65 EUR, 01.07.: 79,10 EUR, 01.10.: 83,20 EUR).

17 Wie nennt man den Effekt, der erzielt wird, wenn der Anleger regelmäßig einen gleichbleibenden Geldbetrag in Investmentanteilen anlegt?

Fortsetzung der Situation:

Jette Wolters hat von einer Bekannten den Tipp bekommen, einen ETF-Sparplan abzuschließen, da dieser für sie vorteilhafter wäre. Sie hat sich nun im Internet über ETF-Sparpläne informiert und legt Ihnen den von ihr ausgedruckten Artikel vor.

ETF-Sparplan: Regelmäßig mit ETFs sparen

ETF-Sparpläne sind eine der besten und günstigsten Möglichkeiten, in kleinen Schritten ein Vermögen aufzubauen. Nicht umsonst hat die Stiftung Warentest den ETF-Sparplan als „Königsweg des Fondssparens" bezeichnet. Schon ab 25,00 EUR pro Monat können Sie sich Ihre Träume erfüllen und für das Alter vorsorgen.

Ein ETF (Exchange Traded Fund)-Sparplan ist ähnlich wie ein Banksparplan. Sie investieren monatlich Geld in einen ETF Ihrer Wahl. Der ETF bildet einen Börsenindex, wie z. B. den DAX, ab. Abhängig von den Konditionen der Bank können Sie bereits mit einem Sparbetrag von 25,00 EUR im Monat sparen. Neben der Möglichkeit, monatlich zu sparen, werden auch weitere Sparintervalle, wie quartalsweise oder halbjährlich angeboten. So können Sie auch mit einem kleinen Geldbeutel einfach in einen ganzen Markt investieren. Wenn Sie frühzeitig damit anfangen, regelmäßig zu sparen, profitieren Sie zudem vom Zinseszinseffekt.

Einer der großen Vorteile eines ETF-Sparplans: die Flexibilität. Einen ETF-Sparplan können Sie jederzeit starten, stoppen oder anpassen. Sind Sie einmal knapp bei Kasse, so können Sie die Sparrate senken oder den Sparplan komplett pausieren. Verdienen Sie gutes Geld, erhöhen Sie einfach die Rate.

Vorteile eines ETF-Sparplans:

- ✓ Für jedermann: schon ab 25,00 EUR Sparbetrag im Monat
- ✓ Flexibel: ETF-Sparplan online jederzeit starten, stoppen und anpassen
- ✓ Günstig: niedrige Kostenquoten von ETFs, kostenfreies Sparplan-Depot
- ✓ Vorteilhaft: großes gebührenfreies Angebot an Aktions-Sparplänen
- ✓ Diversifiziert: breite Streuung innerhalb des ETF

ETF-Sparen mit dem MSCI World[1]

Mit einem MSCI World-Sparplan investieren Sie regelmäßig in rund 1 600 Unternehmen aus 23 Industrieländern. Mit über 66 % sind Werte aus den USA am stärksten im MSCI World Index vertreten. Danach folgen Japan und Großbritannien mit rund 7 % bzw. 4 %. Neben den Kursgewinnen partizipieren Sie mit ETFs auch an den Dividenden der Unternehmen.

Aktuell sind von insgesamt 17 ETFs auf den MSCI World alle ETFs sparplanfähig und davon alle 17 ETFs komplett kostenlos über Aktionsangebote bei Direktbanken besparbar.

Für das Besparen eines ETFs benötigen Sie in jedem Fall ein Depot. Die Einrichtung ist in wenigen Minuten online erledigt.

Ein weiterer Vorteil des MSCI World-Sparplans sind die niedrigen jährlichen Gebühren. Die Gesamtkostenquote (TER) eines MSCI World-ETFs liegt zwischen 0,12 % p. a. und 0,50 % p. a.

Quelle: In Anlehnung an: *https://www.justetf.com/de/academy/was-ist-ein-etf-sparplan.html*

Aufgaben:

18 Stellen Sie der Kundin die Unterschiede zwischen dem Deka-FondsSparplan und einem ETF-Sparplan heraus.

19 Begründen Sie der Kundin die niedrigen Gebühren bei einem ETF-Sparplan.

20 Warum ist es vorteilhaft, in den MSCI World zu investieren?

1 MSCI World → Aktienindex, der von dem US-amerikanischen Finanzdienstleister MSCI herausgeben wird.

Situation 2: OGAW-Fonds: Rechtliche Grundlagen und Anlagegrenzen

Lernbuch Kap. 11.6.4

Sandro Szalai, langjähriger Kunde der Kundenbank AG, liefert den folgenden Anteilschein in sein Depot ein:[1]

UNIFONDS WKN 849 100 20 ANTEILE

20 ANTEILE/SHARES/PARTS BEWIJS VOOR PARTICIPATIES QUOTE DI PARTECIPAZIONE

UNION-INVESTMENT-GESELLSCHAFT MBH.

UNIFONDS Nr. 0000000

AKTIENFONDS DEUTSCHER SPITZENWERTE

Anteilschein über zwanzig Anteile

Der Inhaber dieses Anteilscheines ist mit zwanzig Anteilen am Aktienfonds deutscher Spitzenwerte – UNIFONDS – beteiligt. Wir übernehmen ihm gegenüber die Leistungen gemäß den Vertragsbedingungen.

Frankfurt am Main, im Mai 1986

UNION-INVESTMENT-GESELLSCHAFT MBH.

Für den Aufsichtsrat: Die Geschäftsführung:

Vorsitzender

Wir haben hiermit die Treuhänderschaft als Depotbank des UNIFONDS gemäß den Vertragsbedingungen und dem Gesetz über Kapitalanlagegesellschaften übernommen.

Frankfurter Kassenverein Aktiengesellschaft

Kontrollunterschrift

FRANKFURT AM MAIN

20 ANTEILE/SHARES/PARTS BEWIJS VOOR PARTICIPATIES QUOTE DI PARTECIPAZIONE

UNION-INVESTMENT-GESELLSCHAFT MBH. FRANKFURT AM MAIN

46. Ertragsschein zum Anteilschein über zwanzig Anteile am UNIFONDS Union-Investment-Gesellschaft mbH. – UNIFONDS Nr. 0000000 – Frankfurt am Main, im Mai 1986 – Ertragsschein 46 – 849 100 – 20 ANTEILE

45. Ertragsschein zum Anteilschein über zwanzig Anteile am UNIFONDS Union-Investment-Gesellschaft mbH. – UNIFONDS Nr. 0000000 – Frankfurt am Main, im Mai 1986 – Ertragsschein 45 – 849 100 – 20 ANTEILE

48. Ertragsschein zum Anteilschein über zwanzig Anteile am UNIFONDS Union-Investment-Gesellschaft mbH. – UNIFONDS Nr. 0000000 – Frankfurt am Main, im Mai 1986 – Ertragsschein 48 – 849 100 – 20 ANTEILE

47. Ertragsschein zum Anteilschein über zwanzig Anteile am UNIFONDS Union-Investment-Gesellschaft mbH. – UNIFONDS Nr. 0000000 – Frankfurt am Main, im Mai 1986 – Ertragsschein 47 – 849 100 – 20 ANTEILE

50. Ertragsschein zum Anteilschein über zwanzig Anteile am UNIFONDS Union-Investment-Gesellschaft mbH. – UNIFONDS Nr. 0000000 – Frankfurt am Main, im Mai 1986 – Ertragsschein 50 – 849 100 – 20 ANTEILE

49. Ertragsschein zum Anteilschein über zwanzig Anteile am UNIFONDS Union-Investment-Gesellschaft mbH. – UNIFONDS Nr. 0000000 – Frankfurt am Main, im Mai 1986 – Ertragsschein 49 – 849 100 – 20 ANTEILE

Erneuerungsschein 849 100 20 ANTEILE – Kontrollabschnitt zur Bogenerneuerung für das einreichende Kreditinstitut – Kunde – Depot – UNIFONDS Nr. 0000000 – Gegen Rückgabe dieses Erneuerungsscheines werden neue Ertragsscheine, deren erster auf Nummer 51 zu lauten hat, nebst Erneuerungsschein ausgehändigt.

Erneuerungsschein zum Anteilschein über zwanzig Anteile am UNIFONDS Union-Investment-Gesellschaft mbH. – UNIFONDS Nr. 0000000 – Frankfurt am Main, im Mai 1986 – Erneuerungsschein – 849 100 – 20 ANTEILE

1 **Anmerkung:** Das Investmentvermögen des Unifonds erfüllt die Anforderungen der Richtlinie 2009/65/EG des Europäischen Parlaments und des Rates vom 13. Juli 2009.

Der Druck von Anteilscheinen und die Ausgabe in Form konkret zu übergebender Urkunden ist seit dem 01. 01. 2017 nicht mehr möglich. Noch existierende Anteilscheine in Urkundenform werden zu diesem Zeitpunkt kraftlos und sind nicht mehr handelbar. Da sie aber ihren Wert nicht verlieren, können sie weiterhin bei der Verwahrstelle eingeliefert werden.

Aufgaben:

1 Um welche Art von Investmentvermögen handelt es sich beim vorliegenden „Unifonds“?

2 Welche Aufgabe übernimmt die im Anteilschein genannte „Union-Investment-Gesellschaft mbH“?

3 Welche Gesellschaft hat den Unifonds-Anteilschein ausgegeben?

4 Nennen Sie Anforderungen, die das Kapitalanlagegesetzbuch (KAGB) an Kapitalverwaltungsgesellschaften und an Verwahrstellen stellt.

5 Was versteht man unter einem Sondervermögen und welche Bedeutung hat das Sondervermögen für den Anleger?

6 Welche Erträge können dem Unifonds zufließen?

7 Wie und zu welchem Wert kann der Eigentümer den Fondsanteilschein „veräußern“?

8 Führen Sie stichpunktartig drei wesentliche Bestimmungen des Gesetzes auf, die der Sicherheit des Anlegers dienen.

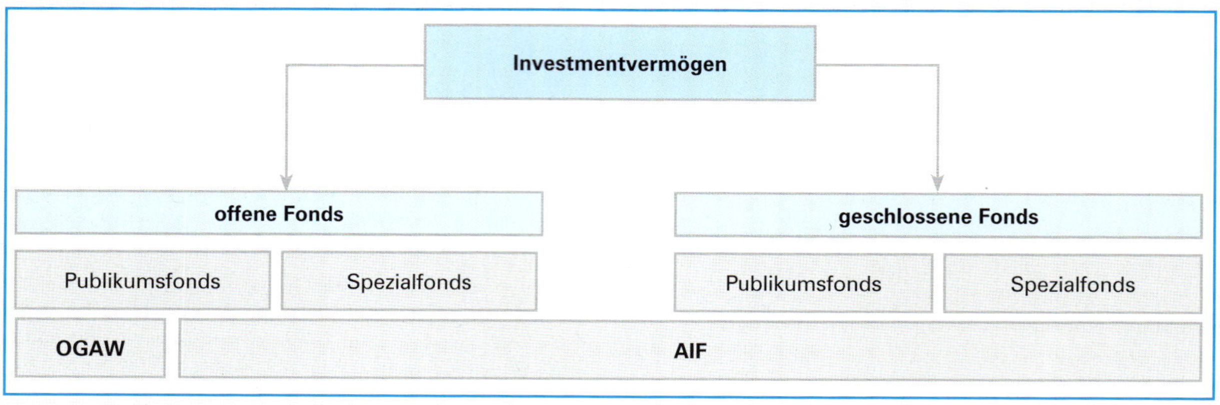

Kapitalanlagegesetzbuch (KAGB)
vom 4. Juli 2013 (Auszug)
zuletzt geändert durch Gesetz vom 09.07.2021 (BGBl. I S. 2570) m. W. v. 16.08.2021

Kapitel 1
Allgemeine Bestimmungen für Investmentvermögen und Verwaltungsgesellschaften
Abschnitt 1
Allgemeine Vorschriften

§ 1 Begriffsbestimmungen

(1) Investmentvermögen ist jeder Organismus für gemeinsame Anlagen, der von einer Anzahl von Anlegern Kapital einsammelt, um es gemäß einer festgelegten Anlagestrategie zum Nutzen dieser Anleger zu investieren und der kein operativ tätiges Unternehmen außerhalb des Finanzsektors ist. [...]

(2) Organismen für gemeinsame Anlagen in Wertpapieren (OGAW) sind Investmentvermögen, die die Anforderungen der Richtlinie 2009/65/EG des Europäischen Parlaments und des Rates vom 13. Juli 2009 zur Koordinierung der Rechts- und Verwaltungsvorschriften betreffend bestimmte Organismen für gemeinsame Anlagen in Wertpapieren (OGAW) (ABl. L 302 vom 17.11.2009, S. 1) [...] erfüllen.

(3) Alternative Investmentfonds (AIF) sind alle Investmentvermögen, die keine OGAW sind.

(4) Offene Investmentvermögen sind
1. OGAW und
2. AIF, [...]

(5) Geschlossene AIF sind alle AIF, die keine offenen AIF sind.

(6) Spezial-AIF sind AIF, deren Anteile aufgrund von in Textform geschlossenen Vereinbarungen mit der Verwaltungsgesellschaft oder aufgrund der konstituierenden Dokumente des AIF nur erworben werden dürfen von
1. professionellen Anlegern [...] und
2. semiprofessionellen Anlegern [...]

Alle übrigen Investmentvermögen sind Publikumsinvestmentvermögen.

(7) Inländische Investmentvermögen sind Investmentvermögen, die dem inländischen Recht unterliegen. [...]

§ 5 Zuständige Behörde; Aufsicht; [...]

(1) Die Bundesanstalt übt die Aufsicht nach den Vorschriften dieses Gesetzes aus. [...]

Abschnitt 2
Verwaltungsgesellschaften
Unterabschnitt 1
Erlaubnis

§ 17 Kapitalverwaltungsgesellschaften

(1) Kapitalverwaltungsgesellschaften sind Unternehmen mit satzungsmäßigem Sitz und Hauptverwaltung im Inland, deren Geschäftsbetrieb darauf gerichtet ist, inländische Investmentvermögen, EU-Investmentvermögen oder ausländische AIF zu verwalten. [...]

(2) Die Kapitalverwaltungsgesellschaft ist entweder

1. eine externe Kapitalverwaltungsgesellschaft, die vom Investmentvermögen oder im Namen des Investmentvermögens bestellt ist und aufgrund dieser Bestellung für die Verwaltung des Investmentvermögens verantwortlich ist (externe Kapitalverwaltungsgesellschaft), oder
2. das Investmentvermögen selbst, wenn die Rechtsform des Investmentvermögens eine interne Verwaltung zulässt und der Vorstand oder die Geschäftsführung des Investmentvermögens entscheidet, keine externe Kapitalverwaltungsgesellschaft zu bestellen (interne Kapitalverwaltungsgesellschaft). In diesem Fall wird das Investmentvermögen als Kapitalverwaltungsgesellschaft zugelassen.

(3) Für jedes Investmentvermögen kann nur eine Kapitalverwaltungsgesellschaft zuständig sein, die für die Einhaltung der Anforderungen dieses Gesetzes verantwortlich ist. [...]

§ 20 Erlaubnis zum Geschäftsbetrieb

(1) Der Geschäftsbetrieb einer Kapitalverwaltungsgesellschaft bedarf der Erlaubnis der Bundesanstalt. Die Bundesanstalt kann die Erlaubnis auf die Verwaltung bestimmter Arten von Investmentvermögen beschränken. [...]

§ 25 Kapitalanforderungen

(1) Eine Kapitalverwaltungsgesellschaft muss

1. mit einem Anfangskapital von
   a) mindestens 300 000,00 Euro ausgestattet sein, sofern es sich um eine interne Kapitalverwaltungsgesellschaft handelt,
   b) mindestens 125 000,00 Euro ausgestattet sein, sofern es sich um eine externe Kapitalverwaltungsgesellschaft handelt,
2. über zusätzliche Eigenmittel in Höhe von wenigstens 0,02 % des Betrages, um den der Wert der verwalteten Investmentvermögen 250 Millionen Euro übersteigt, verfügen, wenn der Wert der von der AIF-Kapitalverwaltungsgesellschaft oder von der externen OGAW-Kapitalverwaltungsgesellschaft verwalteten Investmentvermögen 250 Mio. Euro überschreitet; die geforderte Gesamtsumme des Anfangskapitals und der zusätzlichen Eigenmittel darf jedoch 10 Mio. Euro nicht überschreiten. [...]

Unterabschnitt 2

Allgemeine Verhaltens- und Organisationspflichten

§ 26 Allgemeine Verhaltensregeln; [...]

(1) Die Kapitalverwaltungsgesellschaft handelt bei der Wahrnehmung ihrer Aufgaben unabhängig von der Verwahrstelle und ausschließlich im Interesse der Anleger.

(2) Die Kapitalverwaltungsgesellschaft ist verpflichtet,

1. ihrer Tätigkeit ehrlich, mit der gebotenen Sachkenntnis, Sorgfalt und Gewissenhaftigkeit und redlich nachzugehen,
2. im besten Interesse der von ihr verwalteten Investmentvermögen oder der Anleger dieser Investmentvermögen und der Integrität des Marktes zu handeln,
3. alle angemessenen Maßnahmen zur Vermeidung von Interessenkonflikten und, wo diese nicht vermieden werden können, zur Ermittlung, Beilegung, Beobachtung und gegebenenfalls Offenlegung dieser Interessenkonflikte zu treffen, um
   a) zu vermeiden, dass sich diese nachteilig auf die Interessen der Investmentvermögen und der Anleger auswirken und
   b) sicherzustellen, dass den von ihr verwalteten Investmentvermögen eine faire Behandlung zukommt,
4. über die für eine ordnungsgemäße Geschäftstätigkeit erforderlichen Mittel und Verfahren zu verfügen und diese wirksam einzusetzen,
5. alle auf die Ausübung ihrer Geschäftsftätigkeit anwendbaren regulatorischen Anforderungen zu erfüllen, um das beste Interesse der von ihr verwalteten Investmentvermögen oder der Anleger dieser Investmentvermögen und die Integrität des Marktes zu fördern und
6. alle Anleger der Investmentvermögen fair zu behandeln.

[...]

Abschnitt 3

Verwahrstelle

Unterabschnitt 1

Vorschriften für OGAW-Verwahrstellen

§ 68 Beauftragung und jährliche Prüfung [...]

(1) Die OGAW-Kapitalverwaltungsgesellschaft hat sicherzustellen, dass für jeden von ihr verwalteten OGAW eine Verwahrstelle im Sinne des Absatzes 2 beauftragt wird. [...]

(2) Die Verwahrstelle ist ein Kreditinstitut [...] mit satzungsmäßigem Sitz in der Europäischen Union oder in einem anderen Vertragsstaat des Abkommens über den Europäischen Wirtschaftsraum, das gemäß § 32 des Kreditwesengesetzes oder den im Herkunftsmitgliedstaat des EU-OGAW anzuwendenden Vorschriften, [...] zugelassen ist. [...]

(3) Verwaltet die OGAW-Kapitalverwaltungsgesellschaft inländische OGAW, muss die Verwahrstelle ihren Sitz im Geltungsbereich dieses Gesetzes haben. Bei der Verwahrstelle für einen inländischen OGAW muss es sich um ein CRR-Kreditinstitut im Sinne des § 1 Absatz 3d des Kreditwesengesetzes handeln, das über die Erlaubnis zum Betreiben des Depotgeschäfts nach § 1 Abs. 1 Satz 2 Nr. 5 des Kreditwesengesetzes verfügt. [...]

(4) Mindestens ein Geschäftsleiter des Kreditinstituts, das als Verwahrstelle beauftragt werden soll, muss über die für die Verwahrstellenaufgaben erforderliche Erfahrung verfügen. Das Kreditinstitut muss bereit und in der Lage sein, die für die Erfüllung der Verwahrstellenaufgaben erforderlichen organisatorischen Vorkehrungen zu schaffen. [...]

(5) Die Verwahrstelle muss ein Anfangskapital von mindestens 5 Mio. Euro haben. Hiervon unberührt bleiben etwaige Eigenmittelanforderungen nach dem Kreditwesengesetz. [...]

§ 69 Aufsicht

(1) Die Auswahl sowie jeder Wechsel der Verwahrstelle bedürfen der Genehmigung der Bundesanstalt. [...]

§ 71 Ausgabe und Rücknahme von Anteilen [...] eines inländischen OGAW

(1) Die Verwahrstelle hat die Anteile [...] eines inländischen OGAW auszugeben und zurückzunehmen. Anteile [...] dürfen nur gegen volle Leistung des Ausgabepreises ausgegeben werden. Sacheinlagen sind vorbehaltlich von § 180 Abs. 4 sowie § 190 Abs. 1 und 2 unzulässig.

(2) Der Preis für die Ausgabe von Anteilen [...] (Ausgabepreis) muss dem Nettoinventarwert des Anteils [...] am inländischen OGAW zuzüglich eines in den Anlagebedingungen festzusetzenden Aufschlags [...] entsprechen. Der Ausgabepreis ist an die Verwahrstelle zu entrichten und von dieser abzüglich des Aufschlags unverzüglich auf einem für den inländischen OGAW eingerichteten gesperrten Konto zu verbuchen.

(3) Der Preis für die Rücknahme von Anteilen [...] (Rücknahmepreis) muss dem Nettoinventarwert des Anteils [...] am inländischen OGAW abzüglich eines in den Anlagebedingungen festzusetzenden Abschlags [...] entsprechen. Der Rücknahmepreis ist, abzüglich des Abschlags, von dem gesperrten Konto an den Anleger zu zahlen. [...]

§ 72 Verwahrung

(1) Die Verwahrstelle hat die Vermögensgegenstände des inländischen OGAW [...] wie folgt zu verwahren:

1. für Finanzinstrumente [...], die in Verwahrung genommen werden können, gilt:
   a) die Verwahrstelle verwahrt sämtliche Finanzinstrumente, die im Depot auf einem Konto für Finanzinstrumente verbucht werden können, und sämtliche Finanzinstrumente, die der Verwahrstelle physisch übergeben werden können;
   b) die Verwahrstelle stellt sicher, dass alle Finanzinstrumente, die im Depot auf einem Konto für Finanzinstrumente verbucht werden können, [...] in den Büchern der Verwahrstelle auf gesonderten Konten [...] registriert werden, sodass die Finanzinstrumente jederzeit nach geltendem Recht eindeutig als zum inländischen OGAW gehörend identifiziert werden können;
2. für sonstige Vermögensgegenstände gilt:
   a) die Verwahrstelle prüft das Eigentum des inländischen OGAW [...] an solchen Vermögensgegenständen und führt Aufzeichnungen derjenigen Vermögensgegenstände, bei denen sie sich vergewissert hat, dass der inländische OGAW [...] an diesen Vermögensgegenständen das Eigentum hat;
   b) [...]
   c) [...]
3. die Verwahrstelle übermittelt der OGAW-Verwaltungsgesellschaft regelmäßig eine umfassende Aufstellung sämtlicher Vermögensgegenstände des inländischen OGAW.

(2) Die zum inländischen OGAW gehörenden Guthaben [...] sind auf Sperrkonten zu verwahren. [...]

Abschnitt 4
Offene inländische Investmentvermögen
Unterabschnitt 1
Allgemeine Vorschriften für offene inländische Investmentvermögen

§ 91 Rechtsform

(1) Offene inländische Investmentvermögen dürfen nur als Sondervermögen gemäß den Vorschriften des Unterabschnitts 2 oder als Investmentaktiengesellschaften mit veränderlichem Kapital gemäß den Vorschriften des Unterabschnitts 3 aufgelegt werden.

Unterabschnitt 2
Allgemeine Vorschriften für Sondervermögen

§ 92 Sondervermögen

(1) Die zum Sondervermögen gehörenden Vermögensgegenstände können nach Maßgabe der Anlagebedingungen im Eigentum der Kapitalverwaltungsgesellschaft oder im Miteigentum der Anleger stehen. Das Sondervermögen ist von dem eigenen Vermögen der Kapitalverwaltungsgesellschaft getrennt zu halten.

(2) [...]

(3) Die Kapitalverwaltungsgesellschaft darf mehrere Sondervermögen bilden. Diese haben sich durch ihre Bezeichnung zu unterscheiden und sind getrennt zu halten. [...]

§ 93 Verfügungsbefugnis, Treuhänderschaft, Sicherheitsvorschriften

(1) Die Kapitalverwaltungsgesellschaft ist berechtigt, im eigenen Namen über die zu einem Sondervermögen gehörenden Gegenstände nach Maßgabe dieses Gesetzes und der Anlagebedingungen zu verfügen und alle Rechte aus ihnen auszuüben.

(2) Das Sondervermögen haftet nicht für Verbindlichkeiten der Kapitalverwaltungsgesellschaft; [...]. Die Kapitalverwaltungsgesellschaft ist nicht berechtigt, im Namen der Anleger Verbindlichkeiten einzugehen. Von den Vorschriften dieses Absatzes abweichende Vereinbarungen sind unwirksam.

(3) [...]

(4) Gegenstände, die zu einem Sondervermögen gehören, dürfen nicht verpfändet oder sonst belastet, zur Sicherung übereignet oder zur Sicherung abgetreten werden; [...]

§ 94 Stimmrechtsausübung

(1) Die Kapitalverwaltungsgesellschaft bedarf zur Ausübung des Stimmrechts aus den zu einem Sondervermögen gehörenden Aktien keiner schriftlichen Vollmacht der Anleger. [...] Die Kapitalverwaltungsgesellschaft soll das Stimmrecht aus Aktien von Gesellschaften, die ihren Sitz im Geltungsbereich dieses Gesetzes haben, im Regelfall selbst ausüben. [...]

§ 95 Anteilscheine, [...]

(1) Die Anteile an Sondervermögen werden in Anteilscheinen verbrieft oder als elektronische Anteilscheine begeben. Die Anteilscheine können auf den Inhaber oder, soweit sie nicht elektronisch begeben werden, auf Namen lauten.

(2) Lauten verbriefte Anteilscheine auf den Inhaber, sind sie in einer Sammelurkunde zu verbriefen und ist der Anspruch auf Einzelverbriefung auszuschließen. Lauten verbriefte Anteilscheine auf den Namen, so gelten für sie die §§ 67 und 68 des Aktiengesetzes entsprechend. Die Anteilscheine können über einen oder mehrere Anteile desselben Sondervermögens ausgestellt werden. Die Anteilscheine sind von der Kapitalverwaltungsgesellschaft und von der Verwahrstelle zu unterzeichnen. Die Unterzeichnung kann durch mechanische Vervielfältigung erfolgen. [...]

§ 98 Rücknahme von Anteilen, [...]

(1) Jeder Anleger kann mindestens zweimal im Monat verlangen, dass ihm gegen Rückgabe des Anteils sein Anteil an dem Sondervermögen aus diesem ausgezahlt wird; die Einzelheiten sind in den Anlagebedingungen festzulegen. [...]

Kapitel 2
Publikumsinvestmentvermögen
Abschnitt 1 [...] Abschnitt 2
Investmentvermögen gemäß der OGAW-Richtlinie

§ 192 Zulässige Vermögensgegenstände

Die OGAW-Kapitalverwaltungsgesellschaft darf für einen inländischen OGAW nur die in den §§ 193 bis 198 genannten Vermögensgegenstände erwerben. Edelmetalle und Zertifikate über Edelmetalle dürfen von der OGAW-Kapitalverwaltungsgesellschaft für einen inländischen OGAW nicht erworben werden.

§ 193 Wertpapiere

(1) Die OGAW-Kapitalverwaltungsgesellschaft darf vorbehaltlich des § 198 für Rechnung eines inländischen OGAW nur Wertpapiere erwerben,

1. die an einer Börse in einem Mitgliedstaat der Europäischen Union oder in einem anderen Vertragsstaat des Abkommens über den Europäischen Wirtschaftsraum zum Handel zugelassen oder in einem dieser Staaten an einem anderen organisierten Markt zugelassen oder in diesen einbezogen sind,
2. die ausschließlich an einer Börse außerhalb der Mitgliedstaaten der Europäischen Union oder außerhalb der anderen Vertragsstaaten des Abkommens über den Europäischen Wirtschaftsraum zum Handel zugelassen oder in einem dieser Staaten an einem anderen organisierten Markt zugelassen oder in diesen einbezogen sind, sofern die Wahl dieser Börse oder dieses organisierten Marktes von der Bundesanstalt zugelassen ist,

3. deren Zulassung an einer Börse in einem Mitgliedstaat der Europäischen Union oder in einem anderen Vertragsstaat des Abkommens über den Europäischen Wirtschaftsraum zum Handel oder deren Zulassung an einem organisierten Markt oder deren Einbeziehung in diesen Markt in einem Mitgliedstaat der Europäischen Union oder in einem anderen Vertragsstaat des Abkommens über den Europäischen Wirtschaftsraum nach den Ausgabebedingungen zu beantragen ist, sofern die Zulassung oder Einbeziehung dieser Wertpapiere innerhalb eines Jahres nach ihrer Ausgabe erfolgt,
4. deren Zulassung an einer Börse zum Handel oder deren Zulassung an einem organisierten Markt oder die Einbeziehung in diesen Markt außerhalb der Mitgliedstaaten der Europäischen Union oder außerhalb der anderen Vertragsstaaten des Abkommens über den Europäischen Wirtschaftsraum nach den Ausgabebedingungen zu beantragen ist, sofern die Wahl dieser Börse oder dieses organisierten Marktes von der Bundesanstalt zugelassen ist und die Zulassung oder Einbeziehung dieser Wertpapiere innerhalb eines Jahres nach ihrer Ausgabe erfolgt,
5. in Form von Aktien, die dem inländischen OGAW bei einer Kapitalerhöhung aus Gesellschaftsmitteln zustehen,
6. die in Ausübung von Bezugsrechten, die zum inländischen OGAW gehören, erworben werden,

7./8. [...]

(2) Wertpapiere nach Maßgabe des Absatzes 1 sind auch Bezugsrechte, sofern sich die Wertpapiere, aus denen die Bezugsrechte herrühren, im inländischen OGAW befinden können.

§ 194 Geldmarktinstrumente [...]

§ 195 Bankguthaben [...]

§ 196 Investmentanteile [...]

§ 197 [...]; Derivate; [...]

§ 198 Sonstige Anlageinstrumente [...]

§ 199 Kreditaufnahme

Die OGAW-Kapitalverwaltungsgesellschaft darf für gemeinschaftliche Rechnung der Anleger kurzfristige Kredite nur bis zur Höhe von 10 % des Wertes des inländischen OGAW und nur aufnehmen, wenn die Bedingungen der Kreditaufnahme marktüblich sind und dies in den Anlagebedingungen vorgesehen ist.

§ 205 Leerverkäufe

Die Kapitalverwaltungsgesellschaft darf für gemeinschaftliche Rechnung der Anleger keine Vermögensgegenstände nach Maßgabe der §§ 193, 194 und 196 verkaufen, wenn die jeweiligen Vermögensgegenstände im Zeitpunkt des Geschäftsabschlusses nicht zum inländischen OGAW gehören; [...]

§ 206 Emittentengrenzen

(1) Die OGAW-Kapitalverwaltungsgesellschaft darf in Wertpapiere und Geldmarktinstrumente desselben Emittenten nur bis zu 5 % des Wertes des inländischen OGAW anlegen; in diesen Werten dürfen jedoch bis zu 10 % des Wertes des inländischen OGAW angelegt werden, wenn dies in den Anlagebedingungen vorgesehen ist und der Gesamtwert der Wertpapiere und Geldmarktinstrumente dieser Emittenten 40 % des Wertes des inländischen OGAW nicht übersteigt.

§ 210 Emittentenbezogene Anlagegrenzen

(1) Schuldverschreibungen desselben Emittenten oder Geldmarktinstrumente desselben Emittenten darf die OGAW-Kapitalverwaltungsgesellschaft für Rechnung eines inländischen OGAW nur insoweit erwerben, als der Gesamtnennbetrag jeweils 10 % des Gesamtnennbetrags der im Umlauf befindlichen Schuldverschreibungen und Geldmarktinstrumente desselben Emittenten nicht übersteigt. [...]

(2) Die OGAW-Kapitalverwaltungsgesellschaft darf für alle von ihr verwalteten inländischen OGAW Aktien desselben Emittenten nur insoweit erwerben, als die Stimmrechte, die der OGAW-Kapitalverwaltungsgesellschaft aus Aktien desselben Emittenten zustehen, 10 % der gesamten Stimmrechte aus Aktien desselben Emittenten nicht übersteigen. [...]

(3) Die OGAW-Kapitalverwaltungsgesellschaft darf für Rechnung eines inländischen OGAW nicht mehr als 25 % der ausgegebenen Anteile eines anderen offenen inländischen, EU- oder ausländischen Investmentvermögens, das nach dem Grundsatz der Risikomischung in Vermögensgegenstände im Sinne der §§ 192 bis 198 angelegt ist, erwerben.

Fortsetzung der Situation:

Nach Einlieferung seiner Fondsanteile in sein Depot bei der Kundenbank AG wünscht Herr Szalai detailliertere Informationen zu den Anlagegrenzen für offene Publikumsfonds (OGAW-Fonds). Er bittet Sie, ihm diese Vorschriften anhand eines konkreten Beispiels zu erläutern.

Aufgabe:

9 Begründen Sie dem Kunden anhand des folgenden beispielhaften OGAW-Investmentvermögens die Zulässigkeit bzw. die Nichtzulässigkeit der jeweiligen Anlage.

Berücksichtigen Sie in diesem Zusammenhang die Anlagebedingungen dieses OGAW-Fonds.

Anlagebedingungen

§ 4 [Anlagegrundsätze]

1. Für den Fonds werden insbesondere Aktien, Wandelschuldverschreibungen und Optionsanleihen inländischer und ausländischer Aussteller erworben. Der Fonds ist ertragsbetont.
2. Für den Fonds können ausnahmsweise bis zu 10 v.H. seines Inventarwertes Aktien, Wandelschuldverschreibungen und Optionsanleihen einzelner inländischer und ausländischer Aussteller sowie vorübergehend bis zu 10 v.H. seines Inventarwertes festverzinsliche Wertpapiere einzelner in- und ausländischer Aussteller gehalten werden.

§ 5 [Anlagegrenzen]

1. Bei der Anlage in Wertpapieren sind ansonsten die durch § 206 und § 210 Kapitalanlagegesetzbuch gezogenen Grenzen einzuhalten.

(Die Kapitalverwaltungsgesellschaft führt nur ein Sondervermögen!)

OGAW-Investmentvermögen am 30.06.20..		100,00 Mill. EUR
davon: **Wandelschuldverschreibungen und Optionsanleihen**		Kurswert: 27,58 Mill. EUR
u.a. nom. 2900000,00 EUR 3,5 % Wandelanleihe von 20.. Emittent: Cyber Sale Multimedia AG; Kurs 100 %; Gesamtnennbetrag der in Umlauf befindlichen Anleihe 90000000,00 EUR,	Kurswert: 2,90 Mill. EUR	
■ nom. 6400000,00 EUR 3 % Wandelschuldverschreibungen von 20.. Emittent: German Wind Power AG; Kurs 102 %; Gesamtnennbetrag aller in Umlauf befindlichen Schuldverschreibungen und Geldmarktinstrumente der German Wind Power AG 60000000,00 EUR,	Kurswert: 6,528 Mill. EUR	
■ nom. 6500000,00 EUR 1,50 % Optionsanleihe von 20.. Emittent: Vonovitech SE; Kurs 98 %; Gesamtnennbetrag der in Umlauf befindlichen Optionsanleihe 110000000,00 EUR,	Kurswert: 6,37 Mill. EUR	
■ nom. 5800000,00 EUR 1,65 % Optionsanleihe von 20.. Emittent: Vonovitech SE; Kurs 100 %; Gesamtnennbetrag der in Umlauf befindlichen Optionsanleihe 95000000,00 EUR. Neben der 1,5 %-igen und der 1,65 %-igen Optionsanleihe hat die Vonovitech SE keine weiteren Schuldverschreibungen und Geldmarktinstrumente begeben.	Kurswert: 5,80 Mill. EUR	
davon: **Aktien**		Kurswert: 51,49 Mill. EUR
u.a. ■ 1000000 nennwertlose Inhaberstückaktien der Altasco AG; Kurs 8,50 EUR/Stück; ausgegeben sind 4000000 Inhaberstückaktien mit einem rechnerischen Anteil am Grundkapital von je 5,00 EUR. Jede Stückaktie beinhaltet 1 Stimmrecht.	Kurswert: 8,50 Mill. EUR	
■ 300000 nennwertlose Stückaktien der Turbo Planet AG; Kurs 25,00 EUR/Stück; ausgegeben sind 10000000 Stückaktien mit einem rechnerischen Anteil am Grundkapital von je 1,00 EUR. Jede Stückaktie beinhaltet 1 Stimmrecht.	Kurswert: 7,50 Mill. EUR	
davon: **Investmentanteile**		Anteilswert: 10,93 Mill. EUR
■ 58750 Stück Euroland-Anteile; ausgegebene Anteile insgesamt 40200000 Stück	Anteilswert: 2,35 Mill. EUR	
■ 134200 Stück Global World-Anteile; ausgegebene Anteile insgesamt 86148128 Stück	6,71 Mill. EUR	
■ 26700 Stück Growth Euro-Anteile; ausgegebene Anteile insgesamt 37100000 Stück	1,87 Mill. EUR	
davon: **Barvermögen**		10,00 Mill. EUR

6 Vermögensanlagen empfehlen und eine Geeignetheitserklärung erstellen

Lernbuch Kap. 11.8

Situation 1: Stufenzinsanleihe

Sie sind Kundenberater(-in) in der Sparkasse Magdeburg. Mit Ihrem Kunden Max Hentschel, wohnhaft in 39108 Magdeburg, Uhlandstraße 5, geb. am 05. 08. 1990, ledig, E-Mail-Adresse: max.hentschel@t-online.de, Handynummer: 0157 7898532, haben Sie heute ein Beratungsgespräch vereinbart. Aus dem Vorgespräch mit Herrn Hentschel wissen Sie, dass für ihn ein Termingeld über 120 000,00 EUR fällig geworden ist, das er nunmehr in Wertpapieren anlegen möchte.

Um Herrn Hentschel ein Finanzinstrument empfehlen zu können, das für ihn geeignet ist und seiner Risikotoleranz und seiner Fähigkeit, Verluste zu tragen, entspricht, sind Sie verpflichtet, Informationen über den Kunden einzuholen.

Im Gespräch mit dem Kunden erfahren Sie:

Herr Hentschel ist Prokurist bei der Firma Magde-Bau AG. Sein monatliches Bruttoeinkommen beträgt 5 800,00 EUR. Freie (liquide) Vermögenswerte sind in Höhe von 12 000,00 EUR vorhanden. Wertpapiere, Kapitalanlagen und Immobilien besitzt Herr Hentschel nicht. An monatlicher Miete für seine Wohnung fallen 900,00 EUR an. Die Aufwendungen für den Lebensunterhalt veranschlagt der Kunde mit 1 000,00 EUR pro Monat, seine monatlichen Zahlungen für Versicherungen und Abonnements mit 90,00 EUR. Die durchschnittlichen Aufwendungen (monatlich) für Kultur, Restaurants und Reisen gibt Herr Hentschel mit 500,00 EUR an. Darlehensraten liegen nicht vor. Für seine Altersvorsorge plant er jeden Monat 600,00 EUR ein. Kenntnisse besitzt Herr Hentschel in Geldmarkt- und Rentenfonds. Erfahrungen damit liegen seit mehr als 3 Jahren mit einer Auftragssumme von 3 000,00 EUR vor. Die durchschnittliche Anzahl der durchgeführten Geschäfte liegt bei 5. Eine Anlageberatung wurde bereits einmal in Anspruch genommen.

Die Zielsetzung des Kunden lautet, dass er mittelfristig (in ca. 8–10 Jahren) den Erwerb einer eigengenutzten Immobilie plant. Herr Hentschel legt Wert auf volle Sicherheit und laufende Erträge der Anlage.

Aufgabe:

1 Füllen Sie unter Verwendung der obigen Angaben das Formular „Geeignetheitserklärung" in den Punkten I bis VII aus.

Geeignetheitsprüfung für Geschäfte in Finanzinstrumenten

Kunde

Firma | Rechtsform

Vorname | Name | Geburtstag

Zusätzliche Angaben: z. B. c/o; Gemeinde

Straße | Hausnummer

PLZ | Ort

E-Mail-Adresse

Handynummer

Mit dieser Geeignetheitsprüfung wollen wir erfragen, ob das Finanzinstrument, das wir Ihnen empfehlen, für Sie geeignet ist.

I. Ihre finanziellen Verhältnisse

1. Einnahmen

a) Herkunft und Höhe Ihres regelmäßigen Einkommens

b) Freie (liquide) Vermögenswerte

c) Wertpapiere und Kapitalanlagen

d) Immobilienbesitz

2. Ausgaben

a) Monatliche Miete

b) Darlehensrate

c) Unterhaltszahlungen für Partner und Kinder

d) Andere Ratenzahlungen (z. B. Versicherungen/Abonnements)

e) Laufende Aufwendungen für Lebensunterhalt einschließlich Kleidung, Auto

f) Durchschnittliche Aufwendungen (monatlich) für Kultur, Restaurants, Reisen, Aufwendungen für Lotto, Toto

g) Andere Ausgaben

3. Freies Vermögen

a) Liquide flüssige Mittel

b) Gebundene Mittel (z. B. Immobilien/Wertpapiere/Kunstwerk)

II. Ihre Anlageziele

1. Altersvorsorge (lebenslange Rente, gleichbleibend/steigend/fallend) ☐
2. Rentenergänzung neben gesetzlicher Altersvorsorge und betriebliche Altersvorsorge (wie hoch ist die Rentenlücke) ☐
3. Sparen für die Ausbildung (die eigenen/Partner/ Kinder: Kosten der Ausbildung?) ☐
4. Sparen für größere Anschaffungen (in welcher Höhe wann geplant?) ☐
5. Andere Anlageziele ☐

III. Geplante Anlagedauer

1 Jahr ☐	3 Jahre ☐	5 Jahre ☐	12 Jahre ☐
20 Jahre ☐	30 Jahre ☐	andere Dauer ☐	

IV. Geplante Zahlungsweise

1. Größere Einmalzahlung (wie viel?) ☐
2. Monatliche/halbjährliche/jährliche Zahlungsweise (welche Höhe?) ☐

V. Ihre Risikotoleranz

1. Einen Vollverlust verkrafte ich.	Ja ☐	Nein ☐
2. Ich erwarte mindestens das eingezahlte Kapital zurück.	Ja ☐	Nein ☐
3. Ich erwarte eine garantierte Verzinsung.	Ja ☐	Nein ☐
4. Einen Verlust von 10 % (20 %/30 % ...) des eingezahlten Kapitals würde ich akzeptieren, wenn zugleich die Chance besteht 4 % oder mehr Prozent (wie viel?) zu erzielen.	Ja ☐	Nein ☐

VI. Ihre Risikotragfähigkeit

1. Einen Vollverlust des eingezahlten Kapitals kann ich mir finanziell leisten.	Ja ☐	Nein ☐
2. Einen Verlust des eingezahlten Kapitals bis zu 70 %/60 %/50 % ... 0 % kann ich tragen.	Ja ☐	Nein ☐

VII. Ich kenne und habe Erfahrungen mit

	Kenntnisse		Erfahrungen seit			Durchschnittliche Anzahl der Geschäfte pro Jahr			Durchschnittliche Höhe Ihrer bisherigen Aufträge in EUR?			
	vorhanden ja	vermittelt ja	unter 1 Jahr	1 bis 3 Jahre	mehr als 3 Jahre	1 bis 10	11 bis 25	mehr als 25	unter 3000	3000 bis 10000	10000 bis 25000	über 25000
Verzinsliche Wertpapiere mit Normalausstattung	☐	☐	☐	☐	☐	☐	☐	☐	☐	☐	☐	☐
Verzinsliche Wertpapiere mit erhöhter Risikostruktur (z. B. Aktienanleihen)	☐	☐	☐	☐	☐	☐	☐	☐	☐	☐	☐	☐
Geldmarkt- und geldmarktnahe Fonds	☐	☐	☐	☐	☐	☐	☐	☐	☐	☐	☐	☐
Rentenfonds	☐	☐	☐	☐	☐	☐	☐	☐	☐	☐	☐	☐
Offene Immobilienfonds	☐	☐	☐	☐	☐	☐	☐	☐	☐	☐	☐	☐
Aktien-/Mischfonds	☐	☐	☐	☐	☐	☐	☐	☐	☐	☐	☐	☐
Zertifikate	☐	☐	☐	☐	☐	☐	☐	☐	☐	☐	☐	☐
Aktien, Genussscheine	☐	☐	☐	☐	☐	☐	☐	☐	☐	☐	☐	☐
Optionsscheine, Optionen u. Futures, Termingeschäfte	☐	☐	☐	☐	☐	☐	☐	☐	☐	☐	☐	☐

Haben Sie Kenntnisse und/oder Erfahrungen in Fremdwährungsgeschäften/-anlagen? ☐ Ja

Bisher in Anspruch genommene Leistungen im Wertpapiergeschäft

Welche der nachfolgend genannten Leistungen haben Sie bisher bei einem Kreditinstitut in Anspruch genommen?

☐ Beratungsfreie Orderausführung ☐ Anlageberatung ☐ Vermögensverwaltung ☐ Keine

VIII. Geeignetheit

Unter Berücksichtigung Ihrer:

1. Anlageziele ______
2. Ihres finanziellen Spielraums ______
3. Ihrer Risikotoleranz ______
4. Ist für Sie eine Anlage geeignet in ______

IX. Empfehlung

Auf der Grundlage der mit Ihnen durchgeführten Geeignetheitsprüfung empfehle ich Ihnen die Anlage in ______

______
Unterschrift Anlageberater

______
Unterschrift Kunde

______
Ort, Datum

______
Ort, Datum

Fortsetzung der Situation:

Sie empfehlen dem Kunden Max Hentschel die Deka-Stufenzins-Anleihe:

Produktinformationsblatt über Finanzinstrumente nach dem Wertpapierhandelsgesetz (WpHG)
– Auszug –

DekaBank Stufenzins-Anleihe

Emittentin: (Herausgeber der Schuldverschreibung)	**DekaBank Deutsche Girozentrale („DekaBank")**	**ISIN:**	**DE000DK0PJ00**
	Branche: Kreditinstitut, www.dekabank.de	**WKN:**	**DK0PJ0**
Börsennotierung:	**Keine Börsennotierung**	**Produktgattung:**	**Stufenzins-Anleihe**

1. Produktbeschreibung/Funktionsweise

- Diese Stufenzins-Anleihe ist eine in Stück notierte Schuldverschreibung der DekaBank mit fester Laufzeit und fester Verzinsung.
- Der Anleger erhält für die jeweilige Zinsperiode am entsprechenden Zinszahlungstag einen festen Zinsbetrag ausgezahlt. Für die Zinsperioden ist jeweils ein eigener Zinssatz festgelegt.
- Die Rückzahlung der Anleihe am Rückzahlungstermin erfolgt zum Nennbetrag.
- Diese Anleihe richtet sich an Anleger mit einem Anlagehorizont von 7 Jahren, die während der vorgegebenen Laufzeit einen festen Zinsertrag erzielen möchten und am Rückzahlungstermin eine Rückzahlung zum Nennbetrag erhalten wollen.

2. Produktdaten

Beginn des öffentlichen Angebots	19.02.20..
Zeichnungsfrist	19.02.20.. bis 09.03.20.. (15:00 Uhr Frankfurt am Main), vorbehaltlich einer Verlängerung oder Verkürzung.
Emissionstag/Emissionsvaluta	12.03.20../14.03.20.. (Zeitpunkt der Belastung)
Rückzahlungstermin	14.03.20.. (7 Jahre Laufzeit)
Emissionspreis	1 000,00 EUR je Nennbetrag
Nennbetrag bzw. kleinste handelbare Einheit	Eine Anleihe im Nennbetrag von 1 000,00 EUR (Stücknotierung)
Stückzinsberechnung	Nein, anteilig aufgelaufene Zinsen (Stückzinsen) sind im Kurs enthalten.
DekaBank Depot	Ja
Rendite	Ertrag einer Kapitalanlage: 0,957 % pro Jahr (mittlere, jährliche Rendite in Bezug auf den Rückzahlungstermin auf der Grundlage des Emissionspreises)
Kapitalschutz	Ja, 100,00 % des Nennbetrags durch die Emittentin am Rückzahlungstermin

Zinssatz pro Jahr		**Zinssatz pro Jahr**		**Zinszahlungstag**
1. Jahr	0,6 %	4. Jahr	1,00 %	jeweils der 14.03. eines jeden Jahres
2. Jahr	0,7 %	5. Jahr	1,10 %	
3. Jahr	0,8 %	6. Jahr	1,20 %	
		7. Jahr	1,30 %	

Aufgaben:

2 Charakterisieren Sie das dem Kunden angebotene Produkt.

3 Verdeutlichen Sie dem Kunden die Risiken, die mit diesem Wertpapier verbunden sind.

4 Sie gehen von einer guten Bonität der DekaBank während der gesamten Laufzeit der Anleihe aus. Entscheiden Sie, ob bei dieser Anleihe während und am Ende der Laufzeit jeweils ein Kursrisiko besteht und begründen Sie Ihre jeweilige Entscheidung.

5 Entscheiden und begründen Sie, ob das von Ihnen empfohlene Finanzprodukt für den Kunden geeignet ist. Vervollständigen Sie das Formular „Geeignetheitsprüfung" in den Punkten VIII und IX.

Situation 2: Währungsanleihe

Ein risikobewusster Kunde möchte Anleihen erwerben. Aus dem Angebot von Neuemissionen hat er folgende Anleihen, für die er sich interessiert, ausgewählt:

NEUE ANLEIHEN

Emissionsdatum (Valuta)	Währung	Betrag	Emittent	Rating[1]	Zins in %	Ausgabekurs	Laufzeit
07.03.20..	EUR	100 Mio.	UNI CREDIT BANK AG	A3/ A–/ AAA	0,955	100,00 %	4 Jahre
12.03.20..	USD	1 000 Mio.	EMPRESA NACIONAL DE TELE[2]	Baa2/ BBB+/ –	4,875	99,29 %	11 Jahre
12.03.20..	USD	4 000 Mio.	KfW BANK	Aaa/ AAA/ AAA	0,625	99,69 %	3 Jahre

Die Beratungsunterlagen des Kunden enthalten folgende Angaben:

Kundenangaben für Geschäfte in Finanzinstrumenten

3. Kenntnisse und Erfahrungen

3.1 In welchen der folgenden Anlageformen haben Sie Kenntnisse und/oder Erfahrungen?

	Kenntnisse		Erfahrungen seit?			Durchschnittliche Anzahl der Geschäfte pro Jahr?			Durchschnittliche Höhe Ihrer bisherigen Aufträge in Euro?			
	vorhanden ja	vermittelt ja	unter 1 Jahr	1 bis 3 Jahre	mehr als 3 Jahre	1 bis 10	11 bis 25	mehr als 25	unter 3000 Euro	3000 bis 10000	10000 bis 25000	über 25000 Euro
⋮												
Zertifikate	☒	☐	☐	☒	☐	☒	☐	☐	☐	☐	☒	☐
Aktien, Genussscheine	☒	☐	☐	☐	☒	☐	☒	☐	☐	☐	☐	☒
Optionsscheine, Optionen u. Futures, Termingeschäfte	☐	☒	☒	☐	☐	☒	☐	☐	☐	☒	☐	☐

3.2 Haben Sie Kenntnisse und/oder Erfahrungen in Fremdwährungsgeschäften/-anlagen? ☐ **Ja**

⋮

6.3 Risikobereitschaft bei den angestrebten Geschäften

Welche der nachfolgenden Aussagen beschreibt Ihre Risikobereitschaft bezüglich der von Ihnen angestrebten Geschäfte am ehesten?

☐ Konservativ	Sie bevorzugen Anlagen mit nur geringen Risiken. Die wichtigste Zielrichtung ist Substanzerhalt.
☐ Risikobewusst	Zur Erzielung von höheren Renditen haben Sie die Bereitschaft, Verlustrisiken hinzunehmen (z. B. durch Anlage in Aktien).
☒ Spekulativ	Zur Erzielung möglichst hoher Renditen haben Sie die Bereitschaft, in Wertpapiere zu investieren, die hohen Verlustrisiken und erheblichen Kursschwankungen unterliegen.

Im Beratungsgespräch erklären Sie dem Kunden, dass bei der Wahl einer Anleihe auch das Rating eine besondere Rolle spielt.

1 Daten von Moody's Investors Service, Standard & Poor's und Fitch.

2 *Empresa Nacional de Telecomunicaciones S.A de Chile* ist der größte chilenische Anbieter für Telekommunikations- und Internet-Verbindungen.

Aufgaben:

1 Erläutern Sie dem Kunden den Begriff „Rating"!

Moody's und Standard & Poor's Einschätzung des Risikos

Investmentklassen

Moody's	Standard & Poor's	
Aaa	AAA	Beste Qualität, geringstes Ausfallrisiko, außergewöhnlich gute Bonität.
Aa1 Aa2 Aa3	AA+ AA AA-	Hohe Qualität, sehr gute Bonität, aber etwas größeres Risiko als die Spitzengruppe.
A1 A2 A3	A+ A A-	Gute Bonität, aber etwas anfälliger für negative Auswirkungen aufgrund von Veränderungen im Umfeld.
Baa1 Baa2 Baa3	BBB+ BBB BBB-	Mittlere Qualität, aber mangelnder Schutz gegen Einflüsse sich verändernder Wirtschaftsentwicklung.

Spekulationsklassen

Ba1 Ba2 Ba3	BB+ BB BB-	Spekulative Anlage, nur mäßige Deckung für Zins- und Tilgungsleistung.
B1 B2 B3	B+ B B-	Sehr spekulativ, geringe Bonität, hohes Risiko eines Zahlungsausfalls.
Caa Ca C	CCC CC C	Niedrigste Qualität, geringster Anlegerschutz, in Zahlungsverzug oder in direkter Gefahr des Verzugs.
-	D	Der Schuldner ist bereits in Zahlungsverzug oder hat den Konkurs angemeldet.

Beachte: Falls eine Anleihe nicht von den bekannten Agenturen geratet ist, heißt dies nicht automatisch, dass sie besonders riskant ist.

Quelle: Anlage-Strategie Privatkunden.

Zusammenhang zwischen Anleihenrendite und Rating

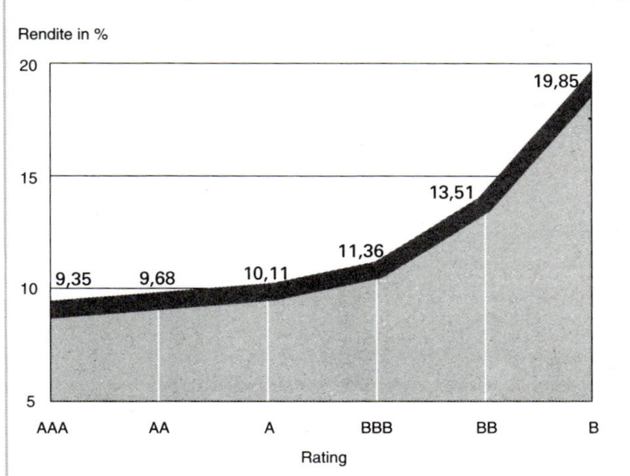

2 Das Wertpapierhandelsgesetz schreibt eine Risikoanalyse vor. Sie besprechen mit dem Kunden die von ihm ausgewählten Anleihen unter Risikoaspekten.

Auf welche Gesichtspunkte/Risiken weisen Sie den Kunden bei der jeweiligen Emission hin?

3 Entsprechend Ihrer Empfehlung kauft der Kunde Valuta 12.03.20.. u.a. nom. 150 000,00 0,625 % KfW-USD-Anleihe[1], Laufzeit 3 Jahre, zum Kurs von 99,69 %. Der US-Dollar notiert an diesem Tag mit EUR/USD 1,1614 G und 1,1674 B. Zinsen werden jährlich rückwirkend für den vergangenen Zinszeitraum gezahlt. Zu den Zinsterminen der Anleihe und zum Rückzahlungstermin notiert der US-Dollar wie nachstehend:

Devisenkassakurse USD (Basis 1 EUR)		
	Geld	**Brief**
zum Zinstermin nach einem Jahr Laufzeit	1,1265	1,1325
zum Zinstermin nach zwei Jahren Laufzeit	1,1841	1,1901
zum Zinstermin nach drei Jahren Laufzeit und Rückzahlungstermin	1,1153	1,1213

Errechnen Sie die Effektivverzinsung der Anlage (Schaltjahre bleiben unberücksichtigt).

An- und Verkaufsspesen, steuerliche Gesichtspunkte und Depotgebühren bleiben ebenfalls unberücksichtigt.

1 Umrechnung in Euro.

Situation 3: Aktien

Kerstin Biller hat aus dem Verkauf einer Eigentumswohnung 50 000,00 EUR erlöst, die sie anlegen möchte. Eine Freundin hat ihr empfohlen, Aktien zu kaufen. Da ihr die Erfahrung bei dieser Anlageform fehlt, nimmt sie heute einen Beratungstermin bei Ihnen wahr.

Zu Beginn des Gesprächs weisen Sie Frau Biller darauf hin, dass Sie bestimmte Informationen von ihr benötigen, um sie beraten zu können.

Aufgaben:

1 Nennen Sie der Kundin drei Informationen, die sie gemäß Wertpapierhandelsgesetz von ihr einholen müssen.

2 Erläutern Sie der Kundin, wie Sie sich verhalten müssen, wenn Sie diese Informationen von ihr nicht erhalten.

3 Das Beratungsgespräch ergab, dass Frau Biller an einer längerfristigen, nicht spekulativen Anlage interessiert ist.

Erläutern Sie Frau Biller Chancen und Risiken einer Anlage in Aktien.

4 Welche Aktienwerte kommen beim Anlageziel der Kundin in Betracht?

5 Die Kundin möchte nähere Beratung über folgende Werte, die ihr von ihrer Freundin empfohlen wurden:

Software StA			
WKN	700 400		
ISIN	DE000700400		
Börse	Frankfurter Wertpapierbörse		
Währung	EUR		
Schlusskurs	138,50		
per	09.06.20..		
H/T 20.. (EUR)	139,95 110,63		
	20..	20..	20..
erwarteter Gewinn je Aktie	4,26	4,83	5,53
veröffentlichte Dividende	1,10	1,10	1,12
Dividendenrendite	0,79	0,79	
KGV	32,5	28,7	
	30 Tage	250 Tage	
Volatilität in %	12,11	20,93	
Streubesitz	64,71 %		

Zukunftsenergie StA			
WKN	799 399		
ISIN	DE000799399		
Börse	Frankfurter Wertpapierbörse		
Währung	EUR		
Schlusskurs	52,09		
per	09.06.20..		
H/T 20.. (EUR)	53,07 36,18		
	20..	20..	20..
erwarteter Gewinn je Aktie	3,80	3,80	4,20
veröffentlichte Dividende	1,50	1,75	2,12
Dividendenrendite	2,88	3,36	
KGV	13,7	13,7	
	30 Tage	250 Tage	
Volatilität in %	21,42	18,96	
Streubesitz	53,34 %		

Die Volatilität erfasst als Kennzahl das Ausmaß der Schwankungen der Preise bzw. Kurse bestimmter Basiswerte (z. B. Aktien, Anleihen, Zinssätze, Aktienindizes). Je größer die Kursschwankungen sind, umso größer ist auch die Volatilität der Aktie und damit das mit dem Papier verbundene Risiko.

a) Kennzeichnen Sie die Ertragsentwicklung.

Welche Bedeutung haben die Kennziffern Dividendenrendite, KGV und Volatilität für die Bewertung der beiden Aktien?

b) Ermitteln Sie für beide Aktienwerte die Dividendenrendite und das Kurs-Gewinn-Verhältnis im dritten Jahr.

c) Stellen Sie mögliche Vor- und Nachteile beider Anlagen in einer Übersicht zusammen.

6 Frau Biller spricht Sie auf die äußerst niedrigen Zinsen für Geldanlagen an. Sie informieren sie über die extrem lockere Geldpolitik der Europäischen Zentralbank und erklären ihr, dass sinkende Kapitalmarktzinsen tendenziell zu steigenden Aktienkursen führen. Erläutern Sie der Kundin diesen Zusammenhang.

Situation 4: Rentenfonds – Immobilienfonds

Sie sind Kundenberater(-in) in der Kundenbank AG. Ihre Kundin Carmen Lopez hat im Internet Anlegerinformationen zu Investmentfonds gefunden und möchte über die beiden folgenden Fonds informiert werden:

UniEuroAnleihen

Der UniEuroAnleihen ist ein Sondervermögen.
WKN/ISIN: A1W4QB/LU0966118209

Der Fonds wird von der Union Investment Luxembourg S. A., Luxemburg, verwaltet. Die Union Investment Luxembourg S. A. ist als Teil der Union Investment Gruppe der genossenschaftlichen FinanzGruppe Volksbanken Raiffeisenbanken angeschlossen.

Ziele und Anlagepolitik

Ziel des Rentenfonds ist es, neben der Erzielung marktgerechter Erträge langfristig ein Kapitalwachstum zu erwirtschaften.

Das Fondsvermögen des UniEuroAnleihen wird überwiegend in verzinsliche Wertpapiere internationaler Emittenten mit erstklassiger Schuldnerqualität angelegt. Daneben kann das Fondsvermögen in Geldmarktinstrumente oder Bankguthaben investiert werden.

Derzeit liegt der Anlageschwerpunkt des Fonds auf Anleihen, die auf Euro lauten. Zum aktuellen Anlagespektrum gehören beispielsweise Staatsanleihen, Unternehmensanleihen und Pfandbriefe von internationalen Emittenten. Anleihen, deren Bonität nicht als erstklassig eingeschätzt wird ebenso wie Anleihen von Ausstellern der Emerging Markets[1] können beigemischt werden.

Die Erträge des Fonds werden thesauriert.

Die Anleger können grundsätzlich bewertungstäglich die Rücknahme der Anteile verlangen. Die Gesellschaft kann jedoch die Rücknahme aussetzen, wenn außergewöhnliche Umstände dies unter Berücksichtigung der Anlegerinteressen erforderlich erscheinen lassen.

Empfehlung

Der Fonds ist unter Umständen für Anleger nicht geeignet, die ihr Geld innerhalb eines Zeitraums von weniger als vier Jahren aus dem Fonds wieder abziehen möchten.

Kosten

Einmalige Kosten vor und nach der Anlage:

Ausgabeaufschlag:	3,00 %
Rücknahmeabschlag:	Es wird kein Rücknahmeabschlag erhoben.

Kosten, die dem Fonds im Laufe des Jahres abgezogen wurden:

Laufende Kosten:	0,80 %

UniImmo: Europa

Der UniImmo: Europa ist ein Sondervermögen.
WKN/ISIN: 980551/DE0009805515

Der Fonds wird von der Union Investment Real Estate GmbH, Hamburg, verwaltet. Die Union Investment Real Estate GmbH ist als Teil der Union Investment Gruppe der genossenschaftlichen FinanzGruppe Volksbanken Raiffeisenbanken angeschlossen.

Ziele und Anlagepolitik

Ziel des Immobilienfonds ist es, aus den gehaltenen Immobilien bzw. Beteiligungen an Immobilien-Gesellschaften regelmäßige Erträge aufgrund zufließender Mieten sowie einen kontinuierlichen Wertzuwachs zu erwirtschaften.

Der Fonds erwirbt überwiegend Immobilien im Europäischen Wirtschaftsraum oder Beteiligungen an Immobilien-Gesellschaften. Darüber hinaus können auch Immobilien außerhalb des Europäischen Wirtschaftsraums, in Amerika, in der Region Asien/Pazifik sowie Südafrika erworben werden. Mindestens 5 % und maximal 49 % des Fondsvermögens können in Liquiditätsanlagen, z. B. Bankguthaben und Geldmarktinstrumenten, angelegt werden.

Der Fonds investiert derzeit überwiegend in Europa in Gewerbeimmobilien mit nachhaltigem wirtschaftlichem Entwicklungspotenzial wie Bürogebäude, Einzelhandelsobjekte und Hotelimmobilien. Dabei wird das Immobilienvermögen nach der Lage, Größe und der Nutzung gemischt.

Die Erträge des Fonds werden in der Regel ausgeschüttet.

Die Anleger können grundsätzlich bewertungstäglich die Rücknahme der Anteile beauftragen. Anteile, die nach dem 21. Juli 2013 durch sogenannte Neuanleger erworben wurden, können erst nach Ablauf einer Mindesthaltefrist von 24 Monaten und unter Einhaltung einer Rückgabefrist von 12 Monaten durch eine unwiderrufliche Rückgabeerklärung gegenüber der depotführenden Stelle zurückgegeben werden.

1 Emerging Markets → Markt eines Schwellenlandes.

Die Union Investment Real Estate GmbH kann die Rücknahme der Anteile vorläufig aussetzen, wenn die im Fonds vorhandenen Liquiditätsanlagen nicht ausreichen, um alle Anteilrückgaben zu bedienen.

Empfehlung

Der Fonds ist unter Umständen für Anleger nicht geeignet, die ihr Geld innerhalb eines Zeitraums von weniger als vier Jahren aus dem Fonds wieder abziehen möchten.

Kosten

Einmalige Kosten vor und nach der Anlage:

Ausgabeaufschlag:	5,00 %
Rücknahmeabschlag:	Es wird kein Rücknahmeabschlag erhoben.

Kosten, die dem Fonds im Laufe des Jahres abgezogen wurden:

Laufende Kosten:	0,93 %

Aufgaben:

1 Beschreiben Sie der Kundin die unterschiedliche Anlagepolitik dieser beiden Fondsarten.

2 Erklären Sie Frau Lopez, welche Erträge der jeweilige Fonds erwirtschaftet.

3 Informieren Sie die Kundin über die Möglichkeiten der Rückgabe der Fondsanteile bei beiden Fonds.

4 Beschreiben Sie der Kundin für den UniEuroAnleihen Fonds und für den UniImmo: Europa Fonds die jeweiligen Risiken, die mit einer Anlage verbunden sind.

5 Nennen Sie ihr die jeweilige Art der Ertragsverwendung.

6 Erläutern Sie der Kundin den Vorteil der Thesaurierung im Vergleich zur Ausschüttung.

7 Welche Anlagedauer sollte die Kundin in beiden Fällen einhalten?

Fortsetzung der Situation:

Aufgrund der Informationen, die Sie nach dem Wertpapierhandelsgesetz bei der Anlageberatung erfragen und dokumentieren müssen, stufen Sie Frau Lopez als risikobewusste Kundin ein. Sie empfehlen ihr die Anlage in einen offenen Immobilienfonds.

Die Kundin ist bereit, 20000,00 EUR in den UniImmo: Europa Fonds zu investieren. Der aktuelle Anteilwert (Rücknahmepreis) für einen Fondsanteil liegt bei 57,30 EUR.

Aufgaben:

8 Berechnen Sie die Anzahl der Fondsanteile, die die Kundin erwirbt. Runden Sie das Ergebnis auf drei Nachkommastellen.

9 Geben Sie an, ob nach der Anlage noch weitere Kosten auf die Kundin zukommen.

7 Börsenhandel, Preisermittlung und Orderausführung erklären

Situation 1: Effektenbörse/Zulassung von Effekten zum Börsenhandel

Lernbuch Kap. 12.1

Im betrieblichen Unterricht Ihres Kreditinstituts wird in der nächsten Woche das Thema „Effektenbörse" behandelt. Sie sind von Ihrem Ausbildungsleiter gebeten worden, anhand der von ihm gestellten Aufgaben und zur Verfügung gestellten Materialien eine Präsentation vorzubereiten.

Aufgaben:

1 Was sind Effektenbörsen und welche Funktion haben sie?

2 Welche Effektenbörsen gibt es in Deutschland?

3 Wodurch unterscheidet sich eine Präsenz- von einer Computerbörse?

4 Warum sieht der Gesetzgeber eine Zulassung von Wertpapieren zum Börsenhandel vor?

5 Unter welchen Voraussetzungen lässt die Geschäftsführung der Börse ein Wertpapier zum Regulierten Markt zu?

Börsengesetz (BörsG) vom 16.07.2007
zuletzt geändert durch Gesetz vom 03.06.2021 (BGBl. I S. 1534) m.W. v. 01.07.2021

Abschnitt 4.
Zulassung von Wertpapieren zum Börsenhandel

§ 32 Zulassungspflicht

(1) Wertpapiere, die im regulierten Markt an einer Börse gehandelt werden sollen, bedürfen der Zulassung oder der Einbeziehung durch die Geschäftsführung, soweit nicht in § 37 oder in anderen Gesetzen etwas anderes bestimmt ist.

(2) Die Zulassung ist vom Emittenten der Wertpapiere zusammen mit einem Kreditinstitut, Finanzdienstleistungsinstitut, einem Wertpapierinstitut oder einem nach § 53 Abs. 1 Satz 1 oder § 53b Abs. 1 Satz 1 des Kreditwesengesetzes tätigen Unternehmen zu beantragen. Das Institut oder Unternehmen muss an einer inländischen Wertpapierbörse mit dem Recht zur Teilnahme am Handel zugelassen sein [...]

(3) Wertpapiere sind zuzulassen, wenn

1. der Emittent und die Wertpapiere den Anforderungen nach Artikel 35 der Verordnung (EG) Nr. 1287/2006 sowie den Bestimmungen entsprechen, die zum Schutz des Publikums und für einen ordnungsgemäßen Börsenhandel nach § 34 erlassen worden sind, und
2. ein [...] gebilligter oder bescheinigter Prospekt [...] veröffentlicht worden ist, [...] soweit nicht nach Artikel 1 Abs. 2 oder Abs. 5 der Verordnung (EU) 1129/2017 von der Veröffentlichung eines Prospekts abgesehen werden kann.

(4) Der Antrag auf Zulassung der Wertpapiere kann trotz Erfüllung der Voraussetzungen des Absatzes 3 abgelehnt werden, wenn der Emittent seine Pflichten aus der Zulassung zum regulierten Markt an einem anderen organisierten Markt nicht erfüllt.

§ 33 Einbeziehung von Wertpapieren in den regulierten Markt

(1) Wertpapiere können auf Antrag eines Handelsteilnehmers oder von Amts wegen durch die Geschäftsführung zum Börsenhandel in den regulierten Markt einbezogen werden, wenn

1. die Wertpapiere bereits
   a) an einer anderen inländischen Börse zum Handel im regulierten Markt,
   b) in einem anderen Mitgliedstaat der Europäischen Union oder in einem anderen Vertragsstaat des Abkommens über den Europäischen Wirtschaftsraum zum Handel an einem organisierten Markt oder
   c) an einem Markt in einem Drittstaat, sofern an diesem Markt Zulassungsvoraussetzungen und Melde- und Transparenzpflichten bestehen, die mit denen im regulierten Markt für zugelassene Wertpapiere vergleichbar sind, und der Informationsaustausch zum Zwecke der Überwachung des Handels mit den zuständigen Stellen in dem jeweiligen Staat gewährleistet ist,

   zugelassen sind und
2. keine Umstände bekannt sind, die bei Einbeziehung der Wertpapiere zu einer Übervorteilung des Publikums oder einer Schädigung erheblicher allgemeiner Interessen führen.

§ 37 Staatliche Schuldverschreibungen

Schuldverschreibungen des Bundes, seiner Sondervermögen oder eines Bundeslandes, auch so weit sie in das Bundesschuldbuch oder in die Schuldbücher der Bundesländer eingetragen sind, sowie Schuldverschreibungen, die von einem anderen Mitgliedstaat der Europäischen Union oder von einem anderen Vertragsstaat des Abkommens über den Europäischen Wirtschaftsraum ausgegeben werden, sind an jeder inländischen Börse zum Handel im regulierten Markt zugelassen.

§ 39 Widerruf der Zulassung bei Wertpapieren

(1) Die Geschäftsführung kann die Zulassung von Wertpapieren zum Handel im regulierten Markt außer nach den Vorschriften des Verwaltungsverfahrensgesetzes widerrufen, wenn ein ordnungsgemäßer Börsenhandel auf Dauer nicht mehr gewährleistet ist und die Geschäftsführung die Notierung im regulierten Markt eingestellt hat oder der Emittent seine Pflichten aus der Zulassung auch nach einer angemessenen Frist nicht erfüllt.

§ 42 Teilbereiche des regulierten Marktes mit besonderen Pflichten für Emittenten

(1) Die Börsenordnung kann für Teilbereiche des regulierten Marktes ergänzend zu den vom Unternehmen einzureichenden Unterlagen zusätzliche Voraussetzungen für die Zulassung von Aktien [...] und weitere Unterrichtungspflichten des Emittenten auf Grund der Zulassung von Aktien [...] zum Schutz des Publikums oder für einen ordnungsgemäßen Börsenhandel vorsehen.

6 Welche Wertpapiere bedürfen keiner Zulassung?

7 Unter welchen Voraussetzungen kann die Geschäftsführung die Zulassung von Wertpapieren zum Handel im Regulierten Markt widerrufen?

8 Für welchen Teilbereich des Regulierten Markts wurden die Aktien der vwd Vereinigte Wirtschaftsdienste AG zugelassen? Welche Transparenzanforderungen sind vom Emittenten zu erfüllen?

Zulassungsbeschluss

für die Zulassung zum Regulierten Markt (General Standard) an der Frankfurter Wertpapierbörse von

22.126.264 auf den Inhaber lautenden Stammaktien ohne Nennbetrag (Stückaktien)

– jeweils mit einem anteiligen Betrag am Grundkapital von EUR 1,00
und mit voller Gewinnanteilberechtigung ab dem 1. Januar 20.. –
der

vwd Vereinigte Wirtschaftsdienste AG,

Frankfurt am Main
International Securities Identification Number (ISIN): DE 0005204705
Wertpapierkennnummer (WKN): 520470

Frankfurt am Main, 03.11.20..

Frankfurter Wertpapierbörse
Geschäftsführung

9 Wodurch unterscheidet sich die folgende Bekanntmachung von dem oben abgebildeten Zulassungsbeschluss?

Zulassungsbeschluss

Zum regulierten Markt wurden mit gleichzeitiger Zulassung zum Teilbereich des Regulierten Marktes mit weiteren Zulassungsfolgepflichten (Prime Standard)

Stück 4.423.814
(Euro 4.423.814,00)

auf den Inhaber lautende Stammaktien in Form von nennwertlosen Stückaktien
– mit einem rechnerischen Anteil am Grundkapital von je EUR 1,00 –
und mit Gewinnanteilberechtigung ab dem 01.07.20.. (gesamtes Grundkapital)
– dauerhaft globalverbrieft –
– ISIN DE0005218309 –
der

MOBOTIX AG, Kaiserslautern,

zugelassen.

Frankfurt am Main, 28.03.20..

Frankfurter Wertpapierbörse
Geschäftsführung

10 Welche Vorteile bietet die Zulassung zum Börsenhandel?

Auszug aus dem Handbuch für kundenzentriertes Bankmanagement:

General Standard: kostengünstige Börsennotierung im EU-regulierten Markt

Im General Standard gelten die Mindestanforderungen des Gesetzgebers für den Regulierten Markt. Die Vorschriften des General Standards sind verpflichtend für alle Unternehmen, die sich für eine kostengünstige Börsennotierung im EU-regulierten Markt entscheiden. Unternehmen im General Standard müssen innerhalb von vier Monaten nach Ende des Berichtszeitraums einen Jahresfinanzbericht veröffentlichen; es sind die internationalen Rechnungslegungsstandards nach IFRS/IAS oder US GAAP, Canadian GAAP, Japanese GAAP anzuwenden. Ein Halbjahresfinanzbericht muss innerhalb von drei Monaten nach dem Ende des Berichtszeitraums publiziert werden. Seit 2007 sind Zwischenmitteilungen für die Quartale 1 und 3 über die allgemeine Finanzlage und die wesentlichen Ereignisse des Berichtszeitraums abzugeben. Außerdem hat der Unternehmer durch Ad-hoc-Mitteilungen Unternehmensnachrichten, die den Börsenkurs beeinflussen könnten, zu veröffentlichen. Auch das Erreichen und die Über- bzw. Unterschreitung von Meldeschwellen sind mitteilungspflichtig. Unternehmen positionieren sich hier vor einem nationalen wie internationalen Investorenpublikum.

DEUTSCHE BÖRSE GENERAL STANDARD

Prime Standard: höchste Transparenzstandards Europas

Unternehmen, die im Prime Standard notiert sind, erfüllen über die Anforderungen des General Standard hinausgehende internationale Transparenzanforderungen. Zugeschnitten ist der Prime Standard auf die Bedürfnisse von Unternehmen, die sich durch ein hohes Maß an Transparenz insbesondere gegenüber internationalen Investoren positionieren wollen. Denn Investoren bietet er europaweit die höchsten Transparenzstandards. So sind Unternehmen im Prime Standard gegenüber Unternehmen im General Standard zusätzlich verpflichtet, Quartalsfinanzberichte zu erstellen sowie einen Unternehmenskalender im Internet zu pflegen. Darüber hinaus müssen Prime StandardUnternehmen in Deutsch und Englisch berichten und mindestens eine Analystenkonferenz pro Jahr abhalten.

DEUTSCHE BÖRSE PRIME STANDARD

Quelle: Deutsche Börse AG

Lernbuch
Kap. 12.4.4

Situation 2: XETRA-Handelssystem

Ihr Ausbildungsleiter beauftragt Sie, im Rahmen der geplanten Präsentation zum Thema „Effektenbörse" auch auf das XETRA-Handelssystem einzugehen. Als Informationsgrundlage verweist er auf den nachfolgenden Auszug aus dem Handbuch für kundenzentriertes Bankmanagement.

Auszug aus dem Handbuch für kundenzentriertes Bankmanagement:

XETRA-Handelssystem

XETRA ist die paneuropäische und vollelektronische Handelsplattform der Deutschen Börse AG für Aktien, Exchange Traded Funds, Zertifikate, Aktienanleihen, Optionsscheine und Bezugsrechte. Sie wurde im November 1997 eingeführt, um einen transparenten, effizienten und vollelektronischen Handel an der Frankfurter Wertpapierbörse (FWB) zu ermöglichen. XETRA ist ein ordergetriebenes Handelssystem mit automatischem Matching, das alle Aufträge in einem offenen Orderbuch zusammenführt. Seit seiner Einführung wird XETRA kontinuierlich weiterentwickelt und den Markterfordernissen angepasst. Schrittweise verlagerte sich das Handelsvolumen des Präsenz- (Parkett-)handels auf XETRA.

Am 12. Oktober 2009 führte die Frankfurter Wertpapierbörse die „Fortlaufende Auktion" als weiteres Handelsmodell für Aktien, die in einem der Primärmarktsegmente der Deutschen Börse (Prime Standard, General Standard) gelistet sind, ein. Bis dahin gab es neben dem Handelsmodell der „untertägigen Auktion" (One-Auction Only) noch das Handelsmodell „Fortlaufender Handel" (Continuous Trading) – letzterer unterstützt durch Designated Sponsors (Betreuer), die für Liquidität im Wertpapierhandel sorgen.

Am 23. Mai 2011 wurde mit der Einführung des Handelsmodells „Fortlaufende Auktion mit Spezialist" der gesamte Handel der Frankfurter Wertpapierbörse auf das Handelssystem XETRA übertragen. Der maklergestützte Parketthandel wurde eingestellt. Die bisherigen Skontroführer, auch Makler genannt, wurden durch Spezialisten ersetzt, die für das Erstellen von indikativen Preisinformationen[1] und die Bereitstellung von zusätzlicher Liquidität im neuen Handelsmodell auf XETRA verpflichtet sind. Das neue Handelsmodell richtet sich an Unternehmen, die in der „untertägigen Auktion" gehandelt werden. Durch die Fortlaufende Auktion mit Spezialist kann sich die Handelsaktivität und damit die Liquidität der gehandelten Aktien verbessern. Aktien, die die Aufnahme in einen der Auswahlindizes der Deutschen Börse anstreben, müssen jedoch wie bisher im „Fortlaufenden Handel" sein oder einen Designated Sponsor mit der Betreuung ihrer Aktie beauftragen.

Für den Handel von Wertpapieren stehen nunmehr die Handelsmodelle der Auktion, des Fortlaufenden Handels mit untertägigen Auktionen und der Fortlaufenden Auktion zur Verfügung.[2]

Grundprinzipien des XETRA-Systems:

Dezentraler Marktzugang. Alle Marktteilnehmer, in Deutschland und ebenso im Ausland, erhalten einen gleichberechtigten, standortunabhängigen Zugang zur Handelsplattform.

Transparenz. Das zentrale Orderbuch ist mit Ausnahme der Aufrufphase in der Auktion für alle Marktteilnehmer geöffnet. Die Marktlage ist somit völlig transparent.

Schutzmechanismen. Um eine kontinuierliche Preisbildung sicherzustellen, greifen sowohl bei Auktionen als auch im Fortlaufenden Handel Volatilitätsunterbrechungen als Schutzmechanismen. Ein weiterer Schutzmechanismus setzt bei einem Market-Order-Überhang ein, wobei es zu einer verlängerten Aufrufphase kommt. Dadurch soll die Ausführungswahrscheinlichkeit von Market-Orders in Auktionen erhöht werden.

Bereitstellung von Zusatzliquidität durch Designated Sponsors oder Spezialisten. Der Handel in den marktengen Werten gilt als Hauptproblem von XETRA. Aufgabe der Designated Sponsors bzw. der Spezialisten ist es, temporäre Ungleichgewichte zwischen Angebot und Nachfrage zu überbrücken und so eine kontinuierliche Preisbildung zu fördern.

Niedrige Transaktionskosten. Die mit einer Order verbundenen Transaktionskosten werden durch die automatische Zusammenführung der Aufträge niedrig gehalten. Das elektronische Orderrouting ermöglicht eine kostengünstige Abarbeitung der Aufträge von der Ordereingabe bis hin zur Abwicklung.

Eingabe von außerbörslichen Geschäftsabschlüssen. Die Nutzung der elektronischen Abwicklungssysteme der Clearstream Banking AG für das Settlement ist über XETRA auch bei außerbörslichen Direktgeschäften möglich. Während des gesamten Handelstages können Direktgeschäfte über eine gesonderte Eingabemaske erfasst werden.

Große Produktpalette. Auf XETRA sind alle an der Frankfurter Wertpapierbörse notierten Aktien handelbar. Hinzu kommen Rentenwerte, Optionsscheine, Aktienanleihen, Zertifikate und Investmentfonds.

Quelle: In Anlehnung an: Deutsche Börse AG, XETRA.

1 Unverbindliche Information über den Geld- und Briefkurs sowie das Volumen.

2 Das Handelsmodell „Midpoint Order Matching" bleibt hier unberücksichtigt.

Aufgaben:

1 Erläutern Sie die Besonderheiten des XETRA-Systems.

2 Erklären Sie die Vorteile, die mit XETRA verbunden sind.

3 Nennen Sie die Handelsmodelle, die XETRA für den Handel von Wertpapieren zur Verfügung stellt.

4 Welche Aufgabe haben die Designated Sponsors (Betreuer) und die Spezialisten im XETRA-System?

5 Im XETRA-Handel kann es zu Volatilitätsunterbrechungen oder zu einer verlängerten Aufrufphase kommen. Welchem Zweck dienen diese Maßnahmen?

6 Ordnen Sie die unten stehenden Beispiele den XETRA-Orderformen zu. Geben Sie zu den Ziffern der Order-Typen die Buchstaben der Beispiele an.

Order-Typen	Buchstaben der Beispiele
1. *Market-Orders* sind unlimitierte Kauf- und Verkaufsorders. Sie sollen zum nächsten erhältlichen Preis ausgeführt werden.	
2. *Limit-Orders* sind Kauf- und Verkaufsorders, die zum angegebenen Limit oder besser ausgeführt werden sollen.	
3. Eine *Stop-Loss-Market-Order* ist eine Verkaufsorder, die automatisch ausgeführt wird, wenn ein vom Kunden bestimmter unterhalb der aktuellen Notierung liegender Kurs erreicht oder unterschritten wird.	
4. Eine *Stop-Buy-Market-Order* ist eine Kauforder, die automatisch ausgeführt wird, sobald ein vom Kunden bestimmter oberhalb des aktuellen Börsenpreises liegender Kurs erreicht oder überschritten wird.	
5. Bei einer *Stop-Loss-Limit-Order* legt der Kunde einen Stop-Wert sowie einen Limitbetrag fest. Erst nach Erreichen des Stop-Wertes wird die Order in eine limitierte Verkaufsorder umgewandelt. Die Ausführung erfolgt, sobald das Limit nicht unterschritten wird.	
6. Bei einer *Stop-Buy-Limit-Order* legt der Kunde neben dem Stop-Kurs ein weiteres Limit fest. Bei Erreichen des Stop-Buy-Kurses wird eine limitierte Kauforder erzeugt. Diese kommt zur Ausführung, wenn das Limit nicht überschritten wird.	
7. *Market-to-Limit-Orders* sind unlimitierte Kauf- und Verkaufsorders, die ausschließlich zum besten im Orderbuch befindlichen Limit ausgeführt werden und im Falle einer Teilausführung mit dem nicht ausgeführten Volumen mit einem Limit entsprechend dem Preis der erfolgten Teilausführung ins Orderbuch eingestellt werden.	
8. Eine *Immediate-or-Cancel-Order* (IOC-Order) ist eine Order, die sofort und vollständig oder so weit wie möglich ausgeführt wird. Nicht ausgeführte Teile einer IOC-Order werden ohne Aufnahme in das Orderbuch gelöscht.	
9. Eine *Fill-or-Kill-Order* (FOK-Order) ist eine Order, die sofort vollständig oder gar nicht ausgeführt wird. Wenn eine sofortige vollständige Ausführung nicht möglich ist, wird die FOK-Order ohne Aufnahme in das Orderbuch gelöscht.	

Beispiele:

a) „Der Kurs der VONATEC-Aktie notiert bei 33,00 EUR. Bei Erreichen oder Unterschreiten eines Preises von 30,00 EUR soll die Order bestens zum nächsten handelbaren Kurs ausgeführt werden."

b) „Sofortiger vollständiger Verkauf von 2000 Stück Transport-Aktien oder Verzicht auf Ausführung."

c) „Kauf von 1000 Stück Chemie AG Aktien zum Preis von 40,00 EUR pro Stück."

d) „Sofortiger Kauf von 1000 Stück Techno-Aktien. Teilausführung zulässig. Löschung der nicht ausgeführten Teile."

e) „Verkauf von 100 Stück Industrie-Aktien zum bestmöglichen Preis."

f) „Bei Erreichen eines Preises von 50,00 EUR soll die Order mit dem Limit 47,00 in das Orderbuch aufgenommen werden."

g) „Verkauf von 600 Stück Brauerei-Aktien zum besten im Orderbuch befindlichen Limit. Im Falle einer Teilausführung soll das nicht ausgeführte Volumen entsprechend dem Preis der erfolgten Teilausführung ins Orderbuch gestellt werden."

h) „Der Kurs der BOTAX-Aktie schwankt in der Bandbreite von 30,00 EUR bis 35,00 EUR. Der Kunde erteilt den Auftrag, bei Erreichen oder Überschreiten des Preises von 37,00 EUR 500 Stück dieses Wertes billigst zu kaufen."

i) Inhalt einer Order: „Stop (...) 45, Limit 48"

Lernbuch Kap. 12.4.4

Situation 3: Preisermittlung und Orderausführung

In Ihren Ausführungen zum Handelssystem XETRA sollen Sie sich nicht nur auf die theoretischen Grundlagen beschränken, Sie sollen auch anhand von Beispielen den Ablauf der Preisermittlung und der Orderausführung veranschaulichen. Ihr Ausbildungsleiter stellt Ihnen dazu wiederum verschiedene Materialien zur Verfügung.

Auszug aus dem Handbuch für kundenzentriertes Bankmanagement:

XETRA-Handelssystem

Das XETRA-System unterscheidet die Handelsformen fortlaufender Handel und Auktionen. Im **fortlaufenden Handel** (Continuous Trading/CT) überprüft XETRA jeden neu eintreffenden Auftrag auf Ausführbarkeit mit Orders auf der gegenüberliegenden Seite des offenen Orderbuches. Liegt ein passender Gegenpart vor, so führt das System unverzüglich und vollautomatisch das Geschäft aus. In den **Auktionen** (AU) werden Orders jeder Größenordnung berücksichtigt: Zu einem bestimmten Zeitpunkt wird für alle offenen Aufträge, die im Orderbuch stehen, der Preis ermittelt, der den größten Umsatz ermöglicht.

Eröffnungsauktion. Vor Beginn des fortlaufenden Handels in XETRA wird eine Eröffnungsauktion durchgeführt. Die Eröffnungsauktion erfasst alle Orders, die entweder am Handelstag eingegeben wurden oder noch vom Vortag gültig sind. Des Weiteren werden alle vorliegenden Quotes (Geld- und Briefkurse)[1] der Designated Sponsors (Betreuer) berücksichtigt.

Die Eröffnungsauktion beginnt mit der *Aufrufphase.* In dieser Phase können von den Teilnehmern Orders und Quotes eingegeben sowie bestehende Orders und Quotes geändert oder gelöscht werden. Das Orderbuch ist in der Aufrufphase teilweise geschlossen. Es werden jedoch permanent Informationen über die jeweils aktuelle Ordersituation veröffentlicht. Wenn sich Orders ausführbar gegenüberstehen, wird der indikative Auktionspreis angezeigt. Dies ist der Preis, der sich für die Auktion ergeben würde, wenn die Phase der Preisermittlung zu diesem Zeitpunkt abgeschlossen wäre. Ist die Ermittlung eines indikativen Preises nicht möglich, wird das beste Geld- und/oder Brieflimit angezeigt. Um eine Preisbeeinflussung zu vermeiden, hat die Aufrufphase nach einer Mindestdauer ein zufälliges Ende.

An die Aufrufphase schließt sich die *Preisermittlungsphase* an. Die Preisermittlung dauert nur wenige Sekunden. Auf Basis der mit Ende der Aufrufphase fixierten Orderbuchlage wird der Auktionspreis nach dem Meistausführungsprinzip ermittelt. Dies ist ein errechneter Preis/Kurs, zu dem das höchste ausführbare Ordervolumen und der niedrigste Überhang je im Orderbuch vorhandenem Limit besteht. Liegt eine nicht eindeutige Orderbuchsituation vor, d. h., es gibt mehr als ein Limit mit gleichem ausführbarem Volumen, werden weitere Kriterien, z. B. das Zeitprinzip, zur Ermittlung des Auktionspreises herangezogen. Nach dem Zeitprinzip hat die zuerst eingestellte Order Vorrang vor den später erteilten Aufträgen. Sofort nach der Auktionspreisermittlung werden die Kontrahenten mittels einer Ausführungsbestätigung (Execution Confirmation) über die zustande gekommenen Abschlüsse unter Angabe von Ausführungspreis, -zeit und -volumen informiert. Können in der Preisermittlungsphase nicht alle ausführbaren Orders ausgeführt werden, werden diese dem Markt für einen begrenzten Zeitraum (Marktausgleichsphase) angeboten. Die *Marktausgleichsphase* wird nur durchgeführt, falls ein Überhang vorhanden ist. Dieser Nachfrage- (Geld) oder Angebotsüberhang (Brief) wird in zwei Phasen zunächst den Designated Sponsors des Wertpapiers, im Anschluss daran dem gesamten Markt zum Auktionspreis angeboten. Analog zur Vorgehensweise bei der Auktionspreisermittlung erhalten die Kontrahenten umgehend eine Ausführungs- und Geschäftsbestätigung. Alle nicht ausgeführten oder nur teilweise ausgeführten Orders werden nun in den fortlaufenden Handel übernommen.

Quelle: In Anlehnung an: Xetra, Marktmodell Aktien, Xetra Release 16.0, Deutsche Börse AG.

Aufgaben:

1 Die Auktionen im XETRA-Handel erfolgen in drei Phasen. Welche der unten stehenden Aussagen treffen auf
(1) die Aufrufphase,
(2) die Preisermittlungsphase,
(3) die Marktausgleichsphase zu?

a) In dieser Phase können von den Teilnehmern Orders und Quotes eingegeben sowie bestehende Orders und Quotes geändert oder gelöscht werden. ☐

b) Diese Phase wird nur durchgeführt, wenn ein Nachfrage- oder Angebotsüberhang vorhanden ist. ☐

---

1 Eine Quote ist die gleichzeitige Abgabe einer limitierten Kauf- und Verkaufsorder und entspricht somit der Nennung einer Geld-/Briefspanne.

c) Das Orderbuch ist teilweise geschlossen. Es werden jedoch permanent Informationen über die jeweils aktuelle Ordersituation veröffentlicht. ☐

d) Die vorliegenden Aufträge werden nach dem Meistausführungsprinzip zusammengeführt. ☐

e) In dieser Phase können die Marktteilnehmer nur Gebote zum Auktionspreis abgeben. ☐

f) Es wird ein indikativer Auktionspreis veröffentlicht. ☐

g) Diese Phase endet nach einer Mindestdauer zufällig. ☐

Börsenordnung für die Frankfurter Wertpapierbörse (Stand: 28.06.2021)

§ 90 Preisermittlung und Orderausführung in der Auktion

(1) In der Auktion wird auf Grundlage der bis zu einem bestimmten Zeitpunkt vorliegenden Orders derjenige Preis ermittelt, zu dem das größte Ordervolumen bei minimalem Überhang ausgeführt werden kann (Meistausführungsprinzip), stehen sich nur unlimitierte Orders gegenüber, erfolgt deren Ausführung zum Referenzpreis gemäß § 95.

(2) Kann gemäß Abs. 1 kein eindeutiger Auktionspreis ermittelt werden, wird der Auktionspreis unter den möglichen Preisen

1. bei einem Überhang ausschließlich auf der Geldseite entsprechend dem höchsten Limit ermittelt,
2. bei einem Überhang ausschließlich auf der Briefseite entsprechend dem niedrigsten Limit ermittelt.

(3) Ist die Ermittlung eines eindeutigen Auktionspreises nach Abs. 1 und 2 nicht möglich, erfolgt die Preisermittlung nach folgenden Regeln:

1. Besteht für einen Teil der möglichen Preise ein Überhang auf der Briefseite und für einen anderen Teil ein Überhang auf der Geldseite in gleicher Höhe, wird der Preis ermittelt, der möglichst nahe am Referenzpreis gemäß § 95 liegt. Hierbei werden das niedrigste Limit auf der Briefseite und das höchste Limit auf der Geldseite berücksichtigt.
2. Das Verfahren nach Nr. 1 Satz 1 gilt entsprechend, wenn mehrere Preise möglich sind, zu denen kein Überhang vorliegt.

(4) Liegt der zu erwartende Preis am Ende des Aufrufs außerhalb des Dynamischen Preiskorridors oder außerhalb des Statischen Preiskorridors gelten § 95 und § 96 entsprechend.

(5) Nach Beendigung des Aufrufs erfolgt die Preisermittlung gemäß Abs. 1 bis 4. Die vorliegenden Orders werden im Einzelnen nach folgenden Regeln ausgeführt:

1. Sofern zum ermittelten Preis limitierte Orders nicht oder nur teilweise ausgeführt werden können, entscheidet die zeitliche Reihenfolge der Eingabe.
2. Unlimitierte Orders werden vorrangig ausgeführt (Preis-Zeit-Priorität).

Nicht ausgeführte und nicht vollständig ausgeführte Orders verbleiben im Orderbuch.

(6) Die Unternehmen werden durch die Geschäftsführung im Handelssystem informiert, ab welcher Zeit der die Auktion nach § 70 Abs. 2 einleitende Aufruf beginnen wird. Für während des Aufrufs erfolgende Änderungen eingegebener Orders gilt § 77 Abs. 2 Satz 4 entsprechend.

(7) Die Unternehmen werden über besondere Orderbuchsituationen, die in der Auktion ermittelten Preise sowie über die Ausführung ihrer Orders durch das Handelssystem informiert.

§ 95 Referenzpreisbestimmung für den Dynamischen Preiskorridor

(1) Der Referenzpreis für den Dynamischen Preiskorridor ist der letzte im Fortlaufenden Handel mit untertägigen Auktionen oder in der Auktion festgestellte Börsenpreis desselben Handelstages oder, falls dieser nicht vorliegt, der letzte im Fortlaufenden Handel mit untertägigen Auktionen oder der Auktion an dem vorausgegangenen Handelstag festgestellte Börsenpreis. § 97 bis § 99 bleibt unberührt.

(2)–(4) [...]

§ 96 Referenzpreisbestimmung für den Statischen Preiskorridor

(1) Der Referenzpreis für den Statischen Preiskorridor ist der in der Auktion oder im Fortlaufenden Handel mit untertägigen Auktionen in der letzten Auktion im Handelssystem festgestellte Börsenpreis desselben Handelstages, oder, falls dieser nicht vorliegt, der letzte in der Auktion oder im Fortlaufenden Handel mit untertägigen Auktionen an dem vorausgegangenen Handelstag festgestellte Börsenpreis. § 97 bis § 99 bleibt unberührt.

(2)–(4) [...]

§ 100 Einfache Volatilitätsunterbrechung

Eine Einfache Volatilitätsunterbrechung für im Fortlaufenden Handel mit untertägigen Auktionen oder ausschließlich in der Auktion gehandelte Wertpapiere wird dann ausgelöst, wenn der zu erwartende Ausführungspreis außerhalb des Dynamischen Preiskorridors um den Referenzpreis gemäß § 95 oder außerhalb des Statischen Preiskorridors um den Referenzpreis gemäß § 96 liegt. Die Unternehmen werden auf diese Marktsituation im Handelssystem hingewiesen. Die Geschäftsführung gibt die regelmäßige Dauer der Einfachen Volatilitätsunterbrechung bekannt.

§ 101 Erweiterte Volatilitätsunterbrechung

(1) Bei im Fortlaufenden Handel mit untertägigen Auktionen gehandelten Wertpapieren wird die automatische Handelsphasensteuerung nach Ablauf der Einfachen Volatilitätsunterbrechung beendet, wenn der zu erwartende Auktionspreis um mehr als das Zweifache des Dynamischen Preiskorridors um den Referenzpreis gemäß § 95 abweicht (erweiterte Volatilitätsunterbrechung). [...]

2 Bei der Eröffnungsauktion für Aktien der BOGETEC AG stehen sich folgende Aufträge gegenüber:

Aufträge			
Kaufaufträge		**Verkaufsaufträge**	
Stück	Limit	Stück	Limit
350	billigst	160	bestens
610	33,00 EUR	580	37,00 EUR
830	33,50 EUR	800	36,50 EUR
450	34,00 EUR	780	36,00 EUR
540	34,50 EUR	750	35,50 EUR
580	35,00 EUR	540	35,00 EUR
790	35,50 EUR	670	34,50 EUR
890	36,00 EUR	380	34,00 EUR
550	36,50 EUR	530	33,50 EUR
670	37,00 EUR	420	33,00 EUR

Welcher Auktionspreis wird ermittelt, wenn bei dieser Orderlage der Annahmeschluss verfügt wird?

3 Im Rahmen einer Eröffnungsauktion in XETRA für einen bestimmten Aktienwert ergibt sich folgende (vereinfachte) Orderbuchkonstellation.

Kaufseite (Bid)			**Verkaufsseite (Ask)**		
Zeit	**Volumen**	**Limit**	**Limit**	**Volumen**	**Zeit**
9:00 Uhr	300	200	200	400	9:02 Uhr
9:01 Uhr	300	200			

Wie erfolgt die Orderausführung?

Auszug aus dem Handbuch für kundenzentriertes Bankmanagement:

Fortlaufender Handel (Continuous Trading)

Der Fortlaufende Handel (Continuous Trading) mit untertägiger Auktion beginnt mit einer Eröffnungsauktion. Nach dem Abschluss der Eröffnungsauktion wird der laufende Handel aufgenommen, der durch eine oder mehrere untertägige Auktionen unterbrochen werden kann.

Im Fortlaufenden Handel ist das Orderbuch offen, also für die Marktteilnehmer einsehbar. Der Händler kann sich jederzeit die Limite und die je Limit kumulierten Ordervolumina anzeigen lassen. Sobald eine neue Order oder ein neuer Quote ins System eingestellt wird, überprüft das System sofort die Ausführbarkeit mit den Orders auf der gegenüberliegenden Seite des Orderbuches. Die Ausführung erfolgt nach Preis-/Zeitpriorität.

Preispriorität, das ist das primäre Kriterium, bedeutet, dass Kauforders mit höherem bzw. Verkaufsorders mit einem niedrigeren Limit den Vorrang haben. Bestens-/Billigst-Orders haben Priorität vor Limit Orders.

Zeitpriorität, das ist das sekundäre Kriterium, bedeutet, dass bei Orders mit gleicher Limitierung die zuerst eingegebene Order Vorrang hat. Auch zwischen nicht limitierten Aufträgen gilt die zeitliche Priorität.

Die Ausführung einer Order kann in einem oder mehreren Schritten, teilweise oder gar nicht erfolgen. Demnach können entweder keine bzw. einer oder mehrere Abschlüsse durch eine XETRA-Order generiert werden. Über jede Ausführung bzw. Teilausführung erhält der Auftraggeber eine Abrechnung. Die nicht ausgeführten Orders bzw. Teile werden ins Orderbuch gestellt und nach der Preis-/Zeitpriorität sortiert. Unlimitierte Orders (Market Orders), denen auf der gegenüberliegenden Orderbuchseite nur limitierte Orders entgegenstehen, werden zum höchsten Kauf- bzw. zum niedrigsten Verkaufslimit ausgeführt.

Untertägige Auktion. Mit Beginn einer untertägigen Auktion wird der Fortlaufende Handel unterbrochen. Die untertägige Auktion setzt sich analog der Eröffnungsauktion aus den drei Phasen Aufruf, Preisermittlung und Marktausgleich zusammen. Alle zu einem Wertpapier vorhandenen Orders und Quotes werden in einem Orderbuch automatisch zusammengeführt. Dies gilt sowohl für aus dem Fortlaufenden Handel übernommene Orders und Quotes als auch für die Orders, die nur für Auktionen in das Orderbuch eingestellt wurden. Der Ablauf entspricht der Eröffnungsauktion. Nach Beendigung der Auktion wird der Fortlaufende Handel fortgesetzt.

Schlussauktion. Im Anschluss an den Fortlaufenden Handel folgt eine Schlussauktion, die sich ebenfalls in die drei Phasen Aufruf, Preisermittlung und Marktausgleich gliedert und durch ein teilweise geschlossenes Orderbuch charakterisiert ist. Nicht ausgeführte oder teilweise ausgeführte Orders werden entsprechend ihrer Gültigkeit auf den nächsten Handelstag übertragen.

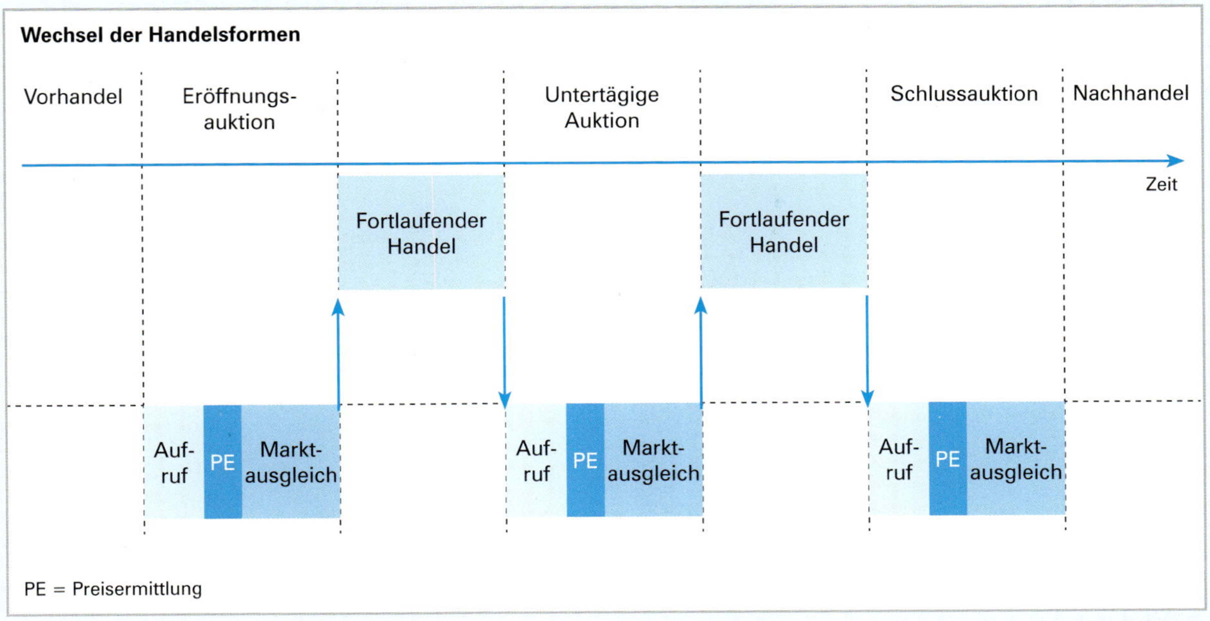

Quelle: In Anlehnung an: Xetra Marktmodell Aktien, Xetra Release 16.0, Deutsche Börse AG.

Börsenordnung für die Frankfurter Wertpapierbörse
(Stand: 28.06.2021)

§ 91 Preisermittlung und Orderausführung im Fortlaufenden Handel mit untertägigen Auktionen

(1) Der Fortlaufende Handel mit untertägigen Auktionen beginnt mit einer Eröffnungsauktion, für die § 90 mit der Maßgabe entsprechend gilt, dass nicht ausgeführte oder nicht vollständig ausgeführte Orders in den Fortlaufenden Handel übertragen werden, sofern ihre Ausführbarkeit nicht auf die Auktion beschränkt ist.

(2) Während des Fortlaufenden Handels werden die Orders, die sich ausführbar gegenüberstehen, einander zugeordnet und zu Geschäftsabschlüssen zusammengeführt. Das Handelssystem ordnet die Orders zunächst nach dem Limit, wobei eine unlimitierte Order den höchsten Rang hat. Danach haben das höchste Geldlimit und/oder das niedrigste Brieflimit Vorrang. Bei unlimitierten Orders und bei gleichen Limiten entscheidet die zeitliche Reihenfolge der Eingabe. [...] Die Orderausführung erfolgt im Einzelnen nach folgenden Regeln:

1. Werden limitierte oder unlimitierte Orders im Orderbuch erfasst und stehen diesen ausschließlich limitierte Orders gegenüber, wird der Preis auf der Grundlage des jeweils höchsten Geld- oder niedrigsten Brieflimits im Orderbuch ermittelt und die Orders zu diesem ausgeführt.
2. Befinden sich nur unlimitierte Orders im Orderbuch und wird keine limitierte Order eingegeben, werden die eingehenden unlimitierten Orders zum Referenzpreis gemäß § 95 ausgeführt.
3. Befinden sich unlimitierte und limitierte Orders im Orderbuch, werden eingehende unlimitierte Verkaufsorders mit den ihnen gegenüberstehenden unlimitierten Kauforders zum gemäß § 95 bestimmten Referenzpreis oder, sofern dieser niedriger ist, zum höchsten Limit der ausführbaren Orders zu Geschäftsabschlüssen zusammengeführt. Eingehende unlimitierte Kauforders werden mit den im Orderbuch befindlichen unlimitierten Verkaufsorders zum Referenzpreis oder, sofern dieser höher ist, zum niedrigsten Limit der ausführbaren Orders zu Geschäftsabschlüssen zusammengeführt. Satz 1 und 2 gelten entsprechend, wenn limitierte Orders eingegeben werden und diesen im Orderbuch nur unlimitierte oder unlimitierte und limitierte Orders gegenüberstehen. [...]

(3) Die Orders dürfen nur innerhalb des Dynamischen Preiskorridors und innerhalb des Statischen Preiskorridors ausgeführt werden. Liegt der zu erwartende Ausführungspreis außerhalb eines dieser Korridore, kommt es zu einer Einfachen Volatilitätsunterbrechung gemäß § 100, die die Einleitung einer Auktion nach § 90 zur Folge hat, mit der Maßgabe, dass deren Aufruf nicht durch eine Einfache Volatilitätsunterbrechung gemäß § 100 verlängert wird. In diese Auktion werden alle für den Fortlaufenden Handel mit untertägigen Auktionen geeigneten Orders einbezogen. Im Anschluss an die Preisermittlung wird der Fortlaufende Handel wieder aufgenommen.

(4) Die Preisermittlung in untertägigen Auktionen erfolgt gemäß § 90 mit der Maßgabe, dass nicht ausgeführte oder nicht vollständig ausgeführte Orders in den Fortlaufenden Handel übertragen werden, sofern ihre Ausführbarkeit nicht auf die Auktion beschränkt ist.

(5) Können eingehende Orders nicht oder nicht vollständig ausgeführt werden, werden sie in das Orderbuch eingestellt. Der Fortlaufende Handel mit untertägigen Auktionen endet börsentäglich mit einer Schlussauktion, für die § 90 entsprechend gilt.

Aufgaben:

4 Während des Fortlaufenden Handels stehen im Orderbuch der HEWEA AG-Aktie folgende limitierte Orders:

Orderbuchkonstellation – vereinfachte Darstellung –			
Kaufseite		**Verkaufsseite**	
Bid Qty (Kaufvolumen)	**Bid (Kauflimit)**	**Ask (Verkaufslimit)**	**Ask Qty (Verkaufsvolumen)**
100	86,00	86,50	200
250	85,50	87,00	375
200	85,00	87,50	250
650	84,50	88,00	1000
300	84,00		
550	83,50		
600	83,00		

Es geht eine Kauforder über 300 Stück HEWEA-Aktien mit Limit 86,50 EUR ein.

a) Welcher Vorgang wird elektronisch ausgelöst?

b) Stellen Sie die neue Orderbuchlage dar.

5 Unterstellen Sie die vereinfachte Orderbuchkonstellation der Aufgabe 4, die sich während des Fortlaufenden Handels in XETRA ergibt. Anstelle der Kauforder über 300 Stück HEWEA-Aktien mit Limit 86,50 EUR geht eine unlimitierte Verkaufsorder (Market Order) über 400 Stück HEWEA-Aktien ein.

Welcher Vorgang wird ausgelöst?

Handel von Wertpapieren in der Fortlaufenden Auktion

- Market-Maker-Modell
- Spezialistenmodell

Börsenordnung für die Frankfurter Wertpapierbörse
(Stand: 28.06.2021)

6. Teilabschnitt: Spezialisten

§ 85 Beauftragung und Überwachung der Spezialisten

(1) Im Spezialistenmodell der Fortlaufenden Auktion übernehmen durch den zuständigen Träger gemäß Abs. 2 beauftragte zugelassene Unternehmen (Spezialisten) die Aufgaben gemäß §§ 71, 86 für die in den Vertrag gemäß Abs. 2 Satz 1 jeweils einbezogenen Wertpapiere. Soweit zur Aufrechterhaltung eines ordnungsgemäßen Börsenhandels erforderlich, sind die Spezialisten auf Verlangen des Trägers verpflichtet, diese Aufgaben für zusätzliche Wertpapiere zu übernehmen. Bei einem Wechsel von Wertpapieren in das Market-Maker-Modell der Fortlaufenden Auktion enden die Aufgaben der Spezialisten für die entsprechenden Wertpapiere; ein Anspruch auf Beauftragung für bestimmte Wertpapiere besteht nicht. [...]

§ 86 Aufgaben der Spezialisten

(1) Im Spezialistenmodell der Fortlaufenden Auktion übernehmen Spezialisten die in Abs. 2 bis 10 sowie in § 106 für den Handel strukturierter Produkte und in § 111 für den Handel sonstiger Wertpapiere festgelegten Aufgaben.

(2) Für Spezialisten tätige Börsenhändler sollen im Falle von ausführbaren Orderbuchsituationen gemäß § 71 Abs. 4 Nr. 2 und in der Einzelauktion gemäß § 92 Abs. 4 durch das Einstellen von verbindlichen Quotes oder Orders Liquidität zur Verfügung stellen. Wirtschaftlich nicht sinnvolle Teilausführungen durch das Handelssystem sollen vermieden [...] werden. [...]

§ 92 Preisermittlung und Orderausführung in der Fortlaufenden Auktion

(1) In der Fortlaufenden Auktion wird auf der Grundlage der bis zu dem jeweils maßgeblichen Zeitpunkt vorliegenden Orders durch das Handelssystem derjenige Preis ermittelt, zu dem [...] das größte Ordervolumen bei minimalem Überhang ausgeführt werden kann; unlimitierte Orders werden vorrangig ausgeführt. [...]

Begriffsbestimmungen:

Verbindlicher Quote	Gleichzeitige Eingabe einer limitierten Kauf- und Verkaufsorder im Handelssystem
Indikativer Quote	Unverbindliche Information über den Geld- und Briefkurs sowie das Volumen des Quote-Verpflichteten oder des Spezialisten in den Modellen der Fortlaufenden Auktion entsprechend den jeweiligen Anforderungen der Börsenordnung

Aufgaben:

6 Welche Hauptaufgaben übernehmen die Spezialisten bei der Preisermittlung im Handelsmodell der Fortlaufenden Auktion?

7 Im Orderbuch der ThermoTechAG Aktie ergibt sich folgende Orderbuchlage. Der Spezialist hat einen verbindlichen Quote in das Handelssystem eingestellt.

Kauf	Volumen	Kumuliertes Volumen	Überhang	Limit	Überhang	Kumuliertes Volumen	Volumen	Verkauf
				202	800	800		
				201	800	800		
Limit	300	300		200	500	800	100	Quote
Limit	200	500		199	200	700		
Limit	300	800	100	198		700	300	Limit
		800	400	197		400	400	Limit
Quote	100	900	900	196				

Quelle: Gruppe Deutsche Börse, Xetra Release 16.0 Marktmodell Fortlaufende Auktion.

Berechnen Sie den Auktionspreis.

8 Hans Schneider ist Aktionär der Chemie AG und der Öl AG. Er erteilt uns heute (20.06.20..) brieflich den Auftrag, noch jeweils 80 Stück Chemie-Aktien und Öl-Aktien zu seinem Bestand hinzuzukaufen. Als Limit gibt der Kunde für die Chemie-Aktie 32,30 und für die Öl-Aktie 53,60 an. Die Titel werden ausschließlich in der Auktion gehandelt.

a) Wie lange sind die obigen Kaufaufträge gültig?

b) Die Aufträge werden am 21.06.20.. an die Börse geleitet. An diesem und an den folgenden Tagen ergeben sich in der Auktion die folgenden Ausführungspreise:

Chemie-Aktie		Öl-Aktie	
21.06.20..	32,50	21.06.20..	53,80
22.06.20..	32,40 ex Div.	22.06.20..	53,70
(Dividende 0,75 EUR)			
23.06.20..	32,00	23.06.20..	53,75
24.06.20..	31,50	24.06.20..	52,85 ex BR
		(Wert des Bezugsrechts 1,10 EUR)	
25.06.20..	Samstag	25.06.20..	Samstag
26.06.20..	Sonntag	26.06.20..	Sonntag
27.06.20..	31,55	27.06.20..	52,90
28.06.20..	31,40	28.06.20..	52,95

An welchem Tag/welchen Tagen werden Schneiders Aufträge ausgeführt?

Bedingungen für Wertpapiergeschäfte (Stand: Januar 2019)

6 Gültigkeitsdauer von unbefristeten Kundenaufträgen

(1) Preislich unlimitierte Aufträge

Ein preislich unlimitierter Auftrag gilt entsprechend den Ausführungsgrundsätzen (Nr. 2) nur für einen Handelstag; ist der Auftrag für eine gleichtägige Ausführung nicht so rechtzeitig eingegangen, dass seine Berücksichtigung im Rahmen des ordnungsgemäßen Arbeitsablaufs möglich ist, so wird er für den nächsten Handelstag vorgemerkt. Wird der Auftrag nicht ausgeführt, so wird die Bank den Kunden hiervon unverzüglich benachrichtigen.

(2) Preislich limitierte Aufträge

Ein preislich limitierter Auftrag ist bis zum letzten Handelstag des laufenden Monats gültig (Monats-Ultimo). Ein am letzten Handelstag eines Monats eingehender Auftrag wird, sofern er nicht am selben Tag ausgeführt wird, entsprechend den Ausführungsgrundsätzen (Nr. 2) für den nächsten Monat vorgemerkt. Die Bank wird den Kunden über die Gültigkeitsdauer seines Auftrags unverzüglich unterrichten.

8 Erlöschen laufender Aufträge

(1) Dividendenzahlungen, sonstige Ausschüttungen, Einräumung von Bezugsrechten, Kapitalerhöhung aus Gesellschaftsmitteln

Preislich limitierte Aufträge zum Kauf oder Verkauf von Aktien an inländischen Ausführungsplätzen erlöschen bei Dividendenzahlung, sonstigen Ausschüttungen, der Einräumung von Bezugsrechten oder einer Kapitalerhöhung aus Gesellschaftsmitteln mit Ablauf des Handelstages, an dem die Aktien letztmals einschließlich der vorgenannten Rechte gehandelt werden. [...]

Börsenordnung für die Frankfurter Wertpapierbörse
(Stand: 28.06.2021)

§ 78 Bestehende Orders

(1) Erträgnis/Kapitalmaßnahme/Umtausch

Bei in- und ausländischen Wertpapieren erlöschen Orders und Quotes im Fall eines Erträgnisses/einer Kapitalmaßnahme und/oder einem Umtausch mit Ablauf des letzten Börsentages, an dem das Wertpapier letztmalig einschließlich des Anspruches gehandelt wurde (cum-Tag) oder spätestens bis zum Handelsbeginn des Börsentages, an dem das Wertpapier ohne den Anspruch gehandelt wird (ex-Tag), sofern die Geschäftsführung von dem Erträgnis/der Kapitalmaßnahme und/oder dem Umtausch Kenntnis erlangt hat.

Ist mit der Maßnahme eine Änderung der ISIN verbunden, erlöschen die Orders und Quotes am letzten Handelstag der alten ISIN.

Die Geschäftsführung macht die Maßnahmen nach Satz 1 und 2 bekannt.

Die Geschäftsführung kann weitere Fälle bestimmen, in denen laufende Orders und Quotes erlöschen, soweit dies zur Gewährleistung eines ordnungsgemäßen Börsenhandels erforderlich ist. Die Geschäftsführung wird diese Fälle bekannt machen. [...]

9 In der Frankfurter Allgemeinen Zeitung wurden die nachfolgenden Kursnotierungen veröffentlicht:

a) Erläutern Sie die aufgeführten Aktienindizes.

b) Welche Informationen können Sie der Notierung über die BMW StA entnehmen?

c) Welche Arten der Kursnotierungen finden Sie in diesem Auszug?

d) Welche Dividende (Begriff!) wird bei den einzelnen Aktienwerten veröffentlicht?

Dax, M-Dax und Tec-Dax

52 Wochen Vergleich (Tief – Hoch)	Börsenwert in Mrd. Landeswähr. Gesamt	Börsenwert Streubes.	KGV 2021	KGV 2022		6.1.22 Schluss	7.1.22 16.06 h	Xetra Tages Hoch	Xetra Tages Tief	Veränd. in % seit 6.1.	Veränd. in % seit 30.12.21	Xetra 52 Wochen Hoch	Xetra 52 Wochen Tief	Div.	Div.-Rend.	Ums.Ges. Tsd.St. 6.1.
			14,8	14,3	**Dax**	16052,03	**15930,41**	16044,28	15897,71	−0,8	+0,3	16290,19	13310,95	331,48	2,08	76817
	47,53	42,49	33,7	25,7	**Adidas NA ▲▼**	252,75	**247,40**	252,70	247,40	−2,1	−2,3	336,25	242,95	3,00[1x]	1,21	615
	92,03	68,11	28,8	22,6	**Airbus (NL) ▲▼**	118,38	**117,08**	118,60	116,36	−1,1	+4,8	121,06	81,90	0,00[1x]	0,00	455
	90,35	87,62	10,7	9,7	**Allianz vNA ▲▼**	220,00	**221,20**	222,15	219,65	+0,5	+6,5	223,50	182,52	9,60[1x]	4,34	1548
	60,45	60,45	10,0	11,3	**BASF NA ▲▼**	65,81	**65,81**	66,28	65,44	±0,0	+6,5	72,88	57,06	3,30[1x]	5,01	3377
	47,63	47,63	7,8	7,1	**Bayer NA ▲▼**	48,33	**48,48**	48,69	47,67	+0,3	+3,1	57,73	43,91	2,00[1x]	4,13	2453
	22,51	8,74	29,7	27,3	**Beiersdorf**	89,68	**89,32**	90,28	89,04	−0,4	−1,2	108,05	81,86	0,70[1x]	0,78	398
	57,59	30,69	5,7	6,7	**BMW St ▲**	96,22	**95,66**	96,53	95,02	−0,6	+8,1	97,32	68,21	1,90[1x]	1,99	1241
	12,23	12,23	19,3	16,8	**Brenntag NA**	78,72	**79,18**	79,32	78,08	+0,6	−0,5	87,40	62,68	1,35[1x]	1,70	281
	19,36	10,45	15,6	10,8	**Continental**	98,27	**96,79**	98,88	96,36	−1,5	+4,0	118,65	87,53	0,00[1x]	0,00	396
	11,04	10,70	6,8	8,3	**Covestro**	56,86	**57,14**	57,64	56,52	+0,5	+5,4	63,24	49,30	1,30[1x]	2,28	629
	79,00	54,20	6,4	6,7	**Daimler NA ▲▼**	74,91	**73,84**	75,68	73,66	−1,4	+9,2	76,92	46,54	1,13[1x]	1,53	3661
	21,34	13,07	0,0	0,0	**Delivery Hero**	84,86	**85,04**	85,60	84,06	+0,2	−13,2	141,95	82,46	0,00[1x]	0,00	1447
			29,8	18,3	**M-Dax**	35168,32	**34994,07**	35182,51	34913,52	−0,5	−0,4	36428,86	30534,35	584,16	1,67	38602
	2,07	2,07	25,2	25,5	**Aixtron NA ▮**	17,86	**18,29**	18,38	17,92	+2,4	+2,3	26,60	14,15	0,11[1x]	0,60	807
	3,47	3,22	30,7	29,5	**alstria office REIT**	19,51	**19,50**	19,52	19,50	−0,1	−0,2	20,00	13,35	0,53[1x]	2,72	649
	8,25	5,36	12,5	11,0	**Aroundtown (L)**	5,46	**5,37**	5,49	5,37	−1,6	+0,9	7,16	5,14	0,07[1x]	1,31	2516
	4,10	3,08	15,6	14,8	**Aurubis**	90,24	**91,20**	91,40	90,28	+1,1	+3,6	91,82	61,30	1,30[1x]	1,43	69
	4,02	2,08	0,0	0,0	**Auto1 Group**	18,81	**18,87**	18,93	18,38	+0,3	−3,0	56,76	18,38	0,00[1x]	0,00	447
	7,39	4,80	31,9	30,3	**Bechtle ▮**	59,16	**58,68**	59,26	58,46	−0,8	−6,8	69,56	49,15	0,45[1x]	0,77	186
	2,69	2,41	25,6	22,4	**Befesa (L)**	68,00	**67,30**	68,60	67,00	−1,0	−0,1	72,90	51,20	1,17[2x]	2,17	68
	2,14	2,08	22,0	33,3	**Cancom ▮**	56,64	**55,60**	56,46	55,38	−1,8	−6,1	64,82	43,02	0,75[1x]	1,35	112
	15,41	6,32	58,3	57,7	**Carl Zeiss Meditec ▮**	179,05	**172,30**	178,60	171,90	−3,8	−6,8	202,00	111,00	0,50[1x]	0,29	231
			27,4	28,5	**Tec-Dax**	3749,67	**3715,83**	3745,50	3709,65	−0,9	−5,2	4010,04	3203,97	47,26	1,27	28544
	4,22	1,03	12,4	13,2	**1&1**	24,22	**23,88**	24,06	23,78	−1,4	−0,6	27,86	19,74	0,05[1x]	0,21	45
	1,91	1,26	53,0	54,2	**Eckert & Ziegler**	90,15	**90,05**	91,20	89,45	−0,1	−4,3	141,40	44,54	0,45[1x]	0,50	66
	2,01	1,79	25,9	22,5	**Jenoptik**	35,44	**35,20**	35,56	35,04	−0,7	−5,2	37,80	21,62	0,25[1x]	0,71	98
	1,05	0,93	0,0	0,0	**MorphoSys**	30,37	**30,70**	31,28	28,11	+1,1	−7,9	101,90	28,11	0,00[1x]	0,00	1110
	2,47	1,60	88,9	58,2	**Nagarro**	188,50	**179,50**	187,50	177,00	−4,8	−11,1	212,00	70,00	0,00[1x]	0,00	28
	2,21	1,49	0,0	0,0	**Nordex**	13,93	**13,78**	13,96	13,43	−1,1	−0,9	27,26	12,64	0,00[1x]	0,00	1242
	0,96	0,56	15,4	11,4	**S&T (A)**	14,71	**14,56**	14,91	14,39	−1,0	−0,7	24,20	12,36	0,30[1x]	2,06	408
	4,08	2,02	17,7	13,8	**Siltronic NA**	136,15	**135,90**	137,35	135,65	−0,2	−3,9	147,35	130,45	2,00[1x]	1,47	21
	1,25	0,51	K.A.	K.A.	**SMA Solar Techn.**	36,54	**35,96**	36,78	35,56	−1,6	−3,8	71,80	33,58	0,30[1x]	0,83	179
	-	-	K.A.	K.A.	**Suse (L)**	37,00	**36,20**	37,00	35,80	−2,2	−10,0	43,60	25,56	0,00[1x]	0,00	39

Euro Stoxx 50, Stoxx Europe 50

52 Wochen Vergleich		Dividende	Heimatbörse 6.1. Schluss	Heimatbörse 7.1. 16.06 h	Frankfurt 7.1. 16.06 h	Ver. in %
	AB Inbev	0,50[2x]	55,14	**55,10**	55,01	–0,1
	ABB NA	0,80F[1x]	35,16	**35,02**	–	–
	Adyen	0,00[1x]	2187,50	**2173,50**	2169,50	–0,9
	Ahold Delhaize	0,43[2x]	30,62	**30,54**	30,42	–0,3
	Air Liquide	2,75[1x]	157,00	**156,02**	156,48	+0,2
	ASML Hold.	1,80[2x]	658,50	**667,90**	671,70	–0,6
	Astra Zeneca	0,648£[2x]	8356,00	**8360,32**	100,20	–0,3
	AXA	1,43[1x]	27,32	**27,39**	27,40	+0,4
	Banco Santander	0,049[2x]	3,09	**3,11**	3,08	+0,5

Anleihen

Unternehmensanleihen

Zins	Laufzeit	Zinstermin	05.01. 16.25 h	05.01. Rend.
2,25	Adidas 14/26	8.10.	109,45	0,2476
2,121	Allianz SE 2 20/50	8.7.	104,62	1,9091
2	BASF SE 12/22	5.12.	102,21	-0,4196
1,125	Bayer 20/30	6.1.	102,06	0,8574
4,5	Bilfinger 19/24	14.6.	105,87	2,0014
1	BMW 16/22	15.2.	100,10	0,0635
4	Coba 17/27	30.3.	111,99	1,5892
2,5	Continental 20/26	27.8.	109,47	0,4330
1,375	Covestro 20/30	12.6.	105,02	0,7577
1,875	Daimler 14/24	8.7.	105,03	-0,1333
1,5	Delivery Hero 20/28	15.1.	92,77	2,8334
2	Dt. Bahn 12/23	20.2.	102,63	-0,3418
2,375	Dt. Bank 13/23	11.1.	102,67	-0,2582
1,625	Dt. Börse 10/25	8.10.	105,76	0,0861
2,875	Dt. Post 12/24	11.12.	108,69	-0,0896
0,625	Dt. Telekom 17/24	13.12.	101,83	0,0024
1,5	Dt. Wohnen 20/30	30.4.	104,26	0,9639
5,528	E.ON 08/23	21.2.	106,58	-0,3056
1	Evonik Ind. 15/23	23.1.	100,97	0,0672
0,25	EWE 21/28	8.6.	97,96	0,5747
5,875	Fraport 09/29	10.9.	138,00	0,7583
1	Fresenius 20/26	29.5.	103,05	0,3005
1,5	Heid.Cem. 16/25	7.2.	103,79	0,2647
3	JP Morgan 14/26	19.2.	111,70	0,1479
3	K+S 12/22	20.6.	101,43	-0,1814
2,625	Lanxess 12/22	21.11.	102,57	-0,3200
0,25	Lufthansa 19/24	6.9.	98,10	0,9762
0,75	Nestlé 15/23	16.5.	101,18	-0,1169
1	SAP SE 15/25	1.4.	103,17	0,0198
1,875	Schaeffler 19/24	26.3.	102,80	0,5976
2,375	Stellantis 16/23	14.4.	103,09	-0,0605
3,125	Talanx 13/23	13.2.	103,71	-0,2349
1,528	Telefonica 17/25	17.1.	104,63	-0,0013
2,875	Vier Gas 13/25	12.6.	109,52	0,0917
1	Würth 15/22	19.5.	100,16	0,5431

Deutsche Börsen

Prime Standard

	4.1. Schluss/Kassa	5.1. 16.25 h
11 88 0 Solutions	1,54	1,53
3U Holding	3,83	3,85
4SC konv.	3,43	3,42
Aareal Bank	28,58	28,88
About You Hold.	20,40	20,94
Accentro Real Est.	6,35	6,50
ad pepper media (NL)	5,88	5,86
adesso	200,50	195,80
Adler Group (L)	11,58	11,73
Adler Real Estate	6,63	6,64
ADVA Optical Net.	13,98	14,30
Akasol	121,80	120,80
All for One Group	71,40	70,80
Allane	15,80	15,40
Allterco (BG)	13,20	13,20
Alzchem Group	23,00	23,10
Amadeus Fire	178,40	175,60
Artnet NA	9,90	9,85
Atoss Software	203,00	198,00
Aumann	14,44	14,22
Aves One	14,90	14,90
Basler	161,40	155,40
Bastei Lübbe	6,90	6,90
Bauer	10,30	10,20
BayWa NA	48,00	46,80
BayWa vNA	38,90	39,05
BB Biotech NA (CH)	73,80	73,60
Beck, Ludwig	26,60	26,20
Bertrandt	57,60	57,30
Bet-at-home.com	15,70	15,60
Bike24	16,35	16,46
Bilfinger	31,18	31,10
Biofrontera NA	1,53	1,51
Biotest St.	42,50	42,40
Biotest Vz.	37,90	38,30
BMW Vz. Δ	75,95	77,50
Borussia Dortmund	4,43	4,41
Brain Biotech	9,36	9,46
Brockhaus Techn.	23,50	22,90
Capsensixx	15,50	15,50
Ceconomy St.	3,98	4,05
Ceconomy Vz.	7,35	6,90
Cenit	13,95	13,70
CeWe Stiftung	128,40	124,60
Cherry	26,00	25,40
Compleo Charg. Sol.	56,40	56,20
Corestate Capital (L)	10,90	12,25
Creditshelf	35,60	35,60
CropEnergies	13,00	13,24
Daimler Truck	32,49	32,40
Data Modul	61,00	61,00
Delticom	6,68	6,64
Demire Real Estate	4,36	4,34
Dermapharm Holding	82,90	79,25
Deutsche Industrie REIT	23,00	23,00
Deutsche Konsum REIT	14,55	14,60
Deutz	7,10	7,01
DFV Dt. Familienvers.	10,48	10,32
DIC Asset NA	15,67	15,57
Diebold Nixdorf (USA)	8,35	8,90
DMG Mori	42,15	42,30
Dr. Hönle	40,80	41,05
Drägerwerk St.	53,80	53,30
Drägerwerk Vz.	53,45	53,90
Dt. Beteiligung	40,50	39,30
Dt. EuroShop NA	15,22	15,17
Dt. Pfandbriefbank	10,65	10,85
DWS Group	36,90	37,36
Ecotel Communic.	37,20	37,40
EDAG Engineer. (CH)	11,50	11,45
Einhell Germany Vz.	218,00	221,00
Elmos Semicond.	57,50	57,90
ElringKlinger NA	11,73	14,06
elumeo	7,20	6,85

Öffentliche Anleihen

6,25	Bund v. 94/24	4.1.	113,99	-0,7003
5,625	Bund v. 98/28	4.1.	136,78	-0,4234
5,5	Bund v. 00/31	4.1.	152,71	-0,2800
1,5	Bund v. 13/23	15.5.	102,95	-0,6683
2	Bund v. 13/23	15.8.	104,37	-0,6995
1,75	Bund v. 14/24	15.2.	105,15	-0,6679
1,5	Bund v. 14/24	15.5.	105,05	-0,6250
2,5	Bund v. 14/46	15.8.	157,65	0,1204
0,5	Bund v. 15/25	15.2.	103,33	-0,5586
0,5	BLSA Nr.47 15/25	5.2.	102,23	-0,2209
0,375	Hessen 16/26	6.7.	102,05	-0,0802
0	Hessen 20/25	10.3.	100,68	-0,2136
1,25	NRW 14/25	14.3.	104,70	-0,2207
2,125	KfW 13/23	15.8.	104,33	-0,5568
1,25	KfW 16/36	4.7.	111,78	0,4107
1,5	KfW 14/24	11.6.	104,77	-0,4498

8 Effektenaufträge der Kunden entgegennehmen, abwickeln und abrechnen

Lernbuch Kap. 13.1

Situation 1: Effekten-Kaufauftrag

Der Kunde Max Hentschel (Lernsituation 6, Situation 1) entschließt sich nach eingehender Beratung, nom. 500000,00 EUR der von Ihnen empfohlenen Deka-Stufenzins-Anleihe zu kaufen. Die Sparkasse Magdeburg schließt mit ihm am 9. März 20.. ein Festpreisgeschäft ab.

Vertrag über Kauf/Verkauf von Wertpapieren
Festpreisgeschäft
(Auszug)

Käufer/Verkäufer
Max Hentschel, Uhlandstr. 5, 39108 Magdeburg; Depotnummer: 89978/60

Wertpapiergeschäft (Kauf/Verkauf)

☒ Der Kunde (Käufer) und die Sparkasse Magdeburg (Verkäufer) schließen folgenden Vertrag über den Kauf von Wertpapieren

☐ Der Kunde (Verkäufer) und die Sparkasse Magdeburg (Käufer) schließen folgenden Vertrag über den Kauf von Wertpapieren

Wertpapierbezeichnung	Wertpapier-Kennnummer/ISIN	Stückzahl/Nennwert
DekaBank Stufenzins-Anleihe	DE000DK0PJ00	50000,00 EUR

Preis pro Stück/Nennwert (in EUR): 50000,00 EUR

Vereinbarter Gesamtpreis (in EUR): 50000,00 EUR

☐ Der Anlagewunsch entspricht nicht meinen bisherigen Kenntnissen und Erfahrungen im Sinne § 31 Absatz 5 Satz 3 WpHG. Ich wünsche dennoch die Ausführung der Order.

Der vereinbarte Gesamtpreis, zzgl. etwaiger Stückzinsen, ist dem in den Depotunterlagen angegebenen Konto zu belasten/~~gutzuschreiben~~, die Wertpapiere sind dem oben angegebenen Depot gutzuschreiben/~~zu entnehmen~~.
Eventuelle Wertpapiererträge und Fälligkeiten sollen ebenfalls dem in den Depotunterlagen angegebenen Konto gutgeschrieben werden.

Ergänzend gelten die Allgemeinen Geschäftsbedingungen (AGB) sowie die Sonderbedingungen für Wertpapiergeschäfte, die jeweils Bestandteil der „Informationen und Geschäftsbedingungen" sind.

Hiermit beauftrage ich/~~beauftragen wir~~ die Sparkasse Magdeburg, die gesetzlich vorgeschriebene Kosteninformation vor Ausführung des Auftrags mit mir/~~uns~~ in meinem/~~unserem~~ elektronischen Postfach zur Verfügung zu stellen.

Ort, Datum: Magdeburg, den 09.03.20..

Max Hentschel
Unterschrift Depotinhaber/Bevollmächtigter/gesetzlicher Vertreter

Aufgaben:

1 Kennzeichnen Sie das Festpreisgeschäft gemäß den Bedingungen für Wertpapiergeschäfte.

Bedingungen für Wertpapiergeschäfte

Geschäfte in Wertpapieren

1 Formen des Wertpapiergeschäfts

(1) **Kommissions-/Festpreisgeschäfte.** Bank und Kunde schließen Wertpapiergeschäfte in Form von Kommissionsgeschäften (2) oder Festpreisgeschäften (3) ab.

(2) [...]

(3) **Festpreisgeschäfte.** Vereinbaren Bank und Kunde miteinander für das einzelne Geschäft einen festen oder bestimmbaren Preis (Festpreisgeschäft), so kommt ein Kaufvertrag zustande; dementsprechend übernimmt die Bank vom Kunden die Wertpapiere als Käuferin oder sie liefert die Wertpapiere an ihn als Verkäuferin. Die Bank berechnet dem Kunden den vereinbarten Preis, bei verzinslichen Schuldverschreibungen zuzüglich aufgelaufener Zinsen (Stückzinsen).

2 Welche Grundpflichten haben Käufer und Verkäufer gemäß § 433 BGB?

> **§ 433 [Vertragstypische Pflichten beim Kaufvertrag]**
>
> (1) Durch den Kaufvertrag wird der Verkäufer einer Sache verpflichtet, dem Käufer die Sache zu übergeben und das Eigentum an der Sache zu verschaffen. Der Verkäufer hat dem Käufer die Sache frei von Sach- und Rechtsmängeln zu verschaffen.
>
> (2) Der Käufer ist verpflichtet, dem Verkäufer den vereinbarten Kaufpreis zu zahlen und die gekaufte Sache abzunehmen.

3 Wie erfolgt die Erfüllung des Geschäftes im vorliegenden Fall?

> **Bedingungen für Wertpapiergeschäfte**
>
> **Erfüllung der Wertpapiergeschäfte**
>
> **10. Erfüllung im Inland als Regelfall**
>
> Die Bank erfüllt Wertpapiergeschäfte im Inland, soweit nicht die nachfolgenden Bedingungen oder eine anderweitige Vereinbarung die Anschaffung im Ausland vorsehen.
>
> **11. Anschaffung im Inland**
>
> Bei der Erfüllung im Inland verschafft die Bank dem Kunden, sofern die Wertpapiere zur Girosammelverwahrung bei der deutschen Wertpapiersammelbank (Clearstream Banking AG) zugelassen sind, Miteigentum an diesem Sammelbestand – Girosammel-Depotgutschrift – **(GS-Gutschrift)**. Soweit Wertpapiere nicht zur Girosammelverwahrung zugelassen sind, wird dem Kunden Alleineigentum an Wertpapieren verschafft. Diese Wertpapiere verwahrt die Bank für den Kunden gesondert von ihren eigenen Beständen und von denen Dritter **(Streifbandverwahrung)**.

4 Welchen Betrag muss der Kunde verfügbar halten? Mit welcher Wertstellung erfolgt die Kontobelastung?

Fortsetzung der Situation:

Max Hentschel erteilt am 04.05.2022 (Mittwoch) der Sparkasse Magdeburg den Auftrag, nom. 30000,00 EUR 4,25 % Anleihe der Bundesrepublik Deutschland von 2007 + 04.07. gzj. uff., fällig 04.07.39, ISIN DE0001135325, billigst an der Börse zu kaufen. Die Sparkasse führt diesen Auftrag am gleichen Tag aus und erteilt dem Kunden Abrechnung zum Kurs von 185,97 %. Fremde Spesen und Auslagen fallen nicht an.

Aufgaben:

5 Erstellen Sie für die Sparkasse Magdeburg die Kundenabrechnung.

Transaktionsleistungen		
An- und Verkauf von Wertpapieren	Transaktionspreis-Staffel (vom jeweiligen Orderkurswert):	
	von 0,00 EUR bis 25000,00 EUR	0,3 %
	von 25000,01 EUR bis 50000,00 EUR	0,2 %
	ab 50000,01 EUR	0,1 %
	Minimumpreis:	20,00 EUR
	Fremde Spesen und Auslagen, wie z. B. Porti und Handelsentgelte, sowie etwaige anfallende Steuern werden separat in Rechnung gestellt.	

Sparkasse Magdeburg

Herrn/Frau/Firma

Max Hentschel
Uhlandstr. 5
39108 Magdeburg

In Ausführung Ihres Auftrages erteilen wir Ihnen

nachstehende Abrechnung

Kauf

Abrechnungs-Datum	Ausführungs-Datum	Geschäfte-Nr.	S*	D*	L*	Verwahrung*	Depot-Nr.	Konto-Nr.
		21450	[redacted]		0		3 89978/60	3 89978

ISIN	Wertpapierbezeichnung	Devisen-Kurs

Währung*	Nennwert/Stück	Kurs	Kurswert	Tage	Zinssatz %	Stückzinsen EUR	
EUR							

	%	Provision EUR	‰	Courtage EUR		Spesen EUR	Soll EUR Endbetrag HABEN EUR

Die Effekten haben wir der angegebenen Verwahrung entsprechend verbucht.
Gezahlte Stückzinsen werden im allgemeinen Verlustverrechnungstopf vorgemerkt.

Wert:

Kontrollunterschrift:

* siehe Rückseite

Sparkasse Magdeburg

6 Der Kunde beschwert sich, dass ihm in der Abrechnung Zinsen berechnet wurden. Er glaubt, bei einer Geldanlage Zinsen zu erhalten und bittet um Gutschrift des Betrages. Klären Sie den Kunden über die in der Kaufabrechnung aufgeführte Position „Stückzinsen“ auf.

7 Erläutern Sie dem Kunden die Funktionsweise des allgemeinen Verlustverrechnungstopfes. (→ Nehmen Sie den Text in LS 12, Situation 5 zu Hilfe)

8 Am 04.07.2022 enthält der allgemeine Verlustverrechnungstopf, der für den Kunden Max Hentschel geführt wird, die nebenstehenden Daten, wobei die Eintragung vom 06.05.2022 noch vervollständigt werden muss.

Ermitteln Sie die Zinsgutschrift am 04.07.2022 unter Berücksichtigung des allgemeinen Verlustverrechnungstopfes. Der Kunde hat der Bank keinen Freistellungsauftrag erteilt. Er gehört keiner Religionsgemeinschaft an.

Allgemeiner Verlustverrechnungstopf

Kunde: Max Hentschel
Depot: 89978/60

10.03.2022	Verlust aus dem Verkauf festverzinslicher Wertpapiere	158,40 EUR
06.05.2022	gezahlte Stückzinsen	.... EUR

Fortsetzung der Situation:

Max Hentschel will auch in den Aktienmarkt einsteigen. Er entscheidet sich, 100 Stück SIEMENS AG-Aktien zu kaufen. Bei der Auftragserteilung erklären Sie dem Kunden, dass es preislich unlimitierte, preislich limitierte Kaufaufträge und Stop-Buy-Market-Aufträge gibt.

Aufgabe:

9 Beschreiben Sie dem Kunden Max Hentschel den Unterschied zwischen diesen Auftragsformen.

Lernbuch Kap. 13.1

Situation 2: Effekten-Verkaufsauftrag

Ihr Wertpapierkunde Orlando Blum, Hermannstr. 30, 40233 Düsseldorf, erteilt der Commerzbank AG am Dienstag, dem 08.10.20.., vormittags 8:40 Uhr im Onlinebanking den folgenden Wertpapierauftrag:

Wertpapierorder Verkaufen RWE AG Stammaktien Orlando Blum	
Datum und Uhrzeit	08.10.20.. 8:40:03
Depot	261243086501
Ordernummer	2111241724017943
Nominal/Stück	1 300 Stück
ISIN	DE0007037129
Bezeichnung	RWE Stammaktien
Handelsplatz	Börslich Frankfurt
Limit	35,50 EUR
Auftrag gültig bis	…………
Gesamtwert der Order	46 150,00 EUR
Online-Orderprovision	34,90 EUR
Börsenplatzentgelt	3,50 EUR

Aufgaben:

1 a) Wie lange ist der Auftrag gültig?

b) Wie lange wäre der Auftrag gültig, wenn er „bestens" erteilt worden wäre?

Bedingungen für Wertpapiergeschäfte (Stand: Januar 2019)

Nr. 6 Gültigkeitsdauer von unbefristeten Kundenaufträgen

(1) **Preislich unlimitierte Aufträge.** Ein preislich unlimitierter Auftrag gilt entsprechend den Ausführungsgrundsätzen (Nr. 2) nur für einen Handelstag; ist der Auftrag für eine gleichtägige Ausführung nicht so rechtzeitig eingegangen, dass seine Berücksichtigung im Rahmen des ordnungsgemäßen Arbeitsablaufs möglich ist, so wird er für den nächsten Handelstag vorgemerkt. Wird der Auftrag nicht ausgeführt, so wird die Bank den Kunden hiervon unverzüglich benachrichtigen.

(2) **Preislich limitierte Aufträge.** Ein preislich limitierter Auftrag ist bis zum letzten Handelstag des laufenden Monats gültig (Monats-Ultimo). Ein am letzten Handelstag eines Monats eingehender Auftrag wird, sofern er nicht am selben Tag ausgeführt wird, entsprechend den Ausführungsgrundsätzen (Nr. 2) für den nächsten Monat vorgemerkt. Die Bank wird den Kunden über die Gültigkeitsdauer seines Auftrags unverzüglich unterrichten.

Nr. 2 Ausführungsgrundsätze für Wertpapiergeschäfte

Die Bank führt Wertpapiergeschäfte nach ihren jeweils geltenden Ausführungsgrundsätzen aus. Die Ausführungsgrundsätze sind Bestandteil der Sonderbedingungen. Die Bank ist berechtigt, die Ausführungsgrundsätze entsprechend den aufsichtsrechtlichen Vorgaben zu ändern. Über die Änderungen der Ausführungsgrundsätze wird die Bank den Kunden jeweils informieren.

2 Für die Auftragserteilung schreibt das Wertpapierhandelsgesetz vor:

§ 83 Aufzeichnungs- und Aufbewahrungspflicht.

(1) Ein Wertpapierdienstleistungsunternehmen muss, […], über die von ihm erbrachten Wertpapierdienstleistungen und Wertpapiernebendienstleistungen sowie die von ihm getätigten Geschäfte Aufzeichnungen erstellen, die es der Bundesanstalt ermöglichen, die Einhaltung der in diesem Abschnitt […] geregelten Pflichten zu prüfen und durchzusetzen.

(2) Das Wertpapierdienstleistungsunternehmen hat Aufzeichnungen zu erstellen über Vereinbarungen mit Kunden, die die Rechte und Pflichten der Vertragsparteien sowie die sonstigen Bedingungen festlegen, zu denen das Wertpapierdienstleistungsunternehmen Wertpapierdienstleistungen oder Wertpapiernebendienstleistungen für den Kunden erbringt. […]

(8) Die Aufzeichnungen […] sind für fünf Jahre aufzubewahren, soweit sie für die dort genannten Zwecke erforderlich sind. […]

Wie trägt die Commerzbank dieser Vorschrift Rechnung?

3 Welche Prüfungen sind vor Weiterleitung des Auftrags vorzunehmen?

4 Die Bedingungen für Wertpapiergeschäfte sagen etwas darüber aus, wie Käufe und Verkäufe von Wertpapieren auszuführen sind.

Bedingungen für Wertpapiergeschäfte (Stand: Januar 2019)

GESCHÄFTE IN WERTPAPIEREN

Nr. 1 Formen des Wertpapiergeschäfts

(1) **Kommissions-/Festpreisgeschäfte.** Bank und Kunde schließen Wertpapiergeschäfte in Form von Kommissionsgeschäften (2) oder Festpreisgeschäften (3) ab.

(2) **Kommissionsgeschäfte.** Führt die Bank Aufträge ihres Kunden zum Kauf oder Verkauf von Wertpapieren als Kommissionärin aus, schließt sie für Rechnung des Kunden mit einem anderen Marktteilnehmer oder einer Zentralen Gegenpartei ein Kauf- oder Verkaufsgeschäft (Ausführungsgeschäft) ab, oder sie beauftragt einen anderen Kommissionär (Zwischenkommissionär), ein Ausführungsgeschäft abzuschließen. Im Rahmen des elektronischen Handels an einer Börse kann der Auftrag des Kunden auch gegen die Bank oder den Zwischenkommissionär unmittelbar ausgeführt werden, wenn die Bedingungen des Börsenhandels dies zulassen.

(3) [...]

BESONDERE REGELUNGEN FÜR DAS KOMMISSIONSGESCHÄFT

Nr. 3 Usancen/Unterrichtung/Preis

(1) **Geltung von Rechtsvorschriften/Usancen/Geschäftsbedingungen.** Die Ausführungsgeschäfte unterliegen den für den Wertpapierhandel am Ausführungsplatz geltenden Rechtsvorschriften und Geschäftsbedingungen (Usancen); daneben gelten die Allgemeinen Geschäftsbedingungen des Vertragspartners der Bank.

(2) **Unterrichtung.** Über die Ausführung des Auftrags wird die Bank den Kunden unverzüglich unterrichten. Wurde der Auftrag des Kunden im elektronischen Handel an einer Börse gegen die Bank oder den Zwischenkommissionär unmittelbar ausgeführt, bedarf es keiner gesonderten Benachrichtigung.

(3) **Preis des Ausführungsgeschäfts/Entgelt/Auslagen.** Die Bank rechnet gegenüber dem Kunden den Preis des Ausführungsgeschäfts ab; sie ist berechtigt, ihr Entgelt in Rechnung zu stellen. [...]

Nr. 4 Erfordernis eines ausreichenden Kontoguthabens/Depotbestandes

[...]

Nr. 5 Festsetzung von Preisgrenzen

Der Kunde kann der Bank bei der Erteilung von Aufträgen Preisgrenzen für das Ausführungsgeschäft vorgeben (preislich limitierte Aufträge).

AUSFÜHRUNGSGRUNDSÄTZE

A. Vorbemerkung

Anwendungsbereich

Diese Grundsätze gelten für die Ausführung von Aufträgen, die ein Privatkunde [...] der Bank [...] zum Zwecke des Erwerbs oder der Veräußerung von Wertpapieren oder anderen Finanzinstrumenten (z. B. Geschäfte an Terminbörsen) erteilt. Ausführung in diesem Sinne bedeutet, dass die Bank auf Grundlage des Kundenauftrags für Rechnung des Kunden mit einer anderen Partei ein Ausführungsgeschäft abschließt (Kommissionsgeschäft). Schließen Bank und Kunde unmittelbar einen Kaufvertrag über Finanzinstrumente (Festpreisgeschäft), gilt Nr. 7.

[...]

Ziel der Auftragsausführung

Kundenaufträge können regelmäßig an verschiedenen Ausführungsplätzen ausgeführt werden, z. B. an Börsen oder an sonstigen Ausführungsplätzen, im Inland oder im Ausland bzw. im Präsenz- oder im elektronischen Handel. In den nachfolgenden Abschnitten werden die Ausführungswege und -plätze in den maßgeblichen Finanzinstrumentenarten beschrieben, die im Regelfall gleichbleibend eine bestmögliche Ausführung im Interesse des Kunden erwarten lassen und über welche die Bank daher die Aufträge des Kunden ausführen wird.

Vorrang von Weisungen

Der Kunde kann der Bank Weisungen erteilen, an welchen Ausführungsplätzen sein Auftrag ausgeführt werden soll. Solche Weisungen gehen diesen Ausführungsgrundsätzen vor.

B. Ausführungsgrundsätze in unterschiedlichen Finanzinstrumentenarten

1. Verzinsliche Wertpapiere

[...]

2. Aktien

Die Bank führt Aufträge in den angegebenen Segmenten an folgenden Ausführungsplätzen aus:

DAX-Werte, MDAX-Werte, TecDAX-Werte und SDAX-Werte	Xetra*

* Die Bank behält sich eine Ausführung über Xetra BEST vor, ohne dass dem Kunden dadurch Nachteile entstehen.

Sonstige deutsche Aktien	Deutsche Präsenzbörsen
Andere Werte mit Notierung in Deutschland (exklusive EuroStoxx50-Werte)	Deutsche Präsenzbörsen
EuroStoxx50-Werte (nicht deutsche Werte)	Deutsche Präsenzbörsen
Nicht deutsche Werte ohne Notierung in Deutschland	Geeigneter ausländischer Handelsplatz (im Regelfall Heimatbörse)

Für ausgewählte Aktien bietet die Bank auch Festpreisgeschäfte an. Dieses Angebot kann auf einzelne Vertriebswege beschränkt sein.

Wie ist der Auftrag des Kunden Orlando Blum nach diesen Vorschriften auszuführen? Welches Vertragsverhältnis entsteht zwischen Orlando Blum und der Commerzbank?

5 Erklären Sie mit eigenen Worten den Begriff Kommissionär unter Verwendung des § 383 HGB.

Dritter Abschnitt. Kommissionsgeschäft

§ 383 [Kommissionär; Kommissionsvertrag]

Kommissionär ist, wer es gewerbsmäßig übernimmt, Waren oder Wertpapiere für Rechnung eines anderen (des Kommittenten) in eigenem Namen zu kaufen oder zu verkaufen.

6 Welche Pflichten hat der Kommissionär gemäß § 384 HGB?

§ 384 [Pflichten des Kommissionärs]

(1) Der Kommissionär ist verpflichtet, das übernommene Geschäft mit der Sorgfalt eines ordentlichen Kaufmanns auszuführen, er hat hierbei das Interesse des Kommittenten wahrzunehmen und dessen Weisungen zu befolgen.

(2) Er hat dem Kommittenten die erforderlichen Nachrichten zu geben, insbesondere von der Ausführung der Kommission unverzüglich Anzeige zu machen; er ist verpflichtet, dem Kommittenten über das Geschäft Rechenschaft abzulegen und ihm dasjenige herauszugeben, was er aus der Geschäftsbesorgung erlangt hat.

(3) Der Kommissionär haftet dem Kommittenten für die Erfüllung des Geschäfts, wenn er ihm nicht zugleich mit der Anzeige von der Ausführung der Kommission den Dritten namhaft macht, mit dem er das Geschäft abgeschlossen hat.

Wie erfüllt das Kreditinstitut die ihm nach § 384 Abs. 2 HGB obliegenden Pflichten?

7 Als Kundenberater(-in) von Herrn Blum geben Sie den Auftrag zur Ausführung an Xetra. Wie gelangt die Order in das Xetra-System?

8 Angenommen, der Verkaufsauftrag des Kunden Blum befindet sich am 08. 10. 20.. bereits vor Handelsbeginn im Orderbuch des Xetra-Systems. In welche Handelsform wird der Auftrag einbezogen?

9 Der Eröffnungskurs für RWE-Aktien liegt am 08. 10. 20.. bei 35,10 EUR. Nehmen Sie Stellung zum Auftrag von Herrn Blum.

10 Der Auftrag des Kunden Blum wird noch am Vormittag des 08. 10. 20.. in der Fortlaufenden Auktion in voller Höhe zum Kurs von 35,50 EUR ausgeführt. Das Ausführungsgeschäft schloss die Commerzbank AG mit dem Zentralen Kontrahenten (Central Counterparty/CCP), der Eurex Clearing AG, ab. Welche Vorteile bietet die Einschaltung des Zentralen Kontrahenten?

11 Vervollständigen Sie die folgende Übersicht der technischen Abwicklung des Wertpapierverkaufsauftrages. Einkaufskommissionär ist die Stadtsparkasse, die im Auftrag ihres Kunden Rouven Gilles handelt.

Fügen Sie die unten stehenden Textvorgaben in die Lücken der Übersicht ein!

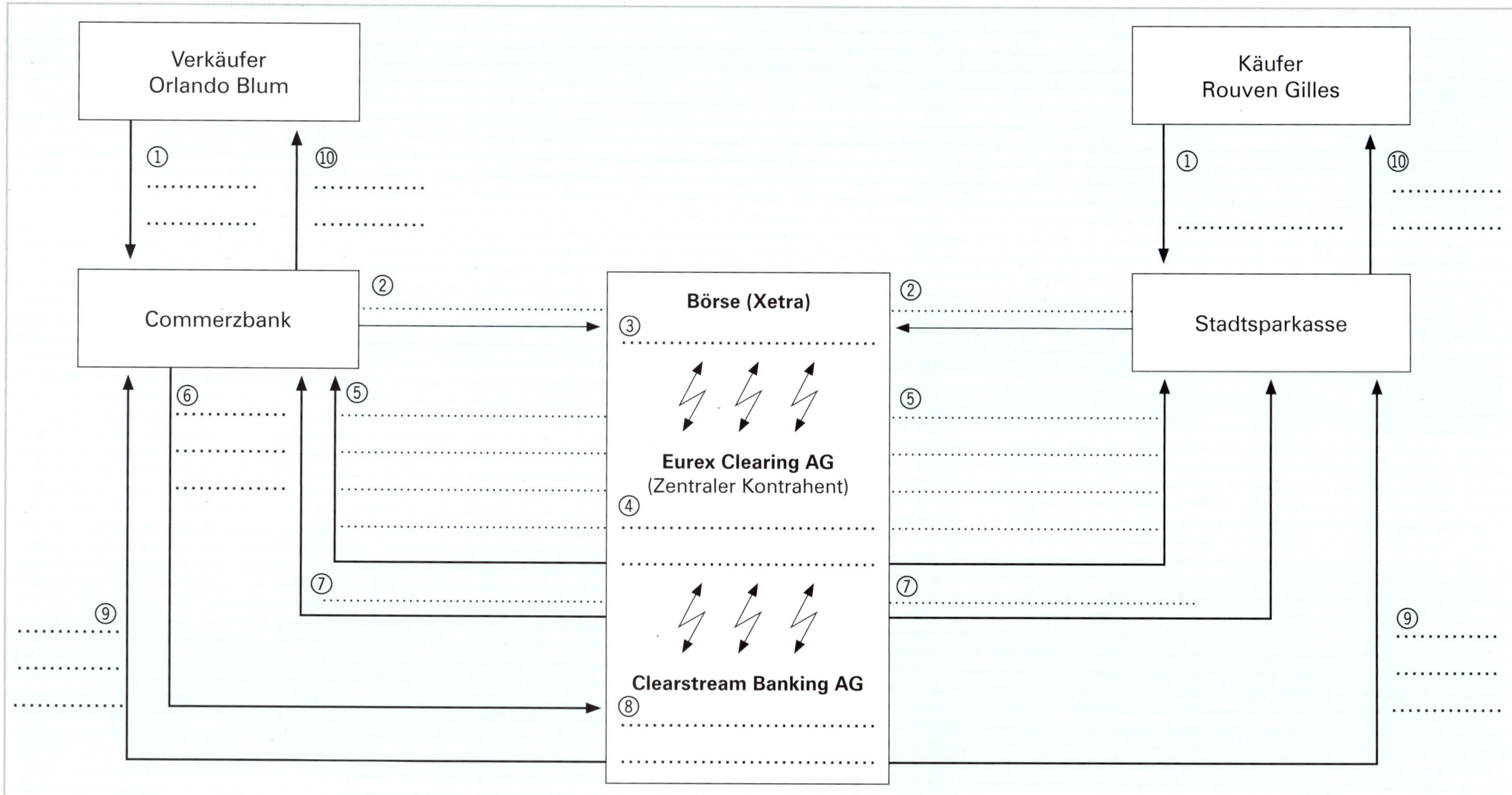

- Kaufauftrag
- Abschlussvermittlung
- Abrechnung (Gutschrift)
- Depottagesauszug
- Regulierungsliste (Verkauf)
- Depottagesauszug
- Schlussnote, Umsatzdaten, Lieferliste (Kauf)
- elektronische Weiterleitung
- elektronische Weiterleitung
- Regulierungsliste (Kauf)
- Lieferfreigabe
- Verkaufsauftrag
- Abrechnung (Belastung)
- Umbuchung der Effekten und Geldausgleich (Settlement)
- Schlussnote, Umsatzdaten, Lieferliste (Verkauf)
- Erfüllungsgarantie für das abgeschlossene Geschäft

12 Fertigen Sie für den Kunden die Abrechnung mit der entsprechenden Wertstellung an. (Neben den üblichen Kosten werden noch 4,00 EUR fremde Spesen in Rechnung gestellt.)

Der Kauf dieser 1 300 Stück RWE-Aktien erfolgte im Jahr 2007, sodass es sich bei diesem Verkauf um einen „Altbestand“ handelt. Der Kursgewinn bleibt somit kapitalertrag-(abgeltung-)steuerfrei.

COMMERZBANK

Ihren Auftrag haben wir gemäß unseren Allgemeinen Geschäftsbedingungen wie nachstehend ausgeführt. Die Wertpapiere haben wir der Abrechnung entsprechend verbucht.
We have effected undermentioned transaction in line with your instructions and on the basis of our general business conditions entering the securities in our books accordingly.

Herrn/Frau/Firma/Mr./Mrs./Messrs.

Fil.-Nr. *Branch-No*	**Depot-Nr.** *Safekeeping No.*	**Abrechnungsdatum** *Date*	**Gesch.-Nr.** *Trade No.*	**Gesch.-Tag** *Trade date*
126			638531	

WERTPAPIER-ABRECHNUNG *CONTRACT NOTE*

	Währung[3)] *Currency*	**Nennwert** *Nominal*	**Liquidation per** *Settlement Date as per*
Verkauf			

ISIN-Nummer *Securities No.*	**Stücke Art**[1)] *Sec Key*[1)]	**Zinssatz** *Rate of Interest*	**Wertpapier-Bezeichnung**/*Security Description*	**Tilgung**[2)] *Amortization*[2)]	**St. Schl.**[3)] *Tax Key*	**Kurs**/*Price*
	00	—		—	—	

Kurswert EUR
Provision EUR
Börsenplatzentgelt EUR

Verw.-Art/Lagerst.[4)] *Key to custody*[4)]	**Börsenplatz** *Stock Excange*	**Verrechnung über Konto** *Settlement through a/c*	**Wert**/ *Value*	**zu Ihren Lasten**/ *To your debit*	**zu Ihren Gunsten**/ *In your favour*
004					EUR

Hochachtungsvoll
Yours faithfully

COMMERZBANK
AKTIENGESELLSCHAFT

Diese Abrechnung wird von der Bank nicht unterschrieben.
This contract note requires no authorized signature.

[1-5)] siehe Rückseite/*p. t.o.*
6180/00/0
80655

Preis- und Leistungsverzeichnis Commerzbank (KlassikDepot)

2. Kommissionsgeschäfte

Wertpapierart	Provision	Minimum
Aktien, Zertifikate und andere Wertpapiere mit Stücknotierung	1,0 % zzgl. 4,90 EUR	49,90 EUR
Renten	0,5 % zzgl. 4,90 EUR	49,90 EUR
Bezugs- bzw. Teilrechte und Aktienspitzen	1,0 % zzgl. 4,90 EUR	9,90 EUR
Zertifikate und ETF im Rahmen von Wertpapier-Sparplänen	1,0 % zzgl. 2,50 EUR	entfällt

- Die Provision wird auf den Kurswert berechnet, bei Renten mindestens auf den Nennwert.
- Die Entgelte werden pro Abrechnung berechnet, taggleiche Teilausführungen werden in einer Abrechnung zusammengefasst.
- Für online erteilte Orders gewährt die Bank einen Rabatt in Höhe von 20 % auf die Provision. Dies gilt nicht für den Sockelbetrag in Höhe von 4,90 EUR und für Investmentfondskäufe im Rahmen des Festpreisgeschäftes und für Transaktionen im Zusammenhang mit Wertpapier-Sparplänen.

13 Wie wird dieses Wertpapiergeschäft erfüllt?

14 An welchem Tag ist der Bundesanstalt für Finanzdienstleistungsaufsicht das Börsengeschäft von Herrn Blum zu melden?

15 Warum sieht die Europäische Finanzmarktverordnung die Transaktionsmeldepflicht vor?

Auszug aus der Europäischen Finanzmarktverordnung (MiFIR[1])

Artikel 26

Pflicht zur Meldung von Geschäften

(1) Wertpapierfirmen, die Geschäfte mit Finanzinstrumenten tätigen, melden der zuständigen Behörde die vollständigen und zutreffenden Einzelheiten dieser Geschäfte so schnell wie möglich und spätestens am Ende des folgenden Arbeitstags.

Die zuständigen Behörden treffen im Einklang mit Artikel 85 der Richtlinie 2014/65/EU die notwendigen Vorkehrungen, um sicherzustellen, dass diese Informationen auch der zuständigen Behörde des für die betreffenden Finanzinstrumente unter Liquiditätsaspekten relevantesten Marktes übermittelt werden.

Die zuständigen Behörden stellen der ESMA[2] auf Anfrage alle Informationen zur Verfügung, die gemäß diesem Artikel übermittelt werden.

(2) [...]

(3) Die Meldungen müssen insbesondere die Bezeichnung und die Zahl der erworbenen oder veräußerten Finanzinstrumente, Volumen, Datum und Zeitpunkt des Abschlusses, den Kurs und Angaben zur Identifizierung der Kunden enthalten, in deren Namen die Wertpapierfirma das Geschäft abgeschlossen hat, Angaben zu den Personen und Computeralgorithmen in der Wertpapierfirma, die für die Anlageentscheidung und Ausführung des Geschäfts verantwortlich sind, [...]

16 Welche Veränderungen erfolgen in der Depotbuchhaltung?

1 Markets in Financial Instruments Regulation.
2 European Securities and Market Authority (Europäische Wertpapier- und Marktaufsichtsbehörde).

Lernbuch Kap. 14.3

9 Platzierung von Effekten am Beispiel von Bookbuilding- und Tenderverfahren erkunden

Situation:

Im Rahmen Ihres betriebsinternen Unterrichts bei der Kundenbank AG steht heute das Thema „Platzierung von Effekten an der Börse“ auf der Agenda.

Hierzu erhalten Sie umfangreiches Arbeitsmaterial. Sie sollen diese Unterlagen durcharbeiten und die nachfolgend aufgeführten Arbeitsaufträge erledigen. Die Ergebnisse werden anschließend im Plenum vorgestellt.

Aufgaben:

1 Die ABIT AG Meerbusch beschließt eine Kapitalerhöhung. Die Aktien sollen im Bookbuildingverfahren platziert werden. Berechnen Sie den Brutto-Erlös für den Emittenten bei einer maximalen Gesamtplatzierung und bei einem Preis von 23,00 EUR je Aktie. Unterstellen Sie, dass der Greenshoe mit den Altaktionären vereinbart wird. Für die Verkäufe aus den Beständen der Altaktionäre fließt diesen der Verkaufserlös zu.

Ziffer:

Verkaufsangebot

über bis zu 1050000 Inhaberstammaktien,
WKN: 512 250 ISIN-Nr. DE0005122501

ABIT® Meerbusch

in Form von nennwertlosen Stückaktien mit einem rechnerischen Anteil am Grundkapital von 1,00 EUR je Stückaktie und mit voller Gewinnanteilberechtigung für das vergangene Geschäftsjahr, 950000 Inhaberstammaktien aus der Kapitalerhöhung gegen Bareinlagen und bis zu 100000 Inhaberstammaktien im Hinblick auf die der DZ BANK Deutsche Zentral-Genossenschaftsbank AG eingeräumte Mehrzuteilungsoption („Greenshoe“) der

ABIT AG Meerbusch

Interessierte Anleger haben die Möglichkeit, in der Zeit vom

28. Januar bis 1. Februar 20..

Kaufangebote innerhalb einer Preisspanne von

23,00 EUR bis 27,00 EUR

je Inhaberstückaktie bei den nachstehend aufgeführten Banken abzugeben:

DZ BANK Deutsche Zentral-Genossenschaftsbank AG

Die DZ BANK Deutsche Zentral-Genossenschaftsbank AG nimmt Kaufangebote über alle Volksbanken und Raiffeisenbanken entgegen. Kaufangebote werden von den vorgenannten Banken innerhalb des vorgenannten Zeitraums (vorbehaltlich einer Verkürzung der Angebotsfrist) freibleibend entgegengenommen und können mit einem Preislimit innerhalb des Preisrahmens versehen werden. Zeichnungsaufträge können erst ab einer Ordergröße von 100 Stück berücksichtigt werden. Die endgültige Festsetzung des Kaufpreises erfolgt voraussichtlich am 2. Februar 20.. Insbesondere für den Fall, dass die Zahl der zu platzierenden Aktien nicht ausreicht, sämtliche Kaufaufträge zum endgültigen Platzierungspreis zu bedienen, behält sich die Bank vor, Kaufangebote nicht oder nur teilweise anzunehmen. Ein Anspruch auf Annahme des Kaufangebots besteht nicht.

Der Kaufpreis für die Inhaberstückaktien zuzüglich üblicher Effektenprovision ist von den Erwerbern voraussichtlich am 4. Februar 20.. zu entrichten. Ansprüche auf Auslieferung effektiver Stücke können nicht geltend gemacht werden.

Weitere Einzelheiten sind dem Unvollständigen Verkaufsprospekt/Unternehmensbericht vom 19.01.20.. zu entnehmen.

zu Aufgabe 5

Auszug aus dem Handbuch für kundenzentriertes Bankmanagement:

Greenshoe

Bei vielen Neuemissionen setzt sich das Angebot aus zwei Tranchen zusammen: einem Teil, der auf jeden Fall angeboten wird, und einem bestimmten Rest, der erst bei entsprechend hoher Nachfrage am Markt platziert wird. Diesen zweiten Teil nennt man Greenshoe oder Mehrzuteilung. Dabei warten die Konsortialbanken zuerst ab, wie groß das Interesse an der Emission ist. Danach entscheidet sich, ob der Greenshoe gebraucht wird.

Wird der Greenshoe mit den Altaktionären des Emittenten vereinbart, handelt es sich in aller Regel um eine Wertpapierleihe. Das heißt, die Altaktionäre, oft Großaktionäre des Emittenten, übertragen eine bestimmte Anzahl ihrer Aktien darlehensweise an die Konsortialbanken. Diese sind im Gegenzug nach Ablauf der Leihfrist entweder zur Rückübertragung der Aktien oder zur Zahlung des entsprechenden Emissionspreises verpflichtet. Wird der Greenshoe dagegen mit dem Emittenten, d.h. der Aktiengesellschaft vereinbart, erfolgt eine Kapitalerhöhung, durch die die zusätzlich benötigten Aktien geschaffen werden.

Quelle: In Anlehnung an: Handelsblatt.

2 Welchen Erlös kann die Greenshoe-Tranche erbringen (Preis 23,00 EUR je Aktie)?

3 In welchen Bilanzpositionen schlägt sich bei der Abit AG der Emissionserlös nieder?

4 Wer ist Bookrunner dieser Emission?

5 Notieren Sie, welche (Teil-)Phasen des Bookbuilding im Verkaufsangebot sichtbar werden. Markieren Sie diese mit der entsprechenden Ziffer am rechten Rand des Verkaufsangebots auf S. 80.

Phasen des Bookbuilding

① Pre-Marketing

Phase vor Bekanntgabe des Preisrahmens
- Weckung des Interesses für die Papiere bei potenziellen Investoren.
- Erste Unternehmenspräsentationen (Roadshows).
- Einzelgespräche mit ausgewählten Investoren (One-on-One-Meetings).
- Bandbreitenindikation für den Platzierungspreis.

↓

② Marketing

- Bekanntgabe des Preisrahmens für den Emissionspreis auf einer Pressekonferenz.
- Roadshows und One-on-One-Meetings.
- Anlageberater der Kreditinstitute informieren private Anleger.

↓

③ Ordertaking (eigentliches Bookbuilding)

- Bookrunner sammelt im EDV-Orderbuch die gemeldeten Zeichnungen.
- Erfassung der Gebote anhand von Meldebögen (→ Name des Investors, gewünschter Preis, Menge, Anlagestrategie u.a.).

↓

④ Preisfixierung

Bookrunner und Emittent legen einen marktnahen Emissionspreis fest.

↓

⑤ Zuteilung

Anhand der Qualität der Gebote:
- Preislimit, Zeichnungszeitpunkt, Zeichnungsvolumen;
- gewünschte Investorenstruktur;
- Nachmarktpotenzial der Investoren.

(Analyse kann z.B. durch computergesteuertes Scoring oder Punktebewertungsmodell erfolgen.)

6 Vergleichen Sie das Festpreisverfahren bei der Platzierung von Wertpapieren (z. B. Auflegung zur öffentlichen Zeichnung) mit dem Bookbuilding. Fertigen Sie zum Vergleich die nachstehende Übersicht an.

Festpreisverfahren	Bookbuilding
Preisbildung nach Fundamentalurteil, aktuellen Marktverhältnissen und Branchenvergleich	
Vereinbarung des Preises zwischen Emittent und Konsortialführer	
Keinerlei Einflussnahme der Investoren möglich	
Emittent hat von vornherein Gewissheit über den Mittelzufluss und eine klare Kalkulationsgrundlage	

Quelle: In Anlehnung an: BM-Grafik

7 An der folgenden Ausschreibung einer Bundesanleihe beteiligen sich 9 Mitglieder der Bietergruppe Bundesemissionen. Ermitteln Sie, welche Gebote zu welchen Kursen befriedigt werden.

Ausschreibung einer 10-jährigen Anleihe des Bundes im Tenderverfahren (Auszug)

Die Bundesrepublik Deutschland — Finanzagentur GmbH bietet für Rechnung des Bundes über die Deutsche Bundesbank im Wege des Tenderverfahrens an:

0,50 % **Anleihe der Bundesrepublik Deutschland von 20.. (20..)**
fällig am 15. Februar 20.. (Laufzeit 10 Jahre)
Zinstermin 15. Februar gzj., Zinslaufbeginn 12. Januar 20..
erste Zinszahlung am 15. Februar 20.. für 399 Tage
ISIN DE 0001102440
angestrebtes Emissionsvolumen (inkl. Marktpflegequote): 8 Mrd. EUR

Die Trennung der Anleihe in Kapitalanspruch und einzelne Zinsansprüche („Stripping") ist möglich.

Bietungsberechtigt sind Mitglieder der Bietergruppe Bundesemissionen. Gebote müssen über einen Nennbetrag von mindestens 1 Mio. EUR oder einem ganzen Vielfachen davon lauten. Kursgebote müssen auf volle 0,01-Prozentpunkte lauten. Gebote ohne Angabe eines Bietungskurses sind möglich. Die vom Bund akzeptierten Kursgebote werden zu dem im Gebot genannten Kurs, Gebote ohne Kursangabe zum gewogenen Durchschnittskurs der akzeptierten Kursgebote zugeteilt. Repartierung bleibt vorbehalten.

Nach Ablauf der Bietungsfrist ergibt sich folgendes Bietungsaufkommen:

Mitglieder der Bietergruppe	Bietungskurs in Prozent	Gebote zum jeweiligen Kurs in Mio. EUR	Mitglieder der Bietergruppe	Bietungskurs in Prozent	Gebote zum jeweiligen Kurs in Mio. EUR
A	99,15	500	F	99,09	1 900
B	99,13	600	G	99,08	2 800
C	99,12	800	H	99,07	4 100
D	99,11	900	I	ohne Bietungskurs	900
E	99,10	1 000			

Der Emittent wünscht, bei den Mitgliedern der Bietergruppe 7,263 Mrd. EUR der Anleihe zu platzieren. 0,737 Mrd. EUR werden zum Zwecke der Marktpflege einbehalten.

Verfahrensregeln für Tender bei der Begebung von Bundeswertpapieren

(Auszug) Fassung: 1. Januar 2021

1. Die Bundesrepublik Deutschland („Bund"), vertreten durch das Bundesministerium der Finanzen, wiederum vertreten durch die Bundesrepublik Deutschland – Finanzagentur GmbH, begibt über die Deutsche Bundesbank Bundesanleihen, Bundesobligationen, Bundesschatzanweisungen und Unverzinsliche Schatzanweisungen sowie inflationsindexierte Bundesanleihen und inflationsindexierte Bundesobligationen (alle zusammen „Bundeswertpapiere") im Tenderverfahren. Die Konditionen der einzelnen Emissionen werden im Wege der Ausschreibung durch Pressenotiz, über Wirtschaftsinformationsdienste und über das Bund Bietungs-System (BBS) der Deutschen Bundesbank bekannt gemacht.

2.–5. [...]

6. Die vom Bund akzeptierten Gebote werden zu dem im jeweiligen Gebot genannten Kurs zugeteilt. Gebote, die über dem niedrigsten vom Bund akzeptierten Kurs liegen, werden voll zugeteilt. Gebote, die unter dem niedrigsten akzeptierten Kurs liegen, fallen aus. Gebote ohne Angabe eines Kurses werden zum gewogenen Durchschnittskurs der akzeptierten Kursgebote zugeteilt. Der Bund behält sich vor, alle Gebote abzulehnen oder auf Gebote zum niedrigsten akzeptierten Kurs und/oder auf Gebote ohne Angabe eines Kurses nur Teilbeträge zuzuteilen. [...] Im Fall der Teilzuteilung ist ein Mindestbetrag nicht vorgesehen. Rechtzeitig eingereichte Gebote, die aus technischen Gründen erst nach Zuteilung berücksichtigt werden können, verändern den für die Abrechnung maßgebenden gewogenen Durchschnittskurs der akzeptierten Kursgebote nicht mehr.

7./8. [...]

DEUTSCHE BUNDESBANK

8 Was versteht man unter Marktpflege? Erläutern Sie an einem Beispiel, wie die für die Bundesbank reservierten Teile der Anleihe zur Marktpflege eingesetzt werden.

Lernbuch
Kap. 15.2

10 Über die Verwahrung und Verwaltung von Finanzprodukten informieren

Situation:

Die Kundin Lea Umberg hat am 3. Januar 20.. 1 000 Stück DT. TELEKOM AG-Aktien gekauft und die folgende Effektenabrechnung (Auszug) erhalten:

Effektenabrechnung
Depot-Nr.: 261243056801 Re.-Nr.: BOE-2020-0223620086-0000288
Lea Umberg

Transaktionstyp	**KAUF**
Stück	**1 000**
Wertpapier	**DT. TELEKOM AG-Aktien**
WKN/ISIN	555750/DE0005557508
Handelsplatz	**München**
Schlusstag/Handelszeit	03.01.20../10:07:44
Kurs	**17,45 EUR**
Auftragsart	billigst
Verwahrart	**Girosammelverwahrung**
Neuer Bestand	1 000

Die Kundin kann sich unter der Angabe „Girosammelverwahrung" nichts vorstellen.

Aufgaben:

1 Erklären Sie der Kundin diese Verwahrart. Grenzen Sie dabei die Girosammelverwahrung zu anderen Verwahrarten ab und gehen Sie auf rechtliche und technische Unterschiede ein.

Nehmen Sie den Auszug aus dem Depotgesetz zu Hilfe.

Gesetz über die Verwahrung und Anschaffung von Wertpapieren (Depotgesetz – DepotG) in der Fassung der Bekanntmachung vom 11. Januar 1995 (BGBl. I S. 34)

– Auszug –

§ 1 [Allgemeine Vorschriften]

(1) [...]

(2) Verwahrer im Sinne dieses Gesetzes ist, wem im Betrieb seines Gewerbes Wertpapiere unverschlossen zur Verwahrung anvertraut werden.

(3) [...]

1. Abschnitt. Verwahrung

§ 2 [Sonderverwahrung]

Der Verwahrer ist verpflichtet, die Wertpapiere unter äußerlich erkennbarer Bezeichnung jedes Hinterlegers gesondert von seinen eigenen Beständen und von denen Dritter aufzubewahren, wenn es sich um Wertpapiere handelt, die nicht zur Sammelverwahrung durch eine Wertpapiersammelbank zugelassen sind, oder wenn der Hinterleger die gesonderte Aufbewahrung verlangt. Etwaige Rechte und Pflichten des Verwahrers, für den Hinterleger Verfügungen oder Verwaltungshandlungen vorzunehmen, werden dadurch nicht berührt.

§ 3 [Drittverwahrung]

(1) Der Verwahrer ist berechtigt, die Wertpapiere unter seinem Namen einem anderen Verwahrer zur Verwahrung anzuvertrauen. Zweigstellen eines Verwahrers gelten sowohl untereinander als auch in ihrem Verhältnis zur Hauptstelle als verschiedene Verwahrer im Sinne dieser Vorschrift.

(2) Der Verwahrer, der Wertpapiere von einem anderen Verwahrer verwahren lässt (Zwischenverwahrer), haftet für ein Verschulden des Drittverwahrers wie für eigenes Verschulden. Für die Beobachtung der erforderlichen Sorgfalt bei der Auswahl des Drittverwahrers bleibt er auch dann verantwortlich, wenn ihm die Haftung für ein Verschulden des Drittverwahrers durch Vertrag erlassen worden ist, es sei denn, dass die Papiere auf ausdrückliche Weisung des Hinterlegers bei einem bestimmten Drittverwahrer verwahrt werden.

§ 5 [Sammelverwahrung]

(1) Der Verwahrer darf vertretbare Wertpapiere, die zur Sammelverwahrung durch eine Wertpapiersammelbank zugelassen sind, dieser zur Sammelverwahrung anvertrauen, es sei denn, der Hinterleger hat nach § 2 Satz 1 die gesonderte Aufbewahrung der Wertpapiere verlangt. Anstelle der Sammelverwahrung durch eine Wertpapiersammelbank darf der Verwahrer die Wertpapiere ungetrennt von seinen Beständen derselben Art oder von solchen Dritter selbst aufbewahren oder einem Dritten zur Sammelverwahrung anvertrauen, wenn der Hinterleger ihn dazu ausdrücklich und schriftlich ermächtigt hat. Die Ermächtigung darf weder in Geschäftsbedingungen des Verwahrers enthalten sein noch auf andere Urkunden verweisen, sie muss für jedes Verwahrungsgeschäft besonders erteilt werden.

(2)–(4) [...]

§ 6 [Miteigentum am Sammelbestand. Verwaltungsbefugnis des Verwahrers bei der Sammelverwahrung]

(1) Werden Wertpapiere in Sammelverwahrung genommen, so entsteht mit dem Zeitpunkt des Eingangs beim Sammelverwahrer für die bisherigen Eigentümer Miteigentum nach Bruchteilen an den zum Sammelbestand des Verwahrers gehörenden Wertpapieren derselben Art. Für die Bestimmung des Bruchteils ist der Wertpapiernennbetrag maßgebend, bei Wertpapieren ohne Nennbetrag die Stückzahl.

(2) [...]

(3) [...]

§ 7 [Auslieferungsansprüche des Hinterlegers bei der Sammelverwahrung]

(1) Der Hinterleger kann im Falle der Sammelverwahrung verlangen, dass ihm aus dem Sammelbestand Wertpapiere in Höhe des Nennbetrages, bei Wertpapieren ohne Nennbetrag in Höhe der Stückzahl der für ihn in Verwahrung genommenen Wertpapiere ausgeliefert werden; die von ihm eingelieferten Stücke kann er nicht zurückfordern.

(2) [...]

2 Sie haben Lea Umberg die Drittverwahrung der Wertpapiere bei der Clearstream Banking AG erläutert. Geben Sie ihr an, welche Depotart von der Clearstream Banking AG für die sich in Drittverwahrung befindlichen Kunden-Wertpapiere geführt wird.

3 Informieren Sie die Kundin darüber, welche Arbeiten die Bank im Rahmen der Depotverwaltung für sie übernimmt.

4 Lea Umberg bittet um Auskunft darüber, welche Kosten (Gebühren) für sie im Rahmen der Verwahrung und Verwaltung der Wertpapiere anfallen.

Berechnen Sie für ihren Aktienbestand die Depotgebühren, die zum Ende des Jahres anfallen, anhand der abgedruckten Gebührentabelle (Kurs der DT. TELEKOM AG-Aktien: 17,37 EUR).

Gebührentabelle für das Depotgeschäft (Auszug)

Festverzinsliche Wertpapiere			
Sonderverwahrung	1 ‰ vom Nennwert	+ 19 % MwSt., mind. 13,00 EUR	+ 19 % MwSt. je Gattung
Sammelverwahrung	0,75 ‰ vom Nennwert	+ 19 % MwSt., mind. 13,00 EUR	+ 19 % MwSt. je Gattung
Aktien und Wandelschuldverschreibungen			
Sammelverwahrung	1 ‰ vom Kurswert	+ 19 % MwSt., mind. 13,00 EUR	+ 19 % MwSt. je Gattung

Fortsetzung der Situation:

Lea Umberg erhält im März 20.. die Einladungsunterlagen (Auszug) zur Hauptversammlung der Telekom AG zugesandt (siehe S. 86f.).

Aufgaben:

5 Die Kundin möchte wissen, warum sie die Einladungsunterlagen von der Telekom AG und nicht von ihrer Bank erhält.

6 Unterrichten Sie Lea Umberg über die Möglichkeiten der Stimmrechtsausübung.

7 Informieren Sie die Kundin, was sie tun muss, wenn Ihre Bank das Stimmrecht für sie ausüben soll.

Fortsetzung der Situation:

Lea Umberg hat mittlerweile auch Südzucker AG-Aktien (WKN: 729700; ISIN: DE0007297004) in ihrem Depot.

Zur bevorstehenden Hauptversammlung dieser Gesellschaft sendet die Bank der Kundin ein Merkblatt zu (siehe S. 88):

Aufgaben:

8 Um welche Aktien handelt es sich bei der Südzucker AG?

9 Welche Unterlagen übersendet das Kreditinstitut, wenn es Lea Umberg über die bevorstehende Hauptversammlung unterrichten wird?

10 Lea Umberg wünscht nicht, dass ihr Name in der Hauptversammlung genannt wird. Wie übt das Kreditinstitut das Stimmrecht der Kundin aus?

ERLEBEN, WAS VERBINDET.

ANMELDEBOGEN

zur Hauptversammlung der
Deutschen Telekom AG am 26. März 20..
für nebenstehende Aktionärsnummer.

Aktionärsnummer: 25911092
Derzeitiger Aktienbestand: 1.000

Bitte mit blauem Kugelschreiber ausfüllen!

Senden Sie – außer im Fall von 3b – Ihren ausgefüllten Anmeldebogen und ggf. Stimmabgabe- und Weisungsbogen bis spätestens 23. März 20.. (Zugang bei uns) im beiliegenden Antwortumschlag zurück oder nutzen Sie den Internetdialog: www.telekom.com/hv-service. Bitte beachten Sie die Postlaufzeiten auch für den Eingang der Eintrittskarte bei Ihnen!

8_1174291_002_00/E 0068341/P 000002o000002/0006816/1;2;3.

1 EINTRITTSKARTENBESTELLUNG (Eintrittskarte gilt nicht als Fahrausweis)

UM WARTEZEITEN ZU VERMEIDEN, **REISEN SIE BITTE FRÜHZEITIG AN!**

☐ **1a Eintrittskartenbestellung für eingetragene Aktionäre**
Ich/Wir komme(n) selbst zur Hauptversammlung.
(Im Aktienregister eingetragene Personengemeinschaften erhalten nach Anmeldung automatisch zwei Eintrittskarten zugesandt.)

☐ **1b Eintrittskartenbestellung für Bevollmächtigte**
Ich/Wir bevollmächtige(n) folgende Person, mich/uns in der Hauptversammlung der Deutschen Telekom AG am 26. März 20.. zu vertreten und dort das Stimmrecht für mich/uns auszuüben. Diese Vollmacht schließt das Recht zur Unterbevollmächtigung ein. Bitte senden Sie die Eintrittskarte an:

Name und Vorname des Bevollmächtigten

Straße und Hausnummer oder Postfach des Bevollmächtigten oder abweichende Versandadresse

Postleitzahl — Wohnort, ggf. Land

2 BRIEFWAHL

☐ Ich/Wir stimme(n) per Briefwahl wie umseitig angegeben ab.

Bitte zur Stimmabgabe oder Weisungserteilung wenden.

3 VOLLMACHT UND WEISUNG

☐ **3a Vollmacht und Weisung an die Stimmrechtsvertreter der Gesellschaft**
Ich/Wir bevollmächtige(n) hiermit Renate Pohler, Bonn, und Hartmut Krohn, Bonn, jeweils einzeln, mich/uns in der Hauptversammlung der Deutschen Telekom AG am 26. März 20.. zu vertreten und das Stimmrecht für mich/uns gemäß meinen/unseren umseitig erteilten Weisungen ohne Offenlegung meines Namens/unserer Namen auszuüben. Diese Vollmacht schließt das Recht zur Unterbevollmächtigung ein.

☐ **3b Vollmacht und ggf. Weisung an Intermediär, Aktionärsvereinigung oder Stimmrechtsberater**
Ich/Wir bevollmächtige(n) den nachfolgend genannten Intermediär, die nachfolgend genannte Aktionärsvereinigung bzw. den nachfolgend genannten Stimmrechtsberater, im Sinne von § 134a Abs. 1 Nr. 3, Abs. 2 Nr. 3 AktG, mich/uns in der Hauptversammlung der Deutschen Telekom AG am 26. März 20.. zu vertreten und das Stimmrecht für mich/uns ohne Offenlegung meines Namens/unserer Namen – ggf. gemäß meinen/unseren umseitig erteilten Weisungen – auszuüben. Diese Vollmacht schließt das Recht zur Unterbevollmächtigung ein. Soweit ich/wir umseitig keine Weisungen erteilt habe(n), soll das Stimmrecht gemäß den Abstimmungsvorschlägen des Intermediärs/der Aktionärsvereinigung/des Stimmrechtsberaters ausgeübt werden.

Name und Sitz des Intermediärs/der Aktionärsvereinigung/des Stimmrechtsberaters

Senden Sie diese Vollmacht – ggf. mit Weisungen – so rechtzeitig an den Intermediär bzw. die Aktionärsvereinigung oder den Stimmrechtsberater (im Sinne von § 134a Abs. 1 Nr. 3, Abs. 2 Nr. 3 AktG) Ihrer Wahl, dass diese die Anmeldung bis spätestens 23. März 20.. (Zugang bei uns) vornehmen kann. Bitte vergewissern Sie sich zuvor, ob und unter welchen Voraussetzungen der gewählte Intermediär oder Stimmrechtsberater bereit ist, Sie zu vertreten und Ihr Stimmrecht auszuüben. Sollte der gewählte Intermediär zur Vertretung meiner/unserer Stimmrechte nicht bereit sein, so bevollmächtige(n) ich/wir hiermit die unter 3a genannten Stimmrechtsvertreter zu den dort genannten Bedingungen, gemäß meiner/unserer umseitig erteilten Weisungen abzustimmen, sofern dieses Formular rechtzeitig an die Gesellschaft weitergeleitet wurde (ggf. diesen Satz streichen, wenn nicht gewünscht).

Falls von dem/den Aktionär(en) abweichend: Name(n) einschl. Vorname(n) des/der Erklärenden

Unterschrift(en) (wenn gewünscht)

Bitte wenden.

25911092

ERLEBEN, WAS VERBINDET.

ERLÄUTERUNGEN ZUR ANMELDUNG UND STIMMRECHTSAUSÜBUNG

Sie können sich zur Teilnahme an der Hauptversammlung bei der Gesellschaft auf folgenden bereitgestellten Wegen anmelden:
1) per Post mit beiliegendem Antwortumschlag an: **DTAG Hauptversammlung 20 . . c/o ADEUS Aktienregister-Service-GmbH, 20683 Hamburg**
2) per E-Mail unter **hv-service@telekom.de** oder
3) über den Internetdialog unter **http://www.telekom.com/hv-service**

Bitte verwenden Sie zur Anmeldung den beigefügten Anmeldebogen oder den Internetdialog. Ihr Stimmrecht in der Hauptversammlung können Sie selbst ausüben oder durch einen Bevollmächtigten Ihrer Wahl ausüben lassen. Ihre Stimme können Sie auch per Briefwahl bzw. Online-Briefwahl abgeben. Sie können Ihr Stimmrecht auch durch ein Kreditinstitut oder eine Aktionärsvereinigung ausüben lassen; beachten Sie in diesem Fall bitte, dass Sie bei Verwendung der vorliegenden Unterlagen diese dann rechtzeitig vor Anmeldeschluss an den Bevollmächtigten senden müssen, damit dieser die Anmeldung für Sie vornehmen kann. Wir bieten Ihnen insbesondere die Möglichkeit, von der Gesellschaft benannte **Stimmrechtsvertreter,** bei denen es sich um Mitarbeiter des Konzerns Deutsche Telekom handelt (im Folgenden „Stimmrechtsvertreter der Gesellschaft"), zur weisungsgebundenen Ausübung Ihres Stimmrechts zu bevollmächtigen.

ANMELDUNG PER INTERNETDIALOG ODER ONLINE-SERVICE
unter http://www.telekom.com/hv-service
Alle oben beschriebenen Anmeldevorgänge können auch komfortabel über den Internetdialog abgewickelt werden. Wir machen Ihnen zudem einen passwortgeschützten Online-Service zugänglich, mittels dessen Sie einem Kreditinstitut oder einer Aktionärsvereinigung, sofern es bzw. sie an diesem Online-Service teilnimmt, Vollmacht und ggf. Weisungen zur Ausübung Ihres Stimmrechts erteilen und dieses Institut bzw. diese Aktionärsvereinigung mit der Anmeldung zur Hauptversammlung beauftragen können. Ausführliche Informationen finden Sie unter: **http://www.telekom.com/hv-service.**

Für den Zugang zum Internetdialog und zum Online-Service benötigen Sie

Ihre Aktionärsnummer: 25911092

und das zugehörige Online-Passwort: 7653110898

MITMACHEN UND GEWINNEN!

STIMMABGABE- UND WEISUNGSBOGEN

25911092

Bitte ausfüllen, wenn Sie

- Briefwahl ausgewählt haben (Punkt 2 des Anmeldebogens),
- die von der Deutschen Telekom benannten Stimmrechtsvertreter ausgewählt haben (Punkt 3 a des Anmeldebogens),
- ein Kreditinstitut oder eine Aktionärsvereinigung bevollmächtigt haben (Punkt 3 b des Anmeldebogens) und konkrete Weisungen erteilen möchten.

Aufgrund maschineller Auswertung nur mit schwarzem oder blauem Stift innerhalb des Kästchens ankreuzen.
Individuelle Ergänzungen bzw. Streichungen des Formulartextes werden nicht berücksichtigt.

TAGESORDNUNGSPUNKTE 2 BIS 7

Eine Übersicht sowie die vollständige Bezeichnung der Tagesordnungspunkte und den Inhalt der Beschlussvorschläge der Verwaltung finden Sie in der Broschüre „Einladung zur Hauptversammlung". **Bezüglich der Beschlussvorschläge der Verwaltung zu den Tagesordnungspunkten 2 bis 7 stimme(n) ich/wir wie folgt bzw. weise(n) ich/wir an, wie folgt zu stimmen:**

	Ja	Nein	Enth.		Ja	Nein	Enth.		Ja	Nein	Enth.
TOP 2	☐	☐	☐	TOP 4*	☐	☐	☐	TOP 6	☐	☐	☐
TOP 3*	☐	☐	☐	TOP 5	☐	☐	☐	TOP 7	☐	☐	☐

* Sollte über die Entlastung der Mitglieder des Vorstands bzw. des Aufsichtsrats, deren Entlastung von der Verwaltung vorgeschlagen wird, im Wege der Einzelentlastung abgestimmt werden, gelten meine/unsere Stimmen einheitlich wie angekreuzt.

ZUSÄTZLICHE TAGESORDNUNGSPUNKTE AUF ANTRAG VON AKTIONÄREN – FALLS VORLIEGEND

Die vollständige Bezeichnung etwaiger zusätzlicher Tagesordnungspunkte und der Inhalt der zugehörigen Beschlussvorschläge der antragstellenden Aktionäre sowie etwaige Beschlussvorschläge der Verwaltung zu den zusätzlichen Tagesordnungspunkten ergeben sich ggf. aus einer Unterlage „Ergänzung der Tagesordnung", die der Einladung beiliegt oder ggf. separat versandt worden ist. **Bezüglich etwaiger Beschlussvorschläge, die Aktionäre zusammen mit einem Antrag auf Ergänzung der Tagesordnung zu den betreffenden zusätzlichen Tagesordnungspunkten gemacht haben, stimme(n) ich/wir wie folgt bzw. weise(n) ich/wir an, wie folgt zu stimmen:**

	Ja	Nein	Enth.		Ja	Nein	Enth.		Ja	Nein	Enth.		Ja	Nein	Enth.
TOP 8	☐	☐	☐	TOP 12	☐	☐	☐	TOP 16	☐	☐	☐	____	☐	☐	☐
TOP 9	☐	☐	☐	TOP 13	☐	☐	☐	TOP 17	☐	☐	☐	____	☐	☐	☐
TOP 10	☐	☐	☐	TOP 14	☐	☐	☐	TOP 18	☐	☐	☐	____	☐	☐	☐
TOP 11	☐	☐	☐	TOP 15	☐	☐	☐	TOP 19	☐	☐	☐	____	☐	☐	☐

Teilnahme an Hauptversammlung (HV) und Ausübung von Stimmrechten aus Ihren inländischen Aktien

– Auszug –

Sehr geehrte Kundin, sehr geehrter Kunde,

dem Besuch der Hauptversammlungen von Aktiengesellschaften kommt besondere Bedeutung zu.

Es geht um die Wahrnehmung Ihrer Rechte in Unternehmen, an denen Sie beteiligt sind. Üblicherweise findet einmal im Jahr eine Hauptversammlung statt und beschließt u. a. über die Verwendung des Bilanzgewinns (Dividende), Satzungsänderungen, Kapitalveränderungen, die Entlastung von Vorstand und Aufsichtsrat, Wahlvorschläge zum Aufsichtsrat. Andere wichtige Fragen, deren Entscheidung den Aktionären nach Aktiengesetz und Satzung übertragen ist, stehen ebenfalls zur Abstimmung an.

Um bei Beschlüssen Zufallsmehrheiten zu vermeiden, empfiehlt sich die Stimmrechtsausübung möglichst aller Aktionäre. Außerdem können sich Aktionäre bei einer Teilnahme unmittelbar über Lage und Entwicklung der Gesellschaft informieren.

1. Hinweise zu Inhaberaktien

Wahrnehmung Ihrer Rechte und Interessen – wie?

Persönliche Teilnahme: Wir empfehlen Ihnen an den Hauptversammlungen teilzunehmen und Ihre Stimmrechte persönlich auszuüben.

Bevollmächtigter: Sie können Ihre Rechte auch durch einen Bevollmächtigten (Aktionärsvereinigung, Verwandten, Bekannten usw.) wahrnehmen lassen.

Beauftragung Ihres Kreditinstitutes: Alternativ sind wir gern bereit, Ihre Stimmrechte zu ausgewählten inländischen Inhaberaktien auszuüben bzw. durch Weiter- oder Untervollmacht ausüben zu lassen. Einzelheiten zu diesen Inhaberaktien werden Ihnen von Ihrem Kreditinstitut gern erläutert.

Was müssen Sie tun, wenn

- Sie an der HV teilnehmen möchten oder Ihr Stimmrecht von einem Bevollmächtigten wahrnehmen lassen wollen?
  Bitte informieren Sie uns rechtzeitig, damit wir Ihnen oder Ihrem Bevollmächtigten eine Eintritts-/Stimmkarte besorgen können.
- wir Ihre Stimmrechte ausüben sollen?
  Wünschen Sie die Vertretung durch uns, benötigen wir von Ihnen eine schriftliche Vollmacht. Diese Vollmacht können Sie uns entweder von Fall zu Fall oder auf Dauer erteilen.
  Wir schlagen vor, uns eine Dauervollmacht zu erteilen. Falls Sie unserem Vorschlag folgen wollen, bitten wir Sie, das beiliegende Vollmachtsformular ausgefüllt an uns zurückzusenden.

Sind Sie durch eine Dauervollmacht gebunden?

Sie sind durch eine uns erteilte Dauervollmacht nicht gebunden. **Sie kann von Ihnen jederzeit widerrufen werden,** z. B. wenn Sie im Einzelfall Ihr Stimmrecht selbst ausüben oder durch einen persönlich Bevollmächtigten ausüben lassen wollen. Wir werden Sie jährlich auf Ihr Widerrufsrecht und die anderen Vertretungsmöglichkeiten hinweisen.

Wann machen wir von der Vollmacht Gebrauch?

Von Ihrer Vollmacht werden wir nur bei **inländischen Inhaberaktien** Gebrauch machen, wenn wir

- uns zur Ausübung der Stimmrechte anbieten, Ihnen einen Vorschlag für die Ausübung Ihres Stimmrechts mitteilen **und**
- Ihnen vor der jeweiligen Hauptversammlung die Unterlagen der Gesellschaft übermittelt haben.

Wir bitten um Ihr Verständnis, wenn wir im Einzelfall von Ihrer Vollmacht keinen Gebrauch machen. In diesen Fällen werden wir Sie informieren.

Unterrichtung über die bevorstehende HV – wie?

Wir unterrichten Sie über die bevorstehende Hauptversammlung inländischer Gesellschaften (nur Inhaberaktien) durch Übersendung folgender Unterlagen:

- Einladung zur Hauptversammlung mit Tagesordnung und Vorschlägen der Gesellschaft,
- Gegenanträge von Aktionären – sofern solche gestellt wurden – und gegebenenfalls Stellungnahmen der Gesellschaft,
- Vordruck für Ihre Eintrittskarten-Anforderung.

Wenn wir uns zur Ausübung Ihrer Stimmrechte anbieten, erhalten Sie ergänzend von uns

- ein allgemeines Anschreiben mit unserer Stimmrechtsempfehlung (sogenannter Weisungsvorschlag),
- einen Vollmachtsvordruck, sofern Sie keine Dauervollmacht erteilt haben,
- einen Weisungsvordruck, in dem Sie zu den einzelnen Tagesordnungspunkten Ihre Weisungen erteilen können.

Wir sind bemüht, Ihnen diese Unterlagen fristgerecht zur Verfügung zu stellen. Da wir aber keinen Einfluss auf die rechtzeitige Lieferung der Unterlagen der Aktiengesellschaften haben, kann es in Ausnahmefällen zu Verzögerungen kommen. Hierfür dürfen wir Sie um Verständnis bitten.

Müssen Sie Weisungen erteilen? Wie beachten wir Ihre etwaigen Weisungen?

Die Erteilung von Weisungen ist grundsätzlich nur erforderlich, wenn Ihr Stimmrecht abweichend von unserem Vorschlag ausgeübt werden soll oder wir in einem konkreten Fall, u. a. auch aufgrund gesetzlicher Bestimmungen, hierauf besonders hinweisen.

Wir werden Ihre Weisungen zur Stimmrechtsausübung beachten und hiervon nur abweichen, wenn kurz vor oder während der HV neue Gesichtspunkte bekannt werden, die zur Wahrnehmung Ihrer Interessen eine andere Beurteilung geboten erscheinen lassen. In diesem Fall werden Sie unter Angabe der Gründe von uns nachträglich unterrichtet.

Für den Fall der Stimmrechtsausübung durch uns sollten Sie noch wissen:

- In der Regel wünschen Depotkunden nicht, dass Ihre Namen in der HV genannt werden. Das beigefügte Vollmachtsformular sieht deshalb vor, dass Ihre Stimmrechte ohne Ihre Namensangabe („im Namen dessen, den es angeht") ausgeübt werden.
  Sofern personelle Verflechtungen zwischen der Gesellschaft und uns bestehen, werden wir Sie in konkreten Fällen informieren. Dies gilt auch bei einer Beteiligung unseres Hauses von mindestens 5 % bzw. wenn wir in den letzten fünf Jahren einem Konsortium angehört haben, das von der Gesellschaft Wertpapiere übernommen hat.
- Wir können von Ihrer Vollmacht insoweit keinen Gebrauch machen, wenn uns Umstände bekannt werden, die nach Gesetz oder Satzung der Stimmrechtsausübung entgegenstehen (z. B. bei der Entlastung des Vorstandes oder Aufsichtsrates, wenn Sie einem dieser Organe angehören). Falls ein solcher Umstand bei Ihnen vorliegt, bitten wir Sie, uns diesen mitzuteilen.

2. Hinweise zu Namensaktien

...

Mit freundlichen Grüßen
Ihr Kreditinstitut

11 Über besondere Finanzinstrumente und Finanzderivate beraten und deren Chancen und Risiken dem Kunden darstellen

Situation 1: Wandel-/Optionsanleihe

Lernbuch Kap. 16.1

Der vermögende Kunde Christian Halfer besitzt Namensaktien der WABE-Umwelttechnik AG, die im Depot bei Ihrer Bank verwahrt werden. Er hat von der WABE-Umwelttechnik AG ein Angebot zum Bezug von Wandelschuldverschreibungen erhalten.

Aufforderung zum Bezug der Wandelanleihe der WABE-Umwelttechnik AG

Die Hauptversammlung unserer Gesellschaft hat die Ausgabe von 550 000 000,00 EUR Wandelschuldverschreibungen mit einer Verzinsung von 1,00 % p.a. beschlossen. Ein Bankenkonsortium hat die Wandelschuldverschreibungen mit der Verpflichtung übernommen, den Aktionären unserer Gesellschaft diese im Verhältnis 323 : 1 zum Kurs von 100,0 % zum Bezug anzubieten. Für je 323 Bezugsrechte kann eine Teilschuldverschreibung im Nennbetrag von 1.000,00 EUR zum Bezugskurs von 100,0 % bezogen werden.

Der Emissionserlös ist für Investitionen im Kerngeschäft vorgesehen und soll das weitere Wachstum des Unternehmens stärken.

Die Wandelanleihe hat folgende wesentliche Ausstattungsmerkmale:

Stückelung: 550 000 Wandelschuldverschreibungen zu 1 000,00 EUR.

Verzinsung: Die Wandelschuldverschreibungen sind ab dem 17. Juni 2021 mit 1,00 % jährlich zu verzinsen. Die erste Zinszahlung erfolgt am 17. Juni 2022, die letzte am 17. Juni 2026. Im Falle der Wandlung stehen dem Inhaber der Wandelschuldverschreibung Zinsen von dem der Wandlung unmittelbar vorausgehenden Zinszahlungstermin bis zum Tage der Wandlung zu.

Tilgung: Die am 17. Juni 2026 noch umlaufenden Wandelschuldverschreibungen werden an diesem Tage zum Nennbetrag zurückgezahlt.

Kündigung: In der Zeit vom 17. Juni 2023 bis 17. Mai 2026 kann die Gesellschaft die gesamten ausstehenden Wandelschuldverschreibungen zum Nennwert plus aufgelaufener Zinsen zurückzahlen, wenn der Aktienkurs über einen bestimmten Zeitpunkt hinweg 130 % über dem Wandlungspreis liegt.

Sicherstellung: Die Gesellschaft hat sich verpflichtet, während der gesamten Laufzeit der Anleihe ihren Grundbesitz in der Bundesrepublik Deutschland nicht zu belasten, es sei denn, dass die Belastung auch zugunsten der Gläubiger dieser Wandelschuldverschreibungen zu gleichen Rechten mit anderen Belastungen erfolgt.

Wandelrecht: Die Inhaber der Wandelschuldverschreibungen haben das unentziehbare Recht, ihre Stücke vom 1. Juli 2021 bis 28. Mai 2026 (Wandlungsfrist) in Aktien der Gesellschaft umzutauschen. Nom. 1 000,00 EUR Wandelschuldverschreibungen können ohne weitere Zuzahlung in 15,9128 Stückaktien der Gesellschaft gewandelt werden. Das entspricht einem Wandlungspreis von 62,84 EUR. Ein Bruchteil in Höhe von Stück 0, ... Aktien ist als Differenzbetrag in bar auszugleichen.

Dividendenberechtigung: Aktien, die aufgrund einer Wandlung hervorgegangen sind, sind für das gesamte Geschäftsjahr, in dem die Wandlungserklärung wirksam wird, dividendenberechtigt.

Bezugsfrist: 2. Juni 2021 bis 16. Juni 2021

Bezugsrechtshandel: 4. Juni 2021 bis 15. Juni 2021

Da der Kunde Halfer mit diesem Anlageprodukt noch keine Erfahrung gesammelt hat, bittet er um Auskunft. Beraten Sie ihn bei den von ihm gestellten Fragen. Nutzen Sie als Beratungshilfe den unten abgedruckten Informationstext.

Aufgaben:

1 Der Kunde wünscht über das Wesen einer Wandelanleihe informiert zu werden.

2 Herr Halfer möchte wissen, warum die WABE-Umwelttechnik AG Wandelschuldverschreibungen und nicht normale herkömmliche Schuldverschreibungen emittiert.
Nennen Sie dem Kunden Gründe.

3 Herr Halfer hat sich vor dem Anlagegespräch im Onlinebanking seine Depotwerte angesehen. Er zeigt sich überrascht, dass ihm Bezugsrechte der WABE-Umwelttechnik AG gutgeschrieben wurden.
Erklären Sie dem Kunden den Sachverhalt.

4 Informieren Sie den Kunden

a) über die Rechte,

b) über die Chancen und Risiken,

die mit dem Besitz der Wandelschuldverschreibungen verbunden sind.

Erklären Sie ihm auch die Faktoren, von denen die Wertentwicklung der Wandelschuldverschreibungen abhängig ist.

5 Herr Halfer möchte wissen, in welcher Weise sichergestellt ist, dass genügend Aktien im Wandlungsfalle vorhanden sind. Informieren Sie ihn über die entsprechende Maßnahme und berechnen Sie deren Höhe. (Eine Aktie hat einen rechnerischen Anteil am Grundkapital von 2,5564594 EUR.)

6 Der Kunde Halfer fragt, wie viel Aktien er besitzen muss, um durch den Erwerb von Wandelschuldverschreibungen ohne Zukauf von Bezugsrechten später 200 junge Aktien eintauschen zu können.

7 Herr Halfer besitzt 3230 Stück Namensaktien der WABE-Umwelttechnik AG. Er entschließt sich, am 9. Juni 2021 (Mittwoch) seine Bezugsrechte auszunutzen, um Wandelschuldverschreibungen der WABE-Umwelttechnik AG zu beziehen.

Ermitteln Sie, wie viel Wandelschuldverschreibungen er erhält und wie viel Euro er dafür aufwenden muss. Transaktionskosten fallen in Höhe von 0,5 % des Nennwertes (mindestens 27,50 EUR) an.

8 Während eines erneuten Besuchs in der Bank im Jahre 2022 möchte Herr Halfer von Ihnen wissen, wann die Wandlung der Wandelschuldverschreibungen der WABE-Umwelttechnik AG für ihn sinnvoll sein kann. Informieren Sie ihn.

9 Im Juni 2022 macht der Kunde Halfer von seinem Wandlungsrecht Gebrauch.

a) Wie viel Stück Aktien der WABE Umwelttechnik AG erhält er?

b) Wie hoch ist die Bruchteilsvergütung?

c) Die Aktie der WABE Umwelttechnik AG notiert am Wandlungstag bei 65,10 EUR.
Ermitteln Sie den Anlageerfolg, den der Kunde durch den Bezug der Aktien über die Ausübung des Wandlungsrechts erzielt hat (Transaktionskosten bleiben unberücksichtigt).

Auszug aus dem Handbuch für kundenzentriertes Bankmanagement:

Wandelanleihe/Wandelschuldverschreibungen

(Wandelobligation, Wandelschuldverschreibung, convertible bonds) Anleihe, die ein Umtauschrecht in Aktien der ausgebenden Gesellschaft verbrieft. Solange der Gläubiger von seinem Recht auf Wandlung keinen Gebrauch macht, hat er einen Anspruch auf Zinszahlungen und Tilgung. Mit der Wandlung erlischt das Forderungsrecht (Forderung) und der ehemalige Gläubiger wird Aktionär. Bei Ausgabe einer Wandelanleihe sind neben dem bei einer Industrieschuldverschreibung üblichen Komponenten (Laufzeit, Nominalzins, Zinstermin, Disagio, Besicherung etc.) das Wandlungsverhältnis, der Wandlungspreis, die Wandlungsfrist und ggf. eine erforderliche Zuzahlung festzulegen.

Das *Wandlungsverhältnis* legt fest, in wie viel Aktien der Anleger z. B. 1000,00 EUR Nennwert der Wandelanleihe umtauschen kann.

Der *Wandlungspreis* gibt an, zu welchem Preis der Anleger umtauschen kann.

Die *Wandlungsfrist* bestimmt den Zeitraum/die Zeiträume, innerhalb dessen/deren die Wandlung durchgeführt werden kann.

Da es sich bei Inanspruchnahme des Wandlungsrechts um eine Kapitalerhöhung handelt, müssen die Aktionäre der Gesellschaft der Ausgabe einer Wandelanleihe im Rahmen einer *bedingten Kapitalerhöhung* mit Dreiviertelmehrheit zustimmen. Die bedingte Kapitalerhöhung soll sicherstellen, dass die Gläubiger von Wandelschuldverschreibungen ihr Wandlungsrecht ausüben können.

Beispiel „Bedingtes Kapital für eine Wandelanleihe"

Eine Aktiengesellschaft hat eine Wandelanleihe in einer Gesamthöhe von 10 Mio. EUR Nennwert (10000 Stück zu 1000,00 EUR Nennwert) begeben. Die Wandelanleihe ermächtigt die Anleihegläubiger, innerhalb einer bestimmten Frist für eine Anleihe im Nennwert von 1000,00 EUR jeweils 20 nennwertlose Stückaktien der Gesellschaft ohne Zuzahlung zu beziehen. Der rechnerische Anteil einer nennwertlosen Stückaktie am Grundkapital der AG beträgt 1,00 EUR.

1 Wandelschuldverschreibung im Nennwert von jeweils 1000,00 EUR berechtigt zum Bezug von 20 nennwertlosen Stückaktien. 10000 Wandelschuldverschreibungen im Nennwert von jeweils 1000,00 EUR berechtigen zum Bezug von 200000 nennwertlosen Stückaktien, das entspricht bei einem rechnerischen Anteil einer nennwertlosen Stückaktie von 1,00 EUR am Grundkapital der AG einer Kapitalerhöhung von 200000,00 EUR. Wenn alle Anleihegläubiger (Obligationäre) von ihrem Wandlungsrecht Gebrauch machen, erhöht sich das Grundkapital der AG um 200000,00 EUR. Die Aktiengesellschaft muss eine bedingte Kapitalerhöhung von 200000,00 EUR beschließen. Letztlich wird das Grundkapital aber nur insoweit erhöht, wie die Anleihegläubiger von ihrem Wandlungsrecht Gebrauch machen.

Wie bei jeder Art der Kapitalerhöhung haben die Aktionäre auch bei einer bedingten Kapitalerhöhung ein *gesetzliches Bezugsrecht.* Es ist ein Vorkaufsrecht der Altaktionäre und schützt sie vor einer Verminderung ihrer Beteiligungs-/Stimmrechtsquote bzw. vor einer Minderung des Wertes ihrer Beteiligung, wenn sich das Grundkapital erhöht.

Besonders in angespannten Kapitalmarktsituationen, in Krisenzeiten, bei Konjunkturflauten, bei kritischer Beurteilung des Unternehmens und/oder seiner Produktion entscheiden sich Unternehmen häufig für die Emission einer Wandelanleihe, um zusätzliche Anreize bei den Anlegern zu schaffen. Durch die Wandelanleihe kann sich das Unternehmen kostengünstig zu einem in der Regel vergleichsweise niedrigen Zinssatz Fremdkapital beschaffen. Die Anleihegläubiger werden durch das Wandlungsrecht für den niedrigen Zinssatz entschädigt. Bis die Anleihegläubiger das Wandlungsrecht ausüben, wird die Anleihe im Fremdkapital verbucht, was durch die erhöhten Zinsaufwendungen zu einem verminderten Steueraufwand führt. Entscheidet sich der Anleger zum Wandel, so muss das Unternehmen keine Tilgungsleistungen erbringen und das Fremdkapital wandelt sich in Eigenkapital. Die Eigenkapitalbasis des Unternehmens wird gestärkt. Nachteile für den Emittenten einer Wandelanleihe liegen in der Ungewissheit über die eigentliche Höhe der Kapitalerhöhung und darin, dass Aktien im Falle der Wandlung zu einem Kurs ausgegeben werden müssen, der weit unter dem Kurs liegt, zu dem am Markt gehandelt wird.

Der Anleger hat bei Nichtwandlung Anspruch auf Rückzahlung des Nennbetrags neben einer festen Verzinsung. Kursverluste der Wandelanleihe sind für ihn im Allgemeinen durch den Rückzahlungsanspruch zum Nennwert abgesichert. Wenn der Kurswert der Aktien zum Umtauschzeitpunkt entsprechend hoch ist, kann er einen Umtauschgewinn erzielen und zu günstigen Konditionen Aktionär werden.

Quelle: In Anlehnung an: www.welt-der-bwl.de; www.wirtschaftslexikon24.com; www.boersennews.de/lexikon

Fortsetzung der Situation:

Die Bank verwahrt für Christian Halfer auch Aktien der SODUKO AG. Die Gesellschaft unterbreitet ihren Aktionären das folgende Bezugsangebot:

SODUKO

AKTIENGESELLSCHAFT Berlin

Angebot zum Bezug von
0,80 % Inhaber-Optionsschuldverschreibungen von 2022/2027
(Auszug)

Die außerordentliche Hauptversammlung vom 13. Dezember 2021 hat unter anderem die Ermächtigung zur Ausgabe von Inhaber-Optionsschuldverschreibungen (auch die „Optionsanleihe“) im Gesamtnennbetrag von bis zu EUR 10.000.000,00, verbunden mit einer bedingten Kapitalerhöhung in Höhe von ..., erteilt.

Der Vorstand hat am 15. Januar 2022 mit Zustimmung des Aufsichtsrats am gleichen Tag beschlossen, von der Ermächtigung in § 4 Abs. 3 der Satzung in Verbindung mit der Ermächtigung durch die außerordentliche Hauptversammlung vom 13. Dezember 2021 Gebrauch zu machen und eine Optionsanleihe im Gesamtnennbetrag von bis zu EUR 10.000.000,00, die zum Bezug von insgesamt Stück 1.000.000 Aktien mit einem rechnerischen Nennbetrag von EUR 6,00 je Aktie berechtigen, auszugeben.

Die Aktionäre der SODUKO Aktiengesellschaft haben ein Bezugsrecht und können für Stück 475 auf den Inhaber lautende Stückaktien nom. EUR 1.000,00 Inhaber-Optionsschuldverschreibungen zum Kurs von 102,875 % beziehen. ...

Die Bankgesellschaft Berlin AG hat sich verpflichtet, die bis zu EUR 10.000.000,00 Inhaber-Optionsschuldverschreibungen den Aktionären ... im o. g. Bezugsverhältnis zum Bezug anzubieten.

Ausstattung der Inhaber-Optionsschuldverschreibungen

Stückelung:	Die Optionsanleihe ist eingeteilt in unter sich gleichberechtigte, auf den Inhaber lautende Teilschuldverschreibungen im Nennbetrag von je EUR 1.000,00.
Optionsscheine:	Jeder Teilschuldverschreibung im Nennbetrag von EUR 1.000,00 sind 100 Inhaber-Optionsscheine mit Berechtigung zum Bezug von einer Inhaberaktie der SODUKO Aktiengesellschaft je Optionsschein beigefügt.
Verzinsung:	Die Teilschuldverschreibungen werden vom 14. März 2022 an mit 0,80 % jährlich verzinst. Die Zinsen sind jeweils nachträglich am 14. März der Jahre 2023 bis 2027 fällig. Der Zinslauf der Teilschuldverschreibungen endet mit dem Ablauf des Tages, der dem Fälligkeitstag vorangeht.
Bezugskurs:	102,875 %
Tilgung:	Die Anleiheschuldnerin ist verpflichtet, die Teilschuldverschreibungen am 14. März 2027 zum Nennbetrag zurückzuzahlen.
Kündigung:	Ein ordentliches Kündigungsrecht besteht weder für die Anleiheschuldnerin noch für die Inhaber der Teilschuldverschreibungen.
Besicherung:	Es besteht die Verpflichtung, die Anleihegläubiger mindestens gleichrangig zu besichern, wenn für andere Kredite Sicherheiten bestellt werden.
Bedingtes Kapital:	Zur Sicherung des Optionsrechts besteht ein bedingtes Kapital in Höhe von ...
Optionsrecht:	Jeder Inhaber-Optionsschein 2022/2027 (der „Optionsschein") berechtigt nach Maßgabe des § 2 der Optionsbedingungen zum Bezug von jeweils einer auf den Inhaber lautenden Stückaktie der SODUKO Aktiengesellschaft zum Optionspreis von EUR 10,00 je Aktie mit einem rechnerischen Nennbetrag von EUR 6,00. Aktien, die aufgrund des Optionsrechts bezogen werden, sind für das Geschäftsjahr der SODUKO Aktiengesellschaft dividendenberechtigt, in dem die Optionserklärung wirksam wird. ...
Optionsfrist:	Das Optionsrecht kann vom 21. März 2022 bis zum 24. Februar 2027 (einschließlich) ausgeübt werden. Ausgenommen sind jedoch einige technisch bedingte, in § 2 Absatz (1) der Optionsbedingungen festgelegte Zeiträume.
Verwässerungsschutz:	Durch ggf. Ermäßigung des Optionspreises oder Einräumung eines Bezugsrechts für Optionsscheininhaber gemäß § 5 der Optionsbedingungen wird der Verwässerungsschutz gewährleistet.
Wertpapierkennnummern:	321622 Teilschuldverschreibungen mit Optionsscheinen 321623 Teilschuldverschreibungen ohne Optionsscheine 321624 Optionsscheine

Bezugsangebot

Nachdem die bedingte Kapitalerhöhung am 24. Januar 2022 in das Handelsregister des Amtsgerichts Charlottenburg eingetragen worden ist, bitten wir unsere Aktionäre ... ihr Bezugsrecht in der Zeit vom

21. Februar bis zum 4. März 2022 einschließlich

über ihre jeweilige Depotbank auszuüben.

Der Bezugspreis ist bei Ausübung des Bezugsrechts, spätestens jedoch am 14. März 2022, zu zahlen.

Die Bezugsrechte werden in der Zeit vom 21. Februar bis 2. März 2022 einschließlich an der Frankfurter Wertpapierbörse gehandelt. [...]

Für den Bezug wird die übliche Bankenprovision berechnet. Die Teilschuldverschreibungen und die Optionsscheine sind in Globalurkunden verbrieft, die bei der Clearstream Banking AG, Frankfurt am Main, hinterlegt sind. Die Erwerber erhalten Gutschrift auf Girosammeldepot. Der Ausdruck von Einzelurkunden ist für die gesamte Laufzeit ausgeschlossen.

Die Teilschuldverschreibungen einschließlich der Optionsscheine sind zum Börsenhandel [...] an der Frankfurter Wertpapierbörse zugelassen. Das bedingte Kapital zur Sicherung der Optionsrechte ist zum Börsenhandel [...] an der Frankfurter Wertpapierbörse zugelassen. ...

Die vollständigen Anleihe- und Optionsbedingungen sind in dem Börsenzulassungsprospekt enthalten.

Berlin, 15. Februar 2022

Der Vorstand

Aufgaben:

10 Der Kunde Christian Halfer besitzt 495 Stückaktien dieser Gesellschaft. Er hat das Bezugsangebot bekommen und bittet Sie um Beratung.

Erklären Sie dem Kunden den grundsätzlichen Unterschied zwischen Wandelschuldverschreibungen und Optionsanleihen.

11 Erklären Sie zwei Motive, die die Soduko AG veranlasst haben könnten, eine Optionsanleihe aufzulegen und zurzeit keine Aktienemission durchzuführen.

12 Über welchen EUR-Betrag lautet die bedingte Kapitalerhöhung der AG?

13 Stellen Sie für das Beratungsgespräch die Merkmale der Optionsanleihe mithilfe der folgenden Tabelle zusammen:

Bezugsverhältnis für Optionsschuldverschreibungen	
Bezugsrechtshandel vom .... bis	
Stückelung	
Verzinsung	
Erste Zinszahlung	
Ausgabekurs	
Laufzeit	
Rückzahlung	
Optionsrecht ausübbar in der Zeit vom .... bis	
Optionspreis (Basispreis)	

14 Der Kunde Christian Halfer hat ein gesetzliches Bezugsrecht auf die Optionsanleihe. Erklären Sie dem Kunden den Grund für die Einräumung des Bezugsrechts im deutschen Aktienrecht.

15 Der Kunde Christian Halfer steht vor der Entscheidung, entweder seine gesamten Bezugsrechte zu verkaufen oder unter Zukauf weiterer Bezugsrechte die Optionsanleihe der AG zu beziehen.

a) Wie hoch ist der Verkaufserlös, wenn der Kunde seine gesamten Bezugsrechte veräußert? (Börsenkurs des Bezugsrechts 5,95 EUR, Entgelte und Abgeltungsteuer bleiben unberücksichtigt.)

b) ba) Wie viel Bezugsrechte muss der Kunde hinzukaufen, um den nächsten realisierbaren Nennbetrag der Optionsanleihe zu erhalten?

bb) Berechnen Sie ohne Berücksichtigung von Stückzinsen und Entgelten den Betrag in EUR, mit dem das Konto des Kunden belastet wird, wenn der Kunde den nächsten realisierbaren Nennbetrag der Optionsanleihe bezieht.

bc) Wie viel Optionsscheine erhält der Kunde aufgrund des Bezugs? Wie viel Aktien kann er aufgrund dieser Optionsscheine erwerben?

bd) Berechnen Sie ohne Berücksichtigung von Entgelten den Betrag in EUR, den Herr Halfer für den Bezug der Aktien bei Ausübung aller Optionsrechte aufbringen müsste.

c) Wann kann dem Kunden grundsätzlich der Bezug der Optionsanleihe empfohlen werden?

Lernbuch Kap. 16.3

Situation 2: Optionsscheine

Der Kunde Norbert Stens hat in einer Werbeanzeige einer Aktiengesellschaft von der Ausgabe von Optionsscheinen gelesen. Obwohl er mit diesen Wertpapieren noch keine Erfahrung gemacht hat, ist er an deren Erwerb interessiert.

Sie führen mit dem Kunden eine anleger- und objektgerechte Beratung durch.

Aufgaben:

1 Nennen Sie wichtige Inhalte Ihres Beratungsgesprächs.

2 Verdeutlichen Sie dem Kunden das Recht, das er mit dem Kauf eines Optionsscheins erwirbt.

3 Nennen Sie ihm die Werte, auf die mithilfe von Optionsscheinen spekuliert werden kann.

4 Erläutern Sie Herrn Stens den Unterschied zwischen traditionellen Optionsscheinen und nackten Optionsscheinen (naked warrants).

5 Geben Sie dem Kunden Vor- und Nachteile des Erwerbs von Optionsscheinen an.
Gehen Sie dabei auch auf die speziellen Risiken von Optionsscheinen ein.

Fortsetzung der Situation:

Sie erläutern dem Kunden die traditionellen Optionsscheine anhand einer Abbildung aus einem Wertpapierprospekt (siehe S. 95).

Aufgaben:

6 Erklären Sie Herrn Stens, warum sich bei einer Optionsanleihe drei unterschiedliche Kursnotierungen ergeben können. Nehmen Sie den Auszug aus dem Handelsblatt zu Hilfe.

OPTIONSANLEIHEN

Warum Optionsanleihen drei Notierungen haben

Eine Optionsanleihe besteht aus zwei unterschiedlichen Komponenten: Die erste Komponente ist eine normale Unternehmensanleihe. Diese hat ein Fälligkeitsdatum, an welchem dem Besitzer der Anleihe der Nennwert sowie ein Zinskupon zurückgezahlt wird. Letzterer gibt an, wie viel Prozent des Nennbetrags der Anleger jährlich als Zinszahlung erhält. Die zweite Komponente der Optionsanleihe sind ein oder mehrere Call-Optionsscheine. Diese geben dem Besitzer das Recht, zu einem bestimmten Preis Aktien des Unternehmens zu kaufen, welches die Optionsanleihe ausgegeben hat. Wenn die Aktie steigt, dann steigen auch die Optionsscheine. Die beiden Komponenten der Optionsanleihe kann der Besitzer voneinander trennen – manche Optionsanleihen haben allerdings eine „Schonfrist“, vor deren Ablauf nicht getrennt werden darf. Diese ist jedoch in der Regel recht kurz. Hängen die Warrants[1] noch an der Optionsanleihe, spricht man von einer „Anleihe cum“. Wurden die Warrants abgetrennt, spricht man von einer „Anleihe ex“. Sowohl für Anleihe cum als auch für die Anleihe ex und die Optionsscheine gibt es jeweils eine eigene Wertpapierkennnummer (WKN).

Quelle: Handelsblatt.

7 Geben Sie dem Kunden an, wie viel Innova-Aktien aufgrund dieses Optionsscheins bezogen werden können.

1 Optionsscheine

1 Inhaber-Optionsschein[1] WKN 234 567 auf 1 Aktie

1 Aktie

INNOVA

Ein Inhaber-Optionsschein

Ausgegeben mit einer
Inhaber-Teilschuldverschreibung im Nennbetrag von € 1000,–
der 1,65 % EURO-Optionsanleihe von 20../20..

Die INNOVA Aktiengesellschaft verpflichtet sich hiermit,
dem Inhaber dieses Optionsscheines
1 Stückaktie der INNOVA Aktiengesellschaft,
Berlin und Hannover, gemäß den umseitig
abgedruckten Optionsbedingungen
zu verschaffen.

Berlin, im März 20..

INNOVA Aktiengesellschaft

Der Vorstand

Kontrollunterschrift

Ab dem 15. April 20.. kann dieser Optionsschein von der Optionsschuldverschreibung abgesondert und von diesem Tag an getrennt übertragen werden.

8 Verdeutlichen Sie Herrn Stens, wodurch der Kurs dieses Optionsscheins bestimmt wird.

9 Sie machen den Kunden mit den Begriffen „rechnerischer Wert" und „Aufgeld" vertraut und ziehen dazu die Angaben über den Innova-Optionsschein aus dem Kurszettel heran.

Options-schein	Kurs Optionsschein		Options-(Bezugs-) verhältnis	Options-preis je Aktie (Basispreis)	Kurs Aktie	Agio	Hebel
	05.06.20..	Vortag					
Innova von 20.. bis 20..	215	213	1:1	166,00	366,00		

a) Ermitteln Sie den rechnerischen Wert des Optionsscheins am 05.06.20.. aufgrund des Optionspreises und des Börsenkurses der Aktie.

b) Mit welchem Agio (Aufgeld) wird der Optionsschein am 05.06.20.. gehandelt?

c) Berechnen Sie den Preis einer Innova-Aktie, wenn sie am 05.06.20.. über den Optionsschein erworben würde.

d) Berechnen Sie das Agio (Aufgeld) in Prozent des Börsenkurses der Aktie.

e) Wovon hängt die Höhe des Aufgeldes ab?

1 Bei der abgebildeten Urkunde handelt es sich um ein historisches Wertpapier, dessen Druck so nicht mehr möglich ist. Die Urkunde dient hier lediglich der besseren Anschauung.

Fortsetzung der Situation:

Sie erklären Herrn Stens, dass der Börsenkurs des Optionsscheins naturgemäß den Veränderungen des Börsenkurses der Aktie folgt. Steigt der Kurs der Aktie, so steigt der Kurs des Optionsscheins um denselben Betrag. Der geringere Kapitaleinsatz beim Erwerb des Optionsscheins bewirkt jedoch, dass die Veränderung des Kurses für den Schein prozentual höher ausfällt als die sie bewirkende Veränderung des Börsenkurses der Aktie. Diesen Effekt nennt man Leverage-Effekt oder auch Hebelwirkung.

Aufgaben:

10 Berechnen Sie aus den Angaben der Aufgabe 9 den Hebel (Leverage-Faktor) des Innova-Optionsscheins.

11 Errechnen Sie die prozentuale Steigerung, wenn sich der Kurs der Innova-Aktie von 366 auf 380 verändert und bestimmen Sie anhand des Hebels die daraus resultierende Steigerung des Optionsscheinkurses in Prozent.

12 Erklären Sie dem Kunden die Gefahr, die in der Hebelwirkung liegt. Lesen Sie zuvor den nachfolgenden Artikel.

Die Gefahr liegt in der Hebelwirkung

Natürlich kostet auch der Optionsschein seinen Preis. Und dieser – ebenfalls an der Börse notierte – Wert ist umso höher, je größer die Kurssteigerungsphase für die betreffende Aktie in den nächsten Jahren ist. Neben dem geringen Kapitaleinsatz ist für den Anleger noch das Aufgeld von Bedeutung. Darunter versteht der Experte den Prozentsatz, um den der Bezug der Aktie mittels Optionsschein teurer kommt als deren direkter Kauf über die Börse. Das Risiko liegt auf der Hand: Steigt der Kurs einer Aktie um 50, dann müsste der Optionsschein etwa um denselben Wert anziehen. Da er aber bedeutend billiger zu haben ist als die Aktie, ist der prozentuale Anstieg ungleich höher. Je nach Ausstattung des Scheines bedeutet beispielsweise ein Kursgewinn der Aktie von zehn Prozent, dass der Schein um 25 % anzieht. Dieser Effekt, auch Hebelwirkung oder Leverage-Effekt genannt, gilt selbstverständlich auch bei einem entsprechenden Kursverlust – das macht diese Papiere so gefährlich.

Quelle: Entnommen: Bankkaufmann 12/87, „Zweistellige Verluste auf allen Märkten" (Auszug).

13 Herr Stens möchte wissen, was passiert, wenn der Optionsschein-Inhaber bis zum Ende der Optionsfrist von seinem Optionsrecht keinen Gebrauch gemacht hat.

Fortsetzung der Situation:

Der Kunde Norbert Stens hat sich mit den Begriffen „rechnerischer Wert", „Aufgeld" und „Hebel" vertraut gemacht. Sie verdeutlichen ihm die Begriffe nochmals anhand von Optionsscheinen („naked warrants"), die die Kundenbank AG emittiert hat und die zum Bezug von Aktien der Intex AG berechtigen.

Es gelten folgende Bedingungen:

- Options-(Bezugs-)verhältnis: 1 : 2
  Je zwei Optionsscheine berechtigen zum Bezug einer Intex-Aktie.[1]
- Basispreis: 180,00 EUR
- Restlaufzeit: zwei Jahre

aktueller Kurs der Intex-Aktie: 160,00 EUR

aktueller Kurs des Intex-Optionsscheins: 12,00 EUR

Aufgabe:

14 Berechnen Sie dem Kunden

a) den rechnerischen (inneren) Wert des Optionsscheins,

b) den Hebel,

c) das Aufgeld in EUR insgesamt und pro Optionsschein,

d) das Aufgeld in Prozent,

e) das Aufgeld in Prozent pro Jahr.

1 In der Literatur wird auch häufig für diesen Fall das Bezugsverhältnis mit 2 : 1 dargestellt.

Fortsetzung der Situation:

Sie sind im Rahmen Ihrer Anlageberatung Ihren Erkundungs- und Informationspflichten nachgekommen, haben die Eignung des Kunden für Termingeschäfte geprüft und den Kunden über deren Risiken informiert. Sie stellen fest, dass sich das Risiko der Anlage mit der Risikobereitschaft des Kunden deckt.

Herr Stens kauft am 02.01.20.. 1000 Stück Call-DAX-Optionsscheine zum Ausübungs-/Basispreis von 10800,00. Er übt die gesamte Option (1000 Stück) am 18.12. desselben Jahres aus. An diesem Tag wird ein Abwicklungsbetrag von 16000,00 (= Indexpunkte) festgestellt.

Optionsscheine auf den DAX

Emittent: Deutsche Bank AG, Frankfurt am Main

Bezugsobjekt: DAX 30-Index

Ausgabedatum: 2. Januar 20..

Valuta: 4. Januar 20..

Typ American Style	Ausübungspreis in EUR	Multiplikator	Verfalltag	Ausgabepreis (EUR) pro Optionsschein
Call	10800,00	0,010	18.12.20..	50,76
Call	11000,00	0,010	18.12.20..	48,51
Call	11100,00	0,010	18.12.20..	47,39
Put	18000,00	0,010	18.12.20..	28,87
Put	18250,00	0,010	18.12.20..	30,88
Put	18100,00	0,010	18.12.20..	29,66
...	...	...	...	...

Barausgleichsbetrag:
Im Fall von Typ Call: (Abwicklungsbetrag – Ausübungspreis) · Multiplikator
Im Fall von Typ Put: (Ausübungspreis – Abwicklungsbetrag) · Multiplikator
Abwicklungsbetrag: Der Erste am Bewertungstag an der jeweiligen Börse festgestellte und bekannt gegebene Schlusspreis des Bezugsobjekts.
Bewertungstag: Ausübungstag
Ausübungstag: Der Geschäftstag an dem die Optionsausübung in Übereinstimmung mit den Emissionsbedingungen wirksam wird.

Abwicklungswährung: EUR

Multiplikator: vgl. Tabelle

Verfalltag: vgl. Tabelle

Letzter Börsenhandelstag: 2 Geschäftstage vor dem Verfalltag

Kleinste handelbare Einheit: 1 Optionsschein

Mindestausübung: 100 gleiche Optionsscheine oder ein ganzzahliges Vielfaches davon

Aufgabe:

15 Ermitteln Sie den Nettogewinn in EUR, den Norbert Stens erzielt.
(Bankprovision bleibt unberücksichtigt.)

Lernbuch Kap. 16.5

Situation 3: Genussrechte

Der Kunde Max Reichelt hat im Internet das folgende Angebot der Tübinger Bio-Bauernmilch GmbH gelesen. Da ihm die Anlageform „Genussrechte" noch unbekannt ist, bittet er Sie um Auskunft. Er hat mit Ihnen einen Beratungstermin vereinbart. Der Kunde kann zurzeit etwa 5 000,00 EUR anlegen.

Genussrechte der Tübinger Bio-Bauernmilch GmbH

Sichern Sie sich aktuell 3,0 % Zinsen p. a.

Genussrechtsbedingungen (Auszug):

Vorbemerkung: Die Tübinger Bio-Bauernmilch GmbH hat in der Gesellschafterversammlung vom 27. 07. 20 . . beschlossen, zur Stärkung der Kapitalbasis 100 000 Genussrechte gegen Einzahlung eines Genussrechtskapitals von 100 000,00 EUR zu nachstehenden Bedingungen auszugeben.

Genussrechtskapital: Die Tübinger Bio-Bauernmilch GmbH gewährt gegen Einzahlung von Genussrechtskapital in Höhe von bis zu 100 000,00 EUR untereinander gleichberechtigte Genussrechte im Wert von jeweils 1,00 EUR. Die Genussrechte werden in Paketen von jeweils 500 Stück ausgegeben. Die Mindestanzahl beträgt 500 Stück. Die Genussrechte werden im Genussrechtsregister der Tübinger Bio-Bauernmilch GmbH geführt. Sie werden nicht verbrieft wie Genussscheine, die auf Wertpapierbasis ausgegeben werden.

Gewinnbeteiligung: Die eingezahlten Genussrechte werden jährlich mit einer Ausschüttung aus dem auf die Genussrechte entfallenden Gewinnanteil verzinst. Die Grundverzinsung beträgt 3 % p. a. Durch die Verzinsung darf sich kein Jahresfehlbetrag ergeben. Reicht der Jahresüberschuss zur Zahlung nicht oder nicht vollständig aus, so vermindert sich der auf die jeweiligen Genussrechte entfallende Ausschüttungsbetrag entsprechend. Für nicht bediente Verzinsungsansprüche besteht ein Nachzahlungsanspruch aus den Jahresüberschüssen der nachfolgenden Geschäftsjahre im Rahmen der Laufzeit der Genussrechte.

Verlustbeteiligung: Das Genussrechtskapital ist an einem Verlust der Tübinger Bio-Bauernmilch GmbH im gleichen Verhältnis wie das Stammkapital beteiligt. Ein Verlust reduziert das Genussrechtskapital. Werden nach einer Teilnahme des Genussrechtskapitals am Verlust in den folgenden Geschäftsjahren während der Laufzeit der Genussrechte Jahresüberschüsse erzielt, so ist aus diesen das Genussrechtskapital bis zum Nennbetrag wieder zu erhöhen, bevor eine anderweitige Gewinnverwendung vorgenommen wird.

Laufzeit, Rückzahlung, Kündigung: Die Laufzeit der Genussrechte ist unbestimmt. Eine Kündigung ist frühestens zum Ende des 7. vollen Kalenderjahres möglich. Wird nicht gekündigt, verlängert sich die Laufzeit jeweils um ein Kalenderjahr. Die Kündigungsfrist beträgt ein Jahr. Die Rückzahlung der wirksam gekündigten Genussrechte erfolgt zum Buchwert (Nennwert abzüglich einer etwaigen anteiligen Verlustbeteiligung). Die Genussrechte können jederzeit freihändig verkauft werden. Der Verkauf der Genussrechte bedarf keiner Genehmigung der Tübinger Bio-Bauernmilch GmbH. Ist das Genussrecht auf den neuen Inhaber übergegangen, wird dieser in das Genussrechtsregister eingetragen.

Information, Abgrenzung von Gesellschaftsrechten: Die Genussrechtsinhaber werden einmal jährlich über die Entwicklung der Gesellschaft informiert. Die Genussrechte gewähren Gewinnrechte, die keine Mitgliedschaftsrechte, insbesondere keine Teilnahme-, Mitwirkungs- und Stimmrechte in der Gesellschafterversammlung der Tübinger Bio-Bauernmilch GmbH beinhalten.

Nachrangigkeit, Liquidationserlös: Die Forderungen aus den Genussrechten treten gegenüber anderen Ansprüchen von Gläubigern gegen die Tübinger Bio-Bauernmilch GmbH im Rang zurück. Im Fall der Liquidation sind sie nach den Rechten der Gläubiger und vor denen der Inhaber der Gesellschaftsanteile der Tübinger Bio-Bauernmilch GmbH zu bedienen, eine Beteiligung am Liquidationserlös erfolgt nicht. Das Genussrechtskapital wird im Fall des Insolvenzverfahrens über das Vermögen der Tübinger Bio-Bauernmilch GmbH erst nach Befriedigung nicht nachrangiger Gläubiger zurückgezahlt.

Tübinger Bio-Bauernmilch GmbH
Der Geschäftsführer

Aufgaben:

1. Stellen Sie für das Beratungsgespräch die Eckdaten der Genussrechtsemission der Tübinger Bio-Bauernmilch GmbH in einer Übersicht dar. Nutzen Sie hierzu die Vorlage auf S. 99.
2. Erläutern Sie Herrn Reichelt, warum Genussrechte eine Mischform aus einem festverzinslichen Wertpapier und einer unternehmerischen Beteiligung (Aktie) sind.
3. Nachdem Sie Herrn Reichelt die grundsätzlichen Ausstattungsmerkmale der Genussrechte der Tübinger Bio-Bauernmilch GmbH erläutert haben, möchte der Kunde über die Risiken der angebotenen Vermögensanlage informiert werden. Erläutern Sie ihm die allgemeinen und speziellen Risiken dieser Anlage.

4 Herr Reichelt ist erstaunt, dass die Genussrechte der Tübinger Bio-Bauernmilch GmbH merklich höher verzinst werden als Bundeswertpapiere bzw. Bankschuldverschreibungen. Erläutern Sie Herrn Reichelt, warum die Emittentin bereit ist, ihre Genussrechte mit diesem hohen Zins auszustatten.

> Die Emission von Genussrechten erfolgt insbesondere aus Gründen der Kapitalbeschaffung. Dabei handelt es sich bei dieser Kapitalform wirtschaftlich um Eigenkapital (Voraussetzung: unbefristete Zurverfügungstellung, der Genussscheininhaber ist am Gewinn und am Verlust beteiligt, der Genussscheininhaber wird im Insolvenzfall nachrangig gegenüber anderen Gläubigern befriedigt), rechtlich und steuerlich um Fremdkapital.
>
> Wenn für den Anleger keine Beteiligung am Liquidationserlös des Unternehmens vereinbart ist, sind Ausschüttungen als Betriebsausgabe steuerlich abzugsfähig. Daher schließen viele Genussrechte in Deutschland eine Beteiligung am Liquidationserlös aus.

Quelle: In Anlehnung an: www.faz.net

5 Erklären Sie Herrn Reichelt den Unterschied zwischen Genussrechten und Genussscheinen.

6 Kann dem Kunden die Anlage in Genussrechten der Tübinger Bio-Bauernmilch GmbH empfohlen werden? Von welchen Kriterien machen Sie eine Anlageempfehlung abhängig?

Emittentin	
Emissionsvolumen	
Stückelung/Mindestanlage	
Verzinsung des Genussrechtskapitals	
Verlustbeteiligung	
Rückzahlungsansprüche im Insolvenz- bzw. Liquidationsfall der Emittentin	
Laufzeit	
Übertragbarkeit und Handelbarkeit der Genussrechte	
Gesellschaftsrechtliche Mitwirkungsrechte (z. B. Stimmrecht)	
Kündigung	
Verwendung des Genussrechtskapitals durch die Emittentin	

Lernbuch Kap. 16.6

Situation 4: Aktienanleihen

Der Kunde Stanislaw Baumann, Lilienthalstr. 25, 93049 Regensburg, kaufte am 16.04.2018 (Dienstag) nom. 30 000,00 EUR der folgenden Anleihe:

LBBW 2,50 % adidas Aktien-Anleihe

ISIN/WKN	DE000LB1GQF3/LB1GQF
Handelsplatz	Stuttgart Regulierter Markt (EUWAX), Frankfurter Freiverkehr
Emittent (Herausgeber der Anleihe)	Landesbank Baden-Württemberg (LBBW), Branche: Kreditinstitut, Website: www.LBBW.de
Produktgattung	Aktien-Anleihe (Klassifikation des Deutschen Derivate Verbands)

1. Produktbeschreibung/Funktionsweise

Die LBBW Aktien-Anleihe (Anleihe) ist ein Wertpapier, das einen festen Zins in Höhe von 2,50 % p. a. an den jeweiligen Zinszahlungstagen unabhängig von der Kursentwicklung der Stammaktie der adidas AG (Aktie) zahlt.

Die Rückzahlung der Anleihe am 28.06.2020 hängt vom Referenzpreis (Schlusskurs der Aktie am 21.06.2020) ab:

Liegt der Referenzpreis

1. auf oder über 142,08 EUR (Basispreis), erhält der Anleger den Nennbetrag (1 000,00 EUR).
2. unter 142,08 EUR, werden Aktien entsprechend dem Bezugsverhältnis geliefert. In diesem Fall erhält der Anleger 7 Aktien und 0,038288 Aktien werden durch eine Zahlung ausgeglichen.

Der Anleger muss bei Erwerb der Anleihe während der Laufzeit zusätzlich anteilig aufgelaufene Zinsen (Stückzinsen) entrichten.

Die Anleihe richtet sich an Anleger, die davon ausgehen, dass der Schlusskurs der Aktie am 21.06.2020 auf oder über 142,08 EUR liegt. Anleger nehmen eine Begrenzung ihres Ertrags sowie den Verzicht auf mögliche Dividenden der Aktie in Kauf.

2. Produktdaten

ISIN/WKN	DE000LB1GQF3 / LB1GQF
Emissionstag/Wertstellung bei Emission	05.04.2018/09.04.2018
Zinsperioden	Zeitraum ab 09.04.2018 (einschließlich) bis zum ersten Zinszahlungstag (ausschließlich) sowie jeder folgende Zeitraum ab einem Zinszahlungstag (einschließlich) bis zum jeweils darauffolgenden Zinszahlungstag (ausschließlich)
Zinszahlungstage	28.06.2019/28.06.2020
Letzter Bewertungstag	21.06.2020
Rückzahlungstermin	28.06.2020
Aktie	Stammaktie der adidas AG (ISIN: DE000A1EWWW0). Die Aktie ist im DAX® notiert.
Startwert	177,600 EUR
Bezugsverhältnis	7,038288 Aktien je Anleihe
Zinssatz	2,50 % p. a.
Zinsberechnungsmethode	Die Zinsberechnung erfolgt auf Basis der tatsächlichen Anzahl der Tage der Zinsperiode geteilt durch die Anzahl der Tage im entsprechenden Jahr (act/act)
Basispreis	142,08 EUR (80,00 % vom Startwert)
Nennbetrag	1 000,00 EUR
Emissionskurs/Notierung	100,00 %/Prozentnotierung
Kapitalschutz	nein
Referenzpreis	Schlusskurs der Aktie am 21.06.2020 an der Börse Xetra

Aufgaben:

1 Welche Unterschiede bestehen zwischen einer „normalen" Bundesanleihe und der angebotenen Aktienanleihe bezüglich Rückzahlung, Sicherheit und Laufzeit?

2 Erläutern Sie das „Rückzahlungsrisiko" bei der Aktienanleihe.

3 Erläutern Sie, warum die Aktienanleihe deutlich höher verzinst wird als andere „normale" Anleihen.

Dem Kunden wurde die folgende Wertpapierabrechnung erteilt:

SPARKASSE REGENSBURG

93049 Regensburg

Abrechnung
Wertpapier-KAUF

Depot-Nr.
0480157795

Herrn
Stanislaw Baumann
Lilienthalstr. 25
93049 Regensburg

Auftrags-Nr.	Auftragsdatum	erstellt am
0003073	16.04.2018	16.04.2018

Festpreisgeschäft
gem. Bedingungen für Wertpapiergeschäfte

ISIN	Wertpapierbezeichnung
DE000LB1GQF3	LBBW 2,5 % adidas Aktien-Anleihe fällig am 28.06.2020

Nennwert/Stück	EUR	30 000,00		
Preis	EUR	100,00	Zinsen für 9 Tag(e)	EUR 18,49
Endbetrag	in EUR	30 018,49		
Handelsdatum		16.04.2018		
Zinsdatum		17.04.2018		

Verrechnung über Konto 04801577000 Wert 18.04.2018

Stückz./Zwischengew. werden zwecks späterer Verrechnung mit WP-Erträgen in den Allgemeinen Verlustverrechnungstopf eingestellt.

Depotart: B-Kundenbestand
Verw.art: GS-GLOBALURKUNDE (OHNE STÜCKEAUSDRUCK)
Dep-Schl: 2 0002 05 00 00

Stückzinsen EUR 18,49

Die Wertpapiere und den Gegenwert werden wir entsprechend der Abrechnung am Valutatag buchen.
Bitte prüfen Sie diese Abrechnung auf ihre Richtigkeit und Vollständigkeit. Etwaige Einwendungen gegen diese Abrechnung müssen unverzüglich nach Zugang bei der Bank erhoben werden.

SPARKASSE REGENSBURG

Aufgaben:

4 Erläutern Sie folgende Angaben der Abrechnung:

Festpreisgeschäft
gem. Bedingungen für Wertpapiergeschäfte

Depotart: B-Kundenbestand
Verw.art: GS-GLOBALURKUNDE (OHNE STUECKEAUSDRUCK)

5 Geben Sie an, warum im vorliegenden Fall Stückzinsen berechnet wurden.

6 Weisen Sie rechnerisch die Richtigkeit der Stückzinsen nach (kein Schaltjahr).

7 Wie wurden die Stückzinsen im laufenden Jahr steuerlich behandelt? Nehmen Sie den Informationstext der Lernsituation 12 (Situation 5) auf S. 124 zu Hilfe.

8 a) Angenommen, die von Herrn Baumann erworbene Aktienanleihe wurde bei Fälligkeit am 28.06.2020 vom Emittenten zum Nennbetrag zurückgezahlt (Cash Settlement).

Berechnen Sie den Betrag, den die Bank Herrn Baumann gutschrieb. Der Kunde hat der Bank keinen Freistellungsauftrag erteilt. Er gehört keiner Religionsgemeinschaft an. Eine Verlustverrechnungsmöglichkeit besteht im Zeitpunkt der Gutschrift nicht.

b) Angenommen, Herrn Baumann wurden bei Fälligkeit der Aktienanleihe am 28.06.2020 Aktien der Adidas AG vom Emittenten geliefert (Physical Settlement). Die Adidas AG Aktie notierte am Bewertungstag bei 130,00 EUR.

ba) Wie viel Aktien erhielt Herr Baumann und wie hoch war der Gutschriftsbetrag für die Aktienbruchteile?

bb) Einen Tag nach Depotgutschrift verkaufte Herr Baumann die ihm gelieferten Adidas AG Aktien an der Börse zum Kurs von 130,00 EUR pro Stück. Errechnen Sie den Anlageerfolg des Kunden. (Orderprovision, Handelsplatzgebühren und weitere Kosten bleiben unberücksichtigt.)

bc) Wie wurde der Anlageerfolg steuerlich behandelt? Nehmen Sie hierzu den Informationstext der Lernsituation 12 (Situation 5) auf S. 124 zu Hilfe.

9 Mit welcher Kursentwicklung rechnete der Emittent tendenziell?

Lernbuch Kap. 16.7

Situation 5: Zertifikate

Die Kundin Vera Langenberg ist an dem Erwerb von Bonuszertifikaten interessiert. Sie hat in einem Anlegermagazin gelesen, dass Bonuszertifikate die geeignete Anlage für Investoren darstellen, die ein hohes Maß an Sicherheit wünschen und gleichzeitig hohe Gewinne erzielen wollen, unabhängig davon, ob der Kurs der jeweiligen Aktie leicht fällt, seitwärts tendiert oder stark steigt. Sie erläutern als Kundenberater/Kundenberaterin Frau Langenberg das folgende Aktien-Bonus-Zertifikat.

PROTECT-Bonus-Zertifikate: Bonus. Risikopuffer. Unbegrenzte Gewinnchancen

Das erwarten Sie: Längerfristig steigende Kurse für eine bestimmte Aktie oder einen Börsenindex – ohne aber auszuschließen, dass sich die Aktie oder der Index nur seitwärts bewegt* oder sogar fallen könnte. An einen starken Kursrutsch während der Laufzeit glauben Sie allerdings nicht.

So gewinnen Sie: Mit PROTECT-Bonus-Zertifikaten sichern Sie sich einen festen Mindestgewinn. Diesen Bonus erhalten Sie unabhängig vom Stand des Basiswertes bei Fälligkeit, sofern die Aktie oder der Index während der Laufzeit nicht stark gefallen ist. Steigt die Aktie oder der Index jedoch deutlich an, dann gewinnen Sie in vollem Umfang. Unbegrenzt je höher der Basiswert notiert.

So funktionieren PROTECT-Bonus-Zertifikate: Bei Emission kostet ein PROTECT-Bonus-Zertifikat ungefähr so viel wie die zugrunde liegende Aktie oder der Börsenindex. Maßgeblich ist dann zunächst der Kursverlauf des Basiswertes während der Laufzeit, denn er entscheidet über den Bonus. Solange der Kurs nicht auf oder unter eine bestimmte Schwelle, das PROTECT-Niveau, fällt, erhalten Sie für jedes Zertifikat eine Zahlung, die dem Emissionspreis entspricht, und zusätzlich den Bonus. Damit ist Ihnen bereits ein Mindestgewinn sicher. Notiert die Aktie bei Fälligkeit über dem Bonus-Niveau, dann profitieren Sie in vollem Umfang von jedem weiteren Anstieg. Sollte der Basiswert allerdings einmal, und sei es nur kurz, das PROTECT-Niveau verletzt haben, erhalten Sie den Indexstand in Geld oder die Aktie. Selbst in diesem Fall erleiden Sie nur einen Verlust, wenn der Index oder die Aktie unter Ihrem Kaufpreis notiert.

Das sollten Sie zu PROTECT-Bonus-Zertifikaten wissen: PROTECT-Bonus-Zertifikate sind die Wahl aller Anleger, die längerfristig in eine bestimmte Aktie oder einen Börsenindex investieren wollen. Die Zertifikate verschaffen Ihnen Sicherheit, weisen bezogen auf das Ende der Laufzeit selbst im ungünstigsten Fall kein höheres Risiko auf als die Aktie oder der Index. Sie verzichten nur auf eines: Die Zertifikate schütten keine Dividende oder ähnliche Zahlungen aus, denn so wird der Bonus finanziert.

* Seitwärtsbewegung/Seitwärtstrend • Bezeichnung für den Fall, dass sich der Kurs eines Wertpapiers oder Marktes kaum verändert (boerse.ARD.de/lexikon)

PROTECT-Bonuszertifikat APEX AG

Stand APEX-Aktie:	43,50 EUR
Verkaufspreis Bonuszertifikat:	42,70 EUR
Wert des Zertifikats:	Zahlung von 56,00 EUR (Bonus-Niveau/obere Kursschwelle), sofern die APEX-Aktie bis zum 19. Juni 20.. niemals auf oder unter 28,00 EUR (PROTECT-Niveau/untere Kursschwelle) fällt. Lieferung einer APEX-Aktie, sofern die Aktie das PROTECT-Niveau von 28,00 EUR verletzt oder die Aktie über 56,00 EUR steigt.

Aufgaben:

1 In der folgenden Übersicht sind vier unterschiedliche Kursentwicklungen der APEX-Aktie bis zur Fälligkeit des Bonuszertifikats am 19. Juni 20.. dargestellt.

Erklären Sie Frau Langenberg die Rückzahlungsmodalitäten bei Fälligkeit des Zertifikats in den vier Fällen.

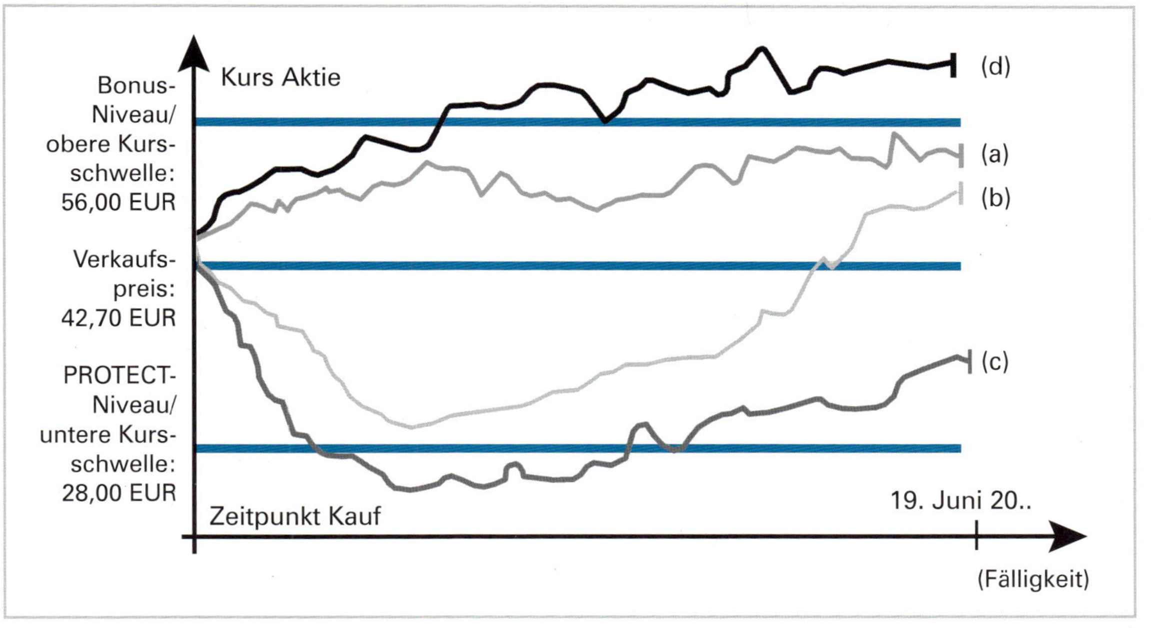

2 Stellen Sie Fau Langenberg das Chance-Risiko-Verhältnis der Anlage in PROTECT-Bonuszertifikaten APEX AG dar.

3 Frau Langenberg legt am 3. März 20.. maximal 20 000,00 EUR zu Emissionsbedingungen in PROTECT-Bonuszertifikaten APEX an. Die APEX-Aktie notiert bei Endfälligkeit des Zertifikats bei 39,60 EUR. Der Kurs der APEX-Aktie hat während der Laufzeit des Bonuszertifikats die obere und untere Kursschwelle nie erreicht. Vergleichen Sie die Rendite dieser Anlage mit der Rendite einer Direktanlage in APEX-Aktien.

Unterstellen Sie während der Laufzeit des Bonuszertifikats eine 4-malige Dividendenzahlung der APEX AG von jeweils 1,50 EUR pro Aktie, die dem Anleger ohne steuerliche Abzüge zufließt. Frau Langenberg besaß das Bonuszertifikat 1 204 Tage. (An- und Verkaufsprovision sowie Schaltjahre bleiben unberücksichtigt.)

4 Für welche Anleger sind Bonuszertifikate die geeignete Anlageform?

Fortsetzung der Situation:

Frau Langenberg ist weiterhin an dem Erwerb von Discount-Zertifikaten interessiert und bittet Sie nochmals um ein Beratungsgespräch. Sie informieren sich vor dem Gespräch im Intranet Ihres Hauses über Discount-Zertifikate und stoßen auf folgenden Eintrag:

Das Discount-Zertifikat ist eine unverzinsliche Schuldverschreibung, die das Recht verbrieft, nach Wahl des Emittenten bei Fälligkeit eine bestimmte Aktie (Basiswert) oder einen bestimmten Geldbetrag vom Emittenten zu erhalten. Emittenten von Discount-Zertifikaten sind Kreditinstitute. Beim Kauf des Zertifikats zahlt der Anleger einen unterhalb des Börsenkurses der Aktie liegenden Preis. Am Ende der Laufzeit des Zertifikats liefert der Emittent die entsprechende Aktie, wenn der Börsenkurs der Aktie bei Fälligkeit einen bestimmten Höchstbetrag (Cap) nicht erreicht. Notiert die Aktie über der vereinbarten Höchstgrenze (Cap) zahlt der Emittent den vereinbarten Höchstbetrag an den Anleger. Der Anleger profitiert von Kurssteigerungen der Aktie also nur bis zu diesem Höchstbetrag, während er von Kursverlusten in unbegrenzter Höhe betroffen ist.

Dadurch, dass ein Zertifikat eine Schuldverschreibung darstellt, besteht potenziell das Risiko, dass bei Zahlungsunfähigkeit des Emittenten ein Totalverlust des investierten Kapitals eintritt. Zwar erscheint angesichts der Tatsache, dass die meisten Zertifikate von renommierten, finanziell soliden Banken ausgegeben werden, dieser Fall als eher unwahrscheinlich, dennoch sollte sich der potenzielle Anleger dieses Risikos bewusst sein und mit der Bonität des Emittenten vertraut machen.

Als Ausgleich für die nach oben gedeckelte, erzielbare Wertsteigerung ist ein Discount-Zertifikat billiger als sein Basiswert. Ein in 18 Monaten fälliges und mit einem CAP bei 110,00 EUR konstruiertes Discount-Zertifikat würde bei einem aktuellen Kurs des Basiswerts von 100,00 EUR etwa nur 80,00 EUR kosten – eine „Ersparnis" von 20 %, die sich für den Anleger nur dann auszahlt, wenn die Wertsteigerung bis zum Fälligkeitstermin nicht deutlich über den CAP steigt. Käufer von Discount-Zertifikaten spekulieren daher in der Regel auf moderate Wertsteigerungen. Der Anleger sollte sich bewusst darüber sein, dass die Kursentwicklung des Zertifikats von der Entwicklung des Wertpapiers abweicht und erst zum Laufzeitende vollständig seine Wirkung entfaltet.

Aufgaben:

5 Fassen Sie für das Beratungsgespräch die Produktbeschreibung zusammen.

6 Um Frau Langenberg im Beratungsgespräch die Funktionsweise von Discount-Zertifikaten erklären zu können, entwickeln Sie mithilfe der folgenden Vorgaben Fallbeispiele zum Discount-Zertifikat.

Discount-Zertifikat auf die Aktie der Transport und Logistik AG	
Emittent:	Hansabank Rostock
Bezugsverhältnis:	1 : 1
Preis für ein Discountzertifikat:	50,00 EUR
Zinszahlungen während der Laufzeit:	Keine
Höchstbetrag (Cap):	70,00 EUR
Aktueller Kurs der Transport und Logistik AG-Aktie:	60,00 EUR
Laufzeit:	12 Monate

Folgende Kurse des Basiswerts bei Fälligkeit des Discount-Zertifikats sollen für die Erörterung der Gewinn-Verlust-Situation eines Erwerbes als Grundlage dienen:

a) 50
b) 80
c) 60
d) 45

Situation 6: Optionen

Lernbuch Kap. 16.8.3

Der Kunde Hakan Toprak, Ruhrtalstr. 85, 40233 Düsseldorf, erteilt seiner Bank, der Deutschen Bank AG Düsseldorf, am 25.05.20.. den Auftrag, für ihn an der Börse eine Kaufoption über 500 Stück (= 5 Kontrakte) BIOS Aktien (Verfallmonat Dezember 20..; Basispreis 28,00 EUR; Limit des Optionspreises 4,05 EUR) zu erwerben.

Der Kunde hat noch keine Kenntnisse und Erfahrungen in Termingeschäften.

Sie erfüllen – bevor Sie den Auftrag ausführen – Ihre Informationspflichten, indem Sie dem Kunden die „Basisinformationen über Termingeschäfte" aushändigen und damit zur Kenntnis bringen.

Basisinformationen über Termingeschäfte – Auszug –

Vorwort

Die Möglichkeit, Termingeschäfte abzuschließen, gewinnt auch für private Anleger mehr und mehr an Bedeutung. Gleichzeitig nehmen Anzahl und Komplexität der am Markt angebotenen Produkte stetig zu. Private Anleger, die diese Instrumente zielgerecht einsetzen wollen, müssen in der Lage sein, auf ihre persönlichen und wirtschaftlichen Verhältnisse zugeschnittene Lösungen zu finden.

Ziel dieser Informationsschrift ist es, Ihnen Bedeutung, Funktion und wirtschaftliche Zusammenhänge sowie die typischen Risiken der an Terminmärkten gehandelten Produkte darzulegen. Beschrieben werden im Einzelnen Financial Futures, Devisentermingeschäfte, Optionen und Optionsscheine. Sie sollten sich intensiv mit den in dieser Broschüre enthaltenen Informationen auseinandersetzen, bevor Sie sich im Termingeschäft engagieren. Zugleich soll diese als Basisinformation konzipierte Broschüre Sie als Anleger dazu veranlassen, offene Fragen zum Termingeschäft mit dem Kundenberater Ihrer Bank zu besprechen.

Bitte beachten Sie: Ihre Bank handelt in Ihrem Interesse, wenn sie bestehenden gesetzlichen Verpflichtungen nachkommt und Sie bei der Durchführung von Termingeschäften um Informationen über Ihre Erfahrungen und Kenntnisse bei Termingeschäften bittet. In diesem Zusammenhang kann es erforderlich sein, Sie auch nach Ihren finanziellen Verhältnissen sowie den von Ihnen verfolgten Zielen zu befragen.

3 Spezielle Risiken bei Optionen

Optionen sind durch ein **asymmetrisches Risikoprofil** gekennzeichnet. Chancen und Risiken sind daher für den Käufer und den Verkäufer einer Option nicht spiegelbildlich verteilt.

- Das Risiko für den Optionskäufer besteht in dem maximalen Verlust des gezahlten Optionspreises (Prämie).
- Das Verlustpotenzial des Stillhalters dagegen ist höher. Beim Verkauf eines Call ist das Verlustrisiko unbegrenzt; beim Verkauf eines Put ist es auf die Höhe des Basispreises abzüglich des vereinnahmten Optionspreises (Prämie) begrenzt.

3.1 Marktpreisrisiko

Preisänderungs- oder Delta-Risiko

Optionen sind grundsätzlich mit denselben Marktpreisrisiken behaftet wie ihr entsprechender Basiswert. So hängt das absolute Preisrisiko einer Option von den Preisänderungen des der Option zugrunde liegenden Basiswerts ab: Bei steigendem Kurs des Underlying steigt (sinkt) der Wert eines gekauften Call (Put). Man spricht hier vom sogenannten Delta-Risiko.

⋮ ⋮ ⋮

3.2 Risiko der Wertminderung und des Totalverlusts

Die Rechte aus einer Option können verfallen oder an Wert verlieren, weil Ihnen Optionen stets nur befristete Rechte verschaffen, die zudem zum Teil zusätzlich an den Eintritt oder Nichteintritt einer Bedingung geknüpft sind. Je kürzer die Frist (Restlaufzeit) ist, desto größer kann das Risiko des Wertverlusts sein.

Wertminderung

Tritt die erwartete Wertentwicklung der Option während der Laufzeit nicht ein, können Sie als Inhaber der Option bei der Glattstellung einen Verlust erleiden. Wegen der begrenzten Laufzeit können Sie auch nicht mehr davon ausgehen, dass sich der Wert der Option rechtzeitig vor Laufzeitende wieder erholen wird.

Totalverlust

Der Kauf von Optionen kann allein aufgrund ungünstiger Marktentwicklungen beziehungsweise des Zeitablaufs zu einem **Totalverlust** der von Ihnen eingesetzten Prämie führen.

⋮ ⋮ ⋮

3.5 Risiko der Hebelwirkung

Der Hebel (Leverage) beschreibt – wie auch das Delta – die Veränderung des Optionspreises bei einer Bewegung des Basiswertpreises. Im Gegensatz zum Delta stellt der Hebel jedoch die **prozentuale** Kursänderung der Option derjenigen des Basiswerts gegenüber und nicht die absolute.

Es besteht ein erhöhtes Verlustrisiko wegen der überproportionalen Reaktion auf Veränderungen des Basiswerts.

Der Leverage-Faktor drückt im Grunde das Vielfache des Gewinn-, aber auch des Verlustpotenzials des Basiswerts aus, an welchem der Optionsinhaber mit dem gleichen Kapitaleinsatz teilnehmen könnte. [...]

Aufgaben:

1 Nennen Sie spezielle Risiken beim vorliegenden Geschäft für den Kunden Hakan Toprak.

Die Deutsche Bank nimmt den Auftrag von Herrn Toprak entgegen. Sie schickt dem Kunden die folgende Auftragsbestätigung:

		Institut	Depotkontonummer
Bestätigung	Ihres Kaufauftrages vom 25. 05. 20. .	300 700	38074862

Kenn-Nr.

035252 Stück 5 Kontrakte BIOS Option Call;
Dezember 20 . .; Basispreis 28,00

Herrn, Frau, Firma

Hakan Toprak
Ruhrtalstr. 85
40233 Düsseldorf

Eurex Deutschland

Kurslimit: 4,05
Gültig bis Widerruf (Good-till-cancelled)
Deutsche Bank AG Düsseldorf

25. 05. 20 . . 778592 8000

Auftragsnummer
bei Rückfragen bitte angeben

Bitte Rückseite beachten

Diese Bestätigung wird nicht unterschrieben

2 Am Donnerstag, dem 28. 05. 20. ., wird das Geschäft an der Eurex zum „letzten" Preis ausgeführt. Entnehmen Sie den Veröffentlichungen der Börsenzeitung, zu welchem Optionspreis das Geschäft zustande gekommen ist.

Optionen an der Eurex-Deutschland

Schlussstände

Calls						Contract		Puts					
Vol.	Open Interest	Settlement	High	Low	Last	**Month**	**Strike Price**	Last	Low	High	Settlement	Open Interest	Vol.
BIOS						28.05.20..				30,22			**BIOS**
139	21701	2,36	2,28	2,23	2,23	**Jun**	**28,00**	0,11	0,11	0,17	0,13	132599	2216
203	6158	1,54	1,57	1,44	1,44		**29,00**	0,35	0,30	0,35	0,31	10965	500
577	172717	0,87	0,95	0,78	0,84		**30,00**	0,70	0,60	0,73	0,64	39993	1773
125	62787	0,87	0,90	0,82	0,90		**30,00**	0,69	0,69	0,69	0,64	27292	1
1557	130678	0,16	0,18	0,16	0,16		**32,00**	2,04	2,03	2,04	1,93	16721	200
0	1325	7,05	0,00	0,00	0,00	**Dec**	**24,00**	0,74	0,74	0,79	0,76	38721	447
0	1446	6,24	0,00	0,00	0,00		**25,00**	0,93	0,93	0,93	0,95	38929	500
401	82440	4,06	4,04	3,99	3,99		**28,00**	0,00	0,00	0,00	1,75	110453	0
0	0	9,08	0,00	0,00	0,00	**Mar**	**22,00**	0,00	0,00	0,00	0,77	0	1500
0	0	14,52	0,00	0,00	0,00	**Jun**	**16,00**	0,28	0,28	0,28	0,30	975	500
Daily Volume: 4463 Open Interest: 1838424								Daily Volume: 10525 Open Interest: 1250797					

Erläuterungen:

Basistitel – Handelstag – Schlusskurs der Frankfurter Wertpapierbörse – **Börsenkürzel.** Calls = Kauf-Optionen, Puts = Verkauf-Optionen, **Month = Fälligkeitsmonat, Strike-Price = Basispreis,** Volume = Anzahl Kontrakte, Open Interest = Offene Positionen (indikative Werte), Settlement = Abrechnungspreis, High = Tageshöchstpreis, Low = Tagestiefstpreis, Last = Letzter Preis.

Veröffentlicht werden alle Kontrakte der Eurex Deutschland, in denen auf der Call- oder Putseite Geschäfte stattgefunden haben.

Stand: 20:00 Uhr

Veröffentlicht werden vorläufige Abrechnungspreise (Settlement).

Alle Produkte der Eurex Deutschland, der Eurex Zürich und der finnischen Derivatebörse HEX inklusive der nicht gehandelten Kontrakte mit dem Open Interest des Vortages können im Internet unter http://www.bzwpi.de abgerufen werden.

Quelle: in Anlehnung an: Börsenzeitung.

3 Erstellen Sie für den Kunden Hakan Toprak die Ankaufsabrechnung der Kaufoption. Das Optionsgeschäft wird zum Optionspreis abgerechnet. Außerdem fallen 60,00 EUR Provision und 2,00 EUR Börsengebühr/fremde Spesen an. Der letzte Handels-/Ausübungstag der Option ist der dritte Freitag des Verfallmonats.

Deutsche Bank
Aktiengesellschaft

Herrn
Hakan Toprak
Ruhrtalstr. 85
40233 Düsseldorf

Kurz-BLZ 30070
Depotkonto-Nr.: 38074862
Konto-Nr.: 72386510
Wertpapier-KNr.: 23686

Ihr Kauf Opening

Gemäß Ihrem Auftrag haben wir für Sie folgendes Kommissionsgeschäft ausgeführt:

Abschlussdatum:
Optionsart:
Anzahl der Kontrakte:
Basis-Bezeichnung:
Kontraktgröße:
Verfallmonat:
Letztes Ausübungsdatum:
Ausübungspreis (Basispreis):
Optionsprämie:
Kontraktwert: EUR
* 5 EUR
Provision: EUR
Börsengebühr/Fremde Spesen: EUR

Zu Ihren Lasten: Valuta 29. 05. 20 . . EUR

Regeln gemäß: Eurex Deutschland
Geschäftsnummer 9702240471

Düsseldorf, den

Deutsche Bank
Aktiengesellschaft

20..																
	Oktober					November						Dezember				
Wo	40	41	42	43	44	44	45	46	47	48	49	49	50	51	52	53
Mo		5	12	19	26		2	9	16	23	30		7	14	21	28
Di		6	13	20	27		3	10	17	24		1	8	15	22	29
Mi		7	14	21	28		4	11	18	25		2	9	16	23	30
Do	1	8	15	22	29		5	12	19	26		3	10	17	24	31
Fr	2	9	16	23	30		6	13	20	27		4	11	18	**25**	
Sa	**3**	10	17	24	**31**		7	14	21	28		5	12	19	**26**	
So	**4**	**11**	**18**	**25**		**1**	**8**	**15**	**22**	**29**		**6**	**13**	**20**	**27**	

4 Welches Recht erwirbt Hakan Toprak durch Zahlung des Optionspreises?

5 Mit welcher Kursentwicklung rechnet Hakan Toprak?

6 Den Vertrag über den Verkauf der Kaufoption hat die Clearingstelle der Eurex mit der Stadtsparkasse Frankfurt als Clearing-Mitglied abgeschlossen. Die Stadtsparkasse Frankfurt handelte dabei im Auftrag ihres Kunden Müller. Wozu ist der Kunde Müller für die Dauer der Optionsfrist verpflichtet?

7 Warum hat der Kunde Müller das Geschäft abgeschlossen?

8 Ab welchem Börsenkurs würde es sich für Hakan Toprak lohnen, die Option auszuüben (Spesen bleiben unberücksichtigt.)?

9 Ermitteln Sie das Optionsergebnis in Euro (ohne Berücksichtigung von Spesen beim Kauf bzw. Verkauf der Aktien), wenn Hakan Toprak bei einem Börsenkurs von 39,00 EUR die Optionspapiere beim Stillhalter abrufen und sie am gleichen Tag und zum gleichen Kurs an der Börse verkaufen würde.

10 In welche Richtung wird sich der Optionspreis bewegen, wenn der Kurs der BIOS-Aktie nachhaltig fällt?

11 Zu welchem Verhalten würden Sie Herrn Toprak raten, sofern dieser – einen Monat nach Erwerb der Kaufoption – fallende Kurse in der Zukunft erwartet?

Gehen Sie davon aus, dass der Optionspreis zurzeit der Beratung bei 3,50 EUR liegt.

12 Unterstellen Sie, dass Herr Toprak die Option bis 2 Tage vor dem letzten Ausübungsdatum nicht ausgeübt hat. Der Kassakurs der BIOS-Aktie liegt bei 29,50 EUR. Der Kunde bittet Sie um Rat, ob er die Option ausüben oder verfallen lassen soll. Formulieren Sie einen Beratungsvorschlag.

Fortsetzung der Situation:

Hakan Toprak hat ein weiteres Optionsgeschäft getätigt. Er hat von seinem Kreditinstitut die folgende Wertpapierabrechnung zugesandt bekommen.

Deutsche Bank AG

639 38010 O&F-Depotnummer: 639 38010/00

Herrn
Hakan Toprak
Ruhrtalstr. 85
40233 Düsseldorf

Datum: 31. 07. 20. .

Abrechnung Börsentermingeschäft Nr. 199411

Ihren Weisungen entsprechend haben wir für Sie am 31. 07. 20.. folgendes Geschäft ausgeführt:

(a)	Börse:	Eurex		
	Produkt-ISIN	DE0007236101		
(b)	Geschäfts-/Kontraktart:	Kauf Put Opening		
	Bezeichnung:	SIEMENS AG		
	Kontrakt-Code:	OPT – SIE/Eurex		
	Einheiten je Kontrakt:	100		
(c)	Basispreis / Verfall:	120 EUR JUN 20 . .		
	Disposition bis:	11:00 Uhr.	Letzter Handelstag: 19. 06. 20. .	
(d)	Anzahl Kontrakte:	10		
	Preis:	14,23 EUR =	14 230,00 EUR	
		fremde Spesen	15,00 EUR	
			14 245,00 EUR	
		Provision		37,50 EUR
	Belastung auf Ihrem Konto Nr. 72386510			14 282,50 EUR
	Valuta 01. 08. 20..			

Eine Aufstellung aller offenen Posten geht Ihnen gesondert zu.

Mit freundlichen Grüßen
Deutsche Bank AG

Diese Benachrichtigung wird von der Bank nicht unterschrieben.

Aufgaben:

13 Erläutern Sie den Inhalt der Abrechnung:

a) Nennen Sie drei Besonderheiten der Eurex!

b) Welches Recht erwirbt der Kunde mit der gewählten Kontraktart? Von welcher Kurserwartung geht er aus?

c) Welche Bedeutung hat der Basispreis?

d) Wie viel Stück Siemens-Aktien liegen dem abgeschlossenen Geschäft zugrunde?

14 Am 16.04.20.. spricht Herr Toprak bei Ihnen vor und äußert den Wunsch, seine Anlage zu liquidieren. Dem Eurex-Handelsbildschirm entnehmen Sie folgende Werte:

Kurs Siemens: 103,00 EUR;	Preis der Option: 17,10 EUR

a) Nehmen Sie Stellung zum „Inneren Wert" der Option.

Innerer Wert einer Option				
„In-the-money"-Optionen		**„At-the-money"-Optionen**	**„Out-of-the-money"-Optionen**	
beim Call	beim Put		beim Call	beim Put
Basispreis liegt unter dem Kurs des Basiswerts	Basispreis liegt über dem Kurs des Basiswerts	Basispreis = Kurs des Basiswerts	Basispreis liegt über dem Kurs des Basiswerts	Basispreis liegt unter dem Kurs des Basiswerts
„innerer Wert" vorhanden		kein „innerer Wert" vorhanden		

b) Berechnen Sie den Zeitwert dieser Option. Wovon ist der Zeitwert einer Option abhängig?

Auszug aus dem Handbuch für kundenzentriertes Bankmanagement:

Bewertung von Optionen

Der innere Wert einer Option hängt vom Verhältnis zwischen dem Basispreis und dem aktuellen Kurs des Basiswerts ab. Es ist der Betrag, der sich bei Ausübung der Option realisieren lässt, d.h. bei einem Call die Differenz zwischen aktuellem Kurs und Basispreis (aktueller Kurs minus Basispreis), bei einem Put die Differenz zwischen Basispreis und aktuellem Kurs (Basispreis minus aktueller Kurs). Einen inneren Wert hat eine Option nur, wenn sie im Geld („in the money") ist.

Während sich der innere Wert einer Option am Ausübungs- oder Fälligkeitstag durch Vergleich von Basispreis und aktuellem Kurs feststellen lässt, ist die Bewertung einer Option vor Fälligkeit schwieriger. Sie wird bestimmt von der Einschätzung der Preisentwicklung des Basiswerts und drückt sich im Zeitwert (Zeitprämie) aus. Der Zeitwert ergibt sich aus der Differenz zwischen dem Optionspreis und dem inneren Wert der Option. Er ist maßgeblich abhängig von der Volatilität[1] des Basiswerts, von der Restlaufzeit der Option und vom Zinsniveau. Der Zeitwert nimmt im Zeitverlauf ab. Am Verfalltag fällt er auf null.

15 Ermitteln Sie den Anlageerfolg des Kunden, den er durch

a) Ausübung der Option

b) Verkauf der Option

erzielen kann (Spesen und Provisionen beim An- bzw. Verkauf bleiben unberücksichtigt).

16 Aus welchen Gründen werden Optionsgeschäfte an der Eurex abgeschlossen?

1 Volatilität = Kennzahl, die die Stärke der Kursschwankungen des Basiswerts angibt.

Lernbuch
Kap. 16.8.4

Situation 7: Futures

Der vermögende Privatkunde Holger Heims geht davon aus, dass die Aktienkurse ansteigen werden. Damit erwartet er auch einen Anstieg des DAX. Anstatt auf dem Kassamarkt eine große Anzahl verschiedener Aktien zu kaufen, möchte der Kunde einen DAX-Kontrakt an der Terminbörse Eurex abschließen. Herr Heims hat mit Ihnen einen Beratungstermin vereinbart.

Aufgaben:

1 Beraten Sie den Kunden Holger Heims über die beiden möglichen Vertragsarten, die er im Hinblick auf seine Kurserwartung abschließen kann.

Lesen Sie vor dem Gespräch mit dem Kunden den folgenden Artikel aus dem Handelsblatt.

Was ist eigentlich ein „Future"?

An Terminbörsen werden zwei Arten von Geschäften unterschieden: Futures und Optionen. Beide beinhalten Kontrakte, die heute geschlossen, aber erst in Zukunft erfüllt werden. Bei den Futures verpflichten sich Käufer und Verkäufer, eine bestimmte Menge eines bestimmten Basiswerts (z. B. festverzinsliche Wertpapiere, Aktienindizes) zu einem zukünftigen Zeitpunkt zu einem festgelegten Preis abzunehmen bzw. zu liefern. Der Käufer einer Option dagegen erwirbt das Recht, den Basiswert zu kaufen oder zu verkaufen. Er kann es ausüben oder verfallen lassen. Diese Möglichkeit hat der Käufer eines Futures nicht, er muss erfüllen. Futures nennt man deshalb auch „unbedingte Termingeschäfte". Hinsichtlich Art und Qualität des zugrunde liegenden Basiswerts, Menge und Lieferzeit sind Terminkontrakte standardisiert und somit als solche handelbar.

Einer der bekanntesten Kontrakte an der Terminbörse Eurex ist der DAX-Future. Damit können Anleger auf die Kursentwicklung deutscher Aktien setzen. Erwarten sie, dass der Deutsche Aktienindex steigt, kaufen sie DAX-Futures. Rechnen sie dagegen mit sinkenden Kursen, veräußern sie DAX-Futures.

Ein Beispiel für den Handel mit DAX-Futures: Sie haben einen DAX-Futures-Kontrakt gekauft, da Sie mit steigenden Kursen rechnen. Der Kurs des DAX-Futures ist abhängig vom DAX-Stand und wird in Punkten notiert, z. B. 12 800. Jeder DAX-Punkt ist 25,00 EUR wert. Bis zur Fälligkeit des Kontraktes wird der DAX-Future täglich abgerechnet, und zwar zum Settlementpreis, den die Börse am Ende des Handelstages festlegt. Dieser wird mit dem Settlementpreis des Vortages verglichen. Liegt er beispielsweise an einem Tag bei 12 800 und am Vortag bei 12 750, ergibt sich eine Differenz von 50 Punkten; diese wird mit 25,00 EUR multipliziert und dem Konto des Käufers gutgeschrieben. Liegt der nächste Settlementpreis bei 12 650, ergibt sich zum vorherigen die Differenz von 150. Der Betrag von 3 750,00 EUR (150 mal 25) wird dem Konto des Käufers belastet.

Quelle: In Anlehnung an: Waren auf Termin – Schul/Bank – Bundesverband deutscher Banken und DAX-Future und BUND-Future, Handelsblatt.

2 Der Kunde Holger Heims kauft am 26. Juni 20.. einen DAX-Future-Kontrakt, Laufzeit März nächsten Jahres. Das Geschäft wird zum letzten Preis des 26. Juni 20.. ausgeführt.

Welche Verpflichtung übernimmt der Kunde, welches Recht kann er ggf. geltend machen?

3 Erstellen Sie für den Kunden die Abrechnung. Die von ihm zu zahlende Opening-Gebühr beträgt 260,00 EUR.

Basiswert	Deutscher Aktienindex (DAX)
Kontraktwert	25,00 EUR je DAX-Punkt
Preisermittlung	in Indexpunkten auf eine Dezimalstelle
Preisabstufungen (Ticks):	0,5 Punkte (= 1 Tick), Tickwert 12,50 EUR
Liefermonate	die jeweils nächsten drei Quartalsmonate (März, Juni, September, Dezember)
Liefertag/ Erfüllungstag:	der dritte Freitag des jeweiligen Liefermonats
Erfüllung	Erfüllung durch Barausgleich (Cash-settlement)

DAX-Future (F-DAX); 26.06.20..; 16:30 Uhr			
Verfall	Tageshoch	Tagestief	letzter Preis
Sept.	15 835,00	15 747,00	15 817,00
Dez.	15 825,00	15 747,50	15 803,50
Mrz. n. J.	15 793,00	15 702,00	15 713,00

Ihr Kauf Opening

Gemäß Ihrem Auftrag:	....
Abschlussdatum:	....
Anzahl der Kontrakte:	....
Basis-Bezeichnung:	....
Kontraktgröße:	....
Verfallmonat:	....
Kurs:	....
Kontraktwert:	....
Währung:	EUR
Provision:	....
Zu Ihren Lasten:	Valuta ....
	________________
	================
Regeln gemäß:	Eurex Deutschland
Geschäftsnummer:	99013876

4 Verdeutlichen Sie die Gewinn- und Verlustsituation des Käufers des DAX-Futures (Future-Long-Position) bzw. des Verkäufers (Future-Short-Position) bei steigendem/fallendem DAX bzw. Kurs des DAX-Futures! Erstellen Sie dazu auch die folgende Tabelle.

	DAX bzw. Kurs des DAX-Futures steigt	DAX bzw. Kurs des DAX-Futures sinkt
Future-Long-Position		
Future-Short-Position		

Auszug aus dem Handbuch für kundenzentriertes Bankmanagement:

Sicherheitsleistung bei Futures (Margin)

Zur Risikoabsicherung einer Terminposition ist eine Sicherheitsleistung, eine „Margin", zu stellen. Bei Futures sind beide Vertragsparteien zur Sicherheitsleistung verpflichtet. Die Banken verlangen von ihren Kunden Sicherheitsleistungen, die mindestens der Höhe der von der Eurex geforderten Margin entsprechen. Dabei fordern die Banken von ihren Kunden regelmäßig höhere Sicherheiten als die Eurex, um tägliche Nachbesicherungen zu vermeiden. Diese Praxis entspricht internationalen Gepflogenheiten und ist wesentlich für die Sicherheit und Zuverlässigkeit des Börsenhandels.

Das Margin-System der Eurex unterscheidet zwischen dem täglichen Gewinn- und Verlustausgleich (Variation Margin) und der Risk Based Margin.

Variation Margin

Aufgabe der Variation Margin ist die börsentägliche Verrechnung der Gewinne und Verluste aus Futures und Optionen auf Futures. Hierzu werden die einzelnen Positionen mit ihrem täglichen Settlement-Preis bewertet (Mark-to-market-Methode). Die Differenz gegenüber dem Wert der Position am vorherigen Börsentag wird dem Teilnehmer belastet bzw. gutgeschrieben. Dadurch wird verhindert, dass sich Gewinne und Verluste akkumulieren.

Risk-Based-Margin-System

Im Rahmen des Risk-Based-Margin-Systems werden das Preisänderungsrisiko abdeckende Sicherheitsleistungen für alle Options- und Future-Positionen eines Börsenteilnehmers ermittelt. Die Berücksichtigung der Gesamtposition eines Teilnehmers ermöglicht es, Risiken einzelner Positionen einander gegenüberzustellen und gegebenenfalls zu kompensieren.

Quelle: In Anlehnung an: Basisinformationen über Termingeschäfte, bank-verlag-medien, November 2008.

5 Für den Kunden Holger Heims errechnet die Eurex den täglichen Gewinn bzw. Verlust (Variation Margin) aus seiner Future-Position.

Erstellen Sie das Variation-Margin-Konto des Kunden (Käufer des DAX-Futures/Long-Position) an den folgenden Tagen bei den angegebenen DAX-Future-Kursen (Settlement-Preise).

Führen Sie auch das entsprechende Variation-Margin-Konto des Verkäufers des DAX-Futures (Short-Position).

		Variation-Margin-Konto des Kunden Holger Heims (Inhaber der Future-Long-Position)			Variation-Margin-Konto des Verkäufers (Inhaber der Short-Position)		
Datum	Kurs DAX-Future (Settlement-Preis)	Gutschrift in EUR	Belastung in EUR	Stand der Variation-Margin in EUR	Gutschrift in EUR	Belastung in EUR	Stand der Variation-Margin in EUR
26.06.	15713	–	–	–	–	–	–
27.06.	15763	1250		+ 50 1250		50	−1250
28.06.	15698		1625	−65 1625	65		+1625
29.06.	15783	2125		+85		85	− 2125

Am 15. Dezember 20.. hat sich die Kurserwartung des Kunden Holger Heims geändert. Aufgrund neuerer wirtschaftlicher Daten rechnet er nun mit einem länger andauernden Verfall der Aktienkurse. Anstatt bis zur Erfüllung des Kontrakts im März nächsten Jahres zu warten, stellt er deshalb den am 25. August 20.. erworbenen DAX-Future durch Verkauf glatt. Der Kurs des DAX-Futures im Zeitpunkt des Verkaufs beträgt 15513 (Schlussabrechnungspreis).

6 Ermitteln Sie den Erfolg der Anlage des Kunden. (Beim Closing fällt keine Gebühr an.)

Fortsetzung der Situation:

Machen Sie sich zur Vorbereitung auf ein weiteres Beratungsgespräch mit dem folgenden Artikel aus dem Handelsblatt und mit den Merkmalen des BUND-Futures vertraut.

DAX-Future und BUND-Future

Wetten auf deutsche Aktien und Anleihen

Zu den bekanntesten Kontrakten an der Terminbörse Eurex gehören der DAX-Future und der BUND-Future. Damit können Anleger auf die Kursentwicklung deutscher Aktien und Anleihen setzen. Erwarten sie, dass der Deutsche Aktienindex steigt, kaufen sie DAX-Futures. Rechnen sie dagegen mit sinkenden Kursen, veräußern sie DAX-Futures. Der Kauf eines BUND-Futures lohnt sich, wenn der Anleger mit steigenden Anleihekursen rechnet; die Anleihekurse ziehen an, wenn die Zinsen sinken. Folglich können Anleger mit dem Erwerb eines BUND-Futures auf sinkende Zinsen wetten. Der Verkauf des Kontrakts bietet sich indessen an, wenn man einen Zinsanstieg erwartet.

Wer mit BUND-Futures handelt, sollte wissen: Die Kontrakte basieren theoretisch auf einer fiktiven Anleihe mit einem Kupon von sechs Prozent und einer festen Restlaufzeit von zehn Jahren. Fiktive Anleihen sind von den Börsen gedanklich kreierte Gebilde. Im Unterschied zu echten Schuldverschreibungen existieren die Papiere in der Realität nicht. Anders als echte Anleihen weisen die fiktiven jedoch idealtypische Eigenschaften auf, nämlich zu jedem Zeitpunkt eine konstante Restlaufzeit und einen festen Kupon. Die Restlaufzeit einer echten Schuldverschreibung nimmt ja bis zur Fälligkeit ständig ab (Laufzeitabschmelzung). Würde eine Terminbörse eine solche Anleihe als Basiswert eines Futures wählen, müsste das Papier aufgrund dieser Laufzeitabschmelzung immer wieder durch ein anderes ersetzt werden.

Dieses Problem wird mithilfe der fiktiven Anleihe aber umgangen. Die Marktteilnehmer haben die Möglichkeit, eine Anleihe auf Termin zu handeln, die bei Fälligkeit des Futures exakt eine Restlaufzeit von zehn Jahren aufweist. Der Käufer eines solchen Futures verpflichtet sich, bei Fälligkeit des Kontrakts für die fiktive Anleihe den Schlussabrechnungspreis des Futures zu zahlen. Dagegen muss der Verkäufer eigentlich die idealtypische Anleihe liefern. Da es aber unwahrscheinlich ist, dass ein Verkäufer ein Papier mit solch einer Ausstattung findet, grenzt die Terminbörse die Restlaufzeit der fiktiven Anleihe nicht scharf ein. Sie gibt ein Intervall vor. Bei BUND-Futures erstreckt sich dieses von 8,5 bis 10,5 Jahren. Die Börse verlangt vom Verkäufer, sogenannte lieferbare Anleihen anzudienen. Dies können etwa Staatsanleihen sein, die bei der Andienung eine Restlaufzeit zwischen 8,5 und 10,5 Jahren aufweisen. Also: Bei den BUND-Futures kauft oder verkauft der Anleger eine idealtypische Bundesanleihe mit sechs Prozent Nominalverzinsung und einer Restlaufzeit von 8,5 bis 10,5 Jahren per Termin.

qdt

Quelle: Handelsblatt.

Merkmale des BUND-Futures:

Kontraktgegenstand:	fiktive, idealtypische Schuldverschreibung des Bundes mit einer Restlaufzeit von 8,5 bis 10,5 Jahren und einem Zinssatz von 6 Prozent.
Kontraktwert:	100 000,00 EUR Nennwert.
Preisermittlung:	in Prozent vom Nominalwert auf zwei Dezimalstellen.
Preisabstufungen (Ticks):	1 Tick = 0,01 %; Tickwert 10,00 EUR (0,01 % von 100 000,00 EUR).
Liefermonate:	die jeweils nächsten drei Quartalsmonate des Zyklus März, Juni, September und Dezember; Liefertag ist der 10. Kalendertag des jeweiligen Quartalsmonats.
Erfüllung:	effektive Lieferung bestimmter börsennotierter Bundesanleihen mit einer Restlaufzeit von 8,5 bis 10,5 Jahren.

Aufgaben:

7 Erklären Sie den Unterschied zwischen einem DAX-Future-Kontrakt und einem BUND-Future-Kontrakt hinsichtlich der Erfüllung/Lieferung.

8 Vervollständigen Sie die Übersicht, indem Sie die unten stehenden Merkmale dem Käufer (Long-Position) bzw. dem Verkäufer (Short-Position) zuordnen. (Doppeleintragung möglich.)

Käufer eines BUND-Future-Kontrakts (Future-Long-Position)	**Kaufvertrag am 26. 06. 20..**	**Verkäufer** eines BUND-Future-Kontrakts (Future-Short-Position)
■ ■ ■	schuldrechtliche Einigung ←――――――→ ■ Preis: 171,58 Prozent ■ Menge: 100 000,00 EUR Nennwert (= 1 Kontrakt) ■ Erfüllung: 10. Dezember 20..	■ ■ ■

Merkmale:

- geht ein unbegrenztes Risiko ein
- erwartet steigende Kurse, d. h. fallende Zinsen
- erwartet fallende Kurse, d. h. steigende Zinsen
- Verpflichtung, am 10. Dezember 20.. nom. 100 000,00 EUR lieferbare Anleihen zum Kurs von 171,58 Prozent anzudienen
- Verpflichtung, am 10. Dezember 20.. nom. 100 000,00 EUR Bundesanleihen zu 171,58 Prozent abzunehmen

Fortsetzung der Situation:

Wenige Wochen später bittet Herr Heims erneut um einen Gesprächstermin. Herr Heims besitzt bei Ihrer Bank nom. 320 000,00 EUR Bundesanleihen. Er will sich gegen drohende Kursverluste – also steigende Zinsen – absichern, da er die Bundesanleihe in Kürze verkaufen möchte. Die Absicherung erfolgt am 26. Juni 20.. durch den Verkauf von 2 BUND-Future-Kontrakten, Laufzeit Dezember 20..

Aufgaben:

9 Ermitteln Sie den Wert der 2 BUND-Future-Kontrakte. Die Eröffnung („Opening") der Position erfolgt zum letzten Preis des 26. Juni 20...

EURO-BUND-FUTURE EUREX (6 %, 100 000 EURO, IN %, 8,5–10,5 JAHRE)

26.06.20..; 17:30 Uhr	Tageshoch	Tagestief	letzter Preis	gehandelte Kontrakte	Open Interest[1]
September	171,44	170,99	171,15	512 790	1 665 382
Dezember	168,23	168,10	168,17	136	301
März n. J.	168,11	168,11	168,11	0	32

10 Stellen Sie für die folgenden drei Szenarien die jeweilige Gewinn-/Verlustsituation des Kunden rechnerisch dar. (Die Opening-Gebühr bleibt unberücksichtigt.)

Szenario 1:
10.12.20.. (Erfüllungstag): Die Zinsen sind gefallen. Der Kurs der Bundesanleihe ist um 1,6 %-Punkte gestiegen.

Szenario 2:
10.12.20.. (Erfüllungstag): Die Zinsen sind gestiegen. Der Kurs der Bundesanleihe ist um 2,1 %-Punkte gefallen.

Szenario 3:
10.12. 20.. (Erfüllungstag): Die Zinsen haben sich nicht verändert. Der Kurs der Bundesanleihe entspricht dem Kurs am 26. Juni 20..

11 Wie hätte der Kunde mit seiner Future-Position auch verfahren können, ohne bis zum Erfüllungstag zu warten?

1 Summe der offenen Kontrakt-Positionen.

12 Über die Besteuerung von Effektenerträgen kundenorientiert Auskunft erteilen

Lernbuch Kap. 17.2

Situation 1: Zins- und Dividendenbesteuerung

Elias Wenz, Salvatorstr. 16, 52070 Aachen, nicht verheiratet, hat in seinem Depot bei der Sparkasse Aachen nom. 15 000,00 EUR einer 4,00 % Bundesanleihe, Zinstermin 04.01. gzj., die er vor einigen Jahren erworben hat.

Elias Wenz hat der Sparkasse Aachen den folgenden auszugsweise abgedruckten Freistellungsauftrag erteilt.

Sparkasse Aachen

Freistellungsauftrag für Kapitalerträge
und
Antrag auf ehegattenübergreifende / lebenspartnerübergreifende Verlustverrechnung
(Gilt nicht für Betriebseinnahmen und Einnahmen aus Vermietung und Verpachtung)

Empfänger
Sparkasse Aachen
– Abteilung M 893 –
Münsterplatz 7–9
52059 Aachen

Wird von der Sparkasse ausgefüllt
Pers-Nr. des Gläubigers der Kapitalerträge

Datum
3. Januar 2015

[ ] erstmaliger Auftrag [X] Änderungsauftrag (früherer Auftrag wird damit ungültig)

Name, abweichender Geburtsname, Vorname des Gläubigers der Kapitalerträge	Geburtsdatum	Identifikations-Nr. (11-stellig)
Wenz, Elias	20.05.1985	50876656410

Strasse, Hausnummer, PLZ, Wohnort,	eine Kontonummer
Salvatorstr. 16, 52070 Aachen	0032152443

[ ] gemeinsamer Freistellungsauftrag (Angaben zum Ehegatten / Lebenspartner und dessen Unterschrift sind nur bei einem gemeinsamen Freistellungsauftrag erforderlich)

ggf. Name, abweichender Geburtsname, Vorname des Ehegatten / Lebenspartners	Geburtsdatum	Identifikations-Nr. (11-stellig)

[X] ledig [ ] verheiratet [ ] geschieden [ ] dauernd getrennt lebend [ ] verwitwet

Hiermit erteile ich ~~Ihnen den~~ Auftrag, meine bei Ihrem ~~Institut~~ anfallenden Kapitalerträge vom Steuerabzug freizustellen und/oder bei Dividenden und ähnlichen Kapitalerträgen die Erstattung von Kapitalertragsteuer zu beantragen, und zwar

[X] bis zu einem Betrag von 500,00 € (bei Verteilung des Sparer-Pauschbetrages auf mehrere Kreditinstitute)

[ ] bis zur Höhe des für mich geltenden Sparer-Pauschbetrages von insgesamt 801 €.

[ ] über 0 € (nur für die Beantragung der ehegattenübergreifenden / lebenspartnerübergreifenden Verlustverrechnung – keine Löschung)

Dieser Auftrag gilt ab dem 01.01. 2015 bzw. ab Beginn der Geschäftsverbindung

[X] so lange, bis Sie einen anderen Auftrag von mir erhalten.

[ ] bis zum 31.12.

Orginal Sparkasse

Aufgaben:

1 Über welchen Betrag lautet die Zinsgutschrift per 04.01.2022? Der Freistellungsbetrag des Kunden ist zu diesem Zeitpunkt noch nicht in Anspruch genommen. Eine Verlustverrechnungsmöglichkeit besteht nicht. Herr Wenz gehört keiner Religionsgemeinschaft an.

2 Wie werden die Zinsen einkommensteuerrechtlich behandelt? Nehmen Sie für die Beantwortung der Frage den „Auszug aus dem Handbuch für kundenzentriertes Bankmanagement" zu Hilfe.

Auszug aus dem Handbuch für kundenzentriertes Bankmanagement:

Seit dem 1. Januar 2009 werden alle Einkünfte aus Kapitalvermögen im Privatbereich – unabhängig von der Besitzdauer – einheitlich mit einer Kapitalertragsteuer in Form der Abgeltungsteuer von 25 % zuzüglich 5,5 % Solidaritätszuschlag und ggf. Kirchensteuer belastet. Dies führt in der Summe zu einer maximalen Steuerbelastung von ca. 28 %. Die Abgeltungsteuer wird pauschal auf alle Kapitaleinkünfte, z. B. Zinsen, Dividenden und Veräußerungsgewinne, erhoben und anonym in der Regel von der auszahlenden Stelle, z. B. dem Kreditinstitut, einbehalten und an das Finanzamt abgeführt.

Der Abzug der Abgeltungsteuer bewirkt, dass die Einkommensteuer, die der Anleger auf die Kapitaleinkünfte zahlen müsste, damit abgegolten ist und die mit Abgeltungsteuer belegten Kapitaleinkünfte nicht mehr in der Steuererklärung angegeben werden müssen. Der Anleger hat jedoch ein Veranlagungswahlrecht: Er kann auf Wunsch seine Kapitalerträge in der Einkommensteuererklärung angeben und nach dem individuellen Einkommensteuertarif versteuern lassen, wenn der individuelle Steuersatz unter dem pauschalen Steuersatz von 25 % liegt. Die einbehaltene Abgeltungsteuer wird dann auf die Steuerschuld angerechnet.

Positive Einnahmen aus Kapitalvermögen werden – aus Gründen der Steuervereinfachung – bis zur Höhe des Sparer-Pauschbetrages steuerfrei gestellt.

Der Sparer-Pauschbetrag beträgt 801,00 EUR für alleinstehende Steuerpflichtige und 1602,00 EUR für zusammenveranlagte Ehegatten/Lebenspartner. Mit dem Sparer-Pauschbetrag sind alle Werbungskosten (z. B. Depotgebühren oder Kosten für den Besuch einer Hauptversammlung) im Zusammenhang mit den Einkünften aus Kapitalvermögen abgegolten. Anleger können der auszahlenden Stelle bis zur Höhe des Sparer-Pauschbetrages einen Freistellungsauftrag erteilen. Die auszahlende Stelle zahlt dann die Kapitalerträge bis zur Höhe des erteilten Freistellungsauftrags ohne Abzug von Abgeltungsteuer aus.

Mit der Einführung der Abgeltungsteuer entfiel die frühere Spekulationsfrist von einem Jahr bei der Veräußerung von Wertpapieren. Für Wertpapiere, die bis zum 31. 12. 2008 gekauft wurden, gilt jedoch ein Bestandsschutz. Sie werden nach der Rechtslage behandelt, die vor der Einführung der Abgeltungsteuer galt. Das heißt, dass diese Wertpapiere jetzt steuerfrei veräußert werden können, da die Spekulationsfrist abgelaufen ist.

Für Finanzinnovationen, z. B. Zerobonds, Garantiezertifikate, gibt es keinen Bestandsschutz. Diese Anlageformen unterliegen unabhängig von der Haltedauer bei Fälligkeit oder Verkauf der Besteuerung.

Eine Sonderregelung gilt für Vollrisiko-Zertifikate. Unter diesem Begriff werden Zertifikate ohne Kapitalgarantie zusammengefasst. Dies sind u. a. Discount-, Bonus- und Expresszertifikate. Für sie gilt voller Bestandsschutz, d. h. steuerfreie Veräußerung, wenn sie vor dem 15. 03. 2007 erworben wurden.

Fortsetzung der Situation:

Der Kunde Elias Wenz besitzt weiterhin 700 Stück Stammaktien der Intex AG, die sich ebenfalls in seinem Depot bei der Sparkasse Aachen befinden. Die Intex AG veröffentlicht folgende Dividendenbekanntmachung:

Intex AG

Intex Pharmazeutica AG Bonn

ISIN DE000INT0067 (WKN INT006)

Dividendenbekanntmachung

In der ordentlichen Hauptversammlung unserer Gesellschaft am Freitag, dem 28. Januar 2022, wurde beschlossen,

auf jede Stammaktie ISIN **DE000INT0067**
(Wertpapier-Kenn-Nr. INT006) für das Geschäftsjahr 2020/2021
eine Dividende von 2,70 EUR

auszuschütten.

Der Anspruch der Aktionäre auf die Dividende ist am dritten auf den Hauptversammlungsbeschluss folgenden Geschäftstag fällig.

Die Auszahlung der Dividende erfolgt unter Abzug von 25 % Kapitalertragsteuer und 5,5 % Solidaritätszuschlag auf die Kapitalertragsteuer (insgesamt 26,375 %) und gegebenenfalls Kirchensteuer gegen Einreichung des Gewinnanteilscheins Nr. 5 bei der Intex AG, Rilkeweg 6, 53117 Bonn, und bei folgender Zahlstelle mit sämtlichen Niederlassungen:

Deutsche Bank AG

Der Abzug der Kapitalertragsteuer sowie des Solidaritätszuschlages und gegebenenfalls der Kirchensteuer entfällt bei solchen Aktionären, die ihrer Depotbank eine Nichtveranlagungsbescheinigung des für sie zuständigen Finanzamtes eingereicht haben. Das Gleiche gilt ganz oder teilweise für inländische Aktionäre, die ihrer Depotbank einen Freistellungsauftrag eingereicht haben, soweit das in diesem Auftrag angeführte Freistellungsvolumen nicht durch andere Erträge aus Kapitalvermögen bereits aufgebraucht ist.

Die Zahlung der auf die Stammaktien entfallenden Dividende an die Berechtigten wird von der Intex AG, Rilkeweg 6, 53117 Bonn, veranlasst.

Bonn, im Januar 2022

INTEX
Pharmazeutica AG
Der Vorstand

Aufgaben:

3 Erstellen Sie für den Kunden die Dividendenabrechnung. Seit der Zinsgutschrift am 4. Januar 2022 sind negative Kapitalerträge, und zwar gezahlte Stückzinsen beim Kauf von festverzinslichen Wertpapieren in Höhe von 940,00 EUR angefallen, die zu einer Erstattung der in Aufgabe 1 gezahlten Steuer, zu einem Wiederaufleben des Freistellungsauftrags in Höhe von 500,00 EUR und zu einem Bestand im allgemeinen Verlustverrechnungstopf in Höhe von 340,00 EUR geführt haben. Die Gutschrift der Dividende erfolgt auf dem laufenden Konto Nr. 0032 152 443. Depotnummer des Kunden: 32 152 443/80.

Sparkasse Aachen

Herrn
Elias Wenz
Salvatorstr. 16
52070 Aachen

Datum: ....

Dividendengutschrift

Depot-Nr. ....
Konto-Nr. ....

Aktie	WKN	ISIN
....	....	....
Stück		
....		

Dividende pro Stück EUR .... Zahlbar ....

Geschäftsjahr .... Ex-Tag ....

Bruttoertrag .... EUR

Gutschrift mit Wert .... EUR

Hinweise zur steuerlichen Verrechnung		**vorher**	**aktuell**
Dividendenertrag	EUR		....
Aktienverlustverrechnungstopf	EUR	....	....
Allgemeiner Verlustverrechnungstopf	EUR	....	....
Freistellungsauftrag (eingereicht 500,00 EUR)	EUR	....	....
KESt-pflichtiger Anteil	EUR		....

		vorher	**aktuell**
im laufenden Jahr einbehaltene Kapitalertragsteuer	EUR	....	....
im laufenden Jahr einbehaltener Solidaritätszuschlag	EUR	....	....
im laufenden Jahr einbehaltene Kirchensteuer	EUR	....	....

Kapitalertragsteuer, Solidaritätszuschlag und ggf. Kirchensteuer nach dem gemeldeten Kirchensteuersatz verrechnet mit dem Finanzamt Aachen. Steuer-Nr.: 149/761/15806
Dieser Beleg wurde maschinell erstellt und wird nicht unterschrieben.

4 Der Kunde Wenz erwähnt im Beratungsgespräch, dass sein Steuersatz nur bei 21 % liegt. Sie wissen, dass der Kunde im Jahre 2022 Kapitalerträge vereinnahmt hat. Wozu raten Sie ihm?

5 Elias Wenz veräußert Ende 2022 Stück 210 Daimler-Aktien, die sich in seinem Depot bei der Sparkasse Aachen befanden, mit einem Kursgewinn. Wie wird der Kursgewinn steuerlich behandelt?

Lernbuch
Kap. 17.2

Situation 2: Zinsbesteuerung

Die Kundin Emma Klein, Parkstr. 13, 04249 Leipzig, hat am Montag, dem 17. November 2008, bei der Volksbank Leipzig folgende Wertpapiere gekauft, die ihrem Depot gutgeschrieben wurden:

> nom. 35 000,00 EUR 4 % Bundesanleihe von 2005
> ISIN DE0001135275
> Zinstermin 04.01. gzj., fällig am 04.01.2037,
> Kurs 87,50

Aufgaben:

1 Begründen Sie die Kaufentscheidung der Kundin.

2 Errechnen Sie die Zinsgutschrift für die Kundin am 04.01.2022. Ergänzen Sie die unten stehende Abrechnung. Emma Klein hat der Bank keinen Freistellungsauftrag erteilt. Sie ist Mitglied einer Religionsgemeinschaft, die Kirchensteuer erhebt, und hat keinen Widerspruch gegen die Übermittlung ihres Kirchensteuerabzugsmerkmals beim Bundeszentralamt für Steuern eingelegt.

Kirchensteuer auf Abgeltungsteuer:

Die automatische Datenabfrage und das Widerspruchsrecht

Für die Erhebung der Kirchensteuer gilt ein automatisches Abzugsverfahren. Kreditinstitute müssen beim Bundeszentralamt für Steuern (BZSt) unter Angabe der Steuer-Identifikationsnummer anfragen, ob ein Steuerpflichtiger auch kirchensteuerpflichtig ist. Das Bundeszentralamt teilt der Bank die Kirchensteuerpflicht unter Angabe des für die jeweilige Religionsgemeinschaft geltenden Kirchensteuersatzes mit (Kirchensteuerabzugsmerkmal → KiStAM). Ist dies der Fall, wird die Kirchensteuer automatisch von den Kapitaleinkünften einbehalten und an das Finanzamt abgeführt.

Sofern der Kunde es nicht wünscht, dass sein Religionsmerkmal dem Kreditinstitut bekannt gegeben wird, kann er der Weitergabe widersprechen, d. h., er kann beim Bundeszentralamt für Steuern einen Sperrvermerk setzen lassen. Das Kirchenmitglied ist dann aber verpflichtet, im Rahmen der Einkommensteuer-Veranlagung im Folgejahr die für die Berechnung der Kirchensteuer notwendigen Angaben zu machen.

Die Verlustverrechnungstöpfe der Kundin sind im Zeitpunkt der Zinsgutschrift ausgeglichen (Saldo = 0). Beachten Sie bei der Berechnung der Abgeltungsteuer den folgenden Hinweis:

Die im Rahmen des Abgeltungsteuerabzugs erhobene Kirchensteuer ist nicht als Sonderausgabe bei der Einkommensteuer abzugsfähig. Die mindernde Wirkung wird bereits über den Pauschalsteuersatz unmittelbar berücksichtigt. Unter Einbezug der Kirchensteuer errechnet sich die Abgeltungsteuer wie folgt:

$$\text{Abgeltungsteuer} = \frac{\text{Kapitalertrag [1]}}{4 + (\text{Kirchensteuersatz [2]} : 100)}$$

Zinsabrechnung zum 4. Januar 2022:

Zinsbetrag brutto	=	....	EUR
– .....% Kapitalertrag-(Abgeltung-)steuer	=	....	EUR
– 5,50 % Solidaritätszuschlag auf die Kapitalertragsteuer	=	....	EUR
– 9,00 % Kirchensteuer auf die Kapitalertragsteuer	=	....	EUR
= Gutschrift		....	EUR

3 Wie viel Prozent beträgt die gesamte Steuerbelastung der Kundin?

4 Errechnen Sie den Gutschriftsbetrag, wenn die Kundin in München wohnen würde und die obige Bundesanleihe sich im Depot bei der Stadtsparkasse München befinden würde. Die anderen Angaben entsprechen denen der Aufgabe 2.

1 Anrechenbare ausländische Quellensteuer aus ausländischen Einkünften bleibt unberücksichtigt.

2 Kirchensteuersatz Bayern und Baden-Württemberg 8 %, übrige Bundesländer 9 %.

Lernbuch Kap. 17.2

Situation 3: Besteuerung von Investmentanteilen

Leo Haffner erwirbt am 2. Januar 20.. Anteile an einem ausschüttenden Aktieninvestmentfonds. Am 2. Januar des Folgejahres verkauft er die Anteile mit Gewinn.

Wert der Fondsanteile am 01.01.20..	20000,00 EUR;
Wert der Fondsanteile am 31.12.20..	20500,00 EUR;
Ausschüttung im Jahre 20..	40,00 EUR;
Gesamtergebnis	540,00 EUR;
Basiszins für 20..	0,87 %[1]

Für die Bearbeitung dieser und der folgenden Sachverhalte liegt Ihnen als Kundenberater/-in von Leo Haffner der auf S. 120f. abgedruckte Informationstext „Investmentsteuerreform 2018" vor.

Aufgaben:

1 Berechnen Sie die Besteuerung der Ausschüttung. Gehen Sie davon aus, dass kein Freistellungsauftrag vorliegt. Die Kirchensteuer bleibt unberücksichtigt.

2 Berechnen Sie die Vorabpauschale und deren Besteuerung.

3 Ermitteln Sie den Verkaufserlös unter Berücksichtigung der Steuer beim Verkauf der Anteil.

4 Im Jahr 2021 beträgt der Basiszins – 0,45 %. Ermitteln Sie unter Verwendung der obigen Angaben die Höhe der Vorabpauschale, die am 3.1.2022 (Montag) beim Anleger als zugeflossen gilt.

Fortsetzung der Situation:

Leo Haffner erwirbt am 2. Januar 20.. weiterhin Anteile an einem thesaurierenden Aktienfonds. Am 15. Januar des Folgejahres verkauft er diese Anteile mit Gewinn.

Für den Kauf und Verkauf gelten folgende Annahmen:

Kaufpreis der Anteile am 02.01.20..	= 15000,00 EUR
Rücknahmepreis der Anteile am 31.12.20..	= 15750,00 EUR
Veräußerungspreis der Anteile am 15.01. des Folgejahres	= 15800,00 EUR
Basiszins	0,07 %

Ein Freistellungsauftrag des Kunden liegt nicht vor. Die Kirchensteuer bleibt unberücksichtigt.

Aufgaben:

5 Berechnen Sie die Vorabpauschale und deren Besteuerung.

6 Berechnen Sie den steuerpflichtigen Veräußerungsgewinn.

Fortsetzung der Situation:

Leo Haffner hat am 1. Oktober 2008 100 Stück Investmentanteile eines Aktienfonds im Wert von 10000,00 EUR (100 Stück · 100,00 EUR/Anteil) erworben. Am 31. Dezember 2017 ergab sich für die im Jahre 2008 erworbenen Anteile ein Wert von 14000,00 EUR. Am 30. November 2025 entschließt sich der Kunde, die 100 Stück Investmentanteile zum Preis von 250,00 EUR pro Stück zu verkaufen. In den Jahren 2018–2024 waren versteuerte Vorabpauschalen in Höhe von 1325,00 EUR angefallen.

Aufgabe:

7 Berechnen Sie den Verkaufserlös unter Berücksichtigung der Steuer beim Verkauf. Ein Freistellungsauftrag der Kundin liegt nicht vor. Die Kirchensteuer bleibt unberücksichtigt. Kosten bleiben unberücksichtigt.

1 Basiszins ist der nach § 18 Abs. 4 InvStG ermittelte Zinssatz, der aus der langfristig erzielbaren Rendite öffentlicher Anleihen abzuleiten ist. Er wird von der Bundesbank ermittelt und am ersten Börsentag des Jahres im Bundessteuerblatt veröffentlicht. Für das Jahr 2022 beträgt der Basiszins – 0,05 %.

Investmentsteuerreform 2018

Besteuerung von Aktienfonds, gemischten Fonds, Immobilienfonds (Publikumsfonds)

Besteuerung auf Fondsebene

Die inländische Fondsgesellschaft unterliegt mit ihren Einnahmen aus deutschen Dividenden, deutschen Mieterträgen und Gewinnen aus dem Verkauf deutscher Immobilien einer Körperschaftsteuer von 15 %. Sie ist direkt aus dem Vermögen des Investmentfonds zu zahlen. Betroffen davon sind alle in- und ausländischen Investmentfonds, die künftig steuerlich gleich behandelt werden, sowie deren Anleger. Alle anderen Ertragsarten, z.B. Zinsen, Gewinne aus der Veräußerung von Aktien und anderen Wertpapieren, Erträge aus Termingeschäften, sind auf Fondsebene steuerfrei.

Staatlich geförderte Altersvorsorgeprodukte, Riester- und Rürup-Fondssparpläne sind ebenfalls von der Körperschaftsteuer befreit.

Besteuerung des Anlegers

Teilfreistellung. Ausschüttungen eines Publikums-Investmentfonds sind beim Anleger in voller Höhe steuerpflichtig. Sie unterliegen bei Privatanlegern der Abgeltungsteuer, dem Solidaritätszuschlag und ggf. der Kirchensteuer. Als Ausgleich für die Besteuerung der Dividenden, der Mieterträge und der Immobilienerträge auf Ebene des Investmentfonds wird ein Teil der Erträge, die ein Anleger aus dem Investmentfonds bezieht, von der Besteuerung freigestellt (sogenannte Teilfreistellung). Die Abgeltungsteuer bezieht sich demnach nicht auf die volle Höhe der ausgeschütteten Erträge, sondern reduziert sich in Abhängigkeit des Fondstyps um 30 % bei Aktien-Investmentfonds (Aktienquote mindestens 51 %) und um 15 % bei Misch-Investmentfonds (Aktienquote mindestens 25 %) und 60 % bei Immobilienfonds (inländische Immobilien mindestens 51 %).

Vorabpauschale. Sofern keine (z. B. bei thesaurierenden Fonds) oder eine zu geringe Ausschüttung erfolgt, soll dennoch eine Besteuerung erfolgen, damit Investmentfonds nicht als Steuerstundungsmodelle genutzt werden. Hierfür gibt es eine sogenannte Vorabpauschale. Die Vorabpauschale greift immer dann, wenn im Veranlagungszeitraum die Ausschüttung des Investmentfonds geringer ist als die Wertentwicklung im Sinne einer risikolosen Basisverzinsung, den sogenannten **Basisertrag.** Als Bemessungsgrundlage dient ein von der Bundesbank festgelegter Basiszins. Bei der Berechnung der Vorabpauschale wird aber berücksichtigt, dass dem Fondsanleger auch Kosten (Verwaltungsgebühren des Fonds) entstehen. Aus diesem Grund wird zur Berechnung der Vorabpauschale der Basiszins um den durchschnittlichen Kostenanteil von 30 % gemindert. Mithin erfolgt der Ansatz von 70 % des Basiszinses. Weiterhin wird bei der Berechnung der Vorabpauschale – analog zur Ausschüttung – die Teilfreistellung (z. B. bei Aktienfonds in Höhe von 30 %) abgezogen. Auf die Vorabpauschale wird am ersten Werktag des folgenden Kalenderjahres von der depotführenden Stelle Abgeltungsteuer einbehalten. Die Vorabpauschale für 2022 z. B. gilt gemäß § 18 Abs. 3 InvStG beim Anleger am 2. Januar 2023 zugeflossen. Sie ist unter Anwendung des Basiszinses vom 2. Januar 2022 zu ermitteln. Für die Steuerzahlungen auf die Vorabpauschalen kann die depotführende Stelle auch ohne Einwilligung des Anlegers auf dessen Verrechnungs-/Girokonto zugreifen.

Berechnung der Vorabpauschale

Schritt 1:

Ermittlung, ob der Fonds eine Wertsteigerung hat (Fondspreis Ende des Jahres > Fondspreis Anfang des Jahres). Gibt es keine Wertsteigerung, gibt es keine Vorabpauschale für diesen Fonds und damit auch keine Steuerbelastung.

Schritt 2:

Vergleich des vom Gesetzgeber definierten Basisertrags mit der Summe der im letzten Jahr erfolgten Ausschüttungen des Fonds.

Basisertrag = Rücknahmepreis zum Jahresanfang · Basiszinssatz · 70 %

Nur wenn der Basisertrag höher ist als die Summe der erfolgten Ausschüttungen des Fonds, kann es zu einer Vorabpauschale kommen. Der Basisertrag ist begrenzt auf die tatsächliche Wertsteigerung des Fonds.

Schritt 3:

Ermittlung der Vorabpauschale.

Bei ausschüttenden Fonds wird die Ausschüttung des Kalenderjahres vom Basisertrag abgezogen:

Vorabpauschale = Basisertrag – Ausschüttung des letzten Kalenderjahres

Bei nicht ausschüttenden Fonds (thesaurierende Fonds) ist die Vorabpauschale identisch mit dem Basisertrag:

Vorabpauschale = Basisertrag – Ausschüttung des letzten Kalenderjahres (=0)

Wichtig: Wenn bei einem ausschüttenden Fonds die Ausschüttung nicht hoch genug ist, wird zusätzlich die Vorabpauschale angesetzt. Die steuerlich relevanten Erträge fließen dann zu zwei unterschiedlichen Stichtagen zu. Die Ausschüttung fließt in dem Kalenderjahr zu, in dem sie gezahlt wird und die Vorabpauschale fließt am ersten Werktag des folgenden Kalenderjahres zu.

Quelle: https://www.ffb.de/public/wissen/investmentsteuerreform.html

Beispiel:

Ausgangswerte: Aktienfonds; Höhe der Ausschüttung im Jahre 20.. 30,00 EUR; Wert der Fondsanteile am Jahresanfang 10 000,00 EUR; Wert der Fondsanteile am Jahresende 10 700,00 EUR; Wertzuwachs 700,00 EUR; Basiszins 0,52 %

Besteuerung der Ausschüttung:

18,00 EUR (Ausschüttung) · 0,7 (Teilfreistellung von 30 % bei Aktienfonds) = 12,60 EUR; darauf 25 % Abgeltungsteuer (3,15 EUR) + 5,5 % Solidaritätszuschlag auf die Abgeltungsteuer (0,17 EUR) = 3,32 EUR

Die Ausschüttung fließt dem Anleger aus steuerlicher Sicht zu, sobald er darüber verfügen kann.

Vorabpauschale für das Jahr 20..:

10 000,00 EUR (Wert der Fondsanteile am Jahresanfang) · 0,52 % (Basiszins) · 0,7 (Kostenabschlag) = 36,40 EUR

Nach Abzug der Teilfreistellung:

36,40 EUR · 0,7 = 25,48 EUR

Ergebnis: Der Basisertrag von 25,48 EUR ist größer als der Ausschüttungsbetrag von 18,00 EUR, aber kleiner als der Wertzuwachs in 20... Damit ist die Vorabpauschale fällig, allerdings abzüglich des Ausschüttungsbetrags, da dieser bereits besteuert wurde.

Vorabpauschale = Basisertrag – Ausschüttung des letzten Kalenderjahres
= 25,48 EUR – 18,00 EUR
Vorabpauschale = 7,48 EUR

Steuerlast für die Vorabpauschale:

25,48 EUR (Basisertrag) – 18,00 EUR (Ausschüttung) = 7,48 EUR; 7,48 EUR · 25,00 % Abgeltungsteuer (1,87 EUR) + 5,5 % Solidaritätszuschlag auf die Abgeltungsteuer (0,10 EUR) = 1,97 EUR

Die Vorabpauschale gilt am ersten Werktag des Folgejahrs – also am 2. Januar des Folgejahres – als steuerlich zugeflossen.

Steuerliche Gesamtbelastung:

3,32 EUR (Abgeltungsteuer einschließlich Solidaritätszuschlag auf Ausschüttung) + 1,97 EUR (Abgeltungsteuer einschließlich Solidaritätszuschlag auf Vorabpauschale) = 5,29 EUR

Verkauf der Fondsanteile. Der eigentlich unbegrenzt geltende Bestandsschutz für Kursgewinne aus Fondsanteilen, die vor 2009 gekauft wurden, wurde per 31. 12. 2017 abgeschafft. Dies wurde durch eine fiktive Veräußerung aller Investmentanteile zum Stichtag 31. 12. 2017 und Neuanschaffung zum 01. 01. 2018 erreicht. Bei dieser fiktiven Veräußerung wurden keine Steuern fällig. Die bis zum 31. 12. 2017 angefallenen unrealisierten Kursgewinne bleiben aber auch weiterhin steuerfrei. Außerdem wurde für die Altveräußerungsgewinne ein einmaliger persönlicher Freibetrag von 100 000,00 EUR pro Person eingeführt, der sich nur auf die Wertentwicklung ab 2018 bezieht. Dieser Freibetrag kann nur im Rahmen der Steuerveranlagung geltend gemacht werden.

Kursgewinne, die ab dem 01. 01. 2018 erzielt werden, unterliegen der Kapitalertragsteuer. Die jährliche Wertentwicklung der Investmentanteile wird anhand einer Vorabpauschale (siehe oben) besteuert. Diese wird jeweils im Folgejahr für das vorangegangene Kalenderjahr von den Fondsgesellschaften ermittelt und durch die Bank der Besteuerung unterzogen. Während der Haltedauer beim Anleger versteuerte Vorabpauschalen werden vom Veräußerungsgewinn im Rahmen der Schlussbesteuerung abgezogen. Weiterhin gilt für den Veräußerungsgewinn die Teilfreistellung (siehe oben), sodass sich auch hierdurch die Abgeltungsteuer auf den Veräußerungsgewinn reduziert.

Beispiel:

Besteuerung von Fondsanteilen (Altbestand/Aktienfonds)	
Wert der Fondsanteile beim Kauf am 1. Januar 2008	50 000,00 EUR
Wert der Fondsanteile beim fiktiven Verkauf am 31. Dezember 2017	89 542,00 EUR
Wert der Fondsanteile beim Verkauf am 31. Dezember 2027	160 357,00 EUR
Gewinn gesamt	110 357,00 EUR
davon steuerfreier Gewinn zum 31. Dezember 2017	39 542,00 EUR
Gewinn seit 1. Januar 2018	70 815,00 EUR
Gewinn nach Abrechnung der Vorabpauschalen	70 815,00 EUR – 9 088,00 EUR = 61 727,00 EUR
Gewinn nach Abrechnung der Vorabpauschalen und Teilfreistellung	61 727,00 EUR · 0,7 = 43 208,90 EUR
darauf 25 % Abgeltungsteuer (10 802,23 EUR) + 5,5 % Solidaritätszuschlag auf die Abgeltungsteuer (594,12 EUR)	11 396,35 EUR
Unterstellt wird eine jährliche Rendite auf das Fondsvermögen von 6 %.	

Quelle: In Anlehnung an: Finanztip

Lernbuch Kap. 17.2.4

Situation 4: FiFo-Methode bei der Ermittlung von Veräußerungsgewinnen und -verlusten

Sophie Hemmer unterhält ihr Depot bei der Sparkasse Leipzig. Sie hat ihrem Kreditinstitut keinen Freistellungsauftrag erteilt und gehört keiner Religionsgemeinschaft an. Frau Hemmer tätigte folgende Geschäfte in Intex-AG Aktien.

Kauf/Datum	Datum	Stück	Kurs in Euro
Kauf	30.03.2008	170	80,00
Kauf	05.06.2009	150	90,00
Kauf	18.08.2009	180	85,00
Verkauf	30.04.2021	160	95,00
Verkauf	16.07.2021	190	100,00

Aufgaben:

1 Ermitteln Sie die jeweilige Kontogutschrift für die Kundin aus den Transaktionen vom 30.04.2021 und 16.07.2021. Transaktionskosten, Verlustvorträge und Steuerverrechnungskonto bleiben unberücksichtigt. Berücksichtigen Sie bei Ihrer Berechnung die First-in-First-out-Methode.

2 Erklären Sie in diesem Zusammenhang der Kundin die „Zwei-Depot-Strategie" und deren Vorteil.

Was ist FiFo?

FiFo steht für die First-in-First-out-Methode. Dieses aus der Bewertung der Warenwirtschaft entnommene Verfahren besagt, dass diejenigen Teile, die zuerst ins Lager aufgenommen wurden, auch als erste wieder entnommen wurden. Die FiFo-Methode gilt seit dem Jahr 2005 für Zwecke der Einkommensteuer auch verbindlich für die Veräußerung von Wertpapieren und seit dem Jahre 2006 auch für Finanzinnovationen. Erwirbt ein Anleger ein und dasselbe Wertpapier zu verschiedenen Zeitpunkten und verkauft er das Wertpapier wieder zu unterschiedlichen Zeitpunkten, so werden nach der FiFo-Methode steuerlich immer diejenigen Wertpapiere als zuerst veräußert angesehen, die auch zuerst erworben wurden.

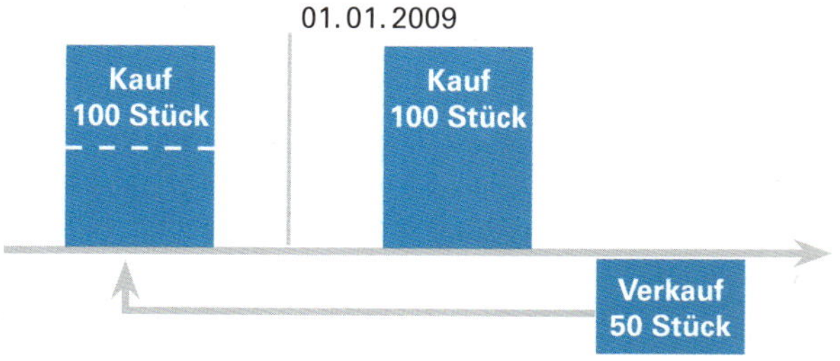

Quelle: http://www.finanztip.de/recht/steuerrecht.

FiFo-Methode – Zweites Depot sichert Altbestände

Werden Wertpapiere, die sich bereits in einem Depot befinden, nachgekauft und anschließend teilweise verkauft, so gelten die zuerst gekauften als zuerst verkauft (first-in-first-out-rule). Zu beachten ist hier, dass Wertpapiere, die 2008 angeschafft wurden, nach Ablauf von zwölf Monaten steuerfrei veräußert werden können. Gewinne aus Wertpapieren, die nach dem 31. Dezember 2008 gekauft wurden, unterliegen, unabhängig von der Haltedauer, dem Abgeltungsteuersatz von 25 %. Durch die Eröffnung eines zweiten Depots zum 1. Januar 2009 oder danach kann der Anleger die Alt- und Neubestände getrennt halten und bei Veräußerung selbst entscheiden, welche Anteile verkauft werden sollen. Dies kann auch bei Verlustfällen entscheidend sein, da Veräußerungsverluste aus Altbeständen bei Veräußerung nach zwölf Monaten steuerlich nicht mehr genutzt werden können, während sich Veräußerungsverluste aus Anteilserwerben nach dem 31. Dezember 2008 über den Verlustverrechnungstopf steuerlich konservieren lassen.

Quelle: In Anlehnung an: Verlagsbeilage Frankfurter Allgemeine Zeitung, 14.10.2008, Nr. 240.

Lernbuch Kap. 17.2.5

Situation 5: Verlustverrechnung bei Einkünften aus Kapitalvermögen

Katrin Westen, ledig, hat Ihrer Bank einen Freistellungsauftrag über 801,00 EUR erteilt. Sie gehört keiner Religionsgemeinschaft an. Die Verlustverrechnungstöpfe und das Steuerverrechnungskonto der Kundin Westen weisen keinen Vortrag auf. Im Jahr 2021 erzielte Katrin Westen die folgenden Kapitalerträge:

15.04.2021	Verlust aus dem Verkauf von Aktien, die im Januar 2010 erworben wurden	630,00 EUR
06.05.2021	gezahlte Stückzinsen aus dem Kauf von Anleihen	380,00 EUR
14.05.2021	Gewinn aus dem Verkauf von Aktien, die im Februar 2010 erworben wurden	1750,00 EUR
25.06.2021	Verlust aus dem Verkauf von Aktien, die im Februar 2009 erworben wurden	410,00 EUR
02.07.2021	Zinsen aus festverzinslichen Wertpapieren	980,00 EUR
29.07.2021	Gewinn aus dem Verkauf von Aktien, die im April 2009 erworben wurden	1333,00 EUR
29.10.2021	Verlust aus der Veräußerung von Optionen, die im April 2009 erworben wurden	3130,00 EUR

Sie beraten Frau Westen über die Verlustverrechnung ihres Kapitalvermögens. Informieren Sie sich im Vorfeld in dem Handbuch für kundenzentriertes Bankmanagement" (siehe S. 124).

Aufgabe:

1 Verwalten Sie die Verlustverrechnungstöpfe und den Freistellungsauftrag und ermitteln Sie die entsprechenden Steuerabzüge.
Nutzen Sie für Ihre Berechnungen die Übersicht auf S. 125.

Fortsetzung der Situation:

Am Nachmittag steht ein Beratungsgespräch mit dem Ehepaar Alexander und Mia Gerlich an. Diese haben Ihrem Kreditinstitut einen gemeinsamen Freistellungsauftrag über 1602,00 EUR erteilt, mit dem auch der Antrag auf eine ehegattenübergreifende Verlustverrechnung verbunden ist.

Die Eheleute führen getrennte Depots. Herr Gerlich hat am Jahresende 2021 insgesamt negative Kapitalerträge (Verlustüberhang) in Höhe von 15000,00 EUR (Allgemeiner Verlustverrechnungstopf), Frau Gerlich positive Kapitalerträge in Höhe von 10000,00 EUR (keine Verluste) realisiert. Eine Verlustbescheinigung wurde von Herrn und Frau Gerlich nicht beantragt.

Aufgaben:

2 Führen Sie für das Jahr 2021 die ehegattenübergeifende Verlustverrechnung durch.

3 Warum ist es für die Eheleute Gerlich sinnvoll, die ehegattenübergreifende Verlustverrechnung geltend zu machen?

4 Welcher Verlustvortrag würde sich bei einem gemeinsamen Freistellungsauftrag von 1602,00 EUR für das Jahr 2022 ergeben, wenn Herr Gerlich am Jahresende 2021 insgesamt negative Kapitalerträge von 15000,00 EUR (Allgemeiner Verlustverrechnungstopf), Frau Gerlich insgesamt positive Kapitalerträge in Höhe von 1100,00 EUR erzielt hätten?

Auszug aus dem Handbuch für kundenzentriertes Bankmanagement:

Verrechnung von negativen Kapitalerträgen

Negative Kapitalerträge können mit positiven Kapitalerträgen verrechnet werden und mindern den steuerpflichtigen Ertrag.

Zu den negativen Kapitalerträgen gehören

- gezahlte Stückzinsen beim Kauf von Schuldverschreibungen,
- Veräußerungsverluste beim Verkauf von Finanzinstrumenten (z.B. Investmentfondsanteile, Zertifikate, Aktien, Optionen).

Positive Kapitalerträge sind

- Zinsen,
- Dividenden,
- Veräußerungsgewinne.

Bei der Erfassung oder Verrechnung negativer Kapitalerträge gelten folgende Regeln:

- Veräußerungsverluste aus Aktiengeschäften dürfen nur mit Gewinnen aus Aktiengeschäften verrechnet werden;
- andere negative Kapitalerträge können mit allen positiven Kapitalerträgen (z.B. Zinserträgen, Dividenden, Veräußerungsgewinnen aus Finanzinstrumenten – also auch aus Aktien) verrechnet werden.

Die Bank muss zwei Verlustverrechnungstöpfe bilden, den Aktienverlustverrechnungstopf und den Allgemeinen Verlustverrechnungstopf.

Verlustverrechnungstöpfe für nicht sofort verrechenbare negative Kapitalerträge	
Aktienverlustverrechnungstopf	**Allgemeiner Verlustverrechnungstopf**
■ Erfassung von Veräußerungsverlusten aus Aktiengeschäften ■ Verrechnung mit späteren Veräußerungsgewinnen aus Aktiengeschäften	■ Erfassung aller anderen negativen Kapitalerträge ■ Verrechnung mit allen späteren positiven Kapitalerträgen (auch Veräußerungsgewinne aus Aktiengeschäften)

Ein zu versteuernder Ertrag nach § 20 EStG wird gegen vorhandene steuermindernde Beträge aus den Töpfen in einer bestimmten Reihenfolge verrechnet. Gibt es gespeicherte Verluste, sind diese vorrangig zu verwenden. Verluste aus Verkäufen in Aktien können jedoch nur gegen Erträge in Aktien verrechnet werden. Verluste in anderen Erträgen können gegen alle Ertragsarten verrechnet werden. Erst wenn der Allgemeine Verlustverrechnungstopf bzw. bei Erträgen in Aktienkursgewinnen beide Töpfe leer sind, darf die nächste Stufe der Verrechnung beginnen.

Der verbleibende Ertrag wird gegen den noch nicht verbrauchten Betrag aus dem Freistellungsauftrag verrechnet.

Ist nach dieser Verrechnung auch der Freistellungsauftrag ausgeschöpft, werden Kapitalertragsteuer (Abgeltungsteuer), Solidaritätszuschlag und ggf. Kirchensteuer auf die dann verbleibenden Kapitalerträge berechnet.

Fallen negative Kapitalerträge an, nachdem schon Steuern auf positive Kapitalerträge abgeführt worden sind, erfolgt eine Steuererstattung, bis das Steuerverrechnungskonto wieder einen Saldo von 0,00 EUR ausweist. Anschließend lebt der Freistellungsauftrag wieder auf. Ist dieser aufgefüllt, werden die negativen Kapitalerträge im Allgemeinen Verlustverrechnungstopf erfasst. Negative Kapitalerträge aus Aktienverlusten werden im Aktienverlustverrechnungstopf erfasst, wenn keine Verrechnung mit Aktiengewinnen möglich ist.

Zu beachten ist, dass ein Verlust aus Aktienverkauf nur dann zu einer Erstattung führt, wenn Abgeltungsteuer auf Aktiengewinne gezahlt wurde. Anderenfalls ist der Aktienverlust in den Aktienverlustverrechnungstopf einzustellen oder er führt zu einem Wiederaufleben des Freistellungsauftrags, soweit dieser für Aktiengewinne in Anspruch genommen wurde.

Ein am Jahresende in einem Verrechnungstopf übrig gebliebener Verlust wird von der Bank ins nächste Jahr vorgetragen, verbleibt also im Topf.

Der Kunde kann sich von den betreffenden Banken seine Verkaufsverluste und die einbehaltene Kapitalertragsteuer aber auch bescheinigen lassen und die Verlustbescheinigung als auch die Jahressteuerbescheinigung seiner Steuererklärung beilegen. Die Verlustbescheinigung muss bis zum 15.12. eines Jahres bei der Bank beantragt werden (§ 43a Abs. 3 Satz 5 EStG 2009). Stellt die Bank dem Kunden eine Verlustbescheinigung aus, fällt der bei ihr geführte Verlustverrechnungstopf auf null zurück (§ 43a Abs. 3 Satz 4 EStG 2009).

Mit einem *gemeinsamen Freistellungsauftrag* findet zwischen allen Einzel- und Gemeinschaftskonten/-depots der Ehegatten/Lebenspartner eine automatische und ehegatten-/lebenspartnerübergreifende Verlustverrechnung statt. Diese führt am Jahresende zu einer Verrechnung der Verluste des einen Ehegatten/Lebenspartners mit Gewinnen und Erträgen des anderen Ehegatten/Lebenspartners, was wiederum eine Steuergutschrift auslöst. Damit sparen sich gemeinsam veranlagte Eheleute/Lebenspartner den Verlustausgleich über die Steuerveranlagung. Bei der ehegattenübergreifenden Verlustverrechnung ist zu beachten, dass der gemeinsame Freistellungsauftrag auch dann für den Steuerabzug genutzt wird, wenn nur ein Ehegatte positive Kapitalerträge erzielt hat, die Ehegatten aber insgesamt einen Verlust bei ihren Kapitaleinkünften realisiert haben. Insoweit geht die Nutzung des Sparerfreibetrags der Verlustverrechnung vor. Auch wenn die Eheleute/Lebenspartner ihren Sparerfreibetrag schon für andere Kapitalanlagen bei anderen Kreditinstituten ausgeschöpft haben, können sie an der ehegatten-/lebenspartnerübergreifenden Verlustverrechnung teilnehmen, indem sie einen Freistellungsauftrag über 0,00 EUR erteilen. Die ehegatten-/lebenspartnerübergreifende Verlustverrechnung ist bindend und kann auch später im Rahmen einer getrennten steuerlichen Veranlagung nicht mehr geändert werden.

Datum	Vorgang		Aktienverlust-verrechnungstopf	Allgemeiner Verlust-verrechnungstopf	Freistellungs-auftrag	Steuerverrechnungskonto (Kapitalertragsteuer und Solidaritätszuschlag) unter Berücksichtigung von Erstattungen
			Verlustvortrag aus dem Vorjahr 0,00 EUR	Verlustvortrag aus dem Vorjahr 0,00 EUR	801,00 EUR	

Lernbuch Kap. 17.2.5

Situation 6: Steuerliche Behandlung eines Aktienverkaufs

Der Kunde Goran Horvat verkaufte am 07.03.20.. Stück 50,00 Shares Inc. Registred Shares o. N. Er erhielt die folgende Wertpapierabrechnung:

DAB bank
Die Direkt Anlage Bank

Wertpapierabrechnung

Verkauf
Kommissionsgeschäft

Herr
Goran Horvat
Königseestr. 16
81825 München

Depot-Nr.	Abrechnungs-Nr.
234567890	**12345678 / 07.03.20..**
Depotinhaber	
Goran Horvat	

Wir haben für Sie verkauft München, 07.03.20..

Gattungsbezeichnung	ISIN
Shares Inc. Registred Shares o.N.	**CA1234567890**
Nominal	Kurs
STK 50,000	**EUR 150,0000**

Handelstag	**07.03.20..**	Kurswert	**EUR**	**7.500,00**
Handelszeit	**10:00 Uhr**	Provision	**EUR**	**44,00-**
Börse	**Frankfurt/EDF**	Handelsentgelt	**EUR**	**11,00-**
Verwahrart	**Wertpapierrechnung**	Kapitalertragsteuer	**EUR**	**143,14-**
Lagerland	**Kanada**	Solidaritätszuschlag	**EUR**	**7,87-**
		Kirchensteuer	**EUR**	**11,45-**

Wert	Konto-Nr.	Betrag zu Ihren Gunsten
07.03.20..	**1234567890**	**EUR 7.282,54**

Hinweise zur steuerlichen Verrechnung:		vorher	aktuell
Veräußerungsgewinn Aktien	EUR		1.917,50 ❶
Aktienverlusttopf	EUR	302,50 ❷	0,00
allgemeiner Verlusttopf	EUR	230,00 ❸	0,00
Freistellungsauftrag (eingereicht: EUR 801,00)	EUR	801,00 ❹	0,00
Quellensteuertopf	EUR	0,00	0,00 ❺
KESt-pflichtiger Anteil	EUR		584,00 ❻

im laufenden Jahr einbehaltene Kapitalertragsteuer	EUR	143,14 ❼
im laufenden Jahr einbehaltener Solidaritätszuschlag	EUR	7,87 ❽
im laufenden Jahr einbehaltene Kirchensteuer	EUR	11,45 ❾

Kapitalertragsteuer, Solidaritätszuschlag und ggf. Kirchensteuer nach gemeldetem Kirchensteuersatz verrechnet mit dem Finanzamt München I, Steuernummer 143/800/13803. ❿
Wir werden in Ihrem Depot wie angegeben buchen.

Dieser Beleg wird maschinell erstellt und daher nicht unterschrieben.

DAB bank AG > Landsberger Straße 300 > 80687 München > BLZ 701 204 00 > BIC (SWIFT-Code): DABBDEMMXXX > Tel. 01802 25 45 05* > Sitz: München > AG München, HRB 118190
USt.-Ident.-Nr.: DE 161864563 > Aufsichtsratsvorsitzender: Andreas Wölfer > Vorstand: Markus Gunter, Alexander Freiherr von Uslar-Gleichen, Dr. Markus Walch
*6 Cent pro Anruf aus dem dt. Festnetz. Mobilfunk ggf. abweichend.

Aufgabe:

Erklären Sie dem Kunden Goran Horvat die Wertpapierabrechnung (Abrechnungspositionen ❶ bis ❿) in steuerlicher Hinsicht.

1 Ein Baufinanzierungskonzept entwickeln und einen Immobiliar-Verbraucherdarlehensvertrag abschließen

Lernbuch Kap. 18

Situation:

Die Eheleute Gerd und Ute Sommer, Helenenweg 6, 45529 Hattingen/Ruhr, tragen sich mit dem Gedanken, Wohneigentum zu erwerben. Sie haben zwei Kinder im Alter von zwei und vier Jahren. Bei Durchsicht der Wochenendausgabe der Tageszeitung sind sie auf folgende Anzeige aufmerksam geworden:

EINFAMILIENHÄUSER

VIVAWEST
Wohnen, wo das Herz schlägt

Wir verwirklichen Ihren Traum vom eigenen Heim und bauen für Sie in ruhiger Wohnlage auf Grundstücken von ca. 161–519 m²
18 Einfamilienhäuser mit familiengerechten Grundrissen von ca. 102 m² Wohnfläche zzgl. weitestgehend ausgebautem DG von ca. 29 m², voll unterkellert, in hochwertiger Ausstattung und bester Bauausführung zu einem attraktiven Preis.

Preisbeispiel: Reihenmittelhaus
inkl. ca. 161 m² Grdstck. 275 000,00 EUR
zzgl. Stellplatz 5 000,00 EUR
Gesamtpreis 280 000,00 EUR

Baubeginn ist erfolgt. Vereinbaren Sie mit uns einen Besichtigungstermin im Musterhaus in Hattingen.

Vertrauen Sie unserer Kompetenz und nutzen Sie die Vorteile des VIVAWEST-WOHNWERT-KONZEPTS.

Servicetelefon:
0234314-1363
oder
01071-3507683

Wir informieren Sie gern!
Vivawest GmbH

Das Ehepaar hat einige Tage später aufgrund der Anzeige einen Besichtigungstermin wahrgenommen und sich entschlossen, ein Einfamilienhaus zu erwerben. Vom Bauträger werden ihm folgende Objektdaten zur Verfügung gestellt.

Daten zum Objekt – Einfamilienhaus Waldweg 28, 45527 Hattingen/Ruhr

Wohnraum 140 m²

■ Grundstück:	519 m²; 270,00 EUR/m²	=	140 130,00 EUR
■ Baukosten Wohnhaus:	700 m³; 300,00 EUR/m³	=	210 000,00 EUR
Garage (Stellplatz)		=	5 000,00 EUR
Außenanlage:	5 % des Herstellungswerts nach Abschreibung	=	10 750,00 EUR
Baunebenkosten:	keine		
Anschaffungsnebenkosten (Notarkosten für Beurkundung des Kaufvertrages, Grunderwerbsteuer, Gebühren des Grundbuchamtes für die Eintragung des Eigentümerwechsels)		=	15 600,00 EUR

Das Ehepaar Sommer bittet am 6. Juli 20 . . bei der Volksbank Rhein-Ruhr eG um eine Finanzierungsberatung.

Herr und Frau Sommer, die beide erwerbstätig sind, verdienen im Monat zusammen 3300,00 EUR netto. Sonstige regelmäßige monatliche Einkünfte: Kindergeld 438,00 EUR; regelmäßige monatliche Ausgaben: Haushaltsführung 1000,00 EUR (vier Personen à 250,00 EUR); Kfz-Ausgaben 200,00 EUR; Versicherungen 55,00 EUR; Wohnungsmiete 700,00 EUR.

An finanziellen Mitteln sind vorhanden:

- Bausparvertrag über eine Vertrags-(Bauspar-)summe von 100000,00 EUR bei der Bausparkasse Schwäbisch Hall AG; Bausparguthaben 50000,00 EUR. Die Bewertungszahl für die Zuteilung ist erreicht. Vertragsvariante 0,1 % p. a./2,4 % p. a.; Zins- und Tilgungsleistung pro Monat sechs Promille der Bausparsumme.
- Sparguthaben bei der Volksbank Rhein-Ruhr eG 68000,00 EUR, wovon 8000,00 EUR für unvorhergesehene Ausgaben vorgesehen sind und nicht angegriffen werden sollen.
- An Eigenleistungen sollen 17000,00 EUR erbracht werden.

Die fehlenden finanziellen Mittel sollen durch ein Darlehen der Volksbank Rhein-Ruhr eG und durch Fördermittel der Kreditanstalt für Wiederaufbau (KfW) bereitgestellt werden.

Darlehenskonditionen der Volksbank Rhein-Ruhr eG				
Realkredite im erststelligen Beleihungsraum bis zu 60 %				
	Zinssatz 10 Jahre fest	Zinssatz 15 Jahre fest	Zinssatz 20 Jahre fest	Zinssatz 30 Jahre fest
Gebundener Sollzins	0,73 % p. a.	1,23 % p. a.	1,38 % p. a.	1,74 % p. a.
Auszahlung	100 %	100 %	100 %	100 %
Mindesttilgung	p. a. 1 %	p. a. 1 %	p. a. 1 %	p. a. 1 %
effektiver Jahreszins	0,76 % p. a.	1,26 % p. a.	1,41 % p. a.	1,77 % p. a.

kfw BANKENGRUPPE	**KfW-Wohneigentumsprogramm (Auszug)** **Programmnummer 124 Finanzierung von selbst genutztem Wohneigentum**
Förderziel	Das KfW-Wohneigentumsprogramm (Programmnr. 124) unterstützt den Bau oder den Erwerb von selbst genutzten Eigenheimen und Eigentumswohnungen in Deutschland [...]
Antragsberechtigte	Natürliche Personen, die selbst genutztes Wohneigentum erwerben [...]
Förderung	Gefördert wird der Bau oder Kauf von selbst genutztem Wohneigentum bis max. 100000,00 EUR. Dabei werden folgende Kosten berücksichtigt: ■ Kosten des Baugrundstücks (wenn der Erwerb bei Antragstellung nicht länger als 6 Monate zurückliegt), ■ Baukosten einschl. Baunebenkosten (Notar-, Maklergebühren, Grunderwerbsteuer etc.) und ■ Kosten der Außenanlagen
Antragstellung	Die KfW gewährt Kredite aus diesem Programm ausschließlich über Kreditinstitute (Banken/Sparkassen und Versicherungen), die für die von ihnen durchgeleiteten Kredite die Haftung übernehmen. Der Kreditantrag ist bei einem Kreditinstitut vor Beginn des Vorhabens, spätestens jedoch unmittelbar nach Abschluss des notariellen Kaufvertrags zu stellen.
Konditionen	Sollzins (Effektivzins p. a.) – Laufzeit – Tilgungsfreie Anlaufjahre – Zinsbindung – Auszahlung in % 1,00 % (1,00 %) – 10 Jahre – 10 Jahre – 10 Jahre – 100 0,85 % (0,85 %) – 25 Jahre – 3 Jahre – 5 Jahre – 100 0,98 % (0,98 %) – 25 Jahre – 3 Jahre – 10 Jahre – 100
Sicherheit	Der Kredit ist in Darlehenshöhe nachrangig grundpfandrechtlich zu besichern.
Tilgung	Der Kredit wird nach Ablauf der tilgungsfreien Jahre in monatlichen Annuitäten getilgt. Während der tilgungsfreien Anlaufjahre fallen Zinsen lediglich für die abgerufenen Kreditbeträge an. Während der Zinsbindungsfrist ist eine vorzeitige Rückzahlung des gesamten ausstehenden Darlehensbetrages nur gegen Zahlung eines Vorfälligkeitsentgelts möglich.

Konditionen:

Sollzins (Effektivzins p. a.)	Laufzeit	Tilgungsfreie Anlaufjahre	Zinsbindung	Auszahlung in %
1,00 % (1,00 %)	10 Jahre	10 Jahre	10 Jahre	100
0,85 % (0,85 %)	25 Jahre	3 Jahre	5 Jahre	100
0,98 % (0,98 %)	25 Jahre	3 Jahre	10 Jahre	100

Aufgaben:

1 a) Erstellen Sie für die Eheleute Sommer einen Gesamtkosten- und Finanzierungsplan für den Kauf des Einfamilienhauses. Nutzen Sie hier und im Folgenden das Formular zur Finanzierungsberatung auf S. 130.

b) Ermitteln Sie die Nettobelastung sowie die durchschnittliche monatliche Belastung in den ersten drei Darlehensjahren. Unterstellen Sie bei Ihren Berechnungen eine 100 % Auszahlung des Bankdarlehens mit einer Bedingungsanpassung (Zinsbindung) nach 30 Jahren und einer 3 % p. a. Tilgung.

Die von der KfW benötigten Fördermittel sollen über den maximal möglichen Förderbetrag bei 25-jähriger Laufzeit und mit 3 tilgungsfreien Anlaufjahren, einer 100 % Auszahlung und einer 10-jährigen Zinsbindungsfrist aufgenommen werden (benötigte Darlehenssumme bei der Volksbank auf volle TEUR aufrunden).

Weitere Angaben: Gerd Sommer, geb. am 13. 05. 88, Beruf: Ingenieur, Arbeitgeber: Ruhrgas seit 2015.
Ute Sommer, geb. am 28. 10. 90, Beruf: kfm. Angestellte, Arbeitgeber: Rhenag AG seit 2010.

2 Beurteilen Sie die Finanzierungsmöglichkeit der Eheleute Sommer.

Fortsetzung der Situation:

Nachdem der Kaufvertrag über das Einfamilienhaus mit dem Bauträger, der Vivawest GmbH, abgeschlossen wurde, beantragen Gerd und Ute Sommer bei der Volksbank Rhein-Ruhr eG ein Baudarlehen über 105 000,00 EUR zu folgenden Konditionen:

1,74 % p. a., Auszahlung 100 %, Bedingungsanpassung nach 30 Jahren, 3 % p. a. Tilgung.

Aufgaben:

3 Begründen Sie, warum sich die Eheleute Sommer für eine Bedingungsanpassung nach 30 Jahren entscheiden und eine 3 % p. a. Tilgung wünschen.

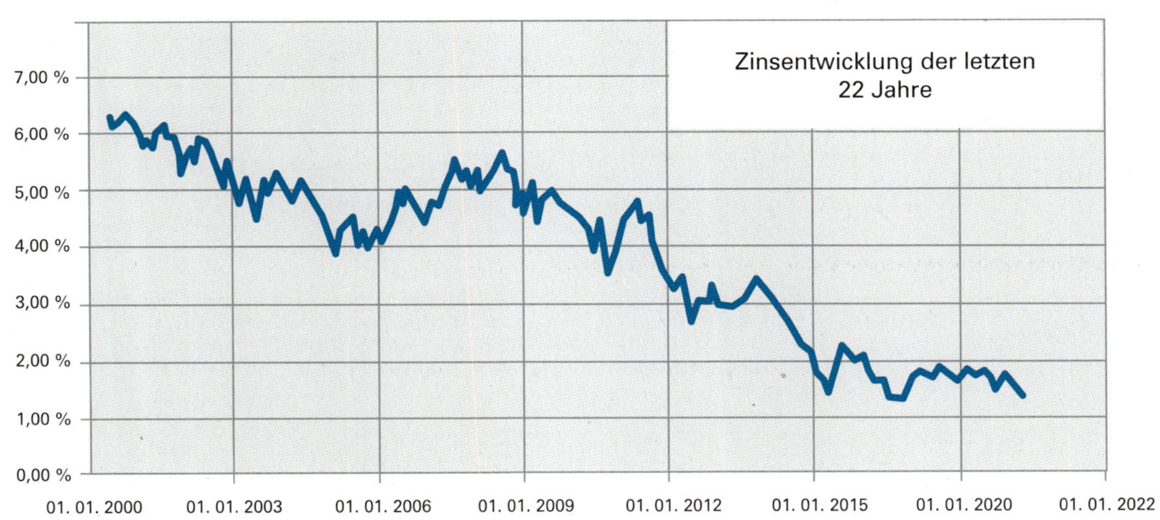

4 Das Darlehen soll durch eine erstrangige Grundschuld auf die zu bauende Besitzung Waldweg 28 besichert werden.

Erstellen Sie als zuständige(r) Kundenberater(in) den Kreditantrag (Datum 20. 07. 20. .). Das Darlehen soll zum 30. 10. 20. . ausgezahlt werden.

Füllen Sie das Antragsformular auf S. 131 aus.

Finanzierungsberatung

Kundenberater:
Datum:

....
Name, Vorname   Straße   PLZ   Wohnort

....
Beruf   Arbeitgeber   seit   Telefon

....
Objekt/Ort   Nutzung

( ) Ein-/Zweifam.-Wohnhaus   ( ) Neubau   ( ) Bau   ( ) Kauf
( ) Fertighaus, Typ ......   ( ) Altbau, Alter ....   ( ) Erweiterung
( ) Eigentumswohnung   Wohnfläche .... m^2 Umbauter Raum ....m^3

Kosten/Preise

1. Grundstück .... m^2 * EUR .... pro m^2 EUR ....
2. Anlieger-/Erschließungs-/Vermessungskosten   EUR ....
3. Baukosten/Kaufpreis Raum/Fläche ....m^3/m^2 * EUR...................
   \+ Stellplatz/Garage ....m^3 * EUR...............   EUR ....
4. Außenanlagen (Hausanschlüsse, Gartenanlage etc.)   EUR ....
5. Anschaffungsnebenkosten   EUR ....
6. Grunderwerbsteuer   EUR ....
7. Sonstiges (...)   EUR ....

8. Gesamtkosten (1.–7.)   EUR ....

Eigenmittel

9. Bankguthaben EUR ....
10. Wertpapiere EUR ....
11. Bausparguth. EUR ....
12. Grundstück EUR ....
13. Eigenleistung EUR ....
14. Sonstiges EUR ....
15. Summe EUR ....

....

16. Finanzierungsmittelbedarf (8. ./. 15.) EUR ....

Haushaltsrechnung

Monatseinkommen netto   EUR
Sonstige regelmäßige monatliche Einkünfte   EUR

EUR

Konsumausgaben
...... EUR* .... Pers.   ./.   EUR.........................
Sonstiges (Kfz, Versicherung etc.)   ./.   EUR.........................
Miete   ./.   EUR.........................
Verfügbares Einkommen   EUR
Verfügbares Einkommen + Miete   EUR.........................

Fremdmittel

Darlehen	Darlehenssumme	Disagio	Auszahlung	Zins p. a.	Tilgung p. a.	Annuität

Belastung jährlich: .... EUR

ergibt: durchschnittliche monatliche
Belastung in den ersten drei Jahren .... EUR

Kreditantrag[1] mit Bearbeitungsvermerken[2] (Kurzfassung)	Zur bankinternen Bearbeitung Nr.

1 Kreditantrag

1.1 Antragsteller

Name/Vorname	Geburtsdatum
Anschrift	Telefon
Beruf	Familienstand
Güterstand	

1.2 Kreditbedarf

Betrag	Kreditart
Verwendungszweck	

1.3 Konditionen

Zinssatz	Auszahlung
Laufzeit	
Tilgung/Annuität	

Zum Zwecke der Preisangabe wird verrechnet:

	auf einen Zeitraum von		;
	auf einen Zeitraum von		.

1.4 Sicherheiten

(z. B. Art, Rang, Bewertung, Versicherung)

1.5 Bemerkungen

(z. B. Einkommensverh., Vermögen, insbes. Grundstücke, Lebensvers., Bausparverträge; Bilanzen mit G. u. V.; Umsatz; Auftragsbestand; Schulden)

1.6 Auskunftsanfrage

Die Bank darf beim Grundbuchamt, Handelsregister, Güterrechtsregister oder Einwohnermeldeamt Auskünfte einholen, sich Unterlagen – insbesondere Abschriften aus öffentlichen Registern – beschaffen und dort Einsicht in die Register und Akten nehmen. Bei dem u. U. erforderlich werdenden Nachweis des berechtigten Interesses wird die Bank das Bankgeheimnis wahren.

1.7 AGB-Einbeziehungsklausel

Ergänzend gelten die **Allgemeinen Geschäftsbedingungen** der Bank (AGB). Die AGB können in den Geschäftsräumen der Bank eingesehen werden; auf Verlangen werden sie ausgehändigt.

Ort, Datum	Antragsteller

[1] Für SCHUFA-Klausel bitte gesonderten Vordruck verwenden.
[2] Sind weitere Angaben notwendig: a) Persönliche Angaben: Vordruck 203 05*; b) Angaben zum Gewerbebetrieb: Vordruck 200 03*
c) Angaben zum landwirtschaftlichen Betrieb: Vordruck 200 040; d) Angaben für Baukredite und Grundstücksbeleihungen: Vordruck 200 050

5 Das BGB in Verbindung mit dem EGBGB[1] sieht im Zusammenhang mit der Vergabe von Baudarlehen umfangreiche Pflichten für den Darlehensgeber vor.

a) Wie bezeichnet der Gesetzgeber diese Art von Darlehen?

b) Stellen Sie die Pflichten zusammen, denen die Volksbank vor Vertragsabschluss nachkommen muss. Werten Sie den folgenden Gesetzestext aus.

§ 491 BGB [Verbraucherdarlehensvertrag]

(1) Die Vorschriften dieses Kapitels gelten für Verbraucherdarlehensverträge, soweit nichts anderes bestimmt ist. Verbraucherdarlehensverträge sind Allgemein-Verbraucherdarlehensverträge und Immobiliar-Verbraucherdarlehensverträge.

(2) [...]

(3) Immobiliar-Verbraucherdarlehensverträge sind entgeltliche Darlehensverträge zwischen einem Unternehmer als Darlehensgeber und einem Verbraucher als Darlehensnehmer, die

1. durch ein Grundpfandrecht oder eine Reallast besichert sind oder
2. für den Erwerb oder die Erhaltung des Eigentumsrechts an Grundstücken, an bestehenden oder zu errichtenden Gebäuden oder für den Erwerb oder die Erhaltung von grundstücksgleichen Rechten bestimmt sind.

§ 491 a BGB [Vorvertragliche Informationspflichten bei Verbraucherdarlehensverträgen]

(1) Der Darlehensgeber ist verpflichtet, den Darlehensnehmer nach Maßgabe des Art. 247 des Einführungsgesetzes zum Bürgerlichen Gesetzbuche zu informieren.

(2) Der Darlehensnehmer kann vom Darlehensgeber einen Entwurf des Verbraucherdarlehensvertrags verlangen. Dies gilt nicht, solange der Darlehensgeber zum Vertragsabschluss nicht bereit ist. Unterbreitet der Darlehensgeber bei einem Immobiliar-Verbraucherdarlehensvertrag dem Darlehensnehmer ein Angebot oder einen bindenden Vorschlag für bestimmte Vertragsbestimmungen, so muss er dem Darlehensnehmer anbieten, einen Vertragsentwurf auszuhändigen oder zu übermitteln; [...]

(3) Der Darlehensgeber ist verpflichtet, dem Darlehensnehmer vor Abschluss eines Verbraucherdarlehensvertrags angemessene Erläuterungen zu geben, damit der Darlehensnehmer in die Lage versetzt wird, zu beurteilen, ob der Vertrag dem von ihm verfolgten Zweck und seinen Vermögensverhältnissen gerecht wird. [...]

§ 492 BGB [Schriftform, Vertragsinhalt]

(1) Verbraucherdarlehensverträge sind, soweit nicht eine strengere Form vorgeschrieben ist, schriftlich abzuschließen. Der Schriftform ist genügt, wenn Antrag und Annahme durch die Vertragsparteien jeweils getrennt schriftlich erklärt werden. Die Erklärung des Darlehensgebers bedarf keiner Unterzeichnung, wenn sie mit Hilfe einer automatischen Einrichtung erstellt wird.

(2) Der Vertrag muss die für den Verbraucherdarlehensvertrag vorgeschriebenen Angaben nach Art. 247 §§ 6 bis 13 des Einführungsgesetzes zum Bürgerlichen Gesetzbuche enthalten.

(3) Nach Vertragsschluss stellt der Darlehensgeber dem Darlehensnehmer eine Abschrift des Vertrags zur Verfügung. Ist ein Zeitpunkt für die Rückzahlung des Darlehens bestimmt, kann der Darlehensnehmer vom Darlehensgeber jederzeit einen Tilgungsplan [...] verlangen.

(4)–(7) [...]

§ 511 BGB [Beratungsleistungen bei Immobiliar-Verbraucherdarlehensverträgen]

(1) Bevor der Darlehensgeber dem Darlehensnehmer individuelle Empfehlungen zu einem oder mehreren Geschäften erteilt, die im Zusammenhang mit einem Immobiliar-Verbraucherdarlehensvertrag stehen (Beratungsleistungen), hat er den Darlehensnehmer über die sich aus Art. 247 § 18 des Einführungsgesetzes zum Bürgerlichen Gesetzbuche ergebenden Einzelheiten in der dort vorgesehenen Form zu informieren.

(2) Vor Erbringung der Beratungsleistung hat sich der Darlehensgeber über den Bedarf, die persönliche und finanzielle Situation sowie über die Präferenzen und Ziele des Darlehensnehmers zu informieren, soweit dies für eine passende Empfehlung eines Darlehensvertrags erforderlich ist. Auf Grundlage dieser aktuellen Informationen und unter Zugrundelegung realistischer Annahmen hinsichtlich der Risiken, die für den Darlehensnehmer während der Laufzeit des Darlehensvertrags zu erwarten sind, hat der Darlehensgeber eine ausreichende Zahl an Darlehensverträgen zumindest aus seiner Produktpalette auf ihre Geeignetheit zu prüfen.

(3) Der Darlehensgeber hat dem Darlehensnehmer aufgrund der Prüfung gemäß Abs. 2 ein geeignetes oder mehrere geeignete Produkte zu empfehlen oder ihn darauf hinzuweisen, dass er kein Produkt empfehlen kann. Die Empfehlung oder der Hinweis ist dem Darlehensnehmer auf einem dauerhaften Datenträger zur Verfügung zu stellen.

Art. 247 EGBGB [Informationspflichten bei Verbraucherdarlehensverträgen, ...]

§ 1 Vorvertragliche Informationen bei Immobiliar-Verbraucherdarlehensverträgen

(1) Bei einem Immobiliar-Verbraucherdarlehensvertrag muss der Darlehensgeber dem Darlehensnehmer mitteilen, welche Informationen und Nachweise er innerhalb welchen Zeitraums von ihm benötigt, um eine ordnungsgemäße Kreditwürdigkeitsprüfung durchführen zu können. Er hat den Darlehensnehmer darauf hinzuweisen, dass eine Kreditwürdigkeitsprüfung für den Abschluss des Darlehensvertrags zwingend ist und nur durchgeführt werden kann, wenn die hierfür benötigten Informationen und Nachweise richtig sind und vollständig beigebracht werden.

(2) Der Darlehensgeber muss dem Darlehensnehmer die vorvertraglichen Informationen in Textform übermitteln, und zwar unverzüglich nachdem er die Angaben gemäß Abs. 1 erhalten hat und rechtzeitig vor Abgabe der Vertragserklärung des Darlehensnehmers. Dafür muss der Darlehensgeber das entsprechend ausgefüllte Europäische Standardisierte Merkblatt (ESIS-Merkblatt) verwenden. [...]

(3) Weitere vorvertragliche Informationen sind, soweit nichts anderes bestimmt ist, in einem gesonderten Dokument zu erteilen, das dem ESIS-Merkblatt beigefügt werden kann. Die weiteren vorvertraglichen Informationen müssen auch einen deutlich gestalteten Hinweis darauf enthalten, dass der Darlehensgeber Forderungen aus dem Darlehensvertrag ohne Zustimmung des Darlehensnehmers abtreten und das Vertragsverhältnis auf einen Dritten übertragen darf, soweit nicht die Abtretung im Vertrag ausgeschlossen wird oder der Darlehensnehmer der Übertragung zustimmen muss.

(4) [...]

1 Einführungsgesetz zum Bürgerlichen Gesetzbuch

§ 3 Inhalt der vorvertraglichen Information bei Allgemein-Verbraucherdarlehensverträgen

(1) Die Unterrichtung vor Vertragsschluss muss folgende Informationen enthalten:

1. den Namen und die Anschrift des Darlehensgebers,
2. die Art des Darlehens,
3. den effektiven Jahreszins,
4. den Nettodarlehensbetrag,
5. den Sollzinssatz,
6. die Vertragslaufzeit,
7. Betrag, Zahl und Fälligkeit der einzelnen Teilzahlungen,
8. den Gesamtbetrag,
9. die Auszahlungsbedingungen,
10. alle sonstigen Kosten, insbesondere in Zusammenhang mit der Auszahlung oder der Verwendung eines Zahlungsinstruments, mit dem sowohl Zahlungsvorgänge als auch Abhebungen getätigt werden können, sowie die Bedingungen, unter denen die Kosten angepasst werden können,
11. den Verzugszinssatz und die Art und Weise seiner etwaigen Anpassung sowie gegebenenfalls anfallende Verzugskosten,
12. einen Warnhinweis zu den Folgen ausbleibender Zahlungen,
13. das Bestehen oder Nichtbestehen eines Widerrufsrechts,
14. das Recht des Darlehensnehmers, das Darlehen vorzeitig zurückzuzahlen,
15. die sich aus § 491 a Abs. 2 des Bürgerlichen Gesetzbuchs ergebenden Rechte,
16. die sich aus § 29 Abs. 7 des Bundesdatenschutzgesetzes ergebenden Rechte.

(2) [...]

(3) [...]

(4) Die Angabe zum Sollzinssatz muss die Bedingungen und den Zeitraum für seine Anwendung sowie die Art und Weise seiner Anpassung enthalten. [...]

§ 6 Vertragsinhalt

(1) Der Verbraucherdarlehensvertrag muss klar und verständlich folgende Angaben enthalten:

1. die in § 3 Abs. 1 Nr. 1 bis 14 und Abs. 4 genannten Angaben,
2. den Namen und die Anschrift des Darlehensnehmers,
3. die für den Darlehensgeber zuständige Aufsichtsbehörde,
4. einen Hinweis auf den Anspruch des Darlehensnehmers auf einen Tilgungsplan nach § 492 Abs. 3 Satz 2 des Bürgerlichen Gesetzbuchs,
5. das einzuhaltende Verfahren bei der Kündigung des Vertrags,
6. sämtliche weitere Vertragsbedingungen.

Bei einem Immobiliar-Verbraucherdarlehensvertrag sind abweichend von Satz 1 nur die in § 3 Abs. 1 Nr. 1 bis 7, 10 und 13 sowie Abs. 4 genannten Angaben zwingend. Abweichend von § 3 Abs. 1 Nr. 7 ist die Anzahl der Teilzahlungen nicht anzugeben, wenn die Laufzeit des Darlehensvertrags von dem Zeitpunkt der Zuteilung eines Bausparvertrags abhängt.

(2)–(3) [...]

§ 7 Weitere Angaben im Vertrag

(1) [...]

(2) Der Immobiliar-Verbraucherdarlehensvertrag muss folgende klar und verständlich formulierte weitere Angaben enthalten, soweit sie für den Vertrag bedeutsam sind:

1. die Voraussetzungen und die Berechnungsmethode für den Anspruch auf Vorfälligkeitsentschädigung, soweit der Darlehensgeber beabsichtigt, diesen Anspruch geltend zu machen, falls der Darlehensnehmer das Darlehen vorzeitig zurückzahlt, [...]
2. [...]

§ 18 Vorvertragliche Informationen bei Beratungsleistungen für Immobiliar-Verbraucherdarlehensverträge

(1) Bevor der Darlehensgeber Beratungsleistungen für einen Immobiliar-Verbraucherdarlehensvertrag erbringt oder einen entsprechenden Beratungsvertrag schließt, hat er den Darlehensnehmer darüber zu informieren,

1. wie hoch das Entgelt ist, sofern ein solches für die Beratungsleistungen verlangt wird,
2. ob der Darlehensgeber seiner Empfehlung
   a) nur oder im Wesentlichen eigene Produkte zugrunde legt oder
   b) neben eigenen Produkten auch eine größere Anzahl von Produkten anderer Anbieter zugrunde legt.

[...]

(2) Die Informationen sind auf einem dauerhaften Datenträger zu übermitteln; sie können in der gleichen Art und Weise wie weitere vorvertragliche Informationen gemäß § 1 Abs. 3 Satz 1 erteilt werden.

Aufgaben:

6 Das BGB sieht bei Verbraucherdarlehensverträgen eine Pflicht zur Kreditwürdigkeitsprüfung vor.

a) Wann darf die Volksbank Rhein-Ruhr eG den Darlehensvertrag mit den Eheleuten Sommer nur abschließen?

b) Welche Informationen zieht die Volksbank zur Prüfung der Kreditwürdigkeit von Herrn und Frau Sommer heran?

c) Welche Folgen hätte ein Verstoß gegen die Pflicht zur Kreditwürdigkeitsprüfung für die Volksbank?

§ 505 a BGB Pflicht zur Kreditwürdigkeitsprüfung bei Verbraucherdarlehensverträgen

(1) Der Darlehensgeber hat vor dem Abschluss eines Verbraucherdarlehensvertrags die Kreditwürdigkeit des Darlehensnehmers zu prüfen. Der Darlehensgeber darf den Verbraucherdarlehensvertrag nur abschließen, wenn aus der Kreditwürdigkeitsprüfung hervorgeht, dass bei einem Allgemein-Verbraucherdarlehensvertrag keine erheblichen Zweifel daran bestehen und dass es bei einem Immobiliar-Verbraucherdarlehensvertrag wahrscheinlich ist, dass der Darlehensnehmer seinen Verpflichtungen, die im Zusammenhang mit dem Darlehensvertrag stehen, vertragsgemäß nachkommen wird.

(2) [...]

(3) [...]

§ 505 b BGB Grundlage der Kreditwürdigkeitsprüfung bei Verbraucherdarlehensverträgen

(1) [...]

(2) Bei Immobiliar-Verbraucherdarlehensverträgen hat der Darlehensgeber die Kreditwürdigkeit des Darlehensnehmers auf der Grundlage notwendiger, ausreichender und angemessener Informationen zu Einkommen, Ausgaben sowie anderen finanziellen und wirtschaftlichen Umständen des Darlehensnehmers eingehend zu prüfen. Dabei hat der Darlehensgeber die Faktoren angemessen zu berücksichtigen, die für die Einschätzung relevant sind, ob der Darlehensnehmer seinen Verpflichtungen aus dem Darlehensvertrag voraussichtlich nachkommen kann. Die Kreditwürdigkeitsprüfung darf sich nicht hauptsächlich darauf stützen, dass der Wert der Wohnimmobilie den Darlehensbetrag übersteigt, oder auf die Annahme, dass der Wert der Wohnimmobilie zunimmt, es sei denn, der Darlehensvertrag dient zum Bau oder zur Renovierung der Wohnimmobillie.

(3) Der Darlehensgeber ermittelt die gemäß Abs. 2 erforderlichen Informationen aus einschlägigen internen oder externen Quellen, wozu auch Auskünfte des Darlehensnehmers gehören. Der Darlehensgeber berücksichtigt auch die Auskünfte, die einem Darlehensvermittler erteilt wurden. Der Darlehensgeber ist verpflichtet, die Informationen in angemessener Weise zu überprüfen, soweit erforderlich auch durch Einsichtnahme in unabhängig nachprüfbare Unterlagen.

(4) [...]

(5) [...]

§ 505 d BGB Verstoß gegen die Pflicht zur Kreditwürdigkeitsprüfung

(1) Hat der Darlehensgeber gegen die Pflicht zur Kreditwürdigkeitsprüfung verstoßen, so ermäßigt sich

1. ein im Darlehensvertrag vereinbarter gebundener Sollzins auf den marktüblichen Zinssatz am Kapitalmarkt für Anlagen in Hypothekenpfandbriefe und öffentliche Pfandbriefe, deren Laufzeit derjenigen der Sollzinsbindung entspricht und
2. ein im Darlehensvertrag vereinbarter veränderlicher Sollzins auf den marktüblichen Zinssatz, zu dem europäische Banken einander Anleihen in Euro mit einer Laufzeit von drei Monaten gewähren.

[...] Der Darlehensnehmer kann den Darlehensvertrag jederzeit fristlos kündigen; ein Anspruch auf eine Vorfälligkeitsentschädigung besteht nicht. Der Darlehensgeber stellt dem Darlehensnehmer eine Abschrift des Vertrags zur Verfügung, in der die Vertragsänderungen berücksichtigt sind, die sich aus den Sätzen 1 bis 3 ergeben. Die Sätze 1 bis 4 finden keine Anwendung, wenn bei einer ordnungsgemäßen Kreditwürdigkeitsprüfung der Darlehensvertrag hätte geschlossen werden dürfen.

(2) [...]

(3) Die Absätze 1 und 2 finden keine Anwendung, soweit der Mangel der Kreditwürdigkeitsprüfung darauf beruht, dass der Darlehensnehmer dem Darlehensgeber vorsätzlich oder grob fahrlässig Informationen im Sinne des § 505 b Abs. 1 bis 3 unrichtig erteilt oder vorenthalten hat.

7 Nennen Sie die Unterlagen, die von den Eheleuten Sommer im Zusammenhang mit der Beantragung des Kredits der Volksbank Rhein-Ruhr eG vorzulegen sind, und geben Sie an, wo diese Unterlagen beschafft werden können.

Fortsetzung der Situation:

Zwecks Bearbeitung des Kreditantrags und um festzustellen, ob das Darlehen innerhalb der erstrangigen Beleihungsgrenze gewährt werden kann, nimmt der (die) Sachbearbeiter(in) der Volksbank eine Beleihungswertberechnung vor. Die Bank ermittelt den Beleihungswert nach den Vorschriften der Beleihungswertermittlungsverordnung (BelWertV).

Aufgaben:

8 Welche Faktoren sind bei der Berechnung des Beleihungswertes ausschlaggebend?

Verordnung über die Ermittlung der Beleihungswerte von Grundstücken nach § 16 Abs. 1 und 2 des Pfandbriefgesetzes (Beleihungswertermittlungsverordnung – BelWertV)

Teil 1 Allgemeine Bestimmungen und Verfahrensgrundsätze

§ 3 Grundsatz der Beleihungswertermittlung

(1) Der Wert, der der Beleihung zugrunde gelegt wird (Beleihungswert), ist der Wert der Immobilie, der erfahrungsgemäß unabhängig von vorübergehenden, etwa konjunkturell bedingten Wertschwankungen am maßgeblichen Grundstücksmarkt und unter Ausschaltung von spekulativen Elementen während der gesamten Dauer der Beleihung bei einer Veräußerung voraussichtlich erzielt werden kann.

(2) Zur Ermittlung des Beleihungswerts ist die zukünftige Verkäuflichkeit der Immobilie unter Berücksichtigung der langfristigen, nachhaltigen Merkmale des Objekts, der normalen regionalen Marktgegebenheiten sowie der derzeitigen und möglichen anderweitigen Nutzungen im Rahmen einer vorsichtigen Bewertung zugrunde zu legen.

§ 4 Verfahren zur Ermittlung des Beleihungswerts

(1) Zur Ermittlung des Beleihungswerts sind der Ertragswert (§§ 8 bis 13) und der Sachwert (§§ 14 bis 18) des Beleihungsobjekts getrennt zu ermitteln. [...]

(2) Bei Wohnungs- und Teileigentum ist ergänzend das Vergleichswertverfahren nach § 19 durchzuführen und der Vergleichswert als Kontrollwert bei der Ermittlung des Beleihungswerts zu berücksichtigen. Bei Eigentumswohnungen und einzelnen, in sich selbstständigen gewerblich genutzten Einheiten kann in diesen Fällen eine Ermittlung des Sachwerts entfallen.

(3) Maßgeblich für die Ermittlung des Beleihungswerts ist regelmäßig der Ertragswert, der nicht überschritten werden darf. [...]

(4) Bei Ein- und Zweifamilienhäusern sowie Eigentumswohnungen kann der Beleihungswert am Sachwert orientiert werden und eine Ertragswertermittlung entfallen. [...]

9 Begründen Sie, warum für den Beleihungswert im vorliegenden Fall der Sachwert zugrunde gelegt wird.

Verordnung über die Ermittlung der Beleihungswerte von Grundstücken nach § 16 Abs. 1 und 2 des Pfandbriefgesetzes (Beleihungswertermittlungsverordnung – BelWertV)

Abschnitt 2 Sachwertverfahren

§ 14 Grundlagen der Sachwertermittlung

Der Sachwert des Beleihungsobjekts setzt sich aus dem Bodenwert und dem nach § 16 zu ermittelnden Wert der baulichen Anlage zusammen. Zu der baulichen Anlage gehören auch die Außenanlagen.

§ 15 Bodenwert

(1) Zur Ermittlung des Bodenwerts sind Erhebungen anzustellen über

1. die örtliche Lage, die Größe und den Zuschnitt des Grundstücks,
2. die Art und das Maß der baurechtlich festgesetzten Nutzungsmöglichkeiten und die tatsächliche Nutzung,
3. die Art und Beschaffenheit der Zuwegungen,
4. die wichtigsten wirtschaftlichen und verkehrstechnischen Verbindungen,
5. die Anschlussmöglichkeiten an Versorgungsleitungen und Kanalisation,
6. die noch anfallenden Erschließungsbeiträge und
7. vorhandene Richtwerte und Vergleichspreise.

(2) Der Bodenwert ist nach Quadratmetern der Grundstücksfläche anzusetzen. Bei der Ermittlung des Bodenwerts darf keine höherwertige Nutzung als zulässig zugrunde gelegt werden.

§ 16 Wert der baulichen Anlage

(1) Zur Ermittlung des Werts der baulichen Anlage sind die aus Erfahrungssätzen abzuleitenden Herstellungskosten je Raum- oder Flächeneinheit mit der Anzahl der entsprechenden Bezugseinheit des zu bewertenden Gebäudes zu vervielfachen (Herstellungswert). Die angesetzten Herstellungskosten müssen regional und objektspezifisch angemessen sein. Wertmäßig zu berücksichtigen sind dabei insbesondere

1. die beabsichtigte und mögliche Verwendung,
2. der Umfang und die Raumaufteilung,
3. die Bauweise und die für den Rohbau verwendeten Materialien,
4. die Ausstattung und die wertbeeinflussenden Nebenanlagen,
5. das Alter und der Erhaltungszustand nach Maßgabe des § 17,
6. sonstige wertbeeinflussende Umstände nach Maßgabe des § 18.

Die Kosten für Außenanlagen dürfen im Regelfall mit nicht mehr als 5 Prozent des Herstellungswerts angesetzt werden.

(2) Um eventuellen Baupreissenkungen und damit der nachhaltigen Gültigkeit der Ansätze Rechnung zu tragen, ist der nach Abs. 1 ermittelte Herstellungswert um einen Sicherheitsabschlag von mindestens 10 % zu kürzen. [...]

(3) Baunebenkosten, insbesondere Kosten für Planung, Baudurchführung, behördliche Prüfungen und Genehmigungen, können nur in üblicher Höhe und soweit Berücksichtigung finden, wie ihnen eine dauernde Werterhöhung entspricht. Der Ansatz von Baunebenkosten ist auf bis zu 20 % des nach Abs. 2 verminderten Herstellungswerts beschränkt.

§ 17 Wertminderung wegen Alters

(1) Die Wertminderung wegen Alters bestimmt sich nach dem Verhältnis der Restnutzungsdauer zur Nutzungsdauer der baulichen Anlage; sie ist in einem Prozentsatz des Herstellungswerts auszudrücken. Bei der Bestimmung der Wertminderung kann je nach Art und Nutzung der baulichen Anlage von einer gleichmäßigen oder von einer mit zunehmendem Alter sich verändernden Wertminderung ausgegangen werden.

(2) [...]

§ 18 Berücksichtigung sonstiger wertbeeinflussender Umstände

Sonstige nach den §§ 16 und 17 noch nicht erfasste, den Wert beeinflussende Umstände, insbesondere eine wirtschaftliche Überalterung, ein über- oder unterdurchschnittlicher Erhaltungszustand und ein erhebliches Abweichen der tatsächlichen von der vorgesehenen Nutzung, sind durch Zu- oder Abschläge oder in anderer geeigneter Weise zu berücksichtigen.

10 a) Führen Sie die Beleihungswertermittlung mithilfe der folgenden Übersicht durch. Die angegebenen Kosten für das Bauland und den umbauten Raum sind als angemessen anzunehmen. Erschließungskosten sind bezahlt. Sonstige wertbeeinflussende Faktoren liegen nicht vor. Entscheiden Sie, ob das Baudarlehen innerhalb der erststelligen Beleihungsgrenze gewährt werden kann.

Beleihungswertermittlung

nach dem Sachwertverfahren

Kreditnehmer:

Objekt:

Art:

Grundstücksgröße: 519 m² *Preis pro m²:* 270

Umbauter Raum: ~~140 m²~~ 700 m³

1. Bodenwert	
519 m² · 270 EUR/m²	140.130 EUR
+ noch anfallende Erschließungsleistungen	— EUR
= Bodenwert	140.130 EUR
2. Wert der baulichen Anlage	
700 m³ · 300 EUR/m³	210.000 EUR
+ Garage (Stellplatz)	5000 EUR
= Herstellungswert vor Abschreibung	215.000 EUR
− Wertminderung wegen Alters	— EUR
= Herstellungswert nach Abschreibung	215.000 EUR
+ Kosten für Außenanlagen	10.750 EUR
= Herstellungswert einschl. Kosten für Außenanlagen	225.750 EUR
− Sicherheitsabschlag (10 % a. d. Herstellungsw. einschl. Kosten f. Außenanl.)	22.575 EUR
= Herstellungswert einschl. Außenanlagen nach Sicherheitsabschlag	203.175 EUR
+ Baunebenkosten (maximal 20 % des Herstellungswerts einschl. Außenanlagen nach Sicherheitsabschlag)	— EUR
= Wert der baulichen Anlage	203.175 EUR
3. Summe Bodenwert und Wert der baulichen Anlage	343.305 EUR
+/− Sonstige wertbeeinflussende Faktoren	— EUR
= Sachwert des Beleihungsobjekts (Beleihungswert)	343.305 EUR

Beleihungsgrenze

Die Obergrenze für erststellige Darlehen beträgt bei Hypothekenbanken, Sparkassen und Geschäftsbanken meist 60 % des Beleihungswerts. Bausparkassen, Sparkassen und Geschäftsbanken finanzieren bei einwandfreien Bonitätsverhältnissen auch bis zu 80 % des Beleihungswerts. Grundsätzlich kann der gesamte Finanzierungsbedarf finanziert werden. Für nicht erststellig besicherte Darlehen steigen wegen des höheren Risikos die Zinssätze.

b) Ermitteln Sie für die Volksbank Rhein-Ruhr eG den Beleihungsauslauf und beurteilen Sie den errechneten Wert. Das Darlehen der Volksbank wird erstrangig besichert.

↳ je höher desto höher Finanzierungsrisiko

Fortsetzung der Situation:

Der folgende Darlehensvertrag wird von der Volksbank Rhein-Ruhr eG für Gerd und Ute Sommer erstellt:

Darlehensvertrag (Auszug)
gem. den BGB-Bestimmungen über Verbraucherdarlehensverträge

Zur bankinternen Bearbeitung
Nr. 12.355.030

Darlehensnehmer (Name, Anschrift)

Gerd und Ute Sommer
Helenenweg 6
45529 Hattingen/Ruhr

Bank

Volksbank
Rhein-Ruhr eG

Darlehensnehmer und Bank schließen folgenden Vertrag:

1 **Höhe des Darlehens:** Die Bank stellt dem Darlehensnehmer ein Darlehen zur Verfügung in Höhe von

105 000,00 EUR

2 **Verwendungszweck:** Kauf eines Einfamilienhauses

3 **Konditionen:**

3.1 **Verzinsung:** Das Darlehen ist ab dem Tag der Auszahlung mit 1,74 % jährlich zu verzinsen. Der Zinssatz ist festgeschrieben bis zum 30. 10. 20. . (30-jährige Zinsfestschreibung). Die Zinsen werden berechnet aus dem Darlehenssaldo jeweils zum Monatsende. Die Zinsen sind fällig am Ende eines jeden Monats. Der effektive Jahreszins beträgt 1,77 % p.a. Hierbei wurden Zinsen auf den Zeitraum der Zinsfestschreibung verrechnet, Auszahlung 30. 10. 20. .

3.2 **Auszahlung:** Das Darlehen wird zu einem Auszahlungskurs von 100 % ausgezahlt.

3.3 **Nettokreditbetrag:** Der Nettokreditbetrag wird dem Girokonto Nr. 12355030 gutgeschrieben. Auf den bis zum 01. 03. n. J. nicht zur Auszahlung kommenden Betrag wird bis zur vollen Auszahlung eine Bereitstellungsprovision von 0,25 % pro Monat fällig.

4 **Darlehensrückzahlung:** Das Darlehen ist in Höhe von 3 % jährlich vom ursprünglichen Darlehensbetrag zuzüglich der durch Tilgung ersparten Zinsen zurückzuzahlen. Demnach beträgt die Leistungsrate aus Zins und Tilgung zurzeit EUR 414,75, jeweils fällig am Monatsende, erstmals am 30. 11. 20. . Fällige Beträge (z. B. Zinsen oder Leistungsraten) werden dem Belastungskonto Nr. 12.355.030 belastet.

5 **Gesamtbetrag** (alle vom Darlehensnehmer zu leistenden Teilzahlungen einschließlich Tilgung, Zinsen und Kosten):[1]

6 **Sicherheiten:** Alle der Bank zustehenden Sicherheiten sichern alle bestehenden, künftigen und bedingten Ansprüche der Bank aus der Geschäftsverbindung mit dem Darlehensnehmer, soweit nicht im Einzelfall außerhalb dieses Vertrages etwas anderes vereinbart ist; dies gilt auch für bereits bestellte, hier nicht aufgeführte und aufgrund der Allgemeinen Geschäftsbedingungen haftende Sicherheiten. Zusätzlich stellt der Darlehensnehmer der Bank mit gesonderter Vereinbarung noch folgende Sicherheiten:

105 000,00 EUR erststellige Grundschuld, eingetragen auf dem Einfamilienhaus in Hattingen, Waldweg 28.

Das Darlehen kann erst in Anspruch genommen werden, wenn sämtliche Bedingungen erfüllt sind, die vorgesehenen Sicherheiten bestellt wurden und die Bank deren Ordnungsmäßigkeit geprüft hat.

7 **Weitere Darlehensbedingungen:** Die Auszahlung ist u. a. davon abhängig, dass die Grundschuld rangrichtig im Grundbuch eingetragen ist und alle Darlehensunterlagen vorgelegt wurden. Die beigefügten Allgemeinen Geschäftsbedingungen sind Bestandteil dieses Vertrages.

Ort, Datum

Darlehensnehmer

Ort, Datum

Bank

1 Diese Information ist nicht erforderlich, sofern es sich um ein grundpfandrechtlich gesichertes Darlehen handelt.

Aufgaben:

11 Um welche Darlehensart handelt es sich bezüglich der Tilgung?

Auszug aus dem Handbuch für kundenzentriertes Bankmanagement:

Darlehensarten im Allgemeinen

Annuitätendarlehen

Die Darlehen werden i.d.R. als Annuitätendarlehen gewährt.

Bei einem Annuitätendarlehen zahlt der Darlehensnehmer eine gleichbleibende Jahresleistung (Annuität). Die Jahresleistung setzt sich aus einem Zins- und einem Tilgungsanteil zusammen und bleibt während des vereinbarten Festschreibungszeitraumes unverändert.

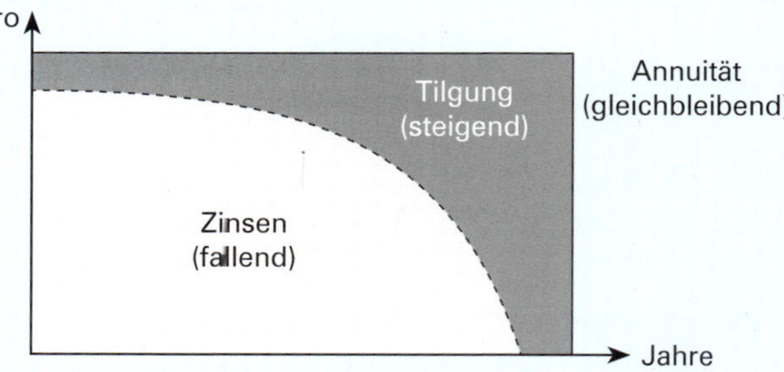

Durch die fortschreitende Tilgung des Darlehenskapitals verringert sich der auf das Restkapital berechnete Zinsanteil innerhalb der Annuität. Da die Annuität unverändert bleibt, dienen die sogenannten ersparten Zinsen der zusätzlichen Tilgung. Dadurch ist ein Darlehen mit einem Tilgungssatz von 1 v. H. nicht erst nach 100 Jahren, sondern bei einem Zinssatz von z. B. 8 v. H. nach rund 29 Jahren zurückgezahlt.

Festdarlehen (endfälliges Darlehen)

Bei Festdarlehen – auch endfälliges Darlehen genannt – zahlt der Schuldner während der Darlehenslaufzeit nur den vereinbarten Zins (i.d.R. in vierteljährlichen Teilbeträgen). Das Kapital wird in einer Summe am Ende der vereinbarten Laufzeit fällig.

Festdarlehen werden häufig eingesetzt, wenn anstelle einer planmäßigen Tilgung die Rechte aus einer Kapitallebensversicherung oder einem Bausparvertrag abgetreten werden.

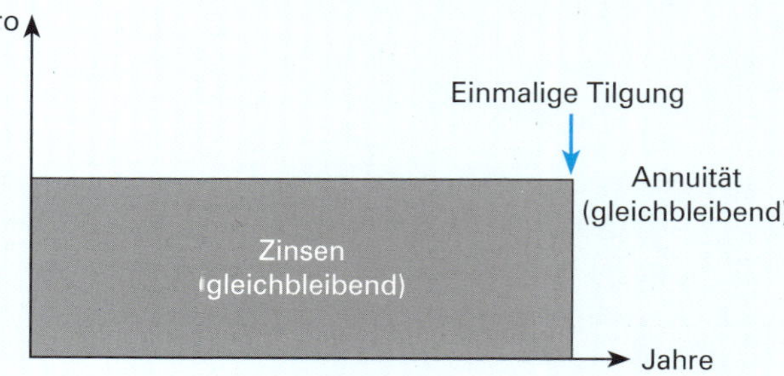

Tilgungsdarlehen (Abzahlungsdarlehen)

Bei Tilgungsdarlehen zahlt der Darlehensnehmer einen gleichbleibenden Tilgungsanteil und einen sich entsprechend der Entwicklung des Restkapitals laufend verringernden Zinsanteil. Die Raten werden i.d.R. in halbjährlichen oder jährlichen Teilbeträgen gezahlt.

Diese Darlehensart wird wenig nachgefragt, da sie den Darlehensnehmer in der Anfangsphase relativ hoch belastet.

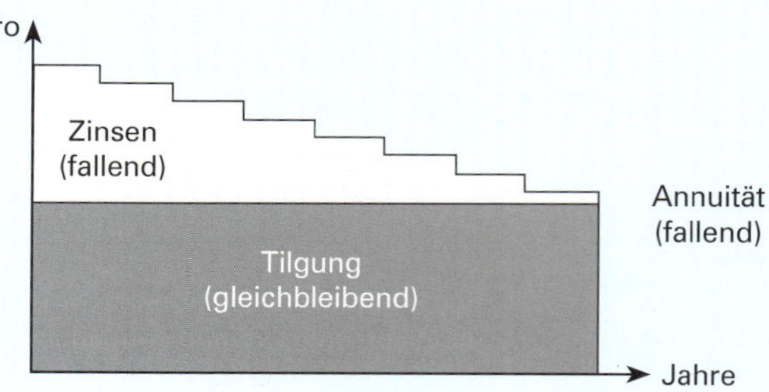

Quelle: Das Hypothekenbankgeschäft. Informationsschrift der Deutschen Genossenschafts-Hypothekenbank.

12 Erstellen Sie einen Tilgungsplan für das erste halbe Jahr, indem Sie die folgende Tabelle vervollständigen. Berücksichtigen Sie, dass die Tilgung monatlich verrechnet wird (vgl. Darlehensvertrag).

Tilgungsplan				Darlehenssumme 105 000,00 EUR
Jahr/Monat	**monatliche Leistung in EUR**	**Zinsen 1,74 % p. a. in EUR**	**Tilgung 3 % p. a. in EUR**	**Restdarlehen in EUR**
1/1	414,75	152,25	262,5	104.737,5
1/2	414,75	151,87	262,88	104.474,62
1/3	414,75	151,49	263,26	104.211,36
1/4	414,75	151,11	263,64	103.947,72
1/5	414,75	150,72	264,03	103.683,69
1/6	414,75	150,34	264,41	103.419,28

13 Wann kommt der Darlehensvertrag zwischen der Volksbank Rhein-Ruhr eG und den Eheleuten Sommer zustande? Bei Unterschrift + aushändigung des Darlehnvertrages

14 Wann kann das Darlehen von den Eheleuten Sommer frühestens in Anspruch genommen werden?

Fortsetzung der Situation:

Die Volksbank und die Darlehensnehmer treffen folgende Vereinbarung:

Zweckerklärung für Grundschulden (Sicherungsvereinbarung)
(Auszug)

1 Sicherungsabrede

1.1 Sicherungszweck

Die Volksbank wird Gläubigerin der auf dem im Grundbuch von Hattingen Band -- Blatt 7346 verzeichneten Pfandobjekt der Eheleute Gerd und Ute Sommer, Hattingen

- nachstehend der Sicherungsgeber genannt - nebst Zinsen und Nebenleistung eingetragenen/einzutragenden Grundschuld(en)

Laufende Nr.	EUR	EUR in Worten
1	105 000,00	einhundertfünftausend

Die Grundschuld(en) nebst Zinsen und Nebenleistung dient/dienen zur *Sicherheit für alle bestehenden und künftigen, auch bedingten oder befristeten Forderungen der Bank*

gegen die Eheleute Gerd und Ute Sommer

- nachstehend Kreditnehmer genannt - aus der Geschäftsverbindung (insbesondere aus laufender Rechnung, Krediten und Darlehen jeder Art und Wechseln), Bürgschaften, Abtretungen oder gesetzlichem Forderungsübergang. Zahlungen an die Volksbank werden auf die gesicherten persönlichen Forderungen und nicht auf die Grundschuld(en) verrechnet.

Aufgaben:

15 Erklären Sie den Zweck dieser Vereinbarung.

Sicherungsabrede

Da die Grundschuld anders als eine Hypothek ohne Bezug auf eine Forderung bestellt wird, muss in einer besonderen Sicherungsabrede mit dem Eigentümer vereinbart werden, für welche Forderungen die Grundschuld als Sicherheit in Anspruch genommen werden darf. Üblicherweise wird vereinbart, dass die Grundschuld *zur Sicherung aller Ansprüche* der Bank aus dem Darlehensverhältnis sowie aus etwaigen anderen – auch künftigen – Darlehensverhältnissen dient.

Diese auch Grundschuld-Zweckbestimmungserklärung genannte Sicherungsabrede ist formfrei. Sie kann in der Grundschuldbestellungsurkunde selbst enthalten sein; es genügt aber auch, wenn sie im privatschriftlichen Darlehensvertrag enthalten ist. Die Sicherungsabrede kann auch auf Forderungen anderer Gläubiger ausgedehnt werden, sodass die Grundschuld auch deren Forderungen mit besichert.

In der Sicherungsabrede wird ferner bestimmt, dass Zahlungen nicht auf die Grundschuld, sondern nur auf das zu sichernde Darlehen angerechnet werden. Dadurch soll verhindert werden, dass die Grundschuld infolge Zahlungen auf den Eigentümer übergeht. Sie bleibt so als Sicherheit für etwaige weitere Darlehen erhalten.

Erlischt die zu sichernde Forderung durch Rückzahlung oder kommt sie nicht zur Entstehung, weil eine Darlehensauszahlung nicht erfolgt, steht die Grundschuld nach wie vor dem eingetragenen Gläubiger zu. Der Eigentümer hat jedoch über dem Gläubiger einen Anspruch auf Rückgewähr der Grundschuld. Dieser Anspruch wird durch Löschung der Grundschuld oder durch ihre Abtretung an den Eigentümer oder an einen von ihm benannten Dritten erfüllt.

16 Das Grundpfandrecht (die erststellige Grundschuld in Höhe von 105 000,00 EUR) soll bestellt werden. Welche Rechtshandlungen sind zur wirksamen Verpfändung des Grundbesitzes erforderlich?

17 Welches Recht erwirbt die Volksbank Rhein-Ruhr eG als Grundschuldgläubiger, wenn die Grundschuld zu ihren Gunsten bestellt wird?

Grundsätzliches zu den Grundpfandrechten

Unter dem Begriff Grundpfandrechte werden die Hypothek, die Grundschuld und die Rentenschuld zusammengefasst. Grundpfandrechte begründen keine Zahlungsansprüche, sondern Verwertungsrechte, die den Eigentümer zur Duldung der Zwangsvollstreckung verpflichten. Der Hypothek (§ 1113 BGB) und der Grundschuld (§ 1191 BGB) ist gemein, dass das belastete Grundstück in einem genau definierten Umfang für die einmalige Zahlung einer bestimmten Geldsumme, des Kapitals, und von Nebenleistungen, insbesondere der laufenden Zinsen, haftet. Beide sind als *Sicherung für Forderungen aller Art* geeignet, die auf bestimmte Geldsummen lauten.

KANZLEI PAULUS & PARTNER

Grundbesitz kann in der Weise beliehen, d. h. einem Darlehensgeber verpfändet werden, indem der Eigentümer dem Darlehensgeber ein Grundpfandrecht (Hypothek oder Grundschuld) bestellt. Zur wirksamen Verpfändung des Grundbesitzes ist erforderlich, dass der Grundstückseigentümer die Eintragung des Grundpfandrechts zugunsten des Darlehensgebers bewilligt und dass das Grundpfandrecht in *Abteilung III des Grundbuches* eingetragen wird.

Die Eintragungsbewilligung bedarf nach formellem Grundbuchrecht zwar nur der notariellen Beglaubigung der Unterschrift des Eigentümers, da die Hypothekenbanken aber regelmäßig verlangen, dass sich der Grundstückseigentümer der sofortigen Zwangsvollstreckung aus dem von ihm bestellten Grundpfandrecht mit Wirkung gegen den jeweiligen Eigentümer unterwirft, muss die Bestellungsurkunde wegen der in ihr enthaltenen Vollstreckungsunterwerfung notariell beurkundet werden.

Die Bedeutung der Grundpfandrechte liegt darin, dass der Hypotheken- bzw. Grundschuldgläubiger im Falle der Zwangsversteigerung oder der Zwangsverwaltung des belasteten Grundbesitzes vor den übrigen Gläubigern des Grundstückseigentümers aus dem Zwangsversteigerungs- bzw. Zwangsverwaltungserlös zu befriedigen ist. Lasten mehrere Grundpfandrechte auf demselben Grundbesitz, wird der Hypotheken- bzw. Grundschuldgläubiger mit der besseren Rangstelle vor einem im Range nachgehenden Gläubiger berücksichtigt. Nur soweit der Versteigerungserlös die Ansprüche des vorrangigen Gläubigers übersteigt, erhält der nachrangige Gläubiger eine Zuteilung aus dem Erlös. Für die Rangfolge der Grundpfandrechtsgläubiger ist der Zeitpunkt der Eintragung im Grundbuch maßgebend. Die Rangfolge kann nachträglich geändert werden, sofern der im Rang zurücktretende Grundpfandrechtsgläubiger dies in öffentlich beglaubigter Form bewilligt und der Grundstückseigentümer der Rangänderung zustimmt.

Bei Insolvenz des Grundstückseigentümers haben die Grundpfandrechtsgläubiger eine Sonderstellung. Sie werden außerhalb des Insolvenzverfahrens aus dem verpfändeten Grundbesitz im Wege der Zwangsversteigerung oder der Zwangsverwaltung befriedigt.

Wird ein mit einem Grundpfandrecht belastetes Grundstück veräußert oder geht das Eigentum am Grundstück in anderer Weise, etwa durch Erbschaft, auf einen neuen Eigentümer über, so wird hierdurch der Bestand des Grundpfandrechtes nicht berührt. Der Grundbesitz haftet ohne Rücksicht auf die Person des Eigentümers für die Ansprüche aus der Hypothek oder Grundschuld, die deshalb auch als *dingliches Recht* bezeichnet werden.

Quelle: Das Hypothekenbankgeschäft; Informationsschrift der Deutschen Genossenschafts-Hypothekenbank.

18 Zwecks Bestellung der Grundschuld wenden sich die Eheleute Sommer an den Rechtsanwalt und Notar Hermann Lohmeyer in Hattingen. Folgende Grundschuldbestellungsurkunde (Auszug) wird vom Notar erstellt und beurkundet:

Urkundenrolle Nr. 185/20

Verhandelt

zu *Hattingen Ruhr* den 25. Juli 20..

Vor mir, dem unterzeichneten Notar im Bezirk des Oberlandesgerichts Hamm mit dem Amtssitz zu Hattingen erschienen heute

1.) Kaufmann Rolf Büchsenschütz, Wodanstr. 5, 44805 Bochum, handelnd für die Vivawest GmbH, als eingetragene Eigentümerin und

2.) Eheleute Gerd und Ute Sommer, Helenenweg 6, 45520 Hattingen/Ruhr, als künftige Erwerber des zu belastenden Grundbesitzes

Die Erschienenen zu 1.) und 2.) sind dem Notar von Person bekannt. Die Erschienenen zu 1.) und 2.) erklärten:

Wir bewilligen und beantragen, dass auf unserem in *Hattingen, Waldweg 26* belegenen, im Grundbuch von *Hattingen* des Amtsgerichts *Hattingen* Band –– Blatt *7346* verzeichneten Grundbesitz *Gemarkung Hattingen Flur 118, Flustück 121 und 144 sowie 1/18-stel Miteigentumsanteil der Flur 118 Flurstück 137 sowie je 1/18-stel Miteigentumsanteil der Flur 118 Flurstück 116 und 170*

für die Volksbank Rhein-Ruhr eG
eine Grundschuld von 105000,00 EUR

(i. W.: Euro einhundertfünftausend xxxxxxxxxxxxxxxxxxx) zu folgenden Bedingungen eingetragen wird:

1. Die Grundschuld ist vom Tage der Eintragsbewilligung ab mit 15 (i. W. fünfzehn) vom Hundert jährlich zu verzinsen. Die Zinsen sind am ersten Tag des folgenden Kalenderjahres nachträglich zu zahlen. 1
2. Das Grundschuldkapital ist nach vorgängiger Kündigung fällig. Die Kündigungsfrist beträgt 6 Monate. 2
3. Die Grundschuld erhält den ersten Rang. 3
4. Die Erteilung eines Briefes ist ausgeschlossen. 4

Wegen des Grundschuldbetrages und der Zinsen unterwerfen wir uns der sofortigen Zwangsvollstreckung in den belasteten Grundbesitz in der Weise, dass die Zwangsvollstreckung aus dieser Urkunde gegen den jeweiligen Eigentümer des belasteten Grundstückes zulässig ist. Wir bewilligen und beantragen, dass auch diese Unterwerfung unter die sofortige Zwangsvollstreckung in das Grundbuch eingetragen wird. 5

...

...

Die Erschienenen zu 2. erklärten:

Mit vorstehenden Erklärungen meines Ehegatten bin ich einverstanden und stimme ihnen – soweit gesetzlich erforderlich – hiermit zu. Die Firma Vivawest GmbH wird nach Eigentumsumschreibung aus der Schuldhaft entlassen. Wir beantragen, der Gläubigerin nach Eintragung der vorstehend bewilligten Grundschuld eine (un)beglaubigte Abschrift des Grundbuchs zu erteilen. Dieses Protokoll wurde in Anwesenheit des Notars vorgelesen, genehmigt und wie folgt unterschrieben:

gez. Rolf Büchsenschütz
gez. Gerd Sommer
gez. Ute Sommer, geb. Strauch
gez. Hermann Lohmeyer, Notar und Rechtsanwalt

Die Eheleute Sommer möchten über die in der Grundschuldbestellungsurkunde gekennzeichneten Textstellen ① bis ⑤ informiert werden. Erklären Sie deren Bedeutung.

Die Grundschuld als Darlehenssicherung

KANZLEI PAULUS & PARTNER

Darlehen wurden bis Anfang der 70er-Jahre fast ausschließlich durch Eintragung von Hypotheken gesichert. Inzwischen ist die Sicherung durch Grundschulden üblich geworden. Die Grundschuld hat sich als flexibleres Sicherungsmittel erwiesen. Sie kann infolge ihrer Unabhängigkeit von dem Bestehen einer bestimmten Forderung beliebige Forderungen mit beliebigen, auch wechselnden, Konditionen sichern.

Grundschulden können Buch- oder Briefrechte sein. Bei einem Briefrecht wird über die Grundschuld zusätzlich zur Grundbucheintragung ein *Grundschuldbrief* ausgestellt. Briefrechte werden vom Grundschuldgläubiger erst mit Übergabe des Briefes erworben. Das Kapital der Grundschuld wird erst nach vorgängiger Kündigung fällig. Die Kündigung steht sowohl dem Eigentümer als auch dem Gläubiger zu. Die Kündigungsfrist beträgt sechs Monate.

Der *Zinssatz* der Grundschuld wird von vornherein so hoch festgesetzt (z. B. 15 %), dass er etwaige spätere Erhöhungen des Darlehenszinssatzes mit umfasst. Zur Sicherung eventueller Nebenkosten des Darlehens (z. B. gestundete Zinsen, Geldbeschaffungskosten, Vorfälligkeitsentschädigung) kann neben den Grundschuldzinsen eine einmalige Nebenleistung (z. B. 6 %) in das Grundbuch eingetragen werden.

Voraussetzung für die Zwangsvollstreckung eines dinglichen Anspruchs ist ein dinglicher Titel gegen den Eigentümer. Er kann ein vollstreckbares Urteil oder eine vollstreckbare Urkunde sein. Ein vollstreckbares Urteil erreicht der Gläubiger durch eine Klage auf Duldung der Zwangsvollstreckung. Eine vollstreckbare Urkunde hat der Gläubiger, wenn sich der Eigentümer bereits durch eine entsprechende Willenserklärung in der Urkunde zur Bestellung der Grundschuld freiwillig der Zwangsvollstreckung unterwirft. Die *Zwangsvollstreckungsklausel* wird im Grundbuch eingetragen.

Quelle: In Anlehnung an: Das Hypothekenbankgeschäft; Informationsschrift der Deutschen Genossenschafts-Hypothekenbank.

Fortsetzung der Situation:

Am 20. 10. 20 . . erhält die Volksbank in der Darlehenssache Sommer eine unbeglaubigte Abschrift des Grundbuchblattes.

Grundbuchblatt (Auszug)

Einlegebogen

Amtsgericht Hattingen **Grundbuch von** Hattingen **Blatt** 7346 **Dritte Abteilung** R

Laufende Nummer der Eintragungen	Laufende Nummer der belasteten Grundstücke im Bestandsverzeichnis	Betrag	Hypotheken, Grundschulden, Rentenschulden
1	2	3	4
1	1	105000,00 EUR	Einhundertfünftausend Euro Grundschuld mit 15% jährlich zu verzinsen für die Volksbank Rhein-Ruhr eG. Der jeweilige Eigentümer ist der sofortigen Zwangsvollstreckung unterworfen. Unter Bezugsnahme auf die Bewilligung vom 25. Juli 20 . . unter Briefausschluss eingetragen am 10. Oktober 20 . . Meyer Schulz

Nach Fertigstellung des Gebäudes und nachdem alle Unterlagen der Bank vorliegen, zahlt die Volksbank am 30. 10. 20 . . – wie im Darlehensvertrag vereinbart – das Darlehen an die Eheleute Sommer aus.

Aufgaben:

19 An welchem Tag

a) entsteht der Anspruch aus dieser Grundschuld?

b) erwirbt die Volksbank den Anspruch aus dieser Grundschuld?

c) erwirbt die Volksbank den schuldrechtlichen Anspruch aus der Kreditgewährung?

20 Worauf erstreckt sich der Umfang der Haftung aus der Grundschuld?

21 Wo wird das Darlehen am Jahresende in der Bilanz der Volksbank Rhein-Ruhr eG ausgewiesen?

2 Die Bausparfinanzierung erläutern

Lernbuch Kap. 18.3.2

Situation:

Karin Hinsen hat von einem Bauträger eine Eigentumswohnung angeboten bekommen, die sie erwerben und nach Fertigstellung sofort beziehen möchte. Sie hat einen zuteilungsreifen Bausparvertrag über 200 000,00 EUR (abgeschlossen bei der LBS, der Bausparkasse der Sparkassen, im Tarif „Zuhause Flex 6L“ [Bausparguthaben 80 000,00 EUR]), den sie für den Kauf der Eigentumswohnung einsetzen möchte. Zur Zeit des Abschlusses des Bausparvertrags galten die folgenden Bauspartarife.

LBS Bausparkasse der Sparkassen

LBS-Bauspartarife (Auszug)

LBS-Riester-Bausparen[1]	Riester Zuhause								
LBS-Bausparen[1]	Zuhause								
	Flex 4 S	Flex 4 L	Flex 5 S	Flex 5 L	Flex 6 S	Flex 6 L	Flex 8 S	Flex 8 L	Plus
Mindestbausparsumme in Euro	10.000	50.000	10.000	50.000	10.000	50.000	10.000	50.000	10.000 (5.000 Riester)
Regelsparrate monatlich in ‰ der Bausparsumme	3,00		3,50		4,50		8,00		4,00
Guthaben-Zins in %	0,10		0,10		0,10		0,10		0,10
Mindestsparguthaben in % der Bausparsumme	40		40		40		40		40
Mindestsparzeit in Monaten	18		18		18		18		18
Zuteilung in Jahren/Monaten bei Regelbesparung	11/11[2]		9/10[2]		7/8[2]		4/10[2]		9/5[2]
Sollzinssatz in %	2,40	2,15	2,40	2,15	2,40	2,15	2,40	2,15	1,30
Agio in %	2		2		2		2		-
Effektiver Jahreszins ohne RLV in %	2,85	2,60	2,97	2,72	3,09	2,84	3,33	3,08	1,62
Effektiver Jahreszins mit RLV in %[3]	3,12	2,87	3,22	2,97	3,34	3,09	3,57	3,32	1,86
Zins- und Tilgungsrate monatlich in ‰ der Bausparsumme	4		5		6		8		8
Darlehenslaufzeit (ohne RLV) in J/M bei maximalem Darlehensanspruch[4]	15/3	14/11	11/9	11/7	9/7	9/5	7/0	6/11	6/7

1 In der Sparphase fällt ein jährliches Vertragsentgelt in Höhe von 7,20 EUR bzw. bei den Riester-Tarifen 15,60 EUR an. 2 Bei einer durchschnittlichen Bausparsumme von 50 000 EUR. Aufgrund des jährlichen Vertragsentgelts verändert sich die Ansparzeit bei Regelbesparung bei kleineren Bausparsummen oder in den Riester-Tarifen um bis zu zwei Monate. 3 Für 35 jährige/-n Darlehensnehmer/-in unter Einrechnung einer Überschussbeteiligung von 40 %. Ohne Kosten einer Grundschuldeintragung. 4 Bei den Riester-Tarifen muss eine Rückzahlung bis zum 68. Lebensjahr sichergestellt werden.

Den weiteren Kapitalbedarf will die Kundin durch Eigenmittel in Höhe von 40 000,00 EUR decken.

Frau Hinsen bittet um Beratung, ob der Finanzierungsaufbau in der oben dargestellten Form sinnvoll ist.

Aufgaben:

1 Verdeutlichen Sie die Vorteile einer Bausparfinanzierung und stellen Sie der Kundin die Finanzierungskondition ihres Bausparvertrages im Vergleich zu einem Darlehen Ihres Kreditinstitutes dar.

2 Erklären Sie der Kundin, warum es i.d.R. nicht sinnvoll ist, den gesamten Finanzierungsbedarf über ein Bauspardarlehen zu decken.

Fertigen Sie eine Vergleichsrechnung „Bausparfinanzierung (Tarif Zuhause Flex 6L)" und „Bankfinanzierung (Zinssatz 1,0 % p.a., 2 % Tilgung)" an, indem Sie die Höhe der anfänglichen monatlichen Belastung gegenüberstellen.

„Bausparfinanzierung"		**„Bankfinanzierung"**	
Vertrags-/Bausparsumme	200 000,00 EUR	Bankdarlehen	120 000,00 EUR,
Bausparguthaben	80 000,00 EUR	da noch weitere Eigenmittel eingesetzt werden.	80 000,00 EUR

3 Frau Hinsen möchte wissen, welche Unterlagen die Bausparkasse für die Kreditbearbeitung benötigt.

4 Die Kundin hat vor ca. zwei Jahren einen weiteren Bausparvertrag mit einer Bausparsumme von 25 000,00 EUR bei der LBS abgeschlossen, auf dem derzeit 7 000,00 EUR angespart sind. Frau Hinsen möchte wissen, ob sie diesen Bausparvertrag für die Finanzierung der Eigentumswohnung verwenden kann, um ihre Eigenmittel zu schonen.

Erklären Sie in diesem Zusammenhang die verschiedenen Finanzierungsarten bei Bausparverträgen und deren Sicherstellung.

Auszug aus dem Handbuch für kundenzentriertes Bankmanagement:

Vorfinanzierungs- und Zwischenkredite

Instrument zur Überbrückung der Wartezeit. Hauptziel des Bausparens ist es, nach Erfüllung der in den allgemeinen Bausparbedingungen geregelten Voraussetzungen einen Rechtsanspruch auf die Gewährung des Bauspardarlehens zu erwerben. Die Darlehensphase folgt also der Sparphase. Bausparer können aber aufgrund konkreter Bau- und Kaufabsichten auch schon vor Zuteilung des Bausparvertrages, mithin vor Erfüllung der vertraglichen Darlehensvoraussetzungen, Finanzierungsbedarf haben. In diesem Fall können die Bausparkassen dem Bausparer zur Überbrückung der Wartezeit bis zur Zuteilung des Bausparvertrages ein „außerkollektives Darlehen" – einen Vorfinanzierungs- oder Zwischenkredit – gewähren. Anspar- und Kreditphase überlappen sich in diesem Fall.

Hat der Bausparer bereits das nach § 11 der allgemeinen Bausparbedingungen erforderliche Mindestguthaben angespart, spricht man üblicherweise von einer Zwischenfinanzierung bzw. von einem Zwischenkredit, bei fehlendem bzw. geringerem Sparguthaben von einer Vorfinanzierung bzw. einem Vorfinanzierungskredit.

Vorfinanzierungs- bzw. Zwischenkredite sind somit Kredite, die definitionsgemäß mit einem Bausparvertrag in Verbindung stehen. Sie können, wie alle von einer Bausparkasse gewährten Kredite, nur für wohnungswirtschaftliche Maßnahmen eingesetzt und nur bis zur Höhe der vor- oder zwischenfinanzierten Bausparsumme gewährt werden. Bei Zuteilung der finanzierten Bausparsumme werden sie automatisch durch das Bausparguthaben und das Bauspardarlehen abgelöst.

Quelle: Bausparkassen-Fachbuch 1997; Herausgeber: Bundesgeschäftsstelle Landesbausparkasse, Bonn.

3 Den Beleihungswert der zu finanzierenden Immobilie ermitteln

Lernbuch Kap. 18.4.3

Situation:

Sie sind Mitarbeiter/-in in der Pfandbriefbank AG[1] und müssen im Laufe des heutigen Tages verschiedene Wertermittlungen durchführen. Für ein selbst genutztes Einfamilienhaus (Neubau) liegen die folgenden Angaben zur Bewertung vor:

- 120 m² Wohnfläche, 1 Garage;
- Grundstücksgröße 860 m², als angemessen gilt ein Preis von 150,00 EUR/m²;
- das Wohnhaus hat 620 m³, die Garage 50 m³ umbauten Raum; als angemessen gilt ein m³-Preis von 250,00 EUR für das Wohnhaus und 100,00 EUR für die Garage.
- An Erschließungskosten fallen 15 000,00 EUR an.
- Für die Außenanlagen werden 5 % des Herstellungswerts nach Abschreibung angesetzt.
- Baunebenkosten, die zu einer dauernden Werterhöhung führen, werden mit dem üblichen Satz (vgl. Beleihungswertermittlungsverordnung) berücksichtigt.

Sonstige wertbeeinflussende Faktoren liegen nicht vor.

Aufgaben:

1 Ermitteln Sie den Beleihungswert und die Beleihungsgrenze (Darlehenshöchstbetrag). Der Beleihungswert orientiert sich am Sachwert. Die Ertragswertermittlung kann deshalb entfallen. Benutzen Sie die Übersicht auf S. 146.

Die Pfandbriefbank AG ist bereit, ein Darlehen bis zu der nach dem Pfandbriefgesetz zulässigen Höchstgrenze zu gewähren.

§ 14 Pfandbriefgesetz (PfandBG)

Beleihungsgrenze

(1) Hypotheken dürfen nur bis zur Höhe der ersten 60 % des von der Pfandbriefbank aufgrund einer Wertermittlung nach § 16 festgesetzten Wertes des Grundstücks (Beleihungswert) zur Deckung benutzt werden.

Auszug aus dem Handbuch für kundenzentriertes Bankmanagement:

Beleihungswertermittlung: Sachwertverfahren und Ertragswertverfahren

Die Wertermittlung dient der Ermittlung des Verkehrswertes, der häufig die Grundlage für den Kaufpreis eines Hauses bildet, und der Ermittlung des Beleihungswertes. Der Beleihungswert ist der Wert der Immobilie, der erfahrungsgemäß unabhängig von vorübergehenden, etwa konjunkturell bedingten Wertschwankungen am maßgeblichen Grundstücksmarkt und unter Ausschaltung von spekulativen Elementen während der gesamten Dauer der Beleihung bei einer Veräußerung voraussichtlich erzielt werden kann. Der Beleihungswert ist ein zentraler Begriff des Realkredits und dient der Ermittlung der Beleihungsgrenze sowie der längerfristigen Risikobeurteilung durch die Bank und ist damit Teil der Kreditentscheidung.

Während der Verkehrswert im Wesentlichen stichtagsbezogen ermittelt wird, wird beim Beleihungswert auf den langfristig erzielbaren Verkaufspreis abgestellt, da das bewertete Objekt in der Regel für viele Jahre als Kreditsicherheit dienen soll. Der Beleihungswert liegt daher häufig niedriger als der Verkehrswert.

Bei Ein- und Zweifamilienhäusern sowie Eigentumswohnungen orientiert sich der Beleihungswert am Sachwert, der sich aus Boden- und Gebäudewert zusammensetzt. Bei der Ermittlung des Gebäudewertes wird ein gewisser Sicherheitsabstand zu den jeweils aktuellen Herstellungskosten gewahrt. Bei Mehrfamilienhäusern und sonstigen Renditeobjekten wird der Beleihungswert auf Basis des Ertragswertes bestimmt. Grundlage der Ertragswertermittlung sind die zu erwartenden Überschüsse, die aus dem zu bewertenden Objekt erzielt werden können. Es handelt sich um die Ermittlung eines stichtagsbezogenen Wertes, über den eine Aussage zur künftigen Ertragskraft des Objektes abgeleitet wird, also um den kapitalisierten Reinertrag des Objekts.

Quelle: In Anlehnung an: Realkedit; Informationsschrift der Deutschen Genossenschafts-Hypothekenbank AG Hamburg.

1 Alle Kreditinstitute, die Pfandbriefe emittieren, müssen die Beleihungswerte von Immobilien einheitlich nach den Vorschriften der Beleihungswertermittlungsverordnung ermitteln.

Sachwertverfahren gem. §§ 14ff. der Verordnung über die Ermittlung der Beleihungswerte von Grundstücken nach § 16 Abs. 1 und 2 des Pfandbriefgesetzes (Beleihungswertermittlungsverordnung – BelWertV)[1]		
Faktoren der Beleihungswertberechnung	**Erläuterungen**	**Betrag in EUR**
1. Bodenwert	Er ist nach Quadratmetern der Grundstücksfläche anzusetzen. Merkmale wie örtliche Lage, Größe, Zuschnitt des Grundstücks, Nutzungsmöglichkeiten, Zuwegungen, verkehrstechnische Anbindungen, Anschlussmöglichkeiten an Versorgungsleitungen und Kanalisation, noch anfallende Erschließungsleistungen u. a. sind zu berücksichtigen.	
2. Wert der baulichen Anlage Herstellungswert vor Abschreibung	Zur Ermittlung des Herstellungswerts sind die aus Erfahrungssätzen abzuleitenden Herstellungskosten je Raum- oder Flächeneinheit mit der Anzahl der entsprechenden Bezugseinheit des zu bewertenden Gebäudes zu vervielfachen. Die angesetzten Herstellungskosten müssen regional und objektspezifisch angemessen sein.	
– Wertminderung wegen Alters	Die Wertminderung wegen Alters bestimmt sich nach dem Verhältnis der Restnutzungsdauer zur Nutzungsdauer der baulichen Anlage; sie ist in einem Prozentsatz des Herstellungswerts auszudrücken. Als Erfahrungswerte für die Nutzungsdauer hat die Bundesanstalt für Finanzdienstleistungsaufsicht für Wohnhäuser 25 bis 80 Jahre und für Geschäfts- und Bürohäuser 30 bis 60 Jahre angenommen.	
= Herstellungswert nach Abschreibung		
+ Kosten für Außenanlagen	Kosten für Gartenanlagen, Hofbefestigung, Versorgungsanschlüsse etc. Im Regelfall dürfen nicht mehr als 5 % des Herstellungswerts nach Abschreibung angesetzt werden.	
= Herstellungswert einschl. Kosten für Außenanlagen		
– Sicherheitsabschlag	Der Herstellungswert nach Abschreibung einschließlich der Kosten für Außenanlagen ist um einen Sicherheitsabschlag von mindestens 10 % zu kürzen.	
= Herstellungswert einschl. Außenanlagen nach Sicherheitsabschlag		
+ Baunebenkosten	Kosten für Planung, Baudurchführung, behördliche Prüfungen und Genehmigungen können Berücksichtigung finden, wenn mit ihnen eine dauernde Werterhöhung verbunden ist. Der Ansatz von Baunebenkosten ist auf bis zu 20 % des Herstellungswerts einschließlich Außenanlagen nach Sicherheitsabschlag beschränkt.	
= Wert der baulichen Anlage		
3. Summe Bodenwert und Wert der baulichen Anlage +/– sonstige wertbeeinflussende Faktoren	Sonstige noch nicht erfasste, den Wert beeinflussende Umstände (wirtschaftliche Überalterung, ein über- oder unterdurchschnittlicher Erhaltungszustand, ein erhebliches Abweichen der tatsächlichen von der vorgesehenen Nutzung) sind durch Zu- oder Abschläge zu berücksichtigen.	
4. Sachwert des Beleihungsobjekts		
5. Beleihungsgrenze (Darlehenshöchstbetrag auf volle Tausend Euro abgerundet)		

1 Vgl. auch den Auszug aus der Beleihungswertermittlungsverordnung in Lernsituation 1, S. 134f.

2 Für ein selbst genutztes Einfamilienhaus (12 Jahre alt) liegen die folgenden Angaben zur Bewertung vor:

Grundstücksgröße:	800 m^2
angemessener Preis pro m^2:	160,00 EUR
noch anfallende Erschließungskosten:	10000,00 EUR
Wohnhaus umbauter Raum:	1000 m^3; Wert pro m^3: 245,00 EUR
Garage umbauter Raum:	40 m^3; Wert pro m^3: 125,00 EUR
Kosten der Außenanlage:	10000,00 EUR

Der Sicherheitsabschlag, den der Sachbearbeiter auf den Herstellungswert einschl. Kosten der Außenanlagen vornimmt, beträgt 10 %.

Für Baunebenkosten setzt er 20 % des um den Sicherheitsabschlag verminderten Herstellungswerts einschl. Außenanlagen an.

Der Sachbearbeiter hält bei dem zu bewertenden Objekt eine Nutzungsdauer von 80 Jahren für realistisch. Er rechnet mit einer linearen Abschreibung.

Sonstige wertbeeinflussende Faktoren liegen nicht vor.

a) Ermitteln Sie den Beleihungswert des Objekts nach dem Sachwertverfahren.

b) Ermitteln Sie die Beleihungsgrenze (Darlehenshöchstbetrag) bei einem Beleihungssatz von 60 % (auf volle Tausend Euro abrunden).

Fortsetzung der Situation:

Für zwei weitere Beleihungsobjekte liegen Ihnen die folgenden Daten vor:

Beleihungsobjekt A (vereinfachtes Ertragswertverfahren):

Wohnhaus 240 m^2 Wohnfläche

Doppelgarage

Bruttoertrag pro m^2 Wohnfläche:	9,00 EUR/mtl.
pro Garage:	55,00 EUR/mtl.
Bewirtschaftungskosten:	30 % des Bruttoertrages
Kapitalisierungszins:	6,5 %
Restnutzungsdauer des Gebäudes:	40 Jahre

Beleihungsobjekt B (gespaltenes Ertragswertverfahren):

Grundstücksgröße: 2900 m^2
angemessener zur Bewertung heranzuziehender **Grundstückspreis:** 85,00 EUR/m^2

Baujahr: 20.. Das Objekt ist 15 Jahre alt; **Restnutzungsdauer:** 45 Jahre
(Erschließungskosten sind bezahlt.)

Dauerhaft vermietbare Büroflächen:	600 m^2; Miete pro Monat: 15,00 EUR/m^2
Dauerhaft vermietbare Hallenflächen:	1560 m^2; Miete pro Monat: 5,00 EUR/m^2
Dauerhaft vermietbare Garagen:	9 Garagen; 35,00 EUR Miete pro Monat pro Garage

Bewirtschaftungskosten: Für Verwaltungskosten, Instandhaltungskosten, Mietausfallwagnis, nicht durch Umlagen gedeckte Betriebskosten und das Modernisierungsrisiko soll der Mindestsatz gemäß Beleihungswertermittlungsverordnung angesetzt werden.

Als **angemessene Verzinsung** des Bodenwerts wird ein Satz von 6 % p.a. angesehen.

Der Kapitalisierungszinssatz beträgt ebenfalls 6 % p.a.

Aufgaben:

3 Ermitteln Sie den Ertragswert und den Beleihungswert (auf volle TEUR abgerundet) für das gewerblich genutzte **Objekt A** nach dem vereinfachten Ertragswertverfahren. Informieren Sie sich vorab in dem Handbuch für kundenzentriertes Bankmanagement über die Grundlagen des Ertragswertverfahrens (siehe S. 148) und nehmen Sie für die Berechnung, die auf S. 149 abgedruckte Vervielfältigertabelle zu Hilfe.

Auszug aus dem Handbuch für kundenzentriertes Bankmanagement:

Ertragswertverfahren

Das Ertragswertverfahren kommt insbesondere bei Grundstücken in Betracht, bei denen der nachhaltig erzielbare Ertrag für die Werteinschätzung am Markt im Vordergrund steht, z. B. Mietwohngrundstücke (Mehrfamilienhäuser), Geschäftsgrundstücke (Büro- und Geschäftshäuser) und gemischt genutzte Grundstücke. Nicht infrage für das Ertragswertverfahren kommen selbst genutzte Wohngrundstücke bzw. -immobilien wie z. B. Ein- und Zweifamilienhäuser sowie Eigentumswohnungen, deren Wert im Sachwertverfahren bzw. Vergleichswertverfahren zu ermitteln ist.

Es gibt grundsätzlich zwei Methoden, den Ertragswert zu ermitteln:

- das gespaltene Ertragswertverfahren und
- das vereinfachte Ertragswertverfahren.

Im Rahmen der **gespaltenen Ertragswertmethode** wird zunächst der Jahresrohertrag, d. h. die pro Jahr erzielbare Summe aller Erträge (neben den Mieten können auch andere Erträge Einfluss haben), ermittelt. Hiervon abgezogen wird der nicht umlegbare Anteil der Bewirtschaftungskosten: Betriebskosten, Verwaltungskosten, Instandhaltungskosten und Mietausfallwagnis (uneinbringliche Mietrückstände im Sinne von Forderungsverlusten). Es ergibt sich der Reinertrag, also faktisch der dem Eigentümer aus dem Objekt zur Verfügung stehende Kapitalfluss.

Der Bodenwert wird mit dem Liegenschaftszins, welcher von den Gutachterausschüssen empirisch ermittelt wird, multipliziert. Die Höhe des Liegenschaftszinses ist abhängig von der Lage (Region, Stadt, Straße) und Nutzung des Grundstücks. Dabei ist der vorgeschlagene Wert vor der Anwendung ggf. objektindividuell anzupassen. Das Ergebnis der Multiplikation ist die Bodenwertverzinsung, welche vom ermittelten Reinertrag vor Bodenwertverzinsung abzuziehen ist.

Der um den Verzinsungsbetrag des Bodenwerts verminderte jährliche Reinertrag wird in Abhängigkeit von der Restnutzungsdauer der baulichen Anlage und einem je nach Art des Objekts unterschiedlichen Zinssatz kapitalisiert. Diese Kapitalisierung erfolgt mithilfe von Vervielfältigern (Rentenbarwertfaktoren) und ergibt den Ertragswert der baulichen Anlage.

Der Wert der baulichen Anlage und der Wert des Grund und Bodens ergibt dann den Ertragswert des bebauten Grundstücks.

Das gespaltene Ertragswertverfahren führt getrennte Berechnungen für das in der Regel nicht abnutzbare Grundstück und das der Abnutzung unterworfene Gebäude durch. Dabei wird die Tatsache berücksichtigt, dass Grund und Boden im Gegensatz zu Gebäuden keiner Wertminderung durch Alter unterworfen ist. Der Abnutzung des Gebäudes wird durch Einbezug der Restlaufzeit bei der Kapitalisierung Rechnung getragen. Für Grund und Boden wird eine fiktive „ewige“ Restnutzungsdauer unterstellt. Bei der Festsetzung der Bodenwertverzinsung geht man davon aus, dass auch Grund und Boden sich verzinsen, jedoch in gleichbleibender Höhe.

Das **vereinfachte Ertragswertverfahren** lässt den Bodenwert und die Bodenwertverzinsung außer Acht und betrachtet nur die bauliche Anlage. Die Kapitalisierung des Reinertrages und damit die Berechnung des Ertragswerts erfolgt auch hier mithilfe von Vervielfältigern (Rentenbarwertfaktoren).

Für die Ertragswertermittlung schreibt die **Beleihungswertverordnung** (BelWertV) zwingend die Anwendung des **gespaltenen Ertragswertverfahrens** vor.

4 Ermitteln Sie den Beleihungswert des Geschäftshauses (**Objekt B,** Altbau) mithilfe der Beleihungswertermittlungsverordnung und der Vorlage auf S. 150.

Verordnung über die Ermittlung der Beleihungswerte von Grundstücken nach § 16 Abs. 1 und 2 des Pfandbriefgesetzes (Beleihungswertermittlungsverordnung – BelWertV)

Teil 3 Wertermittlungsverfahren

Abschnitt 1 Ertragswertverfahren

§ 8 Grundlagen der Ertragswertermittlung

(1) Für das Ertragswertverfahren ist der Ertragswert der baulichen Anlage, getrennt von dem Bodenwert, nach den §§ 9 bis 12 zu ermitteln.

(2) Der Bodenwert ist nach § 15 zu ermitteln.

(3) Bodenwert und Ertragswert der baulichen Anlage ergeben vorbehaltlich § 13 den Ertragswert des Beleihungsobjekts.

§ 9 Ermittlung des Ertragswerts der baulichen Anlage

(1) Bei der Ermittlung des Ertragswerts der baulichen Anlage ist vom nachhaltig erzielbaren jährlichen Reinertrag auszugehen. Der Reinertrag ergibt sich aus dem Rohertrag (§ 10) abzüglich der Bewirtschaftungskosten (§ 11).

(2) Der Reinertrag ist um den Betrag zu vermindern, der sich durch angemessene Verzinsung des Bodenwerts ergibt. Der Verzinsung ist der für die Kapitalisierung nach § 12 maßgebende Kapitalisierungszinssatz zugrunde zu legen. [...]

(3) [...]

§ 10 Rohertrag

(1) Bei der Ermittlung des Rohertrags darf nur der Ertrag berücksichtigt werden, den das Objekt bei ordnungsgemäßer Bewirtschaftung und zulässiger Nutzung jedem Eigentümer nachhaltig gewähren kann. Liegt die nachhaltige Miete über der vertraglich vereinbarten Miete, ist im Regelfall die vertraglich vereinbarte Miete anzusetzen. Die Mietfläche entspricht der vermietbaren Wohnfläche bei wohnwirtschaftlicher Nutzung oder der dauerhaft vermietbaren Nutzfläche bei gewerblicher Nutzung. Bei verschiedenen Nutzungsarten sind die anteiligen Erträge getrennt darzustellen. Umlagen, die vom Mieter oder Pächter zur Deckung von Betriebskosten zu zahlen sind, sind nicht zu berücksichtigen.

(2), (3) [...]

§ 11 Bewirtschaftungskosten

(1) Der nach § 10 ermittelte Rohertrag ist um die üblicherweise beim Vermieter verbleibenden Bewirtschaftungskosten zu kürzen. Dafür sind ertragsmindernde, aus langfristiger Markterfahrung gewonnene Einzelkostenansätze für Verwaltungskosten, Instandhaltungskosten, das Mietausfallwagnis und gegebenenfalls weitere nicht durch Umlagen gedeckte Betriebskosten anzusetzen sowie objektartenspezifisch ein Modernisierungsrisiko nach Abs. 7 zu berücksichtigen.

(2) [...] Die Mindesthöhe für den Bewirtschaftungskostenabzug insgesamt beträgt 15 Prozent des Rohertrags. Im Ergebnis dürfen aber die tatsächlichen oder kalkulierten Bewirtschaftungskosten eines Objekts nicht unterschritten werden.

(3)–(7) [...]

§ 12 Kapitalisierung der Reinerträge

(1) Der um den Verzinsungsbetrag des Bodenwerts nach § 9 Abs. 2 verminderte Reinertrag ist in Abhängigkeit von der Restnutzungsdauer der baulichen Anlage und dem Kapitalisierungszinssatz mit dem sich daraus ergebenden, finanzmathematisch dem Rentenbarwertfaktor entsprechenden Vervielfältiger nach Anlage 4 zu kapitalisieren.

(2) [...] Die in Anlage 2 genannten Erfahrungssätze für die Nutzungsdauer baulicher Anlagen sind zu berücksichtigen.

(3) Der Kapitalisierungszinssatz entspricht dem angenommenen Zinssatz, mit dem die künftig erzielbaren nachhaltigen Reinerträge eines Grundstücks auf den Zeitraum ihrer angenommenen Zahlung nach vorsichtiger Schätzung erfahrungsgemäß diskontiert werden. Er muss aus der regional maßgeblichen langfristigen Marktentwicklung abgeleitet werden. Je höher das Ertrags- und Verkaufsrisiko der Immobilie einzustufen ist, umso höher muss auch der Kapitalisierungszinssatz gewählt werden. Verschiedene Nutzungsarten sind jeweils gesondert zu betrachten.

(4) Bei wohnwirtschaftlicher Nutzung darf der Kapitalisierungszinssatz nicht unter 5 %, bei gewerblicher Nutzung unbeschadet des Satzes 3 nicht unter 6 % in Ansatz gebracht werden (Mindestsätze). Die in Anlage 3 genannten Bandbreiten für einzelne Nutzungsarten sind zugrunde zu legen. [...]

§ 13 Ermittlung des Ertragswerts in besonderen Fällen

[...]

Abschnitt 2 Sachwertverfahren

§ 14 Grundlagen der Sachwertermittlung

[...]

§ 15 Bodenwert

(1) Zur Ermittlung des Bodenwerts sind Erhebungen anzustellen über

1. die örtliche Lage, die Größe und den Zuschnitt des Grundstücks,
2. die Art und das Maß der baurechtlich festgesetzten Nutzungsmöglichkeiten und die tatsächliche Nutzung,
3. die Art und Beschaffenheit der Zuwegungen,
4. die wichtigsten wirtschaftlichen und verkehrstechnischen Verbindungen,
5. die Anschlussmöglichkeiten an Versorgungsleitungen und Kanalisation,
6. die noch anfallenden Erschließungsbeiträge und
7. vorhandene Richtwerte und Vergleichspreise.

(2) Der Bodenwert ist nach Quadratmetern der Grundstücksfläche anzusetzen. Bei der Ermittlung des Bodenwerts darf keine höherwertige Nutzung als zulässig zugrunde gelegt werden.

Anlage 2 (zu § 12 Abs. 2) Erfahrungssätze für die Nutzungsdauer baulicher Anlagen
(Fundstelle des Originaltextes: BGBl. I 2006, 1183)

A) Wohnwirtschaftliche Nutzung (in Deutschland belegene Objekte):
   Wohnhäuser: 25 bis 80 Jahre

B) Gewerbliche Nutzung (in Deutschland belegene Objekte):
   a) Geschäfts- und Bürohäuser: 30 bis 60 Jahre
   b)–j) [...]

Anlage 3 (zu § 12 Abs. 4) Bandbreiten für Kapitalisierungszinssätze
(Fundstelle des Originaltextes: BGBl. I 2006, 1184)

A) Wohnwirtschaftliche Nutzung (in Deutschland belegene Objekte):
   Wohnhäuser: 5,0 % bis 8,0 %

B) Gewerbliche Nutzung (in Deutschland belegene Objekte):
   a) Geschäftshäuser: 6,0 % bis 7,5 %
   b)–m) [...]

Anlage 4 (zu § 12 Abs. 1) Vervielfältigertabelle. Fundstelle des Originaltextes: BGBl. I 2006, 1185–1186

Bei einer Restnutzungsdauer von ... Jahren	bei einem Kapitalisierungszinssatz in Höhe von ... Prozent										
	5	5,5	6	6,5	7	7,5	8	8,5	9	9,5	10
	⋮	⋮	⋮	⋮	⋮	⋮	⋮	⋮	⋮	⋮	⋮
35	16,37	15,39	14,50	13,69	12,95	12,27	11,65	11,09	10,57	10,09	9,64
36	16,55	15,54	14,62	13,79	13,04	12,35	11,72	11,14	10,61	10,13	9,68
37	16,71	15,67	14,74	13,89	13,12	12,42	11,78	11,19	10,65	10,16	9,71
38	16,87	15,80	14,85	13,98	13,19	12,48	11,83	11,23	10,69	10,19	9,73
39	17,02	15,93	14,95	14,06	13,26	12,54	11,88	11,28	10,73	10,22	9,76
40	17,16	16,05	15,05	14,15	13,33	12,59	11,92	11,31	10,76	10,25	9,78
41	17,29	16,16	15,14	14,22	13,39	12,65	11,97	11,35	10,79	10,27	9,80
42	17,42	16,26	15,22	14,29	13,45	12,69	12,01	11,38	10,81	10,29	9,82
43	17,55	16,36	15,31	14,36	13,51	12,74	12,04	11,41	10,84	10,31	9,83
44	17,66	16,46	15,38	14,42	13,56	12,78	12,08	11,44	10,86	10,33	9,85
45	17,77	16,55	15,46	14,48	13,61	12,82	12,11	11,47	10,88	10,35	9,86
46	17,88	16,63	15,52	14,54	13,65	12,85	12,14	11,49	10,90	10,36	9,88
47	17,98	16,71	15,59	14,59	13,69	12,89	12,16	11,51	10,92	10,38	9,89
48	18,08	16,79	15,65	14,64	13,73	12,92	12,19	11,53	10,93	10,39	9,90
49	18,17	16,86	15,71	14,68	13,77	12,95	12,21	11,55	10,95	10,40	9,91
50	18,26	16,93	15,76	14,72	13,80	12,97	12,23	11,57	10,96	10,41	9,91
51	18,34	17,00	15,81	14,76	13,83	13,00	12,25	11,58	10,97	10,42	9,92

Ertragswertverfahren gem. §§ 8ff. der Verordnung über die Ermittlung der Beleihungswerte von Grundstücken nach § 16 Abs. 1 und 2 des Pfandbriefgesetzes (Beleihungswertermittlungsverordnung – BelWertV)		
Faktoren der Beleihungswertberechnung	**Erläuterungen**	**Betrag in EUR**
Nachhaltig erzielbarer jährlicher Rohertrag	Bei der Ermittlung des Rohertrags darf nur der Ertrag berücksichtigt werden, den das Objekt bei ordnungsgemäßer Bewirtschaftung und zulässiger Nutzung jedem Eigentümer nachhaltig gewähren kann.	
– Bewirtschaftungskosten	Beim Vermieter verbleibende Bewirtschaftungskosten, und zwar Verwaltungskosten, Instandhaltungskosten, Mietausfallwagnis, Betriebskosten, Kosten für Modernisierung. Die Mindesthöhe für den Bewirtschaftungskostenabzug insgesamt beträgt 15 % des Rohertrags.	
= Nachhaltig erzielbarer jährlicher Reinertrag		
– angemessene Bodenwertverzinsung	Der Mindestzinssatz für die Verzinsung des Bodenwerts beträgt 5 % p. a.	
= Um den Verzinsungsbetrag des Bodenwerts verminderter jährlicher Reinertrag	Der um den Verzinsungsbetrag des Bodenwerts verminderte jährliche Reinertrag entspricht dem Zinsertrag aus dem im Gebäude investierten Kapital. Um dieses Kapital zu errechnen, ist der Reinertrag mit einem bestimmten Zinssatz zu kapitalisieren. Bei wohnwirtschaftlicher Nutzung darf der Kapitalisierungszinssatz nicht unter 5 %, bei gewerblicher Nutzung nicht unter 6 % in Ansatz gebracht werden.	
• Vervielfältiger	Unter Berücksichtigung der Restnutzungsdauer der baulichen Anlage und dem Kapitalisierungszinssatz hat die Bundesanstalt für Finanzdienstleistungsaufsicht in einer Tabelle Vervielfältiger zur Verfügung gestellt, mit denen die Kapitalisierung des Reinertrags vorgenommen werden kann.	
= Ertragswert der baulichen Anlage		
+ Bodenwert		
= Ertragswert des Beleihungsobjekts (auf volle Einhunderttausend Euro abgerundet)		

4 Über den Kauf und die Finanzierung einer Eigentumswohnung (Eigennutzung) beraten

Lernbuch Kap. 18.8.1.2

Situation:

Henning und Ina Langewender, verheiratet, zwei Kinder im Alter von 6 und 8 Jahren, haben bisher zur Miete gewohnt. Das Ehepaar, das seit langen Jahren Kunde Ihres Kreditinstituts ist, ist an dem Erwerb einer Eigentumswohnung (8 Jahre alt) interessiert und benötigt hierfür ein Darlehen.

Folgende Daten sind bekannt:

Kaufpreis (ohne Nebenkosten und Makler)		226 500,00 EUR
Wertpapiere (Kurswert) (in 6 Wochen fällig)		30 000,00 EUR
Bausparvertrag (voll angespart, aber noch nicht zuteilungsreif);	Guthaben	60 000,00 EUR
	Vertragssumme	120 000,00 EUR

Das Ehepaar ist unerfahren im Immobilienkauf und bittet Sie um Beratung und Erstellung eines Finanzierungsplans.

Aufgaben:

1 Der Nachbar des Ehepaars Langewender hat – wie im Beratungsgespräch erwähnt wird – vor Kurzem ebenfalls eine Eigentumswohnung gekauft und den Kaufvertrag notariell beurkunden lassen. Ehepaar Langewender möchte, um Kosten zu sparen, auf den notariellen Kaufvertrag verzichten. Nehmen Sie Stellung.

2 Berechnen Sie den Finanzierungsbedarf. Runden Sie auf volle Tausend EUR auf. (Maklergebühr 3 % zuzüglich 19 % USt, Grunderwerbsteuer 5 % vom Kaufpreis, Grundbuch und Notar 2 % des Kaufpreises).

3 Berechnen Sie die anfängliche jährliche Belastung.

Darlehenskonditionen Ihres Kreditinstituts (u. a.):

- Nominalzins 1,5 % p. a.; Auszahlungskurs 100 %; Bedingungsanpassung nach 20 Jahren; Tilgung 2 % p. a. zuzüglich der durch die Tilgungen ersparten Zinsen (Annuitätendarlehen) oder
- Nominalzins 1,5 % p. a.; Auszahlungskurs 100 %; Bedingungsanpassung nach 20 Jahren; Tilgung 2 % p. a. (Tilgungs-/Abzahlungsdarlehen)
- 2,00 % p. a. Zinsen für Bausparzwischenfinanzierungen fest bis zur Zuteilung; Auszahlung 100 %

4 a) Erklären Sie den Kunden, warum bei einem Annuitätendarlehen mit 1 % Tilgung das Darlehen nicht erst nach 100 Jahren vollständig zurückgezahlt ist.

b) Herr und Frau Langewender sind sich nicht schlüssig, ob sie ein Annuitäten- oder ein Tilgungs-/Abzahlungsdarlehen beantragen sollen. Stellen Sie in einer Vergleichsrechnung für die ersten vier Jahre die unterschiedlichen Tilgungspläne dar. Unterstellen Sie der Einfachheit halber eine jährliche Tilgungsverrechnung.

Annuitätendarlehen:

Jahr	Darlehensbetrag	Zinsen (1,5 % p. a.)	Tilgung (2 % p. a.)	Annuität (3,5 % p. a.)
1	101.000	1515	2020	3535
2	~~97.465~~ 98.980	1484,7	2050,3	3535
3	96.929,7	1453,95	2081,05	3535
4	94848,65	1422,73	2112,27	3535

Tilgungsdarlehen (Abzahlungsdarlehen):

Jahr	Darlehensbetrag	Zinsen (1,5 % p. a.)	Tilgung (2 % p. a.)	Annuität (3,5 % p. a.)
1	101.000	1515	2020	3535
2	98.980	1484,7	2020	3504,7
3	96.960	1454,4	2020	3474,4
4	94.940	1424,1	2020	3444,1

5 Eine Woche nach Ihrem ersten Beratungsgespräch legen Ihnen Herr und Frau Langewender einen Entwurf des notariellen Kaufvertrages vor:

Kaufvertrag über eine Eigentumswohnung
(Auszug)

[...]

Die Erschienenen erklärten folgenden

Kaufvertrag:

§ 1

Die Erschienenen zu 1) und 2) – nachstehend Verkäufer genannt – verkaufen an die Erschienenen zu 3) und 4) – nachstehend Käufer genannt – zu je 1/2 Anteil ihren im Wohnungsgrundbuch von Holzminden Blatt 7532 eingetragenen 31,70/1000 Miteigentumsanteil an dem Grundstück Gemarkung Holzminden Flur 126 Flurstück 756, Hof- und Gebäudefläche Herderstr. 12, groß 2 541 m², verbunden mit dem Sondereigentum an der im Aufteilungsplan mit Nr. 32 bezeichneten Wohnung nebst Keller Nr. 32 sowie dem Recht zur ausschließlichen Nutzung des Einstellplatzes Nr. 4.

Das Miteigentum ist durch die Einräumung der zu den anderen Miteigentumsanteilen (eingetragen in Blatt 7501 bis 7531) gehörenden Sondereigentumsrechte beschränkt.

Im Übrigen wird wegen des Gegenstandes und des Inhalts des Sondereigentums auf die Teilungserklärung vom 25.06.20.. Bezug genommen.

Die Kunden können sich unter den unterschiedlichen Eigentumsbegriffen und dem Begriff „Teilungserklärung" nichts vorstellen und bitten um Erklärung. Nehmen Sie für Ihre Erklärungen den auf S. 153 abgedruckten Text zu Hilfe.

6 Erklären Sie, wie das Wohnungseigentum grundbuchrechtlich behandelt wird.

7 Unterbreiten Sie einen Vorschlag für die Absicherung der benötigten Fremdmittel (vgl. Aufgabe 2 und 3).

8 Unter welchen Voraussetzungen erfolgt die Darlehensauszahlung?

Bürgerliches Gesetzbuch (BGB)

§ 311 b [Verträge über Grundstücke, das Vermögen und den Nachlass]

Ein Vertrag, durch den sich der eine Teil verpflichtet, das Eigentum an einem Grundstück zu übertragen oder zu erwerben, bedarf der notariellen Beurkundung. Ein ohne Beachtung dieser Form geschlossener Vertrag wird seinem ganzen Inhalt nach gültig, wenn die Auflassung und die Eintragung in das Grundbuch erfolgen.

KANZLEI PAULUS & PARTNER

Der Begriff des **Wohnungseigentums** ist im Wohnungseigentumsgesetz (WEG) vom 15.03.1951 geregelt. § 1 WEG bestimmt, was unter Wohnungseigentum zu verstehen ist. Danach ist Wohnungseigentum das Sondereigentum an einer Wohnung in Verbindung mit dem **Miteigentumsanteil** an dem gemeinschaftlichen Eigentum, zu dem es gehört. Gemäß § 3 WEG ist Sondereigentum das Eigentum an einer bestimmten, genau definierten Wohnung. Sondereigentum soll nur eingeräumt werden, wenn die Wohnung in sich abgeschlossen ist.

Das Miteigentum an dem gemeinschaftlichen Eigentum wird stets in Bruchteilen ausgedrückt. Zu dem gemeinschaftlichen Eigentum gehören das Grundstück, die Verkehrswege, gemeinschaftliche Räume (z. B. Waschküchen, Partyräume etc.) und Einrichtungen (z. B. Aufzüge, Müllschlucker etc.). Bei dem Miteigentum handelt es sich um ideelles Miteigentum, d. h., der Miteigentumsanteil kann nicht genau bestimmt werden. Es kann daher nicht gesagt werden, 10 m^2 des Grundstückes an der westlichen Seite des Grundstücks gehören zu einer bestimmten Wohnung und können von dessen Eigentümer als Kräutergarten genutzt werden. Zum Sondereigentum zählen jedoch alle in sich geschlossenen Räume, so auch Kellerräume, Garagen und Fahrzeugabstellplätze, sofern ihre Flächen durch dauerhafte Markierungen ersichtlich sind.

Wie bereits erwähnt, werden die Miteigentumsanteile in Bruchteilen ausgedrückt. Dazu wird das Gesamtgrundstück in Zehntel, Hundertstel, Tausendstel oder Millionstel aufgeteilt. Die Miteigentumsanteile, die zu jedem Sondereigentum gehören, richten sich nach der Größe bzw. der qm-Zahl des Sondereigentums, bezogen auf die Gesamtfläche des gesamten Sondereigentums. Besteht z. B. die Wohneinheit aus 3 Eigentumswohnungen von $2 \cdot 120$ m^2 und $1 \cdot 60$ m^2 Wohnfläche, so werden die Miteigentumsanteile in $2 \cdot 4/10$ und $1 \cdot 2/10$ aufgeteilt.

Die Begründung von Wohneigentum erfolgt in der Praxis meist durch eine gegenüber dem Grundbuchamt abzugebende notariell beglaubigte **Teilungserklärung** des bisherigen Alleineigentümers, der die **Wohnungseigentumsrechte** alsdann an Interessenten veräußert. Bei Bildung von Wohnungseigentum wird das bisherige Grundbuchblatt des Grundstücks geschlossen; an seine Stelle tritt für jedes einzelne Wohnungseigentum ein besonderes **Wohnungsgrundbuchblatt.** War das Grundstück vor Bildung des Wohnungseigentums mit einer Hypothek oder Grundschuld belastet, so entsteht mit der Begründung des Wohnungseigentums eine entsprechende Gesamthypothek bzw. -grundschuld, die auf sämtlichen Wohnungseigentumsrechten lastet. Da das **Wohnungseigentum rechtlich wie Grundstückseigentum** behandelt wird, dürfen Wohnungseigentumsrechte beliehen werden. Der Beleihungswert von Wohnungseigentum wird in der Regel nach den gleichen Grundsätzen wie beim normalen Grundstückseigentum ermittelt. Es wird also der auf die Eigentumswohnung entsprechend ihrer Größe, Lage und Ausstattung entfallende Anteil am Bau- und Bodenwert der gesamten Wohnanlage zugrunde gelegt. Sonder- und Miteigentum kann nicht getrennt grundbuchlich belastet werden.

Quelle: Das Hypothekenbankgeschäft, Informationsschrift der Deutschen Genossenschafts-Hypothekenbank und Schwarze, Moser, Grundlagen des Kreditgeschäfts, Deutscher Sparkassenverlag.

Lernbuch Kap. 18.8.1.2

5 Über den Kauf und die Finanzierung einer Eigentumswohnung (Fremdnutzung) informieren

Situation:

Ihr langjähriger, vermögender Kunde Axel Rohleder, leitender Angestellter der Firma Intex AG, möchte aus steuerlichen Gründen eine 68 m² große Neubauwohnung von einem Bauträger provisionsfrei erwerben und diese anschließend vermieten.

Herr Rohleder bittet aus steuerlichen Gründen um eine Vollfinanzierung. Eigenmittel will er lediglich in Höhe der Anschaffungsnebenkosten, eines eventuellen Disagios und für die Notar- und Grundbuchamtkosten einsetzen. Nach Prüfung der Kreditwürdigkeit ist Ihr Kreditinstitut bereit, die Finanzierung der Wohnung zu übernehmen.

Aufgaben:

1 Nennen Sie die steuerlichen Vorteile, die der Kunde Axel Rohleder beim Kauf der Immobilie in Anspruch nehmen kann.

2 Erstellen Sie einen Finanzierungsplan

Darlehenskonditionen:	1,20 % Zinsen p. a.
Zinsbindungsdauer:	20 Jahre
Tilgung:	3 %
Auszahlung:	97 %
Annuitätendarlehen	

und berechnen Sie die Steuerersparnis im Jahr der Anschaffung.

Die Immobilie soll Anfang Januar gekauft und ab dem 1. März vermietet werden. Das Darlehen wird am 2. Januar ausgezahlt. Bei der Zinsberechnung soll der Januar als voller Monat berücksichtigt werden. Die Unterhaltskosten der Wohnung im Jahr der Anschaffung betragen voraussichtlich 3000,00 EUR. (Beträge ggf. auf glatte Euro runden.)

Dazu sind folgende Daten bekannt:

Anschaffungskosten/Kaufpreis (keine Maklergebühr)	200 000,00 EUR
Anschaffungsnebenkosten (Notarkosten für die Beurkundung des Kaufvertrages, Grunderwerbsteuer, Gebühren des Grundbuchamtes für den Eigentümerwechsel)	13 000,00 EUR
Grundstücksanteil	25 %
Kosten des Notars und des Grundbuchamtes für die Bestellung/Eintragung der Grundschuld	600,00 EUR
Mieteinnahmen (monatlich)	900,00 EUR
Steuersatz	42 %

3 Erklären Sie Herrn Rohleder, welche Veränderungen in den Jahren nach der Anschaffung die Steuervorteile mindern können.

4 Zeigen Sie ihm Chancen und Risiken des Immobilienkaufs auf.

5 Bieten Sie Herrn Rohleder als Alternative zum Wohnungskauf die Anlage in einem „geschlossenen Immobilienfonds" an. Erklären Sie unter Berücksichtigung des Informationstextes auf S. 155 das Produkt.

Die steuerliche Behandlung von vermietetem Wohneigentum

§§ 7/11 [Einkommensteuergesetz]

Vorkosten:

Es können alle Werbungskosten, die vor der erstmaligen Nutzung angefallen sind (keine Anschaffungs- und Herstellungskosten), abgesetzt werden. Insbesondere sind dies das Disagio (max. 5 % bei mindestens fünfjähriger Zinsfestschreibung), Notarkosten für die Bestellung einer Grundschuld, Kosten des Grundbuchamtes für die Eintragung einer Grundschuld, Zinsen bis zum Einzug usw.

Kosten ab erstmaliger Nutzung:

Die Abschreibung, laufende Zinsen, Instandhaltungsaufwendungen und Unterhaltskosten der Wohnung können von den Mieteinnahmen abgezogen werden. Eventuelle Minuseinkünfte bei Einkünften aus Vermietung und Verpachtung sind bei anderen Einkunftsarten abziehbar.

Die Abschreibung beginnt im Jahr der Anschaffung. Abgeschrieben werden die Anschaffungs- und die Anschaffungsnebenkosten. Die Grundstückskosten bleiben bei den Abschreibungen unberücksichtigt. Für die Berechnung der Abschreibung muss die Summe aus Anschaffungs- und Anschaffungsnebenkosten um den Grundstücksanteil gekürzt werden.

Abschreibungen bei Neu- und Altbauten:
linear
50 Jahre 2 % jährlich

Auszug aus dem Handbuch für kundenzentriertes Bankmanagement:

Geschlossener Immobilienfonds

Sondervermögen aus Immobilien, das durch die Ausgabe von Anteilscheinen und die Aufnahme von → *Fremdkapital* finanziert wird. In der Regel bestehen die geschlossenen Immobilienfonds aus einem, gelegentlich auch aus mehreren Grundstücken. Das Anteilskapital richtet sich nach der Höhe des für den Erwerb bzw. die Bebauung des Fondsobjektes benötigten Eigenkapitals. Wenn alle Anteile gezeichnet sind, wird der Fonds geschlossen. Wichtigste Unterschiede zu → *offenen Immobilienfonds:*

- Die Zeichner von Anteilen geschlossener Immobilienfonds erwerben wirtschaftliches Miteigentum an bestimmten Liegenschaften und gelten steuerrechtlich als Grundstückseigentümer. Sie können daher die Abschreibungsmöglichkeiten des Einkommensteuergesetzes in Anspruch nehmen.
- Ihre Anteile werden zumeist nur in größerer Stückelung ausgegeben.
- Für die Fondsverwaltung besteht keine Verpflichtung zur Rücknahme von Anteilscheinen.

Quelle: In Anlehnung an: Das Bank- und Börsen-ABC, Köln 2001.

Lernbuch Kap. 18.8.1.2

6 Über das Erbbaurecht informieren

Situation:

Patrick Reimann, Kunde der Volksbank Ruhr Mitte eG, legt Ihnen als zuständige(n) Kundenberater(in) die nebenstehende Immobilienanzeige vor.

Herr Reimann ist an dem Erwerb einer Eigentumswohnung interessiert. Er kann sich jedoch nichts unter einem Erbpachtgrundstück vorstellen und bittet Sie um eingehende Beratung.

Immobilien

Volksbank Immobilien GmbH
Tochtergesellschaft der Volksbank RUHR Mitte eG

In erholsamer Lage von **Gladbeck-Zweckel** erstellen wir auf einem Erbpachtgrundstück

6 Eigentumswohnungen

Frei sind: 3-Raumwohnung mit Balkon
4-Raumwohnungen auf 2 Ebenen mit Terrasse

Wohnflächen von 78 m² bis 95 m²

Kaufpreise von 295000,00 EUR bis 330000,00 EUR
Keine zusätzliche Käuferprovision

Seien Sie neugierig und fordern Sie unser Informationsmaterial an.

Aufgaben:

1 Arbeiten Sie vor der Beratung den nachfolgenden Text durch und erklären Sie Herrn Reimann den Begriff „Erbbaurecht". Gehen Sie dabei vor allem auf die Beteiligten, den Erbbauzins und die Inhalte der vertraglichen Gestaltung ein.

Erbbaurecht

KANZLEI PAULUS & PARTNER

Das Wesen des Erbbaurechts besteht darin, dass der Grundstückseigentümer einem anderen das Recht einräumt, auf seinem Grundbesitz ein Gebäude zu errichten. Während nach allgemeinen Grundsätzen ein Gebäude wesentlicher Bestandteil des Grundstücks wird und somit in das Eigentum des Grundstückseigentümers übergeht, ist dies beim Erbbaurecht nicht der Fall. Errichtet ein Erbbauberechtigter ein Gebäude, so wird dieses Bestandteil seines Erbbaurechts; das Gebäude wird Eigentum des Erbbauberechtigten.

Voraussetzung für die Entstehung des Erbbaurechts ist, dass es an erster Rangstelle in der zweiten Abteilung im Grundbuch des Grundstücks eingetragen wird. Für das Erbbaurecht wird ein eigenes Grundbuchblatt (Erbbaugrundbuch) angelegt. Grundbuchrechtlich wird das Erbbaurecht also wie ein Grundstück behandelt. Es kann mit Grundschulden, Dienstbarkeiten etc. belastet und zwangsversteigert werden. Bei einer Beleihung wird in dem für das Erbbaurecht angelegten Grundbuchblatt zugunsten der Bank in Abteilung III eine Grundschuld oder Hypothek eingetragen. Damit ist der Bank das Erbbaurecht mit dem dazugehörigen Gebäude, nicht aber das Grundstück, verpfändet. Nach der Erbbaurechts VO dürfen Erbbaurechte nur mit Tilgungsdarlehen beliehen werden, die spätestens 10 Jahre vor Ablauf des Erbbaurechts planmäßig getilgt sind. Das Erbbaurecht ist veräußerlich und vererblich und bleibt in der Zwangsversteigerung bestehen.

Für den Vertrag über die Einräumung eines Erbbaurechts ist die notarielle Beurkundung vorgeschrieben. Der Erbbaurechtsvertrag regelt die Einzelheiten wie Laufzeit, Höhe des Erbbauzinses, Vorkaufsrecht für den Erbbaurechtsnehmer, Zustimmung des Erbbaurechtsgebers bei Veräußerung und Belastung. Auch die Höhe eines möglichen finanziellen Ausgleichs für das Bauwerk bei Beendigung (Heimfall) des Erbbaurechts wird regelmäßig vereinbart. Die Laufzeit ist bei Wohnnutzung traditionell 99 Jahre. Jede andere Laufzeit ist prinzipiell zulässig, allerdings geht der Nutzen bei zu kurzen (für den Erbbaurechtsnehmer) oder zu langen (für den Erbbaurechtsgeber) Laufzeiten verloren. Für Kreditinstitute ist wichtig, dass der Grundstückseigentümer sich häufig die Zustimmung zur Belastung des Erbbaurechts mit Grundpfandrechten vorbehält.

Der Grundstückseigentümer hat mit dem Erbbaurecht die Möglichkeit, sich eine langfristige Einnahme aus dem Grundstück zu sichern, ohne das Investitionsrisiko und andere Pflichten zu tragen und dennoch Eigentümer zu bleiben. Der Erbbauzins liegt entsprechend dem geringen Risiko bei jährlich etwa 4–5 % für Wohnobjekte bezogen auf den Grundstückswert. Der Erbbauzins wird regelmäßig mit einer Reallast in Abteilung II des Erbbaugrundbuchs dinglich abgesichert und geht im Rang einem Grundpfandrecht vor. Der Erbbaurechtsnehmer kann ein Bauwerk erstellen und eigentümerähnlich handeln, ohne ein Grundstück kaufen und voll finanzieren zu müssen.

Quelle: In Anlehnung an: Das Hypothekenbankgeschäft, Informationsschrift der Deutschen Genossenschafts-Hypothekenbank.

2 Stellen Sie Herrn Reimann dar, wie lange und aus welchem Grunde Erbbaurechte bestellt werden.

3 Beschreiben Sie dem Kunden die rechtliche Besonderheit der Eigentumsverhältnisse (→ BGB) bei einem Erbbaurecht.

4 Erläutern Sie ihm, was nach Ablauf der für das Erbbaurecht vereinbarten Zeit geschieht.

5 Zeigen Sie Herrn Reimann auf, wo ein bestehendes Erbbaurecht grundbuchmäßig erfasst wird.

6 Patrick Reimann beantragt zwecks Finanzierung der Eigentumswohnung ein Darlehen bei der Volksbank Ruhr Mitte eG. Die Bank ermittelt den Beleihungswert des Objektes. Stellen Sie die Besonderheit der Beleihungswertberechnung in diesem Fall dar.

7 Erläutern Sie die aus dem abgebildeten Grundbuchblatt ablesbaren Rechtsverhältnisse (z. B. Eigentumsverhältnisse, Verpflichtungen, Einschränkungen).

Einlegebogen 1

Amtsgericht Kleve Grundbuch von Kleve Blatt 765A **Bestandsverzeichnis**

Einer

Laufende Nummer der Grundstücke	Bisherige laufende Nummer der Grundstücke	Bezeichnung der Grundstücke und der mit dem Eigentum verbundenen Rechte: Gemarkung (Vermessungsbezirk)	Karte: Flur	Karte: Flurstück	Liegenschaftsbuch	Wirtschaftsart und Lage	Größe: ha	a	m²
		a	b		c/d	e			
1	2	3					4		
1		Kleve	83	10		Gebäude- und Freifläche, Hölderlinstraße 22		7	73

Einlegebogen 1

Amtsgericht Kleve Grundbuch von Kleve Blatt 765A **Erste Abteilung**

Laufende Nummer der Eintragungen	Eigentümer	Laufende Nummer der Grundstücke im Bestandsverzeichnis	Grundlage der Eintragung
1	2	3	4
1	Katholische Kirchengemeinde St. Lamberti Kleve	1	Auf Grund der Auflassung vom 23. Dezember 1990 eingetragen am 29. Juli 1991. Gerigk Hammer

Einlegebogen 1

Amtsgericht Kleve Grundbuch von Kleve Blatt 765A **Zweite Abteilung**

Laufende Nummer der Eintragungen	Laufende Nummer der betroffenen Grundstücke im Bestandsverzeichnis	Lasten und Beschränkungen
1	2	3
1	1	Erbbaurecht für den Bauingenieur Hans Welticke für die Dauer von neunundneunzig Jahren seit dem 1. März 2002 unter Bezugnahme auf die Nr. 1 des Bestandsverzeichnisses des Erbbaugrundbuchs von Kleve Blatt 3998 eingetragen am 27. April 2002
2	1	Ein Vorkaufsrecht für den Bauingenieur Hans Welticke für alle Verkaufsfälle unter Bezugnahme auf die Bewilligung vom 15. März 2002 eingetragen am 27. April 2002 Gerigk Hammer

Einlegebogen

Amtsgericht Kleve **Grundbuch von** Kleve **Blatt** 3998 **Bestandsverzeichnis**

Laufende Nummer der Grundstücke	Bisherige laufende Nummer der Grundstücke	Bezeichnung der Grundstücke und der mit dem Eigentum verbundenen Rechte: Gemarkung (Vermessungsbezirk)	Karte: Flur	Karte: Flurstück	Liegenschaftsbuch	Wirtschaftsart und Lage	Größe: ha	a	m²
		a	b	b	c/d	e			
1	2	3					4		
zu 1	Erbbaurecht, eingetragen auf dem im Grundbuch von Kleve Blatt 765A unter Nr. 1 des Bestandsverzeichnisses verzeichneten Grundstück:								
		Kleve	83	10		Gebäude- und Freifläche Hölderlinstr. 22		7	73
	in Abt. II Nr. 1 für die Dauer von 99 Jahren seit dem Tag der Eintragung, dem 27. April 2002.								
	Der Erbbauberechtigte bedarf zur Veräußerung oder Belastung des Erbbaurechts der Zustimmung des Grundstückseigentümers.								
	Als Eigentümer des belasteten Grundstücks ist die katholische Kirchengemeinde St. Lamberti in Kleve eingetragen.								
	Unter Bezugnahme auf die Bewilligung vom 15. März 2002 bei Anlegung dieses Blattes hier vermerkt am 27. April 2002.								
	Gerigk Hammer								

Einlegebogen

Amtsgericht Kleve **Grundbuch von** Kleve **Blatt** 3998 **Erste Abteilung** 1

Laufende Nummer der Eintragungen	Eigentümer	Laufende Nummer der Grundstücke im Bestandsverzeichnis	Grundlage der Eintragung
1	2	3	4
1	Bauingenieur Hans Welticke	1	Bei Bestellung des Erbbaurechts auf Blatt 765A in Abt. II Nr. 1 eingetragen und hier vermerkt am 27. April 2002. Gerigk Hammer

Einlegebogen

Amtsgericht Kleve **Grundbuch von** Kleve **Blatt** 3998 **Zweite Abteilung** 1

Laufende Nummer der Eintragungen	Laufende Nummer der betroffenen Grundstücke im Bestandsverzeichnis	Lasten und Beschränkungen
1	2	3
1	1	Erbbauzins von 450,00 (vierhundertfünfzig) EUR jährlich vom 1. März 2002 ab für den jeweiligen Eigentümer des im Grundbuch von Kleve Blatt 765A unter Nr. 1 des Bestandsverzeichnisses verzeichneten Grundstücks. Unter Bezugnahme auf die Eintragungsbewilligung vom 15. März 2002 eingetragen am 27. April 2002 Gerigk Hammer

7 Grundbuch und Grundbucheintragungen erklären

Lernbuch Kap. 18.8.2

Situation 1: Bedeutung des Grundbuchs

Die Eheleute Michaela und Mike Koch, Weserstr. 31, 37671 Höxter, beabsichtigen, für 230 000,00 EUR ein Reihenhaus zu kaufen. Das Ehepaar hat das Objekt bereits besichtigt und ist auch an dem Erwerb interessiert. Um sich nähere Informationen über das Grundstück zu verschaffen und eine Finanzierung vorbereiten zu können, haben die Eigentümer dem Ehepaar Koch einen Grundbuchauszug zur Verfügung gestellt. Das Ehepaar Koch möchte mit Ihnen als Kreditsachbearbeiter/-in wesentliche Fragen zum Grundbuch und zu den Grundbucheintragungen klären.

Nutzen Sie für die Beratung die abgedruckten Texte S. 162 f.

Aufgaben:

1 Welche Bedeutung hat das Grundbuch?

2 Analysieren Sie den nachstehenden Grundbuchauszug:
a) Wie ist das Grundbuch gegliedert?
b) Was wird in den fünf Teilen eingetragen (Angaben in Stichworten)?

3 Erklären Sie den Kunden die Eintragungen im Bestandsverzeichnis des vorgelegten Grundbuchauszugs.
Herr Koch wundert sich über die im Grundbuchauszug vermerkte Grundstücksgröße. Er erinnert sich, dass der Grundstückseigentümer Krekeler bei der Besichtigung des Objekts eine andere Grundstücksgröße genannt hatte. Herr Koch fragt nach, ob man sich auf alle Angaben und Eintragungen im Grundbuch auch verlassen kann.

4 Erklären Sie den Eheleuten Koch die Eintragungen in der 1. und 2. Abteilung des vorgelegten Grundbuchauszugs und erläutern Sie deren Bedeutung für die Darlehensaufnahme und die Kreditbesicherung.

5 In der 3. Abteilung des vorgelegten Grundbuchblattes sind zwei Eintragungen vorgenommen. Erklären Sie den Kunden, welches Recht diese Eintragungen verbriefen, und geben Sie den rechtlichen Unterschied der beiden Eintragungen an.

6 Das Ehepaar Koch möchte wissen, wie der Kauf des Hauses rechtlich abgewickelt wird. Erklären Sie den Kunden die einzelnen Schritte.

Unbeglaubigte – Beglaubigte – Wiedergabe gefertigt am:

Amtsgericht

Höxter

Grundbuch von

Lüchtringen

Blatt

93

Die vollständige Wiedergabe des Grundbuchs wird beglaubigt.

Ort und Tag

Geschäftsstelle des Amtsgerichts

Justizangestellte-r
(Name, Amtsbezeichnung) als Urkundsbeamter

Einlegebogen

Amtsgericht Höxter **Grundbuch von** Lüchtringen **Blatt** 93 **Bestandsverzeichnis** 81

Laufende Nummer der Grundstücke	Bisherige laufende Nummer der Grundstücke	Bezeichnung der Grundstücke und der mit dem Eigentum verbundenen Rechte: Gemarkung (Vermessungsbezirk)	Karte: Flur	Karte: Flurstück	Liegenschaftsbuch	Wirtschaftsart und Lage	Größe: ha	a	m²
		a	b		c/d	e	ha	a	m²
1	2	3					4		
1		Lüchtringen	142	949		Hof- und Gebäudefläche	–	6	15
2/ zu 1		Grunddienstbarkeit (Abwasser-Kanal-Leitungsrecht) an den Grundstücken Flur 142 Flurstücke 950 und 951. Dort eingetragen in Abt. II Nr. 1 am 20. Okt. 1951.							

Einer

Zehner

Einlegebogen

Amtsgericht Höxter **Grundbuch von** Lüchtringen **Blatt** 93 **Erste Abteilung** 81R

Laufende Nummer der Eintragungen	Eigentümer	Laufende Nummer der Grundstücke im Bestandsverzeichnis	Grundlage der Eintragung
1	2	3	4
1	Eheleute Fritz Krekeler, geb. am 26. Okt. 1923 und Maria geb. Martin, geb. am 13. Juli 1925, beide wohnhaft zu Lüchtringen, zu je $^1/_2$ Anteil	1	Auf Grund des Erbscheins v. 21. März 1961 (46III143/47 AG Höxter) eingetragen am 17. Sept. 1961 *Breuer* *Klodt*
2	Eheleute Erich Krekeler, geb. am 15. Jan. 1952 und Luise geb. Mertens, geb. am 30. April 1951, beide wohnhaft zu Lüchtringen – zu je $^1/_2$ –	1	Aufgelassen am 14. April 2002 und eingetragen am 27. Juli 2002 *Daniel* *Gruner*

Einlegebogen

Amtsgericht Höxter **Grundbuch von** Lüchtringen **Blatt** 93 **Zweite Abteilung** 81 R

Laufende Nummer der Eintragungen	Laufende Nummer der betroffenen Grundstücke im Bestandsverzeichnis	Lasten und Beschränkungen
1	2	3
1	1	Ein Recht auf das Legen und die Unterhaltung von Hochspannungsleitungen sowie ein Betretungsrecht für die Elektrizitätswerke Höxter. Unter Bezugnahme auf die Bewilligung vom 16. Febr. 1951 eingetragen am 07. März 1951 Breuer Klodt
2	1	Reallast, bestehend in der Zahlung einer lebenslangen Rente von 1000,00 EUR (eintausend) monatlich für Fritz Krekeler, geb. am 26. Okt. 1923. Die Löschung erfolgt gegen Vorlage der Sterbeurkunde des Berechtigten. Eingetragen auf Grund der Bewilligung vom 14. April 2002 (Urkundenrolle Nr. 21/2002 des Notars Reinhard in Höxter) eingetragen am 27. Juli 2002 Daniel Gruner

3/2/1 3/2/1

Einlegebogen

Amtsgericht Höxter **Grundbuch von** Lüchtringen **Blatt** 93 **Dritte Abteilung** 81 R

Laufende Nummer der Eintragungen	Laufende Nummer der belasteten Grundstücke im Bestandsverzeichnis	Betrag	Hypotheken, Grundschulden, Rentenschulden
1	2	3	4
1	1	35000,00	Fünfunddreißigtausend Deutsche Mark Hypothek, verzinslich mit 13 vom Hundert jährlich für die Sparkasse Höxter. Der jeweilige Eigentümer ist der sofortigen Zwangsvollstreckung unterworfen. Unter Bezugnahme auf die Bewilligung vom 13. Mai 1965 brieflos eingetragen am 05. August 1965. Breuer Klodt
2	1	80000,00	Achtzigtausend Euro Grundschuld mit 15 vom Hundert Jahreszinsen und einer einmaligen Nebenleistung von 8 vom Hundert des Grundschuldbetrages für die Deutsche Bank Höxter. Der jeweilige Eigentümer ist der sofortigen Zwangsvollstreckung unterworfen. – Brieflos –. Unter Bezugnahme auf die Bewilligung vom 20. Juni 2002 – eingetragen am 03. Sept. 2002. Daniel Gruner

3/2/1 3/2/1

Liegenschaftsbuch und Grundbuch

Für das Realkreditgeschäft sind zwei amtliche Register von zentraler Bedeutung, das Liegenschaftsbuch und das *Grundbuch.* Das Liegenschaftsbuch einer Gemeinde oder eines Kreises wird beim Katasteramt geführt. Das gesamte Gebiet, für das es zuständig ist, wird technisch vermessen, kartografiert und registriert. Das Katasteramt erstellt Auszüge aus dem Liegenschaftsbuch, aus denen der genaue Flächeninhalt eines Flurstücks und die Nutzungsart ersichtlich sind. Ein *Flurstück* ist der kleinste abgegrenzte Teil der Erdoberfläche, auch Parzelle genannt. Dies entspricht dem Grundstück im allgemeinen Sprachgebrauch.

Die *Flurkarte,* wie sie in der Kreditpraxis verwendet wird, ist ein Auszug aus der Liegenschaftskarte des Katasteramtes in DIN A4-Größe, der das Beleihungsgrundstück enthält.

Das Katasteramt erfasst die Grundstücke nach Bestand und technischen Eigenschaften. Im Grundbuch werden die rechtlichen Verhältnisse eines Grundstücks dokumentiert. Das Grundbuch gliedert sich in Grundbuchblätter, je Eigentümer ein Blatt. Innerhalb eines Grundbuchblattes ist die Aufteilung wie folgt: Deckblatt, Bestandsverzeichnis, Abteilung I, Abteilung II, Abteilung III. Jeder, der ein berechtigtes Interesse darlegt, darf Einsicht in das Grundbuch nehmen, also z.B. das Kreditinstitut, das ein Grundstück beleihen möchte, der potenzielle Käufer eines Grundstücks, der Pfandgläubiger eines mit einer Grundschuld belasteten Grundstücks. Der Einsichtnehmende kann auch eine (beglaubigte) Abschrift des Grundbuchblattes verlangen. Jeder, der ein Grundstück durch ein Rechtsgeschäft erwirbt, kann sich auf den rechtlichen Inhalt des Grundbuches berufen *(öffentlicher Glaube des Grundbuchs),* es sei denn, er weiß es besser. Keinen öffentlichen Glauben geniessen die technischen Angaben wie Größe, Lage und Nutzungsart. Dafür sind die beschriebenen Unterlagen des Katasteramts notwendig.

Die Einführung des elektronischen Grundbuchs ermöglicht die papierlose Führung des Grundbuchs, die computerunterstützte Bearbeitung der Anträge und den jederzeitigen elektronischen Zugriff auf alle Grundbuchdaten. Die Eintragungen werden elektronisch unterschrieben und in einer Datenbank abgelegt. Kreditinstitute, Bausparkassen, Notare etc. können nach Erteilung einer Zulassung auf elektronischem Wege Einsicht in das Grundbuch nehmen und den Abdruck des Grundbuchinhalts auf dem eigenen Drucker vornehmen (automatisiertes Grundbuchabrufverfahren).

Grunddienstbarkeiten sind Nutzungsrechte (z.B. Wegerecht, Nutzungsbeschränkung etc.) an Grundstücken zugunsten des jeweiligen Eigentümers eines anderen Grundstücks (§ 1018 BGB). Wesentlich für die Grunddienstbarkeit ist, dass ein Grundstück – ein *dienendes Grundstück* – zugunsten eines anderen Grundstücks – des *herrschenden Grundstücks* – belastet ist.

Die Belastung wird beim dienenden Grundstück in Abteilung II eingetragen, das Recht aus der Grunddienstbarkeit kann beim herrschenden Grundstück im Bestandsverzeichnis eingetragen werden.

Beschränkte persönliche Dienstbarkeiten (b. p. D.) sind Grundstückbelastungen, die dem Begünstigten das Recht geben, das Grundstück in einzelnen Beziehungen zu benutzen oder bestimmte Nutzungen auszuschließen (§ 1090 BGB). Beim belasteten Grundstück werden sie in Abteilung II eingetragen. Beschränkt persönliche Dienstbarkeiten können z.B. sein: Wohnrecht, Altenteilrechte für bestimmte Personen oder das Recht auf dem Grundstück eine Tankstelle zu errichten und zu betreiben. Häufig vorkommend sind Leitungsduldungsrechte (Elektrizität, Gas, Fernwärme). Die Beeinträchtigung der Beleihung ist im Einzelfall zu prüfen. In der Regel mindern b. p. D. die Verkehrsfähigkeit von Grundstücken.

Reallasten sind dingliche Belastungen eines Grundstücks über wiederkehrende Leistungen aus dem Grundstück an den Begünstigten (§ 1105 BGB). Reallasten sind z.B. Leibrenten, Erbbauzins, Altenteil. Für die Beleihung ist zu prüfen, ob die wiederkehrende Leistung kapitalisierbar ist und als Vorlast bewertet werden kann.

Grundsätzliches zu den Grundpfandrechten

Grundbesitz kann in der Weise beliehen, d.h. einem Darlehensgeber verpfändet werden, indem der Eigentümer dem Darlehensgeber ein Grundpfandrecht (Hypothek oder Grundschuld) bestellt. Zur wirksamen Verpfändung des Grundbesitzes ist erforderlich, dass der Grundstückseigentümer die Eintragung des Grundpfandrechts zugunsten des Darlehensgebers bewilligt und dass das Grundpfandrecht in Abteilung III des Grundbuches eingetragen wird.

Die Bedeutung der Grundpfandrechte liegt darin, dass der Hypotheken- bzw. Grundschuldgläubiger im Falle der Zwangsversteigerung oder der Zwangsverwaltung des belasteten Grundbesitzes vor den übrigen Gläubigern des Grundstückseigentümers aus dem Zwangsversteigerungs- bzw. Zwangsverwaltungserlös zu befriedigen ist. Lasten mehrere Grundpfandrechte auf demselben Grundbesitz, wird der Hypotheken- bzw. Grundschuldgläubiger mit der besseren Rangstelle vor einem im Range nachgehenden Gläubiger berücksichtigt. Nur soweit der Versteigerungserlös die Ansprüche des vorrangigen Gläubigers übersteigt, erhält der nachrangige Gläubiger eine Zuteilung aus dem Erlös.

Unterschiede zwischen Hypothek und Grundschuld

Die vom Gesetz als Normalfall vorgesehenen Grundpfandrechte sind Hypotheken. Sie sind Belastungen von Grundstücken in der Weise, „*... dass an denjenigen, zu dessen Gunsten die Belastung erfolgt, eine bestimmte Geldsumme zur Befriedigung wegen einer ihm zustehenden Forderung aus dem Grundstücke zu zahlen ist (Hypothek)*" (§ 1113 BGB). Mit anderen Worten müssen zwei Voraussetzungen gegeben sein:

1. das Grundstück muss mit einer bestimmten Geldsumme belastet sein,
2. dem Berechtigten aus der Hypothek (Gläubiger) muss eine Forderung zustehen.

Nur dann kann der Gläubiger die öffentliche Zwangsversteigerung oder Zwangsverwaltung des Objektes betreiben und mit dem Erlös seine Forderung begleichen.

Die Grundschuld ist die Belastung eines Grundstücks wie eine Hypothek mit dem Unterschied, dass keine notwendige Verknüpfung mit einer Forderung besteht, damit der Gläubiger seine dinglichen Rechte geltend machen kann. Das BGB formuliert so: „*Ein Grundstück kann in der Weise belastet werden, dass an denjenigen, zu dessen Gunsten die Belastung erfolgt, eine bestimmte Geldsumme aus dem Grundstücke zu zahlen ist (Grundschuld)*" (§ 1191 BGB). Der Gläubiger könnte danach die Zwangsvollstreckung betreiben, ohne eine Forderung nachweisen zu müssen oder auch nur zu haben. Regelmäßig gibt es außerhalb der Einigung über die Grundschuldbestellung wirtschaftliche Beziehungen der Beteiligten. Diese Gründe sind aber im sonstigen privatrechtlichen Raum zu beurteilen und für den Bestand der Grundschuld nicht maßgebend.

Hypotheken haben für die Kreditpraxis heute kaum noch Bedeutung, Rentenschulden gar keine. Das regelmäßige Sicherungsmittel sind heute Grundschulden.

Quelle: Das Hypothekenbankgeschäft. Eine Informationsschrift der Deutschen Genossenschafts-Hypothekenbank.

Situation 2: Dienstbarkeiten, Lasten und Beschränkungen

Im Rahmen Ihrer Kundenberatung legt Ihnen der Kunde Daniel Meyer-Dönhoff die folgende Unterlage vor:

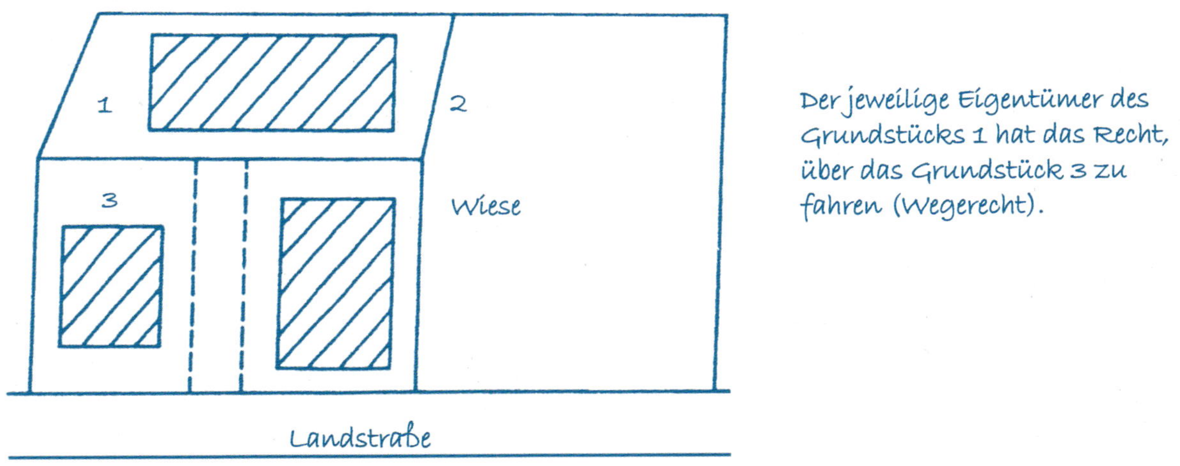

Herr Meyer-Dönhoff bittet Sie, ihm die damit verbundenen Rechtsfolgen zu erklären. Nehmen Sie für die Bearbeitung dieser Aufgaben auch die Ausführungen der Kanzlei Paulus & Partner auf S. 162f. zu Hilfe.

Aufgaben:

1 Unterscheiden Sie die Begriffe „dienendes Grundstück" und „herrschendes Grundstück" und ordnen Sie diese im vorliegenden Fall zu.

2 Bezeichnen Sie die Art der Beschränkung für den Eigentümer des Grundstücks 3.

3 In welchem Teil des Grundbuchblatts ist das Wegerecht bei

a) Grundstück 1,

b) Grundstück 3 eingetragen?

4 Grundstück 3 wird verkauft. Welche Änderung der Rechtsverhältnisse tritt ein?

5 Wodurch unterscheiden sich Grunddienstbarkeiten von beschränkt persönlichen Dienstbarkeiten?

Abschnitt 4. Dienstbarkeiten

Titel 1. Grunddienstbarkeiten

§ 1018 BGB [Gesetzlicher Inhalt der Grunddienstbarkeit]

Ein Grundstück kann zugunsten des jeweiligen Eigentümers eines anderen Grundstücks in der Weise belastet werden, dass dieser das Grundstück in einzelnen Beziehungen benutzen darf oder dass auf dem Grundstück gewisse Handlungen nicht vorgenommen werden dürfen oder dass die Ausübung eines Rechts ausgeschlossen ist, das sich aus dem Eigentum an dem belasteten Grundstück dem anderen Grundstück gegenüber ergibt (Grunddienstbarkeit).

Titel 3. Beschränkte persönliche Dienstbarkeiten

§ 1090 BGB [Gesetzlicher Inhalt der beschränkten persönlichen Dienstbarkeit]

(1) Ein Grundstück kann in der Weise belastet werden, dass derjenige, zu dessen Gunsten die Belastung erfolgt, berechtigt ist, das Grundstück in einzelnen Beziehungen zu benutzen, oder dass ihm eine sonstige Befugnis zusteht, die den Inhalt einer Grunddienstbarkeit bilden kann (beschränkt persönliche Dienstbarkeit).

6 Entscheiden Sie bei den folgenden Eintragungen in der II. Abteilung des Grundbuchs, um welche Last/Beschränkung es sich handelt.

Eintragung in der II. Abteilung	Art der Belastung/Beschränkung
1. Bau, Betrieb und Unterhaltung einer Doppelferngasleitung für die Chemische Werke Hüls AG	
2. Vormerkung zur Sicherung des Anspruchs auf Übertragung des Eigentums für die Eheleute Helmut Fallender und Berta geb. Groß, beide in Leipzig, zu je $^1/_2$ Anteil	
3. Wegerecht zugunsten des jeweiligen Eigentümers des Grundstücks Frommingen, Flur 9, Flurstück 250/3	
4. Zahlung einer lebenslänglichen monatlichen Rente von 600,00 EUR an Frau Franziska Borg in Dresden	
5. Der Rentner Johannes Willeke in Weimar hat das lebenslängliche Recht, die regelmäßigen Nutzungen aus diesem Grundstück zu ziehen	
6. Wohnrecht gemäß § 1093 BGB zugunsten der Eheleute Hans Makowiak und Frieda geb. Much, Esslingen als Gesamtberechtigte an der im 1. Stock gelegenen Dreizimmer-Wohnung nebst Küche und Bad sowie einen Kellerraum	
7. Recht für den Landwirt Herbert Lohmeyer auf Dauer von 99 Jahren seit dem Tag der Eintragung auf diesem Grundstück eine Scheune zu unterhalten	
8. Das Grundstück ist für alle Verkaufsfälle zunächst dem Kaufmann Franz Huber in 49324 Melle anzubieten	
9. Verlegen und Unterhalten eines Stromkabels verbunden mit einer Nutzungsbeschränkung zugunsten der Südwestdeutschen Elektrizitäts-AG in Stuttgart	
10. Der jeweilige Eigentümer des im Grundbuch von Heisingen Band 39 Blatt 831 eingetragenen Grundstücks hat das Recht, die Abwässer und Fäkalien dieses Grundstücks durch die an der Straßenfront liegende Leitung in das Hauptsiel abzuleiten	
11. Die Zwangsversteigerung ist angeordnet. Eingetragen am 15. November 20..	
12. Der Betrieb eines jeglichen Gewerbes ist zu unterlassen. Eingetragen zugunsten des jeweiligen Eigentümers des Grundstücks von Beder, Flur 46, Flurstück 89/6	

Situation 3: Rangänderung – Rangvorbehalt

Die folgenden Grundbuchauszüge liegen vor:

Eintragung in Abteilung II:

Reallast, bestehend in der Zahlung einer Geldrente in Höhe von 750,00 EUR (siebenhundertfünfzig) monatlich für Hans Niemeyer, geb. am 16. Juni 1937.

Löschbar bei Todesnachweis ... Eingetragen am 01.03.2002

Eintragung in Abteilung III:

1. Grundschuld 60 000,00 EUR eingetragen am 24.04.2002
2. Grundschuld 40 000,00 EUR eingetragen am 01.06.2002

Aufgaben:

1 Bestimmen Sie die Rangordnung der Rechte.

2 Die Zwangsversteigerung des Grundstücks erbringt 125 000,00 EUR. Wie erfolgt die Aufteilung dieses Betrages? Der Kapitalwert der Reallast wird mit 50 000,00 EUR festgesetzt.

3 Bei der Eintragung der Reallast am 01.03.2002 soll ein Rangvorbehalt zugunsten der beiden noch einzutragenden Grundschulden mit eingetragen werden. Was bedeutet das?

4 Zwischen den beiden Grundschuldgläubigern und dem Berechtigten aus der Reallast ist jeweils eine Rangänderung zugunsten der beiden Grundschuldgläubiger im Grundbuch eingetragen worden.
Welche Folgen hat diese Eintragung für die Zwangsversteigerung? (Der Rangvorbehalt aus Aufgabe 3 wurde nicht eingetragen.)

Allgemeine Vorschriften über Rechte an Grundstücken

§ 879 BGB [Rangverhältnis mehrerer Rechte]

(1) Das Rangverhältnis unter mehreren Rechten, mit denen ein Grundstück belastet ist, bestimmt sich, wenn die Rechte in derselben Abteilung des Grundbuchs eingetragen sind, nach der Reihenfolge der Eintragungen. Sind die Rechte in verschiedenen Abteilungen eingetragen, so hat das unter Angabe eines früheren Tages eingetragene Recht den Vorrang; Rechte, die unter Angabe desselben Tages eingetragen sind, haben gleichen Rang.

(2) Die Eintragung ist für das Rangverhältnis auch dann maßgebend, wenn die nach § 873 zum Erwerbe des Rechts erforderliche Einigung erst nach der Eintragung zustande gekommen ist.

(3) Eine abweichende Bestimmung des Rangverhältnisses bedarf der Eintragung in das Grundbuch.

§ 880 BGB [Rangänderung]

(1) Das Rangverhältnis kann nachträglich geändert werden.

(2) Zu der Rangänderung ist die Einigung des zurücktretenden und des vortretenden Berechtigten und die Eintragung der Änderung in das Grundbuch erforderlich; die Vorschriften des § 873 Abs. 2 und des § 878 finden Anwendung. Soll eine Hypothek, eine Grundschuld oder eine Rentenschuld zurücktreten, so ist außerdem die Zustimmung des Eigentümers erforderlich. Die Zustimmung ist dem Grundbuchamt oder einem der Beteiligten gegenüber zu erklären; sie ist unwiderruflich.

(3) Ist das zurücktretende Recht mit dem Rechte eines Dritten belastet, so findet die Vorschrift des § 876 entsprechende Anwendung.

(4) Der dem vortretenden Recht eingeräumte Rang geht nicht dadurch verloren, dass das zurücktretende Recht durch Rechtsgeschäft aufgehoben wird.

(5) Rechte, die den Rang zwischen dem zurücktretenden und dem vortretenden Recht haben, werden durch die Rangänderung nicht berührt.

§ 881 BGB [Rangvorbehalt]

(1) Der Eigentümer kann sich bei der Belastung des Grundstücks mit einem Rechte die Befugnis vorbehalten, ein anderes, dem Umfang nach bestimmtes Recht mit dem Rang vor jenem Recht eintragen zu lassen.

(2) Der Vorbehalt bedarf der Eintragung in das Grundbuch; die Eintragung muss bei dem Recht erfolgen, das zurücktreten soll.

(3) Wird das Grundstück veräußert, so geht die vorbehaltene Befugnis auf den Erwerber über.

(4) [...]

Situation 4: Rangfolge

Im Grundbuch von Beder, Blatt 93, das beim Amtsgericht Hildesheim geführt wird, sind in der II. und III. Abteilung folgende Eintragungen vorgenommen:

Einlegebogen

Amtsgericht Hildesheim **Grundbuch von** Beder **Blatt** 93 **Zweite Abteilung** 81 R

Laufende Nummer der Eintragungen	Laufende Nummer der betroffenen Grundstücke im Bestandsverzeichnis	Lasten und Beschränkungen
1	2	3
1	1	Ein Recht auf das Legen und die Unterhaltung von Hochspannungsleitungen und in Verbindung damit eine Bau- und Aufwuchsbeschränkung sowie ein Betretungsrecht für die Elektrizitätswerke Limburg in Limburg. Unter Bezugnahme auf die Bewilligung vom 16.02.56 eingetragen am 07.03.56 Fuchs Körner
2	1	Vormerkung zur Sicherung des Anspruchs auf Übertragung des Eigentums zugunsten a) Erich Ellendorf und b) Luise Ellendorf geb. Mertens je zur ideellen Hälfte. Eingetragen unter Bezugnahme auf die Bewilligung vom 15.08.1967 am 01. Sept. 1967 Fuchs Körner
3	1	Reallast, bestehend in der Zahlung einer lebenslänglichen monatlichen Rente von 1200,00 DM (in Worten! eintausendzweihundert Deutsche Mark) für die Eheleute Fritz Funke und Frau Maria geb. Markus. Wertsicherungsklausel ist vereinbart. Die Reallast wird gegen Vorlage der Sterbeurkunde der Berechtigten gelöscht. Vorbehalten ist der Vorrang für noch einzutragende Grundpfandrechte bis zu 100000,00 DM nebst bis zu 15 v.H. Zinsen und 5 v.H. Nebenleistungen jährlich. Unter Bezugnahme auf die Bewilligung vom 15. Aug. 67 eingetragen am 01. Sept. 1967. Kurz Hinrichsen
4	1	Wegerecht für den jeweiligen Eigentümer des Grundstücks Beder Blatt 97. Unter Bezugnahme auf die Bewilligung vom 03.06.70 eingetragen am 25. Aug. 1970. Kurz Hinrichsen
5	1	Vorkaufsrecht für alle Verkaufsfälle für Anton Neuhaus, Asternweg 6, Hildesheim. Unter Bezugnahme auf die Bewilligung vom 06.02.72 eingetragen am 09. März 1972. Hinrichsen Labas

Veränderungen		Löschungen	
Laufende Nummer der Spalte 1		Laufende Nummer der Spalte 1	
4	5	6	7
3	Unter Ausnutzung des Rangvorbehalts geht das Recht Abt. III Nr. 3 im Range vor. Eingetragen am 05. April 1968	2	gelöscht am 15. Okt. 1967 Hinrichsen Labas
3	Unter Ausnutzung des Rangvorbehalts geht das Recht Abt. III Nr. 4 im Range vor. Eingetragen am 15. Aug. 1968		

Fortsetzung auf Einlegebogen

Einlegebogen

Amtsgericht Hildesheim **Grundbuch von** Beder **Blatt** 93 **Dritte Abteilung** 81 R

Laufende Nummer der Eintragungen	Laufende Nummer der belasteten Grundstücke im Bestandsverzeichnis	Betrag	Hypotheken, Grundschulden, Rentenschulden
1	2	3	4
1	1	3000,00	Sicherungshypothek von Dreitausend Deutsche Mark für das Finanzamt Limburg unter Bezugnahme auf die Eintragungsbewilligung vom 02.02.60 eingetragen am 26. Febr. 1960 Fuchs Körner
2	1	24500,00	Vierundzwanzigtausendfünfhundert Deutsche Mark Buchhypothek für ein Tilgungsdarlehen der Deutsche Bank AG Hildesheim verzinslich mit 8,5 v.H. jährlich. Sofort vollstreckbar gegen den jeweiligen Eigentümer, mit Bezug auf die Bewilligung vom 16.03.61 – eingetragen am 03. Mai 1961. Fuchs Körner
3	1	70000,00	Siebzigtausend Deutsche Mark Grundschuld mit 12 v.H. jährlich Zinsen für die Sparkasse Limburg. Die sofortige Zwangsvollstreckung gegen den jeweiligen Eigentümer ist zulässig. Unter Bezugnahme auf die Bewilligung vom 03.02.68 eingetragen am 05. April 1968. Hinrichsen Labas
4	1	30000,00	Dreißigtausend Deutsche Mark Grundschuld mit 12 v.H. jährlich Zinsen für die Landesbausparkasse Düsseldorf. Der jeweilige Grundstückseigentümer ist der sofortigen Zwangsvollstreckung unterworfen. Unter Bezugnahme auf die Bewilligung vom 25.05.68 eingetragen am 15. Aug. 1968. Hinrichsen Labas

Veränderungen			Löschungen		
Laufende Nummer der Spalte 1	Betrag		Laufende Nummer der Spalte 1	Betrag	
5	6	7	8	9	10
			1	3000,00	gelöscht am 01. Sept. 67
			2	24500,00	gelöscht am 01. Sept. 67
				Hinrichsen	Labas

Aufgabe:

Bestimmen Sie die Rangfolge gem. BGB und unter Verwertungsgesichtspunkten.

Lernbuch Kap. 18.8.2.3

8 Das Verfahren des Immobilienerwerbs erläutern

Situation:

Am 28. November 20.. wird vor dem Notar Dr. Helmut Kringsmann in Weimar der folgende Immobilienkaufvertrag geschlossen:

Urkundenrolle Nr. 391/20.. K
(Kaufvertrag)

Verhandelt zu Weimar am 28. November 20..

Vor mir, Dr. Helmut Kringsmann, Notar mit dem Amtssitz in Weimar, erschienen:

1. Eheleute Herr Klaus Roggenmüller, geboren am 26. Dezember 1963, Kaufmann, und Maria Roggenmüller, geborene Manz, geboren am 13. Mai 1968, Lehrerin, beide wohnhaft Weichbergerstr. 6, 99425 Weimar, – im Folgenden „der Verkäufer" genannt, auch wenn es sich um mehrere Personen handelt –,
2. Eheleute Herr Siegfried Sowa, geboren am 13. April 1975, Industriekaufmann, und Frau Ingrid Sowa, geborene Hinz, geboren am 18. Dezember 1977, Hausfrau, beide wohnhaft Schopenhauerstr. 35, 99423 Weimar, – im Folgenden „der Käufer" genannt, auch wenn es sich um mehrere Personen handelt –.

Die Erschienenen zu 1. sind dem Notar von Person bekannt. Der Käufer wies sich dem Notar zur Person aus durch Vorlage seines Personalausweises.

Die Erschienenen erklärten:

Wir schließen folgenden

Kaufvertrag

§ 1: Der Verkäufer verkauft an den Käufer – und zwar an Frau Ingrid Sowa zu 1/2 Anteil und an Herrn Siegfried Sowa zu 1/2 Anteil das im Grundbuch des Amtsgerichts Weimar Blatt 7532 eingetragene Grundstück Gemarkung Weimar, Flur 5, Flurstück 7532, Gebäude- und Freifläche, Hugo-Haase-Str. 20, groß 2541 qm, mit den darauf stehenden Gebäuden und allen sonstigen wesentlichen Grundstücksbestandteilen und dem gesetzlichen Zubehör,

– im Folgenden mit „Kaufgegenstand" beschrieben –.

§ 2: [...]

§ 3: Der Kaufpreis für das Kaufobjekt beträgt 220000,00 EUR (in Worten: Euro zweihundertzwanzigtausend). Er ist fällig und innerhalb von einer Woche auf ein von dem Notar zu benennendes Notaranderkonto einzuzahlen, nachdem der Käufer die schriftliche Anzeige des Notars erhalten hat, dass sämtliche Voraussetzungen für die vertragsgemäße Eigentumsumschreibung im Grundbuch vorliegen, mit Ausnahme der Unbedenklichkeitsbescheinigung des Finanzamtes, jedoch nicht vor dem 20.12.20.. Der Notar wird den Antrag auf Eigentumsumschreibung erst beim Grundbuchamt einreichen, wenn der Kaufpreis seinem Notaranderkonto gutgeschrieben wurde. Die Vertragsparteien verzichten auf ihr Recht, den Eigentumsumschreibungsantrag zu stellen und beauftragen damit ausschließlich den Notar. Der Notar wird den Kaufpreis an den Verkäufer auf ein von ihm zu benennendes Konto auszahlen, sobald die Umschreibung des Eigentums im Grundbuch auf den Käufer gesichert ist. Der Käufer verpflichtet sich, die Grunderwerbsteuer unmittelbar nach Erhalt des Grunderwerbsteuerbescheides an das Finanzamt zu zahlen, damit die für die Eigentumsumschreibung erforderliche Unbedenklichkeitsbescheinigung des Finanzamtes erteilt werden kann. [...]

§ 4: Als Tag der Übergabe wird der 20.12.20.. vereinbart. Von diesem Tag an gehen Gefahr, Nutzungen und Lasten auf den Käufer über. [...] Der Kaufgegenstand wird verkauft in seinem jetzigen Zustand ohne Gewähr für einen bestimmten Flächeninhalt oder eine bestimmte Beschaffenheit des Grundbesitzes mit Aufbauten. Der Verkäufer haftet nicht für sichtbare oder unsichtbare Sachmängel gleich welcher Art. Der Verkäufer versichert, dass ihm unsichtbare bauliche Mängel an dem verkauften Gebäude nicht bekannt sind. Eine Renovierung des Kaufgegenstandes ist nicht vereinbart. Der Verkäufer verpflichtet sich jedoch, den Kaufgegenstand bis zur Übergabe an den Käufer pfleglich zu behandeln und alle noch eintretenden Schäden, die über eine gewöhnliche Abnutzung hinausgehen, unverzüglich auf eigene Kosten zu beseitigen bzw. beseitigen zu lassen.

§ 5: Zur Sicherung des Anspruchs des Käufers auf Verschaffung des Eigentums an dem Kaufobjekt soll im Grundbuch eine Auflassungsvormerkung zu je 1/2 Anteil eingetragen werden. Der Verkäufer bewilligt und der Käufer beantragt die Eintragung dieser Auflassungsvormerkung im Grundbuch. Der Käufer bewilligt und beantragt bereits jetzt die Löschung der Auflassungsvormerkung zugleich mit der Eigentumsumschreibung, sofern keine Zwischeneintragungen erfolgt sind, denen er nicht zugestimmt hat.

§ 6: Die Vertragsparteien erklärten die Auflassung wie folgt: Wir sind darüber einig, dass das Eigentum an dem Kaufobjekt auf den Käufer zu je 1/2 Anteil übergehen soll und bewilligen und beantragen die Umschreibung des Eigentums im Grundbuch.

§ 7: [...]

§ 8: Der Notar hat das elektronische Grundbuch eingesehen am 28. November 20.. und dabei keine Belastungen festgestellt. Er wies die Vertragsparteien darauf hin, dass das Eigentum an dem Kaufobjekt erst in dem Zeitpunkt auf den Käufer übergeht, in dem die Eigentumsumschreibung auf ihn im Grundbuch erfolgt.

[...]

§ 9: Die Kosten dieses Vertrages und seiner Durchführung einschließlich Grunderwerbsteuer trägt der Käufer als Gesamtschuldner. […] Zur Eigentumsumschreibung müssen die Unbedenklichkeitsbescheinigung des Finanzamtes wegen der Grunderwerbsteuer und das Zeugnis der zuständigen Gemeinde über die Nichtausübung oder das Nichtbestehen eines gesetzlichen Vorkaufs- oder Erwerbsrechtes vorliegen.

Diese Niederschrift wurde in Gegenwart des Notars den Erschienenen vorgelesen, von ihnen genehmigt und sodann von ihnen und dem Notar eigenhändig wie folgt unterschrieben:

Klaus Roggenmüller
Maria Roggenmüller
Siegfried Sowa
Ingrid Sowa
Helmut Kringsmann

Weimar, 28. November 20..

Aufgaben:

Lösen Sie mithilfe des nachstehend abgedruckten Schaubildes „Grundstückskauf" und der abgedruckten Texte die folgenden Aufgaben, die sich auf den obigen Immobilienkaufvertrag beziehen.

1 Kennzeichnen Sie im Text die Rechtshandlungen, die diese Urkunde in Bezug auf die Eigentumsübertragung beinhaltet.

2 a) Welche Rechtshandlung muss noch erfolgen, damit das Eigentum an dem Kaufobjekt übergeht?
b) Welche Voraussetzungen müssen zur Vornahme dieser Rechtshandlung gegeben sein?

3 Erklären Sie Zweck und Bedeutung der in der Urkunde genannten Auflassungsvormerkung.

4 Welcher Vorteil ergibt sich
a) für den Käufer,
b) für den Verkäufer durch die Einschaltung des Notaranderkontos?

5 Für die Eigentumsumschreibung ist eine Unbedenklichkeitsbescheinigung notwendige Voraussetzung. Wer stellt diese Bescheinigung aus und was beinhaltet sie?

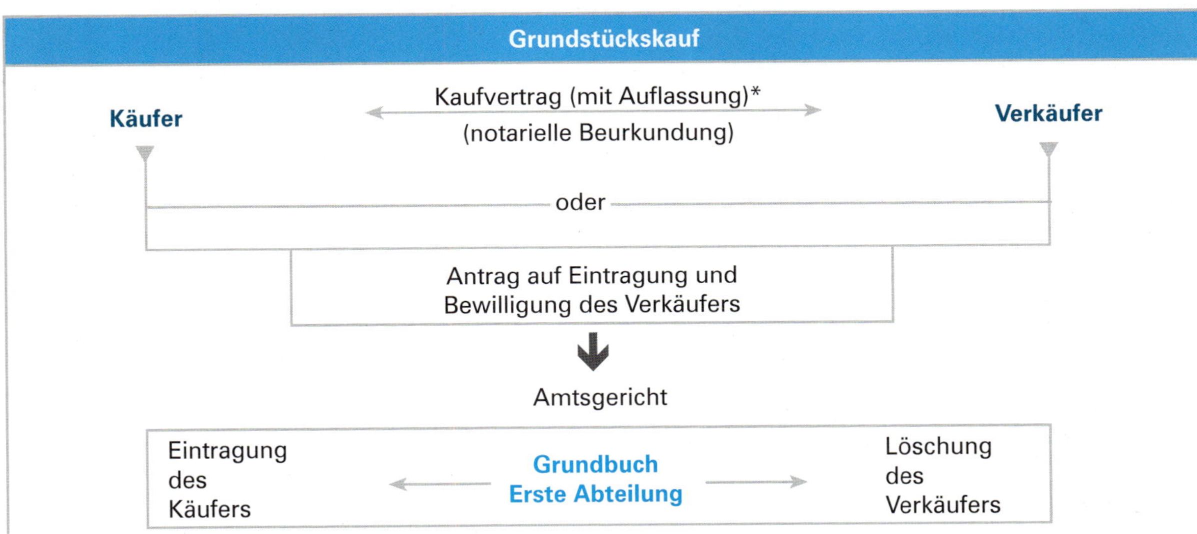

* Beim Kaufvertrag für ein Grundstück wird das Verpflichtungsgeschäft (schuldrechtlicher Kaufvertrag), das notariell beurkundet werden muss, vom abstrakten dinglichen Vertrag (Auflassung) unterschieden. Die **Auflassung** ist die dingliche Einigung zwischen Veräußerer und Erwerber über den Eigentumsübergang. Sie muss bei gleichzeitiger Anwesenheit des Veräußerers und des Erwerbers vor einem Notar erklärt werden. In der Praxis wird die Auflassung regelmäßig in den (schuldrechtlichen) Grundstückskaufvertrag aufgenommen. Damit bei Kaufverträgen ohne sofortige Auflassung die Beteiligten nach der Kaufpreiszahlung nicht nochmals zur Erklärung der Auflassung zum Notar kommen müssen, bevollmächtigen sie in der Praxis häufig Notariatsangestellte, die im Namen der Vertragsparteien die Auflassung erklären sollen, sobald die Kaufpreiszahlung dem Notariat nachgewiesen worden ist.

Auszug aus dem Bürgerlichen Gesetzbuch (BGB)

§ 311 b [Verträge über Grundstücke, das Vermögen und den Nachlass]

(1) Ein Vertrag, durch den sich der eine Teil verpflichtet, das Eigentum an einem Grundstück zu übertragen oder zu erwerben, bedarf der notariellen Beurkundung. Ein ohne Beobachtung dieser Form geschlossener Vertrag wird seinem ganzen Inhalt nach gültig, wenn die Auflassung und die Eintragung in das Grundbuch erfolgen.

§ 433 [Vertragstypische Pflichten beim Kaufvertrag]

(1) Durch den Kaufvertrag wird der Verkäufer einer Sache verpflichtet, dem Käufer die Sache zu übergeben und das Eigentum an der Sache zu verschaffen. Der Verkäufer hat dem Käufer die Sache frei von Sach- und Rechtsmängeln zu verschaffen.

(2) Der Käufer ist verpflichtet, dem Verkäufer den vereinbarten Kaufpreis zu zahlen und die gekaufte Sache abzunehmen.

Zweiter Abschnitt.
Allgemeine Vorschriften über Rechte an Grundstücken

§ 873 [Erwerb durch Einigung und Eintragung]

(1) Zur Übertragung des Eigentums an einem Grundstücke [...] ist die Einigung des Berechtigten und des anderen Teils über den Eintritt der Rechtsänderung und die Eintragung der Rechtsänderung in das Grundbuch erforderlich, soweit nicht das Gesetz etwas Anderes vorschreibt.

(2) Vor der Eintragung sind die Beteiligten an die Einigung nur gebunden, wenn die Erklärungen notariell beurkundet oder vor dem Grundbuchamt abgegeben oder bei diesem eingereicht sind oder wenn der Berechtigte dem anderen Teile eine den Vorschriften der Grundbuchordnung entsprechende Eintragungsbewilligung ausgehändigt hat.

Zweiter Titel.
Erwerb und Verlust des Eigentums an Grundstücken

§ 925 [Auflassung]

(1) Die zur Übertragung des Eigentums an einem Grundstück nach § 873 erforderliche Einigung des Veräußerers und des Erwerbers (Auflassung) muss bei gleichzeitiger Anwesenheit beider Teile vor einer zuständigen Stelle erklärt werden. Zur Entgegennahme der Auflassung ist, unbeschadet der Zuständigkeit weiterer Stellen, jeder Notar zuständig. [...]

(2) Eine Auflassung, die unter einer Bedingung oder einer Zeitbestimmung erfolgt, ist unwirksam.

§ 925 a [Urkunde über Grundgeschäft]

Die Erklärung einer Auflassung soll nur entgegengenommen werden, wenn die nach § 311 b Abs. 1 Satz 1 erforderliche Urkunde über den Vertrag vorgelegt oder gleichzeitig errichtet wird.

Auszug aus der Grundbuchordnung (GBO)

§ 13 [Eintragung auf Antrag]

Eine Eintragung soll, soweit nicht das Gesetz etwas anderes vorschreibt, nur auf Antrag erfolgen. Antragsberechtigt ist jeder, dessen Recht von der Eintragung betroffen wird oder zu dessen Gunsten die Eintragung erfolgen soll. [...]

§ 19 [Bewilligung des Betroffenen]

Eine Eintragung erfolgt, wenn derjenige sie bewilligt, dessen Recht von ihr betroffen wird.

§ 29 [Form der Bewilligung, Erklärungen]

(1) Eine Eintragung soll nur vorgenommen werden, wenn die Eintragungsbewilligung oder die sonstigen zu der Eintragung erforderlichen Erklärungen durch öffentliche oder öffentlich beglaubigte Urkunden nachgewiesen werden. [...]

Auflassungsvormerkung

KANZLEI PAULUS & PARTNER

Zwischen dem Kaufvertrag über ein Grundstück und dem Eigentumserwerb des Käufers vergeht eine gewisse Zeit. Der Käufer ist dadurch der Gefahr ausgesetzt, dass der Verkäufer noch schnell einen zweiten Kaufvertrag abschließt und den zweiten Käufer vor dem ersten eintragen lässt. Der zweite Käufer würde dann Eigentümer. Diese Gefahr kann durch Eintragung einer *Auflassungsvormerkung* beseitigt werden. Hierdurch wird der Anspruch auf Übertragung des Eigentums am Grundstück dinglich gesichert. Die Eintragung erfolgt aufgrund einer Bewilligung dessen, der von der Vormerkung betroffen wird, z. B. des verkaufenden Eigentümers. Verfügungen, die nach Eintragung einer Auflassungsvormerkung vom Verkäufer noch getroffen werden, sind unwirksam.

Unbedenklichkeitsbescheinigung

Bescheinigung des Finanzamts am Platz des Erwerbers eines Grundstücks, dass dieser die Grunderwerbsteuer bezahlt hat. Die sog. Unbedenklichkeitsbescheinigung wird vom Finanzamt an das Grundbuchamt gesandt. Vor Vorliegen der Unbedenklichkeitsbescheinigung darf das Grundbuchamt keine Eigentumsumschreibung vornehmen.

9 Den Baufinanzierungskredit durch eine Grundschuld sicherstellen

Lernbuch
Kap. 18.8.3.2

Situation:

Die Eheleute Simon und Christa Reindorf planen den Kauf einer Eigentumswohnung. Zu diesem Zweck muss ein Teil des Kaufpreises durch Ihr Kreditinstitut finanziert werden. Die Sicherstellung des Darlehens soll durch eine Grundschuldbestellung erfolgen. Die Kunden bitten Sie als zuständige(n) Kundenberater(in) um Auskunft.

Nehmen Sie zur Lösung der folgenden Aufgaben auch den Informationstext der Kanzlei Paulus & Partner aus der Lernsituation 7 auf S. 162f. zu Hilfe.

Aufgaben:

1 Beschreiben Sie Herrn und Frau Reindorf das Wesen und das Entstehen einer Grundschuld.

2 Erläutern Sie ihnen, warum es sich bei der Grundschuld um eine „dingliche" Sicherheit handelt.

3 Beschreiben Sie, wie die Grundschuld bei Zahlungsunfähigkeit der Kunden durch das Kreditinstitut verwertet werden kann.

4 Als Herr und Frau Reindorf die Ausfertigung der Grundschuldurkunde vom Notar erhalten haben, erbitten Sie die Beantwortung weiterer Fragen, die sich auf die Grundschuldbestellungsurkunde beziehen.
Informieren Sie die Kunden über die Bedeutung der in der Urkunde mit ❶ bis ❻ markierten Textstellen.

GRUNDSCHULD

Bestellung einer Brief- oder Buchgrundschuld mit Übernahme der persönlichen Haftung sowie dinglicher und persönlicher Zwangvollstreckungsklausel

– Auszug –

Urkundenrolle Nr. ......189...................... **Jahr 20..** ....

Verhandelt zu ....Wuppertal....................................

am ....20. September 20 . ...

Vor mir, dem Notar ....Klaus Baer......................................

....erschien(en):

1. Herr Simon Reindorf, Schmale Gasse 4, Wuppertal
2. Frau Christa Reindorf, Schmale Gasse 4, Wuppertal

in dieser Urkunde – auch bei mehreren Personen – „Eigentümer" genannt.

Der/Die Erschienene(n) erklärte(n):

I. GRUNDSCHULDBESTELLUNG

1. Der Eigentümer des im Grundbuch von Wuppertal eingetragenen Grundstücks

Band .... Blatt/Nr. ....1205.......... Best.-Verz./Abt. I lfd. Nr. ..1......

– in dieser Urkunde „Grundeigentum" genannt –

bestellt auf dem genannten Grundeigentum eine Grundschuld in Höhe von

EUR 150 000,00.............

(in Worten: Euro Einhundertfünfzigtausend ———————————————————)

zugunsten ....

der Volksbank Wuppertal eG ....

in dieser Urkunde „Gläubigerin" genannt

nebst ...13..... Prozent Jahreszinsen vom heutigen Tag an sowie einer einmaligen Nebenleistung von 5% des Grundschuldbetrags. ...

Das Grundschuldkapital und die Nebenleistung sind nach vorgängiger Kündigung fällig. Die Kündigungsfrist beträgt 6 Monate.

❶ 2. Ein Grundschuldbrief soll .... [2]gebildet werden. ... Die Gläubigerin ist gemäß § 1117 Abs. 2 BGB berechtigt, sich den Grundschuldbrief vom Grundbuchamt aushändigen zu lassen.

❷ II. DINGLICHE ZWANGSVOLLSTRECKUNGSUNTERWERFUNG

Der Eigentümer unterwirft sich wegen aller Ansprüche an Kapital, Zinsen, Nebenleistungen und Kosten, welche der Gläubigerin aus der Grundschuld zustehen, der sofortigen Zwangsvollstreckung in das mit der Grundschuld belastete Grundeigentum und zwar in einer Weise, dass die Zwangsvollstreckung gegen den jeweiligen Eigentümer des Grundeigentums zulässig sein soll.

2 Soll ein Grundschuldbrief nicht gebildet werden (Buchgrundschuld), so ist hier das Wort „nicht" einzutragen; die folgenden beiden Sätze sind dann zu streichen.

III. BEWILLIGUNGEN UND ANTRÄGE

1. Der Eigentümer bewilligt und beantragt die Eintragung im Grundbuch
   a) der unter I. bestellten Grundschuld nebst Zinsen und Nebenleistung.
   b) der Unterwerfung unter die sofortige Zwangsvollstreckung gemäß II.

   Für die Eintragung wird folgende Fassung vorgeschlagen:

   „Grundschuld .... [1] zu Einhundertfünfzigtausend ——— ....
   Betrag in Worten

   — Euro

   für die Volksbank Wuppertal eG ....
   Gläubigerin

   ....13... % Zinsen jährlich; 5% Nebenleistung einmalig; vollstreckbar nach § 800 ZPO, gemäß Bewilligung

   vom ....; eingetragen am ....

2. Der Eigentümer beantragt beim Grundbuchamt, der Gläubigerin
   a) den Grundschuldbrief auszuhändigen, sofern dessen Erteilung nicht ausgeschlossen ist,
   b) nach Vollzug der Eintragungsanträge eine unbeglaubigte Grundbuchabschrift zu erteilen,
   c) von etwaigen Zwischenverfügungen eine Abschrift zu erteilen.

3. Der Eigentümer beantragt beim Notar.
   a) der Gläubigerin sofort eine Ausfertigung dieser Urkunde zu erteilen, um die Bindung nach § 873 Abs. 2 BGB herbeizuführen,
   b) der Gläubigerin eine vollstreckbare Ausfertigung dieser Urkunde zu erteilen, sobald die Grundschuld eingetragen ist (II. und IV. dieser Urkunde),
   c) der Gläubigerin auf deren Antrag schon vor Eintragung der Grundschuld hinsichtlich der Unterwerfung nach IV. dieser Urkunde eine vollstreckbare Ausfertigung zu erteilen,
   d) dem Grundbuchamt eine Ausfertigung dieser Urkunde einzureichen,
   e) dem Eigentümer eine einfache Abschrift dieser Urkunde zu erteilen.

❸ IV. PERSÖNLICHE HAFTUNG MIT ZWANGSVOLLSTRECKUNGSUNTERWERFUNG

Jeder Eigentümer sowie jeder Erschienene

nämlich[2]

Herr Simon Reindorf und Frau Christa Reindorf, Schmale Gasse 4, Wuppertal

Namen wiederholen

~~übernimmt~~/übernehmen hiermit – als Gesamtschuldner – die **persönliche Haftung** für den Betrag der Grundschuld nebst Zinsen und Nebenleistung und ~~unterwirft~~/unterwerfen sich gleichzeitig deswegen der **sofortigen Zwangsvollstreckung** aus dieser Urkunde in ~~sein~~/ihr **gesamtes Vermögen**; ...

1 Soll ein Grundschuldbrief nicht abgebildet werden, so sind hier die Wörter „ohne Brief" einzutragen.
2 z.B. persönlicher Schuldner, Ehegatte

V. EHEGATTENZUSTIMMUNG, KOSTEN

1. Der andere Ehegatte stimmt durch seine Unterschrift vorstehenden Erklärungen zu, soweit dies im Hinblick auf den Güterstand der Ehegatten erforderlich sein sollte*.
2. Die Kosten dieser Urkunde und ihres Vollzugs trägt der Eigentümer.

VI. WEITERE ERKLÄRUNGEN

Ergänzend gelten die dieser Urkunde beigefügten **Weiteren Erklärungen**. Diese **Weiteren Erklärungen** wurden den Beteiligten zur Kenntnisnahme und Unterzeichnung vorgelegt. Sie erklärten sich damit einverstanden.

Simon Reindorf   Christa Reindorf

Die vorstehenden, vor mir vollzogenen Unterschriften des Herrn Simon Reindorf und der Ehefrau Christa Reindorf beglaubige ich hiermit.

Wuppertal, den 20.09.20..

4

Urkundenrolle 189/20	
Kostenrechnung: Wert	150 000,00 EUR
Geb. § 140, 45 KostO	200,00 EUR
Schreibgeb. §§ 152, 136 KostO	6,00 EUR
Postgeb. §§ 152, 137	2,00 EUR
7 % Mehrwertsteuer	14,56 EUR
	222,56 EUR

KLAUS BAER NOTAR IN WUPPERTAL

Klaus Baer

* Bei Zugewinngemeinschaft kann die Zustimmung des Ehegatten nach § 1365 BGB erforderlich sein. Bei Gütergemeinschaft ist die besondere güterrechtliche Regelung zu beachten.

Nr. ....

WEITERE ERKLÄRUNGEN

zu Grundschuldbestellung vom 20. Sept. 20........

5 A. ABTRETUNG VON RÜCKGEWÄHRANSPRÜCHEN

Der Eigentümer tritt hiermit die Ansprüche auf ganze oder teilweise Übertragung der gegenwärtigen und künftigen Grundschulden nebst allen Zinsen und Nebenleistungen an die Gläubigerin ab, die der vorstehend bestellten Grundschuld im Rang vorgehen oder gleich stehen, auch soweit diese Ansprüche bedingt sind oder erst künftig entstehen. Sollten Rückgewähransprüche an vorrangigen und gleichrangigen Grundschulden bereits anderweitig abgetreten sein, so tritt der Eigentümer hiermit seinen Anspruch auf Rückübertragung dieser Ansprüche ab. ...

Soweit der vorstehend bestellten Grundschuld gegenwärtig und künftig andere Grundschulden vorgehen oder im Rang gleichstehen, die auf den Eigentümer übergehen, tritt er hiermit diese Eigentümergrundschulden an die Gläubigerin ab. ...

6 B. ZWECKERKLÄRUNG

Die Grundschuld und die unter IV. und A. genannten Rechte dienen zur Sicherung aller bestehenden und künftigen – auch bedingten oder befristeten – Ansprüche aus der Geschäftsverbindung, welche der Gläubigerin oder einem die Geschäftsverbindung fortsetzenden Rechtsnachfolger der Gläubigerin gegen

Herrn Simon Reindorf und Frau Christa Reindorf, Schmale Gasse 4, Wuppertal

Kreditnehmer, persönlicher Schuldner

oder dessen Rechtsnachfolger, zustehen.

Die Grundschuld dient der Gläubigerin auch weiterhin in vollem Umfang als Sicherheit, wenn andere Sicherheiten jeder Art aufgegeben werden oder ...

Die Gläubigerin ist berechtigt, sich aufgrund dieser Grundschuld aus dem Grundstück zu befriedigen oder die Grundschuld selbst freihändig zu verwerten; ...

C. SONSTIGES

1. Zahlungen, die aus irgendeinem Grund an die Gläubigerin geleistet werden, sind weder auf die Grundschuld noch auf deren Zinsen und Nebenleistung, sondern auf die persönlichen Forderungen anzurechnen. Ist der Eigentümer nicht zugleich Schuldner der persönlichen Forderungen der Gläubigerin und leistet er Teilzahlungen auf die Grundschuld, so gelten diese nur als Sicherheitsleistung.
2. Die Gläubigerin ist berechtigt aber nicht verpflichtet, Teile des Grundeigentums sowie Grundstückszubehör aus der Haftung für die Grundschuld zu entlassen und Rangänderungen zu bewilligen. Dies soll auch dann gelten, wenn der Rückgewähranspruch an einen Dritten abgetreten ist oder abgetreten wird.
3. Die Gläubigerin ist jederzeit berechtigt, auf den ihren persönlichen Anspruch übersteigenden Teil der Grundschuld und der bei ihr eingetragenen Zinsen und Nebenleistung zu verzichten sowie den Antrag auf Eintragung des Verzichts im Grundbuch zu stellen.

   In einem etwaigen Zwangsversteigerungs- oder Zwangverwaltungsverfahren ist die Gläubigerin nicht verpflichtet, aus der Grundschuld Beträge geltend zu machen, die über den persönlichen Anspruch hinausgehen.

ZUSTIMMUNG UND ANTRAG DER GLÄUBIGERIN

Die Gläubigerin stellt unter Annahme der Grundschuldbestellung hiermit ebenfalls alle Anträge an das Grundbuchamt aus dieser Urkunde.

Wuppertal, den 20.09.20..
Ort, Datum

VOLKSBANK Wuppertal eG
Gläubigerin*

* Eine Beglaubigung der Unterschrift der Gläubigerin ist nicht erforderlich.

Lernfeld 12: Kunden über Produkte der Vorsorge und Absicherung informieren

Lernbuch Kap. 19.3

1 Das Sozialversicherungssystem beschreiben

Situation:

Im Robert-Schuman-Berufskolleg Essen finden zwei Projekttage zum Thema „Soziale Sicherung“ statt. Ihre Klasse soll sich in Gruppenarbeit (5 Gruppen) mit dem Sozialversicherungssystem befassen und die folgenden „Lebens-/Notsituationen“ bearbeiten:

Lebens-/Notsituation 1:

Steffi ist mit ihrem Fahrrad auf dem Weg zur Berufsschule. An einer Kreuzung nimmt ihr ein Autofahrer die Vorfahrt. Sie stürzt und knallt hart mit dem Kopf auf den Asphalt. Sie verliert sofort das Bewusstsein und wacht erst wieder im Krankenhaus auf. Der behandelnde Arzt erklärt ihr, dass sie „Glück im Unglück“ hatte. Ihr Fahrradhelm habe ihr aller Wahrscheinlichkeit nach das Leben gerettet. Doch trotz des Helms seien ihre Kopfverletzungen so gravierend, dass sie auch in Zukunft damit rechnen müsse, unter immer wiederkehrenden Kopfschmerzen und kognitiven Einschränkungen zu leiden.

Quelle: Sozialpolitik. Ein Arbeitsheft für die Sekundarstufe I

Lebens-/Notsituation 2:

Klaus, 46 Jahre alt, ist seit seinem Motorradunfall pflegebedürftig. Seine Frau Sabine hilft ihm bei den Verrichtungen des alltäglichen Lebens. Nur die Körperpflege kann Sabine, die sehr zierlich ist, nicht bewerkstelligen. So haben sie entschieden, sich durch einen Pflegedienst unterstützen zu lassen.

Lebens-/Notsituation 3:

Die 25-jährige Physikerin Necla berichtet: „Mein erster Job im Forschungsinstitut ist auf zwei Jahre befristet. Da muss ich schnell Ergebnisse bringen. Die nächste Stelle an einer Hochschule wird wahrscheinlich auch nur befristet sein. Und das wird wohl noch einige Jahre so weitergehen, bis ich eine feste Stelle habe. Dazwischen werde ich vielleicht auch mal arbeitslos sein. Wenigstens weiß ich, dass ich dann Unterstützung bekomme.“

Quelle: Sozialpolitik. Ein Arbeitsheft für die Sekundarstufe I

Lebens-/Notsituation 4:

Die 35-jährige Bankkauffrau Jette Fuchs ist bei einem Sprung über eine Treppe in ihrem eigenen Garten schwer verunglückt. Mehrere Wirbel sind gebrochen.

Nach einem 3-wöchigen Krankenhausaufenthalt ist sie für weitere 2 Monate arbeitsunfähig krank. Mit Reha und Krankengymnastik will sie jetzt wieder voll auf die Beine kommen.

Lebens-/Notsituation 5:

Der 46-jährige Jens Tillman, seit Jahren beschäftigt in einem Logistikunternehmen, ist durch einen Schlaganfall arbeitsunfähig geworden. Seine Arbeitsunfähigkeit dauert mittlerweile $1^{1}/_{2}$ Jahre an. Ein zwischenzeitlicher Arbeitsversuch in seiner bisherigen Tätigkeit ist wegen fehlender Belastbarkeit gescheitert. Laut ärztlichem Gutachten ist ihm aber eine leichte Bürotätigkeit von weniger als 3 Stunden täglich zuzumuten.

Aufgaben:

1. Recherchieren Sie als jeweilige Gruppe mittels digitaler Medien, welcher Zweig der Sozialversicherung angesprochen ist und welche Leistungen den Betroffenen in der entsprechenden Lage zustehen.
2. Klären Sie auch im Rahmen Ihrer Recherchen, welche weiteren Leistungen der jeweilige Sozialversicherungsträger erbringt und wie sich der Sozialversicherungszweig finanziert.
3. Erstellen Sie in Ihrer Gruppe ein Handout, welches Ihr Ergebnis festhält und den anderen Gruppen später zur Verfügung gestellt wird.
4. Bestimmen Sie einen Gruppensprecher, der Ihre Ergebnisse im Plenum vorstellt.

2 Die Versorgungs-(Renten-)lücke des Kunden ermitteln und die Vorsorgemöglichkeiten im Rahmen des Drei-Schichten-Modells der Altersvorsorge erklären

Lernbuch Kap. 20.1

Situation:

Sie sind Kundenberater/-in in einer Volksbank. Die Eheleute Alexander und Paula Lohkamp haben mit Ihnen heute einen Gesprächstermin vereinbart. Alexander Lohkamp, geb. am 23.01.1982, Angestellter der Ferrostahl AG seit dem Jahre 2001, verdiente im Jahr 2021 52000,00 EUR brutto (sozialversicherungspflichtiges Vorjahreseinkommen). Sein monatliches Nettoeinkommen gibt er mit 2600,00 EUR an. Seine Frau Paula, geb. am 16.04.1985, ist zurzeit nicht berufstätig. Das Ehepaar hat zwei Kinder im Alter von 4 und 8 Jahren. Paula Lohkamp macht sich aufgrund ihrer fehlenden Erwerbstätigkeit und ihrer davor liegenden Kindererziehungsjahre Sorgen um ihre Alterversorgung.

Das Ehepaar hat von der Möglichkeit einer staatlich geförderten privaten Altersvorsorge gehört und bittet um Beratung.

Aufgaben:

1 Erklären Sie den Kunden, warum es immer wichtiger wird, neben der gesetzlichen Rentenversicherung auch eine zusätzliche private Eigenvorsorge für das Alter zu treffen.

2 Beschreiben Sie den Eheleuten den Begriff „Versorgungslücke" und geben Sie an, welche Faktoren die Versorgungslücke bestimmen.

3 Herr Lohkamp bittet Sie, überschlägig seine Rentenlücke zu berechnen. Als Versorgungsbedarf im Alter gibt er 90 % seines jetzigen Nettoeinkommens an. Seiner jährlichen Renteninformation hat er folgende Daten entnommen:

Persönliche Entgeltpunkte für 20-jährige Beitragszeit:	20,00
Rentenartfaktor für die Altersrente:	1,0
Aktueller Rentenwert ab 01.07.2021:	34,19

Unterstellen Sie, dass Herr Lohkamp in weiteren 27 Jahren seines Berufslebens den Arbeitsverdienst hat, der dem durchschnittlichen Arbeitsverdienst aller Arbeitnehmer entspricht und dass keine Betriebsrente und keine Kapitalerträge im Rentenalter gezahlt werden. Die Alterseinkünfte seiner Ehefrau bleiben unberücksichtigt. Legen Sie Ihrer Berechnung den aktuellen Rentenwert vom 01.07.2021 zugrunde und nehmen Sie das abgedruckte Merkblatt auf S. 176 zu Hilfe.

4 Beschreiben Sie das Drei-Schichten-Modell der Altersvorsorge.

a) Ordnen Sie den einzelnen Schichten die entsprechenden Altersvorsorgeprodukte zu. Nutzen Sie hierzu die Übersicht auf S. 176 und den Auszug aus dem Ratgeber „Richtig vorgesorgt – da können Sie sicher sein!" auf S. 177.

b) Erklären Sie in den einzelnen Schichten die unterschiedliche staatliche Förderung der Beiträge zur Altersvorsorge und die steuerliche Behandlung der Renten in der Auszahlphase.

5 Welche Kriterien müssen für Renten aus der Basisversorgung (Basisrenten) und der kapitalgedeckten Zusatzversorgung (Riester-Rente) erfüllt sein, damit die Beiträge steuerlich abzugsfähig sind bzw. Zulagen gewährt werden können?

Auszug aus der Broschüre „Unsere Sozialversicherung" der Deutschen Rentenversicherung

Der Monatsbetrag der Rente ergibt sich, indem die persönlichen Entgeltpunkte, der Rentenartfaktor und der aktuelle Rentenwert miteinander vervielfältigt werden.

Die Entgeltpunkte für Beitragszeiten spiegeln das Arbeitsleben des Versicherten wider. Wer in einem Jahr den Arbeitsverdienst hat, der dem durchschnittlichen Arbeitsverdienst aller Arbeitnehmer entspricht, erwirbt für dieses Jahr einen Entgeltpunkt.

Der Rentenartfaktor für die Altersrente beträgt 1,0. Gleich hoch ist er für die Rente wegen voller Erwerbsminderung. Für die Rente wegen teilweiser Erwerbsminderung beträgt er 0,5. Für die große Witwenrente ist er auf 0,55 beziehungsweise 0,6 und für die kleine Witwenrente auf 0,25 festgesetzt. Bis zum Ende der ersten drei Kalendermonate nach dem Todesmonat beträgt er 1,0 (Sterbeübergangszeit).

Der aktuelle Rentenwert ist der Monatsbetrag der Rente für einen Engeltpunkt. Er dient der Dynamisierung der Rente. Für die neuen Bundesländer gibt es einen aktuellen Rentenwert Ost.

Zum 01.07. eines jeden Jahres wird ein neuer aktueller Rentenwert bestimmt. Mit dem neuen aktuellen Rentenwert wird ein neuer Monatsbetrag der Rente errechnet.

Übersicht: Drei-Schichten-Modell der Altersversorgung	
Schicht	**Altersvorsorgeprodukte**
3. Schicht: Kapitalanlageprodukte	- privat Rentenversicherung - Kapitalwahlrecht, Rentenwahlrecht - Investmentsparpläne
2. Schicht: Kapitaldeckende Zusatzvorsorge	- Riester Rente - Pensionskasse, Pensionsfond - Unterstützungskasse - betriebliche Altersvorsorge
1. Schicht: ~~gesetzliche Rente~~ Basisversorgung	- gesetzliche Rentenversicherung - berufsständige Versorgungswerke (Ärzte, Architekten) - Basisrente (Rürup-Rente) - landwirtschaftliche Alterskasse

Auszug aus dem Ratgeber „Richtig vorgesorgt – da können Sie sicher sein!“:

Das „Drei-Schichten-Modell“ der Altersvorsorge

Nach dem *Alterseinkünftegesetz (AltEinkG)* gliedert sich die Altersvorsorge nach steuerlichen Gesichtspunkten in drei Schichten.

1. Schicht: Basisversorgung

Die erste Schicht enthält die sogenannte Basisversorgung. Dazu zählen die gesetzliche Rentenversicherung, berufsständische Versorgungswerke (z. B. für Ärzte, Architekten, Rechtsanwälte), die Alterssicherung der Landwirte und die Basisrente (kapitalgedeckte Leibrente, „Rürup-Rente“). Leistungen der kapitalgedeckten privaten Leibrentenversicherung zählen nur dann zur Basisversorgung, wenn eine monatliche lebenslange Leibrente vorgesehen ist, die überwiegend der Alterssicherung dient, und mit deren Auszahlung nicht vor dem 62. Lebensjahr begonnen wird. Außerdem dürfen die Rentenansprüche nicht beleihbar, nicht vererblich, nicht übertragbar, nicht kapitalisierbar und nicht veräußerbar sein.

Beiträge zur Altersvorsorge aus der Basisversorgung nach dem Alterseinkünftegesetz können in der Erwerbsphase als *Altersvorsorgeaufwendungen* im Zuge der Einkommenbesteuerung geltend gemacht werden.

Die steuerliche Abzugsfähigkeit der Altersvorsorgeaufwendungen ist während einer bis zum Jahre 2025 dauernden Übergangsfrist durch ein Stufenmodell begrenzt. 2022 werden 94 % von max. 25 639,00 EUR Jahresbeiträgen als Vorsorgeaufwendungen steuerlich anerkannt, schrittweise wird dies erhöht auf die Abzugsfähigkeit der vollen 25 639,00 EUR pro Jahr.[1]

Die Besteuerung der Renten in der Auszahlphase (Rentenphase) erfolgt nachgelagert *(nachgelagerte Besteuerung)*, allerdings zunächst nicht im vollen Umfang, vielmehr gibt es bis zum Jahr 2040 Übergangsregelungen.

Der Besteuerungsanteil für Renten aus der Basisversorgung, die im Jahre 2005 erstmals gezahlt wurden, beträgt 50 % der Jahresbruttorente. Bis zum Jahre 2020 stieg der Besteuerungsanteil für jedes spätere Jahr des Rentenbeginns um 2 Prozentpunkte (Besteuerungsanteil im Jahre 2020 80 %), danach um 1 Prozentpunkt, bis im Jahre 2040 die Renten dann mit 100 % voll versteuert werden. Der bei Rentenbeginn für den einzelnen Rentner jeweils steuerfrei bleibende Rentenbetrag wird als Rentenfreibetrag festgeschrieben. Er ändert sich für den betreffenden Rentner während der Laufzeit seiner Rente nicht mehr.

2. Schicht: Kapitalgedeckte Zusatzversorgung

Die zweite Schicht beinhaltet Zusatzversorgungen, wie die kapitalgedeckte Altersvorsorge (Riester-Rente) und die verschiedenen Formen der betrieblichen Altersvorsorge (Direktzusage, Pensionskasse, Pensionsfonds, Unterstützungskasse, Direktversicherung). Im Rahmen der betrieblichen Altersversorgung (bAV) werden aber nur solche Zulagen steuerlich begünstigt, die eine lebenslange Versorgung sicherstellen. Arbeitgeber müssen seit 2002 ihren Beschäftigten eine Entgeltumwandlung des Lohnes oder Gehaltes ermöglichen. Die Anlageform bestimmt der Arbeitgeber, wobei bei ihm die Anlage in eine der Formen der bAV zur Auswahl steht. Die Produkte der Riester-Rente müssen die gleichen Voraussetzungen erfüllen, die an die Leistungen der kapitalgedeckten privaten Leibrentenversicherung geknüpft werden (Zertifizierung).

Die erhaltenen Renten aus dem Bereich der zweiten Schicht werden ebenfalls vollständig nachgelagert besteuert. Dafür erhält man im Gegenzug während der Ansparphase eine staatliche Förderung, z. B. über Zulagen oder den Sonderausgabenabzug.

3. Schicht: Kapitalanlageprodukte

Zur dritten Schicht der Altersvorsorge zählen private Kapitalanlageprodukte wie z. B. private Rentenversicherungen (außer die genannten Riester- und Rürup-Renten sowie Rentenversicherungen aus der Kategorie der betrieblichen Altersvorsorge). Diese Produkte sind meist relativ flexible Produkte. So bieten diese oft die Möglichkeit, neben einer Absicherung für das Alter noch viele Zusatzversicherungen (z. B. für den Todesfall oder die Berufsunfähigkeit) einzuschließen. Ebenso beinhalten die Produkte der dritten Schicht das Kapitalwahlrecht bzw. Rentenwahlrecht, sodass die Versicherten zum Zeitpunkt des Rentenzahlungsbeginns bzw. der Kapitalauszahlung noch wählen können, ob sie ihr Geld in Form einer lebenslangen Rentenzahlung oder einer Kapitalauszahlung bzw. einer Mischform aus beiden Alternativen erhalten möchten. Typisch für diese Schicht ist, dass die Beiträge für diese Art der Altersvorsorge bereits aus versteuertem Einkommen resultieren und daher weniger Einschränkungen unterliegen als die Anlageformen der ersten beiden Schichten. Kapitalanlageprodukte werden steuerlich nicht mehr als Altersvorsorge angesehen, sondern als Kapitalanlage. Dennoch bleiben diese Produkte ein wesentlicher Bestandteil der Altersvorsorge.

Renten aus Verträgen der dritten Schicht werden nur mit dem sogenannten Ertragsanteil *(Ertragsanteilbesteuerung)* besteuert, dessen Höhe vom Alter des Renteneintritts abhängig ist.

1 Der förderfähige Höchstbetrag für Beiträge zur Basisversorgung ist dynamisch an den Höchstbetrag zur knappschaftlichen Rentenversicherung (West) gekoppelt. Er wird also jährlich angepasst.

Lernbuch
Kap. 20.3

3 Über die Basisrente informieren

Situation:

Mathias Neumann, 45 Jahre alt, alleinstehender selbstständiger Kaufmann, zu versteuerndes Jahreseinkommen 100 000,00 EUR, möchte zum Zwecke der Altersvorsorge eine private Rentenversicherung abschließen. Aufgrund seiner Anfrage sendet ihm die ERGO Versicherungsgruppe folgende Modellrechnung als Angebot für den Abschluss dieser Versicherung zu.

VERSORGUNGSVORSCHLAG vom 15. 02. 2022

ERGO
Versichern heißt verstehen.

Versicherungsnehmer	:	**Mathias Neumann**
Versicherte Person	:	**Mathias Neumann**
Geburtsdatum	:	13. 02. 1977
Beruf	:	Kaufmann (selbstständig)

Tarif RAM	:	Aufgeschobene Rentenversicherung mit Überschussbeteiligung
Versicherungsbeginn	:	01. 03. 2022
Rentenbeginn	:	01. 03. 2044
Beitragshöhe	:	20 000,00 EUR jährlich

Garantierte Versicherungsleistungen

– Im Erlebensfall	:	**2 180,67 EUR** monatlich, als garantierte lebenslängliche Rente
– Im Todesfall	:	Der Vertrag endet. Die Rentenzahlung erlischt, eine Versicherungsleistung wird nicht fällig. Die bis dahin erwirtschafteten Überschüsse werden ausgezahlt.

Überschussbeteiligung*

– Im Erlebensfall	:	Rente zum Rentenbeginn	3 282,84 EUR
		Zusammen mit der garantierten Rente ergibt sich voraussichtlich die vorgenannte Rentenhöhe.	

* Die berechnete Überschussbeteiligung hat **hypothetischen Charakter.** Sie basiert auf den für das Jahr 2022 festgelegten Überschussanteilssätzen und den für die Ermittlung der garantierten Leistung verwendeten Rechnungsgrundlagen. Sie ist trotz der auf Cent exakten Darstellung nur als unverbindliches Beispiel anzusehen und kann der Höhe nach nicht garantiert werden. Wir können nicht vorhersehen, wie sich die Überschussbeteiligung in der Zukunft entwickeln wird.

Der Kunde Mathias Neumann ist zu einem Beratungsgespräch bei Ihnen. Beraten Sie ihn bei den von ihm gestellten Fragen.

Aufgaben:

1 Der Kunde möchte wissen, ob das ihm vorliegende Angebot der ERGO Versicherungsgruppe die Voraussetzungen erfüllt, die das Alterseinkünftegesetz an eine „Rürup-Rente" stellt.

2 Erklären Sie ihm den Begriff „nachgelagerte Besteuerung" bei Renteneinkünften.

3 a) Ermitteln Sie für Mathias Neumann die steuerlich absetzbaren Altersvorsorgeaufwendungen für das Jahr 2022, wenn er – entsprechend dem vorseitigen Angebot – die private Rentenversicherung bei der ERGO Versicherungsgruppe abschließt. Als Selbstständiger zahlt Herr Neumann keine Beiträge in die gesetzliche Rentenversicherung bzw. in ein berufsständisches Versorgungswerk ein.

b) Ermitteln Sie die Steuerersparnis für Mathias Neumann im Jahr 2022 bei einem Durchschnittssteuersatz von 32,73 % (Solidaritätszuschlag bleibt unberücksichtigt).

4 Der Kunde möchte wissen, wie hoch die steuerlich absetzbaren Altersvorsorgeaufwendungen und die Steuerersparnis im Jahre 2024 bei unverändertem zu versteuernden Jahreseinkommen und Steuersatz sind.

5 Der Kunde bittet Sie, für ihn folgende Berechnungen durchzuführen.

Am 01. 03. 2044 (planmäßiger Rentenbeginn → vgl. Angebot der ERGO Versicherungsgruppe) möchte er die Leistungen aus seiner privaten Rentenversicherung abrufen.

a) Wie viel EUR betragen die Rentenbezüge im Jahre 2044, wenn die Rente entsprechend dem Angebot einschließlich der Überschussbeteiligung zur Auszahlung gelangt?

b) Wie viel EUR beträgt der steuerpflichtige Anteil der Rentenbezüge im Jahre 2044?

6 Sie empfehlen dem Kunden Neumann den Abschluss der „Rürup-Rentenversicherung" entsprechend dem vorliegenden Versorgungsvorschlag der ERGO Versicherungsgruppe.

a) Beschreiben Sie dem Kunden Vorteile und Nachteile der „Rürup-Rentenversicherung" im Vergleich zu einer herkömmlichen privaten Rentenversicherung.

b) Begründen Sie, warum Sie dem Kunden eine „Rürup-Rentenversicherung" und nicht eine „Riester-Rentenversicherung" empfehlen.

Eine Basis für das Alter

Selbstständige und Freiberufler sollten die Steuervorteile der Rürup-Rente für ihre private Altersvorsorgeplanung nutzen.

Ein großer Teil der Bevölkerung wählt für seine Altersvorsorge eine Kombination aus gesetzlicher, betrieblicher und privater Rente. Selbstständige und Freiberufler nehmen in diesem System eine Sonderstellung ein: Sie müssen sich nicht pflichtversichern, zahlen deshalb meist nicht in die gesetzliche Rentenversicherung ein und haben außerdem keine Möglichkeit, eine betriebliche Altersvorsorge oder Riester-Rente abzuschließen. Sie müssen ihre gesamte Altersvorsorge privat aufbauen.

Um diese Lücke zu schließen, hat der Gesetzgeber ein Rentenmodell entworfen, das der gesetzlichen Rente nachempfunden ist. Die unter dem Namen „Rürup-Rente" oder auch „Basisrente" bekannte Rentenversicherung soll insbesondere die private Vorsorge für Selbstständige und Freiberufler steuerlich attraktiv machen. Zugleich ist sie für diese Bevölkerungsgruppe praktisch der einzig steuerlich geförderte Vorsorgeweg.

Die Rürup-Rente ist als sogenannte Leibrente konzipiert. Dies bedeutet, dass die angesparten Beiträge ab einem Alter von 62 Jahren ausschließlich zur Altersvorsorge und nicht für andere Zwecke verwendet werden können. Das angesparte Kapital ist dabei sicher investiert, denn es kann weder bei Konkurs, Pfändung noch im „Hartz IV"-Fall eingezogen werden. Außerdem bietet die Rürup-Rente Flexibilität bei der Einzahlung. Der Gesetzgeber sieht keine Mindestsumme für die Ansparung vor. Das heißt, der Versicherte kann frei entscheiden, ob er den Betrag einmalig, monatlich, halbjährlich oder jährlich einzahlt oder ob er Extrazahlungen vornimmt. Diese Fakten sind gerade für Selbstständige mit unregelmäßigem Einkommen sehr wichtig.

Nachgelagerte Besteuerung

Liegt der Steuersatz – wie bei einem Großteil der Bevölkerung – im Rentenalter unter dem der Einzahlphase, sind die steuerlichen Vorteile beachtlich. Mit der Rürup-Rente verfolgt der Gesetzgeber das Prinzip der nachgelagerten Besteuerung. Dies bedeutet, dass die Beiträge in der Ansparphase steuerlich geltend gemacht werden können, in der Rentenphase sind die Auszahlungen dann steuerpflichtig. Im Jahr 2022 sind in der Ansparphase jährlich 94 % der Beiträge für die Basisrente als Sonderausgabe abzugsfähig – maximal allerdings 24 101,00 EUR pro Person. Diese Abzugsfähigkeit steigt bis 2025 jährlich um zwei Prozent an. Dann sind pro Person 100 % bei einem Höchstbetrag von zz. 25 639,00 EUR beziehungsweise 51 278,00 EUR für zusammenveranlagte Ehegatten/Lebenspartner absetzbar. Zusätzlich sind die erwirtschafteten Kapitalerträge abgeltungsteuerfrei.

Der Besteuerungsanteil für Renten in der Auszahl-/Rentenphase beträgt im Jahr 2022 82 %. Er erhöht sich schrittweise um jährlich einen Prozentpunkt bis zum Jahr 2040. Ab dem Jahr 2040 sind die Renten voll steuerpflichtig. Maßgeblich für den steuerfreien Anteil ist das Jahr des Rentenbeginns. Dieser Anteil gilt dann für die gesamte Laufzeit der Rentenzahlungen (persönlicher Rentenfreibetrag). Beginnt die Rente z. B. im Jahr 2024, sind 84 % bis zum Ende der Rentenzahlung (Tod) steuerpflichtig.

Doch die Rürup-Rente besitzt auch ihre Restriktionen. Sie bietet dem Sparer kein Kapitalwahlrecht – er kann sich also das angesparte Kapital nicht als Einmalbetrag auszahlen lassen. Auch lässt sich der Rentenvertrag nicht vorzeitig auflösen oder an Hinterbliebene vererben. [. . .]

RICHARD SEIDLER, Vorsorgespezialist (CFP), Commerzbank Private Banking, Frankfurt/Main

Quelle: In Anlehnung an: FAZ 17. 10. 2007 Beilage Private Vorsorge; Stand 2022.

Fortsetzung der Situation:

Auch die Kundin Anne-Kathrin Hansen interessiert sich für die Rürup-Rente. Sie hat einen Arbeitsverdienst von 84600,00 EUR im Jahr 2022 und möchte wissen, wie viel Altervorsorgeaufwendungen sie steuerlich geltend machen kann, wenn sie eine private Leibrentenversicherung in Form der Rürup-Rente abschließt.

Die Kundin gibt ihren Arbeitnehmer-Beitrag zur gesetzlichen Rentenversicherung mit 7867,80 EUR (9,3 % der Beitragsbemessungsgrenze [West] von 84600,00 EUR) an.

Aufgabe:

7 Berechnen Sie den steuerlich absetzbaren Betrag für das Jahr 2022.

4 Die Versorgungslücke durch die Riester-Rente schließen

Lernbuch Kap. 20.4

Situation:

Sie sind Kundenberater/-in einer Volksbank und haben für den heutigen Tag insgesamt vier verschiedene Termine für Beratungsgespräche rund um das Thema „Riester-Rente" durchzuführen, in denen Sie auf sehr unterschiedliche Fragestellungen eingehen müssen.

Das Ehepaar Lohkamp (vgl. Lernsituation 2) ist aufgrund Ihres Beratungsgesprächs von der Notwendigkeit einer zusätzlichen Altersvorsorge überzeugt. Es erscheint bei Ihnen zu einem erneuten Gespräch, um weitere Informationen zur kapitalgedeckten Zusatzversorgung (Riester-Rente) zu erhalten.

Beantworten Sie die Kundenfragen. Nutzen Sie auch das abgedruckte Merkblatt zur staatlichen Förderung privater Altersvorsorge.

Aufgaben:

1 Herr Lohkamp möchte wissen, welche förderfähigen Anlagemöglichkeiten es im Rahmen der Riester-Rente gibt.

2 a) Das Ehepaar bittet um Unterrichtung, ob ein Förderanspruch besteht.

Wer ist ggf. anspruchsberechtigt?

b) Gehen Sie davon aus, dass ein Förderanspruch besteht. Welche Vorsorgeverträge/welcher Vorsorgevertrag kämen/käme für den/die Kunden infrage?

Welche Eigenleistung muss Herr Lohkamp zur Erlangung der maximalen Förderung erbringen?

Berechnen Sie die Höhe der Mindesteigenbeiträge und der staatlichen Zulagen, wenn beide Ehepartner einen eigenen Vorsorgevertrag abschließen würden.

Merkblatt

Die wichtigsten Fakten zur staatlichen Förderung privater Altersvorsorge

Wer hat Anspruch auf die Förderung?

- **Arbeitnehmer**
- **pflichtversicherte Selbstständige und Landwirte**
- **Beamte und Empfänger von Amtsbezügen**
- **Angestellte des öffentlichen Dienstes**
- **Auszubildende, Soldaten**
- **Mütter und Väter während der Elternzeit**
- **Geringfügig Beschäftigte mit Verzicht auf Versicherungsfreiheit**
- **Empfänger von Arbeitslosengeld 1 und 2**
- **Ehegatten bzw. Lebenspartner von Förderberechtigten**

Nichtförderberechtigte Verheiratete/Verpartnerte erhalten die volle Zulage, wenn deren Ehegatte/Lebenspartner die Förderung in Anspruch nimmt, sie einen Altersvorsorgevertrag auf ihren eigenen Namen abgeschlossen und mindestens 60,00 EUR pro Jahr (Sockelbetrag) in ihren Vertrag eingezahlt haben.

Wie hoch ist die Förderung?

Die Grundzulage (pro förderberechtigte Person, unabhängig vom Einkommen):

Maximale jährliche Grundzulage
175,00 EUR

Zusätzlich für jedes Kind:

Maximale jährliche Kinderzulage
185,00 EUR pro Kind (Geburt **vor** dem 01.01.2008)
300,00 EUR pro Kind (Geburt **ab** dem 01.01.2008)

Wie viel kann man zusätzlich von der Steuer absetzen?

Maximaler jährlicher Sonderausgabenabzug (unabhängig vom Einkommen)
2 100,00 EUR

Sparer, die zu Beginn des Beitragsjahres das 25. Lebensjahr noch nicht vollendet haben, erhalten außerdem einen einmaligen Berufseinsteigerbonus in Höhe von 200,00 EUR.

Was muss der Sparer dafür tun?

Einzahlung eines jährlichen Mindesteigenbeitrages

Mindesteigenbeitrag in % vom sozialversicherungspflichtigen Einkommen des Vorjahres
4 %, höchstens 2 100,00 EUR abzüglich Zulagen

Ihr persönlicher Aufwand darf dabei pro Jahr die folgenden Werte nicht unterschreiten:

Anspruchsberechtigte	
Zulageberechtigte ohne Kinder	60,00 EUR
Zulageberechtigte mit einem Kind	60,00 EUR
Zulageberechtigte mit zwei oder mehr Kindern	60,00 EUR

Den Antrag auf Förderung stellen

- Schließen Sie einen Altersvorsorgevertrag ab.
- Sie beantragen die Förderung bei Ihrer Bank oder Versicherung. Am Ende jedes Jahres schickt Ihnen diese einen Auszug Ihres Kontos und einen Antrag auf Zulage. Schicken Sie den Antrag an Ihr Anlageinstitut zurück.

  Durch einen „Dauerzulagenantrag" können Sie Ihre Bank oder Versicherung beauftragen, jährlich den Zulagenantrag bei der Deutschen Rentenversicherung Bund zu stellen.
- Die Förderung wird unmittelbar auf Ihr Anlagekonto überwiesen.
- Geben Sie den Sparbetrag als Sonderausgabenabzug bei Ihrer Steuererklärung an. Das Finanzamt prüft automatisch, ob die Steuerersparnis höher ist als die Zulage. Die Differenz wird dann bei der Steuer erstattet.

Welche Produkte werden gefördert?

Banksparpläne, Investmentsparpläne, private Rentenversicherungen unter folgenden Voraussetzungen:

- lebenslange Auszahlung des angesparten Kapitals frühestens ab dem 62. Lebensjahr in Raten
- „Geld-zurück-Garantie": Mindestens das eingesetzte Kapital muss zu Beginn der Auszahlphase zur Verfügung stehen
- Die Anlagen dürfen nicht beliehen oder verpfändet werden

Außerdem werden Wohn-Riester-Bausparverträge und Wohn-Riester-Darlehen gefördert.

Rechte der Sparer

- In der Ansparphase müssen weder für die Sparbeträge noch für Zinsen und Erträge Steuern gezahlt werden
- Entnahme eines Teilbetrags oder der ganzen Sparsumme aus einem bestehenden Vertrag zur Immobilienfinanzierung. Mit Beiträgen können Immobilienkredite getilgt werden.
- Der Vertrag darf vorübergehend ruhen
- Kündigungsmöglichkeit mit 3 Monaten zum Ende eines Quartals, um in einen anderen Altersvorsorgevertrag zu wechseln
- Die Sparer erhalten jährlich von den Anbietern einen schriftlichen Bericht über das angesparte Kapital und dessen Verwendung

Fortsetzung der Situation:

Alexander Lohkamp legt Ihnen einen Vorschlag der Union Investment für den Abschluss eines Altersvorsorgevertrags vor:

UniProfiRente Altersvorsorgevertrag
Beispiel einer individuellen *UniProfiRente* – Berechnung

Übersicht über Ihre Angaben:

Berechnung für	Alexander Lohkamp	Steigerung des Einkommens jährlich:	3,00 %
Geburtsdatum:	23. 01. 1982	Rentenbeginn erfolgt mit:	67 Jahren
Zulageberechtigte Kinder:	2	Angenommene Inflationsrate:	2,00 %
Bruttoeinkommen im Vorjahr:	52 000,00 EUR	Wertentwicklungsmodell:	ausgewogen
Grenzsteuersatz:	35,00 %	Sparziel:	maximale Zulage

Ihre *UniProfiRente* zahlt sich aus:

Eigenbeiträge gesamt	69 624,00 EUR		
Zulagen gesamt	5 772,00 EUR	Zusätzlicher Steuervorteil gesamt:	20 617,00 EUR
Kapital bei Rentenbeginn:	379 660,00 EUR	**Voraussichtliche Rentenzahlung:**	**1 943,00 EUR**

Ansparphase

Ihren Angaben entsprechend würde Ihr Vorsorgevermögen bis Ende Januar 2049 auf 379 660,00 EUR ansteigen. Dieses Ergebnis entspricht einer durchschnittlichen jährlichen Wertentwicklung von 7,80 % in der Ansparphase. Angenommen werden eine monatliche Einzahlung der Eigenbeiträge und die Zahlung der Zulagen jeweils einmalig per Jahresende.

Rentenbeginn Februar 2049

Ab Rentenbeginn Februar 2049 würden Sie aus einem Union-Fondsauszahlplan und ab Ihrem 85. Lebensjahr aus einer Rentenversicherung eine lebenslange monatliche Rente in Höhe von 1 943,00 EUR erhalten. Dieses Ergebnis entspricht einer durchschnittlichen jährlichen Wertentwicklung von 6,00 % in der Auszahlphase. Der Beitrag für die obligatorische, gesetzlich vorgeschriebene Rentenversicherung wird zu Beginn der Auszahlphase in einer Summe auf Grundlage der dann gültigen Versicherungsbedingungen eingezahlt. Er beträgt voraussichtlich 104 869,00 EUR. Für den Auszahlplan stehen voraussichtlich 274 791,00 EUR zur Verfügung. Bitte beachten Sie, dass die ausgewiesene Rente bei einer angenommenen Inflation von 2,00 % einer heutigen Kaufkraft von 926,00 EUR entspricht und daher gegebenenfalls weitere Maßnahmen zur Schließung Ihrer Versorgungslücke erforderlich sind.

Wussten Sie schon? Sie haben die Möglichkeit, zu Beginn der Auszahlphase 30 % des angesparten Vermögens einmalig zu entnehmen. Das sind voraussichtlich 113 898,00 EUR. Die voraussichtliche monatliche Rente beträgt dann 1 360,00 EUR.

Erstellt am 15. Januar 2022

Im FinanzVerbund der Volksbanken Raiffeisenbanken

Union Investment
Werte fürs Leben

Staatliche Förderung mit *UniProfiRente* und

Garantiert und chancenreich

UniProfiRente: Garantiert und chancenreich

Eine ausgezeichnete Vorsorgelösung

Stiftung Warentest
TESTSIEGER
Im Test: Riester-Fondssparpläne von acht Anbietern
Finanztest 10/20..
www.finanztest.de

Wählen Sie ein ausgezeichnetes Produkt für Ihre Altersvorsorge. *Union Investment* bietet mit dem Altersvorsorgevertrag *UniProfiRente* speziell für die geförderte Altersvorsorge eine garantierte und chancenreiche Lösung an und wurde dafür von Stiftung Warentest als Testsieger ausgezeichnet.

Bei der *UniProfiRente* sind Ihre staatlich geförderten Beiträge und Zulagen zum Rentenbeginn garantiert. Gleichzeitig nutzen Sie die überdurchschnittlichen Ertragschancen der internationalen Aktienmärkte für den Aufbau Ihrer zusätzlichen Rente.

UniProfiRente Altersvorsorgeverträge besitzen das staatliche Gütesiegel, sind also zertifiziert.

Schutz vor Hartz IV

Die *UniProfiRente* ist im Fall der Arbeitslosigkeit vor dem Zugriff des Staates geschützt.

Hohe Ertragschancen mit Wertsicherung

Bei der *UniProfiRente* investiert *Union Investment* Ihre Einzahlungen möglichst langjährig zu 100 % in den mehrfach ausgezeichneten Aktienfonds *UniGlobal.* Ihr Vorteil: Sie nutzen über viele Jahre das Auf und Ab der Börsen, um sich ein Aktienfondsvermögen zu einem günstigen Durchschnittspreis aufzubauen.

Abhängig von Ihrer Zeit bis zur Rente kann in kritischen Börsenphasen von *Union Investment* die Wertsicherung ausgelöst werden.

Union Investment legt Ihre neuen Beiträge dann nicht mehr im *UniGlobal,* sondern im Rentenfonds *UniEuroRenta* an oder schichtet Ihr *UniGlobal*-Vermögen kostenlos in den *UniEuroRenta* um. Dadurch gewährleistet *Union Investment* die Garantie Ihrer Einzahlungen und Zulagen.

Generell gilt: Je länger Ihre verbleibende Zeit bis zur Rente ist, desto eher bleiben Sie im *UniGlobal* investiert.

UniGlobal: **Der „Motor" für Ihre Altersvorsorge**

Der *UniGlobal* ist ein Aktienfonds, der weltweit in Standardwerte und ausgesuchte Wachstumstitel investiert. Das Expertenteam von *Union Investment* analysiert ständig die internationalen Kapitalmärkte, um die optimale Mischung aus den aussichtsreichsten Werten auszuwählen. Dabei achtet das Fondsmanagement insbesondere auf Unternehmen, die durch ihre Qualität und Wachstumsperspektiven besonders erfolgversprechend sind. Dazu gehören international bekannte Marken wie Coca-Cola, Microsoft, Vodafone oder SAP.

Der *UniGlobal* gehört zu den Top-Fonds in der Gruppe der weltweit anlegenden Aktienfonds. Das beweisen Untersuchungen seiner Wertentwicklung (Rankings) durch unabhängige Experten.

Auch bei der umfassenderen Beurteilung (Rating), bei der neben der Wertentwicklung auch die Qualität des Fondsmanagements analysiert wird, wurde der *UniGlobal* ausgezeichnet.

Garantiert ein Leben lang

UniEuroRenta: **Der „Airbag" für Ihre Altersvorsorge**

Der *UniEuroRenta* legt sein Fondsvermögen in auf Euro lautende, festverzinsliche Wertpapiere an. Die Vorzüge: Als Rentenfonds unterliegt er geringeren Schwankungen als ein Aktienfonds. Zusätzlich entfällt das Währungsrisiko, da er ausschließlich in Euro-Rentenpapiere investiert. Auch der *UniEuroRenta* erhielt beim Rating eine Auszeichnung.

Kurz vor dem Ziel steht Sicherheit an erster Stelle

Ihr wohlverdienter Ruhestand rückt immer näher. Sichern Sie sich das bis dahin erzielte Vermögen aus dem *UniGlobal.*

Vier Jahre vor dem Ende der Vertragslaufzeit haben Sie die Möglichkeit, das vorhandene Aktienfondsvermögen durch *Union Investment* Schritt für Schritt kostenlos in den sichereren Rentenfonds *UniEuroRenta* tauschen zu lassen. So sind Sie zu Beginn des Rentenalters komplett in Rentenpapieren investiert.

Lebenslange Rente

Ab Rentenbeginn kommen Sie in den Genuss Ihrer Zusatzrente. Sie haben die Möglichkeit, bis zu 30 % des angesparten Fondsvermögens als Einmalzahlung zu entnehmen. Aus dem restlichen Guthaben erhalten Sie eine lebenslange Rentenzahlung. Ihr Vermögen ist während der Auszahlphase weitgehend in Investmentfonds und zu einem kleinen Teil in einer Rentenversicherung angelegt.

UniProfiRente:
Ihre Vorteile auf den Punkt gebracht

- **Hartz IV sicher**[1]
  Ihr Vermögen ist im Fall der Arbeitslosigkeit vor dem Zugriff des Staates geschützt.
- **Staatliche Förderung**[1]
  Ihre Einzahlungen werden mit Zulagen gefördert. Durch den Sonderausgabenabzug sparen Sie eventuell zusätzlich Steuern.
- **100 Prozent Garantie**
  Ihre staatlich geförderten Einzahlungen und die staatlichen Zulagen sind zu Beginn der Rentenzahlung garantiert.
- **Hohe Ertragschancen**
  Sie investieren möglichst lange in den weltweit anlegenden Aktienfonds *UniGlobal.*
- **Sicherheit**
  Möglichkeit der Sicherung Ihrer erzielten Erträge kurz vor Rentenbeginn durch kostenlose Umschichtung des Aktienfondsvermögens in den Rentenfonds.
- **Lebenslange Rente**[2]
  Basis für Ihre lebenslange Rente ist eine kombinierte Fonds- und Versicherungslösung.
- **Sozialversicherungsfrei**
  Von Ihrer lebenslangen Rente werden keine Sozialversicherungsabgaben abgezogen.
- **Flexibel**
  Sie können Ihre Sparraten jederzeit anpassen oder aussetzen.
- **Vererbbar**
  Eine Vererbung Ihres angesparten Fondsvermögens ist möglich – für Ehegatten/Lebenspartner bei Übertrag auf einen eigenen Altersvorsorgevertrag auch ohne Rückzahlung der staatlichen Förderung.

Der langfristige Prozess der Altersvorsorge lässt sich in mehrere Phasen unterteilen. Nach der Ansparphase mit einem hohen Aktienanteil folgt meist die Umschichtung des Kapitals und die Auszahlung.

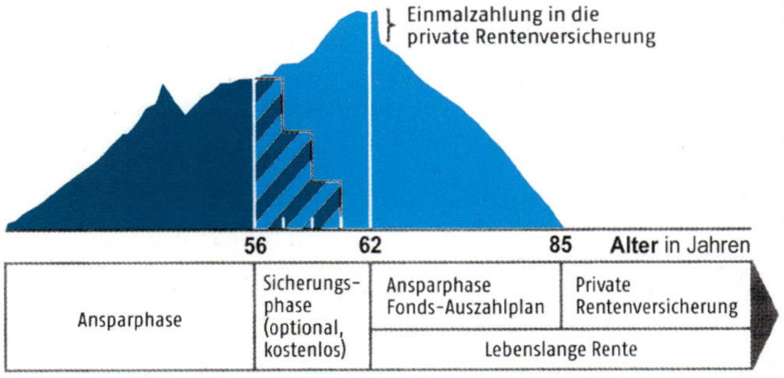

Quelle: Union Investment

1 Gilt nur für den Altersvorsorgevertrag UniProfiRente, ist begrenzt auf die Höchstförderbeiträge nach AVmG.
2 Gilt nur für angespartes Guthaben aus geförderten Beiträgen.

Aufgabe:

3 Erklären und erläutern Sie dem Kunden Lohkamp den abgedruckten Altersvorsorge-Vertrag der Union Investment.

a) Kennzeichnen Sie das vorgeschlagene Altersvorsorgeprodukt.

b) Entspricht das Produkt den Förderbedingungen?

c) Welche Leistungsansprüche erwirbt der Kunde aus diesem Altersvorsorgevertrag?

d) Erläutern Sie die Anlagestrategie und kennzeichnen Sie die Phasen dieses Altersvorsorgevertrages.

e) Wie erfolgt die jährliche Beantragung der Zulagen?

f) Erläutern Sie im Zuammenhang mit der staatlichen Förderung den Begriff „Günstigerprüfung“.

g) Wie werden die Zulagen und Zinsen in der Ansparphase und wie die private Altersrente bei ihrer Auszahlung steuerlich behandelt?

Fortsetzung der Situation:

Jonas Terhagen ist 35 Jahre alt, arbeitet als Schlossermeister in einem Stahlbauunternehmen und hatte im vergangenen Jahr einen Bruttoarbeitslohn von 42 000,00 EUR. Seine Frau Mia ist 33 Jahre alt, arbeitet als Angestellte in einer Apotheke und hatte im vergangenen Jahr einen Bruttoarbeitslohn von 30 000,00 EUR. Das Ehepaar hat zwei Kinder im Alter von 4 und 7 Jahren. Die Kunden planen, in den nächsten 6 bis 8 Jahren den Kauf einer Immobilie. Sie haben von der Wohn-Riester-Förderung gehört und bitten um Beratung.

Aufgaben:

4 Erklären Sie dem Ehepaar Terhagen, in welcher Form die Wohn-Riester-Förderung in Anspruch genommen werden kann.

5 Mia Terhagen möchte auf ihren Namen einen zertifizierten Altersvorsorge-Bausparvertrag abschließen, um für den Kauf der Immobilie anzusparen.

Ermitteln Sie für Frau Terhagen die Höhe der Wohn-Riester-geförderten Bausparsumme. Gehen Sie davon aus, dass die Kinder der Ehefrau zugerechnet werden und legen Sie Ihrer Berechnung eine monatliche Regelsparrate von vier Promill der Bausparsumme zugrunde.

Fortsetzung der Situation:

Karin Hansen arbeitet als leitende Angestellte in einem Pharmakonzern. Die 45-Jährige ist alleinstehend. Im Jahre 2008 hat sie sich am Münchner Stadtrand eine Wohnung gekauft, die sie in monatlichen Raten abzahlt und mit einem Darlehen finanziert hat.

Nach Auslaufen der Zinsfestschreibung im Jahre 2013 entscheidet sich Karin Hansen für einen Wohn-Riester-Vertrag (zertifiziertes Riester-Darlehen). Denn wenn sie vier Prozent ihres beitragspflichtigen Vorjahresbruttoeinkommens (max. 2 100,00 EUR) abzüglich des Zulagenanspruchs pro Jahr auf den Vertrag einzahlt, erhält sie zum einen die Grundzulage, zum anderen hat sie die Möglichkeit, den Gesamtbetrag im Rahmen der Sonderausgaben bei ihrer Einkommensteuererklärung anzugeben. Die auf den Wohn-Riester-Vertrag eingezahlten Beträge werden unmittelbar für die Tilgung des Darlehens eingesetzt und reduzieren die zu leistende Kreditsumme pro Jahr.

Im Jahre 2016 erfährt Karin Hansen von ihrem Arbeitgeber, dass ihr Arbeitsplatz für fünf Jahre nach Hamburg verlegt wird. Karin Hansen entschließt sich, ihre Immobilie für die Jahre ihrer Abwesenheit zu vermieten, um sie nach der Rückkehr wieder selber zu beziehen. Karin Hansen kehrt nach fünf Jahren in ihre Münchner Wohnung zurück. Hier lebt sie einige Jahre. Im Alter von 67 Jahren verkauft sie ihre Wohnung am Münchner Stadtrand und erwirbt mit dem Geld ein lebenslanges Wohnrecht in dem Seniorenheim Curanum e. G. am Tegernsee.

Aufgabe:

6 Prüfen Sie, ob bezüglich des beruflichen Umzugs und des Verkaufs der Wohnung die Förderung aus dem Wohn-Riester-Vertrag erhalten bleibt oder zurückerstattet werden muss. (Unterstellen Sie eine auch in Zukunft gleichbleibende Gesetzeslage zur Riester-Förderung.)

Fortsetzung der Situation:

Dominik und Katja Jackel sind 38 und 37 Jahre alt. Sie sind verheiratet und haben zwei Kinder (Tim, geb. am 26. 01. 2007 und Friederike, geb. am 16. 03. 2009). Dominik ist in der gesetzlichen Rentenversicherung pflichtversichert und hat Ende 2009 einen Wohn-Riester-Vertrag in Form eines zertifizierten Darlehensvertrags abgeschlossen, um den Kauf eines Einfamilienhauses zu finanzieren. Katja Jackel hat ebenfalls einen zertifizierten Riester-Darlehensvertrag abgeschlossen, obwohl sie zurzeit nicht berufstätig ist.

Aufgaben:

7 Errechnen Sie die jährliche staatliche Zulage, die für die Tilgung der Darlehen eingesetzt werden kann. Unterstellen Sie, dass Dominik Jackel vier Prozent seines Vorjahresbruttoeinkommens (max. 2 100,00 EUR) abzüglich des Zulageanspruchs jährlich auf seinen Darlehensvertrag einzahlt. Katja Jackel hat ebenfalls Tilgungsleistungen, die 60,00 EUR pro Jahr übersteigen, auf ihrem Darlehensvertrag erbracht.

8 Beschreiben Sie die Besteuerung dieses Wohn-Riester-Altersvorsorgevertrags.

Auszug aus dem Ratgeber „Richtig vorgesorgt – da können Sie sicher sein!":

Wohn-Riester – der schnellere Weg ins Eigenheim

Immobilienkauf leicht gemacht mit Wohn-Riester

Für viele Verbraucher spielt die eigene Immobilie in Form einer Eigentumswohnung oder eines eigenen Hauses eine wichtige Rolle. Nicht selten nehmen gerade junge Familien hierfür in jungen Jahren einen langfristigen Kredit auf, um letztlich im Rentenalter ohne Mietzahlungen leben zu können. Zwar erhalten Immobilieneigentümer bei eigener Wohnraumnutzung ohne Fremdvermietung keine zusätzlichen Einnahmen, doch fällt damit ein großer Kostenblock bei den monatlichen Einnahmen und Ausgaben weg.

Nachteilig war bislang, dass eine Immobilie als Standbein der privaten Altersvorsorge seit dem Wegfall der Eigenheimzulage am 1. Januar 2006 nicht mehr staatlich gefördert wurde. Nachdem die Bundesregierung die private Altersvorsorge mit Einführung der Riester-Rente jedoch bereits in Form von Riester-Rente-Versicherungen, Riester-Banksparplänen und Riester-Fondssparplänen gefördert hatte, wurde die Wohn-Riester-Rente zum 01.01.2008 als Ergänzung der Riester-Rente beschlossen und kann nun ebenfalls genutzt werden.

Mit Einführung der Wohn-Riester-Rente haben Immobilienkäufer nun die Möglichkeit, den Kauf einer Immobilie in Form eines Riester-Immobiliendarlehens, eines Riester-Bausparvertrages oder mittels einer Kapital-Entnahme aus einem laufenden Riester-Vertrag mit der staatlichen Riester-Förderung fördern zu lassen. Die Wohn-Riester-Förderung hat dabei die gleiche Höhe und Berechnungsgrundlage wie bei anderen Riester-Produkten und besteht aus einer Grundzulage in Höhe von 175,00 EUR sowie einer Kinderzulage in Höhe von 185,00 EUR bzw. 300,00 EUR für ab dem Jahr 2008 geborene Kinder. Voraussetzung für die Förderung ist, dass die Immobilie auch tatsächlich von den Käufern bewohnt wird. Der Staat fördert damit also nicht den Immobilienkauf als Investitionsobjekt mit Absicht auf Mieteinnahmen. Lediglich in Sonderfällen, wie z. B. dem Umzug aufgrund eines Jobwechsels, darf die eigene Immobilie befristet vermietet werden. Bei Eintritt in das Rentenalter müssen Wohn-Riester-Sparer dann wieder in die eigene Immobilie ziehen, um die staatliche Förderung nicht zu verwirken und gegebenenfalls zurückzahlen zu müssen.

Die Wohn-Riester-Förderung gilt somit für den Kauf, den Bau oder für die Entschuldung einer Wohnung oder eines Hauses sowie für den Erwerb von Anteilen an Wohngenossenschaften. Die Wohn-Riester-Rente kann wie folgt genutzt werden:

Zum Abschluss von „Wohn-Riester-Altersvorsorgeverträgen"

- **Zertifizierter Riester-Darlehensvertrag**
  Der Vertrag wird unmittelbar bei Darlehensaufnahme zur Finanzierung einer selbst genutzten Wohnimmobilie abgeschlossen. Ein vorheriger Sparvorgang ist nicht erforderlich. Die Tilgungsleistungen können in die Riester-Förderung einbezogen werden. Staatliche Zulagen dienen der Tilgung des Darlehens.
- **Riesterzertifizierter Bausparvertrag (Sparvertrag mit Darlehensoption)**
  Bausparkassen zählen zu den zugelassenen Anbietern von Altersvorsorgeverträgen. Leistungen (Ansparleistungen und Tilgungsleistungen) auf zertifizierte Bausparverträge können in die Riester-Förderung einbezogen werden. Die staatlichen Zulagen erhöhen in der Ansparphase das Bausparguthaben, in der Darlehensphase tilgen sie den Kredit.
- **Vorfinanzierungsdarlehen**
  Das tilgungsfreie Vorfinanzierungsdarlehen, für das ebenfalls die Riester-Förderung gilt, dient zum Ansparen eines Bausparvertrages. Bei Zuteilung des Bausparvertrages wird das Vorfinanzierungsdarlehen getilgt.

Zur Kapitalentnahme aus einem laufenden Riester-Vertrag zur Finanzierung von selbst genutztem Wohneigentum oder zum Erwerb von Anteilen an einer Wohnungsgenossenschaft

Der Altersvorsorgesparer kann die in einem Altersvorsorgevertrag (z. B. Banksparplan) angesparten Mittel (Eigenbeiträge und staatliche Zulagen) bis zum Beginn der Auszahlungsphase verwenden

- für die Anschaffung oder Herstellung einer selbst genutzten Wohnung oder zur Tilgung eines zu diesem Zweck aufgenommenen Darlehens,
- für den Erwerb von Pflicht-Geschäftsanteilen an einer eingetragenen Genossenschaft für die Selbstnutzung einer Genossenschaftswohnung oder zur Tilgung eines zu diesem Zweck aufgenommenen Darlehens,
- für die Finanzierung eines behindertengerechten bzw. barrierereduzierten Umbaus einer selbst genutzten Wohnimmobilie.

Die Immobilie muss den Lebensmittelpunkt des Vorsorgesparers bilden oder von ihm als Hauptwohnsitz genutzt werden. Sie kann sich im gesamten EU-Raum oder in einem Staat befinden, auf den das EWR-Abkommen Anwendung findet. Der Mindestentnahmebetrag liegt bei 3000,00 EUR. Das nach der Entnahme verbleibende Restkapital muss ebenfalls 3000,00 EUR betragen.

Wie bei allen Riester-Produkten gilt: Bis zum Eintritt in den Ruhestand sind die Beiträge grundsätzlich steuerfrei, in der Auszahlungsphase muss die Riester-Rente dann versteuert werden. Bei der Eigenheimrente fließt naturgemäß kein monatlicher Geldbetrag, der besteuert werden könnte. Die geförderten Tilgungsbeiträge (Zulage und Eigenleistung) und gegebenenfalls der Entnahmebetrag werden auf dem „Wohnförderkonto“ erfasst und ab dann bis zum Eintritt in den Ruhestand mit 2 % jährlich verzinst. Auf diese Summe zahlt der Förderberechtigte dann Steuern. Er kann sich seiner Steuerschuld zu Beginn des Ruhestands auf einen Schlag entledigen und muss dann nur auf 70 % des auf dem fiktiven Wohnförderkonto erfassten Betrags Einkommensteuer gemäß seinem individuellen Steuersatz zahlen. Alternativ kann der Betrag über einen Zeitraum von maximal 25 Jahren bis zum 85. Lebensjahr versteuert werden. Wie hoch die Steuer ausfällt, hängt vom individuellen Steuersatz des Rentners ab. Der Sparer kann, wenn er die Ratenbesteuerung gewählt hat, jederzeit zur Einmalbesteuerung wechseln.

Wer sein Haus wieder verkauft, muss den Betrag aus dem Wohnförderkonto innerhalb von fünf Jahren in eine andere selbst genutzte Immobilie investieren oder innerhalb eines Jahres wieder in einen riestergeförderten Altersvorsorgevertrag einzahlen. Dann bleibt die Förderung in vollem Umfang erhalten. Anderenfalls gilt der Verkauf als schädliche Verwendung und die auf dem Wohnförderkonto erfassten Beträge sind als Leistungen aus dem Altersvorsorgevertrag mit dem persönlichen Steuersatz voll zu versteuern.

5 Über die betriebliche Altersversorgung kundenorientiert Auskunft erteilen

Lernbuch
Kap. 20.4.2

Situation:

Ihr Kunde Paul Schneider legt Ihnen während eines Beratungsgesprächs das folgende Schreiben seines Arbeitgebers vor:

Max Sandmann GmbH
Import – Export

Amselstr. 75
40223 Düsseldorf

Fon: 0211 623143
Fax: 0211 623150
E-Mail: info@sandmann.de

Max Sandmann GmbH, Amselstr. 75, 40223 Düsseldorf
Herrn
Paul Schneider
im Hause

Sehr geehrter Herr Schneider,

Sie nutzen die Möglichkeit, Beiträge in vermögenswirksame Leistungen (VL) anzulegen.

Sofern Ihr zu versteuerndes Einkommen bestimmte Grenzen nicht übersteigt, belohnt der Staat Sie für das Sparen mit der sogenannten Arbeitnehmersparzulage.

Auf den ersten Blick erscheint diese Form des Sparens sehr attraktiv. Die Beiträge zu vermögenswirksamen Leistungen sind allerdings voll steuer- und sozialabgabenpflichtig. Die Zahlungen erfolgen also aus Ihrem Netto-Einkommen.

Wir bieten Ihnen eine clevere Alternative:

Sie investieren Ihren bisherigen VL-Betrag direkt aus dem Brutto-Einkommen in den Aufbau einer betrieblichen Altersversorgung (bAV).

Die Umwidmung Ihrer vermögenswirksamen Leistungen erfolgt in Beiträge zu einer Direktversicherung. Aufgrund Ihres Rechtsanspruchs auf Entgeltumwandlung können Sie neben der vermögenswirksamen Leistung zusätzlich auch Teile ihres Verdienstes in die betriebliche Altersversorgung einzahlen.

Ihr Vorteil: Sie sparen neben Steuern auch noch die Beiträge zur Sozialversicherung.

Zudem erhalten Sie günstige Mitarbeiterkonditionen.

Mit freundlichen Grüßen
Ihre Geschäftsleitung

Herr Schneider bittet Sie, ihm seine Fragen im Zusammenhang mit diesem Schreiben zu beantworten.

Aufgaben:

1 Erklären Sie dem Kunden, wie die betriebliche Altersversorgung (bAV) funktioniert und wer Anspruch auf sie hat. Gehen Sie dabei auch auf den Begriff „Entgeltumwandlung" ein.

2 Herr Schneider möchte wissen, was man unter einer Direktversicherung versteht.

3 Verdeutlichen Sie dem Kunden in dem unten angeführten Beispiel, wie sich das klassische VL-Sparen gegenüber der Umwandlung der VL in eine Direktversicherung auf das steuer- und sozialabgabenpflichtige Gehalt auswirkt. Die VL-Leistung des Arbeitgebers beträgt 40,00 EUR, die zusätzliche Entgeltumwandlung des Arbeitnehmers 45,00 EUR.
Berechnen Sie in beiden Fällen das steuer- und sozialabgabenpflichtige Gehalt.

Gehaltsabrechnung für den Monat Juni	Klassisches VL-Sparen	Umwandlung der VL in eine Direktversicherung mit zusätzlicher Entgeltumwandlung
Bruttobezüge	2500,00 EUR	2500,00 EUR
Vermögenswirksame Leistung	40,00 EUR	
Beitrag des Arbeitgebers zur betrieblichen Altersversorgung (statt VL)	----------	40,00 EUR
zusätzliche Entgeltumwandlung	----------	45,00 EUR
Arbeitgeberzuschuss		12,75 EUR
steuer- und sozialabgabenpflichtiges Gesamtbrutto		

4 Herr Schneider möchte weiterhin wissen, welchen Maximalbetrag er im Falle der Entgeltumwandlung steuer- und sozialversicherungsfrei in den Direktversicherungsvertrag einzahlen lassen kann.

5 Erklären Sie dem Kunden Schneider, welche Ersparnis der Arbeitgeber im Falle der Entgeltumwandlung hat und wozu er dabei verpflichtet ist.

6 Machen Sie Herrn Schneider auf die steuerliche Behandlung der Versorgungsleistungen aus der Direktversicherung im Rentenalter aufmerksam.

7 Neben der Direktversicherung gibt es weitere Formen („Durchführungswege“) der betrieblichen Altersversorgung. Erläutern Sie dem Kunden die Formen Pensionskasse und Pensionsfonds.

Wenn der Chef Rente zahlen muss

Die betriebliche Altersversorgung bietet Arbeitnehmern lohnende Perspektiven, nicht nur weil sie grundsätzlich ein Recht darauf haben. Sie werden außerdem steuerlich gefördert.

LEXIKON

Betriebliche Altersvorsorge

Finanziert wird eine Betriebsrente durch den Arbeitgeber selbst oder durch den Mitarbeiter, indem dieser Teile seines Gehalts „umwandeln“ lässt. Im Alter bezieht der Beschäftigte dann eine lebenslange monatliche Rentenleistung.

Entgeltumwandlung

Auch Gehaltsumwandlung genannt. Der sozialversicherungspflichtige Arbeitnehmer investiert Teile seines Einkommens in einen Altersvorsorgevertrag. Dadurch spart er Steuern und Beiträge zur Sozialversicherung. Auch der Arbeitgeber spart bei Entgeltumwandlung Sozialversicherungsbeiträge. Er ist in diesem Fall aber verpflichtet, 15 % des umgewandelten Entgelts zusätzlich als Arbeitgeberzuschuss an die Versorgungseinrichtung zugunsten des Arbeitnehmers zu zahlen.

Mehr Rechte für die Angestellten und eine bessere staatliche Förderung haben der einst eher vernachlässigten Form der Altersvorsorge zu einem Boom verholfen. Nach Angaben des Marktforschungsunternehmens TNS Infratest Sozialforschung ist die Zahl der Beschäftigten in der Privatwirtschaft, die Anspruch auf eine künftige Betriebsrente haben, in den vergangenen Jahren von 38 % auf 46 % gestiegen. Der Grund für das zunehmende Interesse: Seit 2002 dürfen Mitarbeiter von ihrem Arbeitgeber verlangen, dass er Teile ihres Einkommens in Vorsorgebeiträge umwandelt. Trägt der Chef selbst noch etwas bei, spricht vieles für ein Zusatzsparen über die Firma. „Die Betriebsrente ist mit erheblichen finanziellen Vorteilen verbunden“, meint Klaus Stiefermann, Geschäftsführer der Arbeitsgemeinschaft für betriebliche Altersvorsorge. Fünf verschiedene Modelle, Fachleute sprechen von Durchführungswegen, haben sich hierzulande inzwischen etabliert: Direktversicherung, Pensionskasse, Pensionsfonds, Unterstützungskassen und Direkt-/Pensionszusage.

Welche Variante der Belegschaft offeriert wird, entscheidet die Firmenleitung. Am besten haben es Angestellte, die unter mehreren Vorsorgeformen wählen können; das gibt es häufig in Großunternehmen. Wenn der Betrieb kein Angebot macht, darf der Mitarbeiter verlangen, dass der Chef für ihn eine Direktversicherung abschließt.

Immer mehr Beschäftigte nutzen das Angebot und sorgen über den Betrieb für den Ruhestand vor. Vater Staat unterstützt die Sparanstrengungen mit großzügigen Steuergeschenken. Bei der Auszahlung im Alter langt er dann aber wieder kräftig zu.

Wie sich die betriebliche Altersvorsorge (BAV) auf dem Gehaltszettel auswirkt ...

Angaben in Euro	ohne bAV	mit bAV
Bruttomonatsgehalt	3500,00	3500,00
Entgeltumwandlung		130,44
Arbeitgeberzuschuss		19,57
Gehalt zur Berechnung von	3500,00	3369,56
Steuern und Sozialabgaben (Steuerkl. 1/0)	1228,63	1168,15
Nettogehalt	2271,37	2201,41

150,00 €	fließen in die bAV davon:
19,57 €	kommen vom Arbeitgeber
60,48 €	sind gesparte Abgaben
69,96 €	ist der Nettoaufwand für den Arbeitnehmer

... und was für die Beschäftigten dabei herauskommt

Monatsbeitrag	Garantierte Rente (monatlich)	Garantiertes Kapital	Monatsrente bei angenommener Wertentwicklung von 4 %	Gesamtkapital bei angenommener Wertentwicklun von 4 %
150,00 EUR	184,00	61470,00	253,00	84667,00
Nach Abgaben und Steuern	142,00	44716,00	185,00	53938,00

Der Versicherte beginnt die Direktversicherung mit 35 Jahren, Rentenbeginn mit 67 Jahren

Grafik: F. Hasse
Quellen: SIGNAL-IDUNA, AON, AXA, zitiert nach WAZ vom 25.01.2021

Auszug aus dem Ratgeber „Richtig vorgesorgt – da können Sie sicher sein!":

Direktversicherung

Eine weit verbreitete Form der betrieblichen Altersversorgung ist die Direktversicherung. Bei diesem Durchführungsweg schließt der Arbeitgeber per Einzel- oder Gruppenvertrag eine Lebensversicherung für seine Arbeitnehmer ab. Versicherungsnehmer und Beitragsschuldner ist somit der Arbeitgeber – Begünstigter aber ist der Arbeitnehmer. Finanziert der Arbeitgeber die Aufwendungen, sind diese voll abzugsfähige Betriebsausgaben. Oft werden die Beiträge auch vom Arbeitnehmer getragen und fließen durch Entgeltumwandlungen in die Direktversicherung.

Direktversicherungen unterliegen der staatlichen Versicherungsaufsicht durch die Bundesanstalt für Finanzdienstleistungsaufsicht (BaFin) und der Anlageregulierung nach dem Versicherungsaufsichtsgesetz. Dabei steht die Sicherheit einer kontinuierlichen Rendite im Vordergrund. Dementsprechend dürfen die Beiträge bei der klassischen Direktversicherung nur bis zu 35 % der Anlagemittel in Aktien investiert werden. Bei der fondsgebundenen Direktversicherung werden höhere Aktienquoten erreicht. Allerdings ist auch hier der Kapitalerhalt durch vorsichtige Kapitalanlage gesichert. Bei der Direktversicherung ist der Arbeitgeber in aller Regel nicht zur Zahlung von Beiträgen an den Pensions-Sicherungs-Verein[1] verpflichtet.

Die Direktversicherung eignet sich vor allem für kleinere und mittlere Unternehmen, da der Verwaltungsaufwand für den Arbeitgeber gering ist und er kein finanzielles Risiko trägt. Auch für den Arbeitnehmer ist dieser klassische Durchführungsweg der betrieblichen Altersversorgung sehr attraktiv. Die Leistungen der Direktversicherung setzen sich zusammen aus einem garantierten Teil, der unabhängig von der Kapitalmarktlage ist, und einem überschussabhängigen Teil – der sogenannten Überschussbeteiligung.

Es besteht auch die Möglichkeit, für Beiträge in eine Direktversicherung die Riester-Förderung in Form von Zulagen und Sonderausgabenabzug in Anspruch zu nehmen (§ 10a EStG). Voraussetzung dafür ist aber, dass die entsprechende Direktversicherung im Alter grundsätzlich lebenslange Leistungen erbringt.

1 Siehe nächste Seite.

Pensions-Sicherungs-Verein (PSVa. G.)
Der Pensions-Sicherungs-Verein Versicherungsverein auf Gegenseitigkeit (PSVa.G.) ist der gesetzliche Träger der Insolvenzsicherung der betrieblichen Altersversorgung. Sein alleiniger Zweck ist die Gewährleistung der betrieblichen Altersversorgung für den Fall der Insolvenz eines Arbeitgebers. Über ein Konsortium von Lebensversicherungsunternehmen zahlt er die wegen Zahlungsunfähigkeit eines Arbeitgebers übernommenen Renten aus. Die Mittel für die Durchführung der Insolvenzsicherung werden durch Beiträge der insolvenzsicherungspflichtigen Arbeitgeber aufgebracht. Bei der Finanzierung handelt es sich nicht um ein Anwartschaftsdeckungsverfahren, sondern um ein Rentenwertumlageverfahren. Charakteristisch dafür ist, dass die Beitragssätze von Jahr zu Jahr schwanken, da sich der sogenannte Schadenverlauf in den Beitragssätzen unmittelbar niederschlägt – je nach der Zahl der Insolvenzen und nach der Höhe der dadurch entstandenen Schäden.

Pensionskasse

Wie Direktversicherungen sind Pensionskassen rechtlich selbstständige Unternehmen. Sie werden von einem oder mehreren Unternehmen (Arbeitgebern) getragen und sind aufsichtsrechtlich Versicherungen. Pensionskassen gewähren den Arbeitnehmern und deren Hinterbliebenen einen Rechtsanspruch auf die zugesagten Leistungen. Sie finanzieren sich über Zuwendungen der Trägerunternehmen und aus Vermögenserträgen. Wie andere Versicherungen unterliegen sie der staatlichen Aufsicht durch die Bundesanstalt für Finanzdienstleistungsaufsicht.

Pensionskassen müssen ihr Vermögen eher konservativ anlegen. Wie bei der klassischen Direktversicherung steht eine kontinuierliche und sichere Rendite im Vordergrund. Aus diesem Grund muss der Arbeitgeber auch bei diesem Durchführungsweg nicht in den Pensions-Sicherungs-Verein (PSVa. G.) einzahlen.

Auch hier kann der Arbeitnehmer von seinem Arbeitgeber fordern, dass seine durch Entgeltumwandlung finanzierte betriebliche Altersversorgung die Voraussetzungen der Riester-Rente erfüllt. Voraussetzung ist, dass die Pensionskasse im Alter lebenslange Leistungen erbringt.

Pensionsfonds

Bei einem Pensionsfonds handelt es sich um einen rechtlich selbstständigen Versorgungsträger, der den Arbeitnehmern einen Rechtsanspruch auf die zugesagten Leistungen einräumt.

Pensionsfonds unterliegen nicht den strengen Restriktionen der herkömmlichen Lebens- und Rentenversicherungen. Sie dürfen ihr Vermögen in höherem Maße auch am Aktienmarkt anlegen, um dessen Renditechancen besser nutzen zu können. Allerdings ergeben sich daraus auch höhere Risiken, da die Kurse am Aktienmarkt zum Teil stark schwanken. Auch aus diesem Grund sollten Pensionsfonds professionell gemanagt werden.

Bei einer Insolvenz des Arbeitgebers sind die Anwartschaften und Ansprüche der Arbeitnehmer über den Pensions-Sicherungs-Verein abgesichert.

Auch beim Pensionsfonds können die Mitarbeiter das Ansparen mit Riester-Förderung wählen, wenn der Pensionsfonds im Alter lebenslange Leistungen erbringt.

Steuer- und sozialversicherungsrechtliche Behandlung der Beiträge in Direktversicherung, Pensionskasse und Pensionsfonds	
Steuerliche Förderung	Nach § 3 Nr. 63 EStG können Beiträge in Pensionsfonds, Pensionskassen und Direktversicherungen durch Entgeltumwandlung bis zu acht Prozent der Beitragsbemessungsgrenze West in der gesetzlichen Rentenversicherung steuerfrei eingezahlt werden. Im Jahr 2022 entspricht dieses einem Betrag in Höhe von 6 768,00 EUR. Im Alter erfolgt nachgelagert eine Versteuerung der Leistungen als sonstige Einkünfte zu einem dann meist geringeren individuellen Steuersatz.
Sozialversicherungsbeiträge	Für Pensionsfonds, Pensionskassen und Direktversicherungen gilt: Die Beiträge unterliegen in Höhe von vier Prozent der Beitragsbemessungsgrenze West in der gesetzlichen Rentenversicherung nicht der Sozialversicherungspflicht. Das sind im Jahre 2022 3 384,00 EUR.

6 Den Abschluss einer Kapitallebensversicherung empfehlen

Lernbuch Kap. 20.5.1.2

Situation:

Hannah Münstermann möchte ihren gewohnten Lebensstandard im Alter durch eine private Lebensversicherung sichern und gleichzeitig Hinterbliebenenvorsorge treffen. Außerdem wünscht sie eine Absicherung gegen Einkommenseinbußen und finanzielle Belastungen im Fall von Unfall und Berufsunfähigkeit.

Sie als Kundenberater/-in empfehlen der Kundin den Abschluss einer Kapitallebensversicherung unter Einschluss einer Unfall-Zusatzversicherung und einer Berufsunfähigkeits-Zusatzversicherung.

Aufgaben:

1 Stellen Sie der Kundin die Vor- und Nachteile dar, die mit Ihrer Empfehlung verbunden sind. Berücksichtigen Sie hierbei das Informationsmaterial auf S. 195 ff.

2 Erklären Sie ihr die Pflichten („Obliegenheiten") des Versicherungsunternehmens und des Versicherten vor Abschluss des Vertrags.

Fortsetzung der Situation:

Hannah Münstermann hat bei den DBV Versicherungen die folgende Lebensversicherung abgeschlossen:

DBV VERSICHERUNGEN

Die starke Finanzpartnerschaft für Ihre Sicherheit

Versicherter	Geburtsdatum
Hannah Münstermann	*13. 05. 1972*
Mitversicherter	Geburtsdatum

Versicherungsnehmer	Bezugsberechtigter
Hannah Münstermann	*Marlon Münstermann*

Versicherungsnummer	Tabelle	Beginn des 1. Versicherungsjahres	Eintrittsalter	Schlussalter
1259 446	*40*	*01. 01. 2022*	*49*	*67**

Lebensversicherung

Versicherungssumme EUR	Erlebensfallsumme EUR (Doppelschutzversicherung)	Beitragszahlung entfällt ab	Schlusstag	Jahresbeitrag
30.127		*01. 01. 2040*		*1 800,00 EUR*

Unfalltod-Zusatzversicherung

Bei Unfalltod verdoppelt sich die Versicherungssumme.

Berufsunfähigkeits-Zusatzversicherung

Im Falle der Berufsunfähigkeit des Versicherten wird die Versicherung bis zur Fälligkeit beitragsfrei weitergeführt.

Gesamtbetrag

1 800,00 EUR

Einlösungsbeitrag

1 800,00 EUR

* *Die Dauer wird durch jährliche Überschussanteile abgekürzt.*

Sollte durch die jährlichen Überschussanteile eine Abkürzung auf das Schlussalter 62 erreicht werden, endet der Abkürzungsvorgang. Die anschließend anfallenden jährlichen Überschussanteile werden für einen Summenzuwachs verwendet, der beim Tode, spätestens zu dem genannten Schlussalter, neben der Versicherungssumme fällig wird.

ausgestellt am *13. 02. 2022*

Für Ihre Versicherung ergibt sich tariflich, also ohne Berücksichtigung der Überschussanteile, folgender Verlauf des Rückkaufswertes und der beitragsfreien Versicherungssumme. Für die beitragsfreie Versicherungssumme gilt ein Schlussalter von 65 Jahren.

Datum	Rückkaufswert EUR	beitragsfreie Vers.-Summe EUR
31.12.2022	396,00	
31.12.2023	2062,00	3084,00
31.12.2024	3785,00	5494,00
31.12.2025	5568,00	7842,00
31.12.2026	7413,00	10130,00
31.12.2027	9323,00	12359,00
31.12.2028	11302,00	14532,00
31.12.2029	13353,00	16650,00
31.12.2030	15625,00	18892,00
31.12.2031	17810,00	20877,00
31.12.2032	20081,00	22814,00
31.12.2033	22442,00	24706,00
31.12.2034	24899,00	26554,00
31.12.2035	27457,00	28360,00

Bezugsrecht nach den Erklärungen im Versicherungsantrag:

Im Erlebensfall:
Der Versicherungsnehmer

Im Todesfall:
Marlon Münstermann

Im Zusammenhang mit ihrer abgeschlossenen Lebensversicherung hat die Kundin noch einige Fragen, die sie beantwortet haben möchte. Beraten Sie als zuständige/-r Kundenberater/-in die Kundin. Nehmen Sie auch den Informationstext (siehe S. 195ff.) zu Hilfe.

Aufgaben:

3 Erklären Sie der Kundin die im Versicherungsschein verwendeten Begriffe „Versicherter", „Versicherungsnehmer" und „Bezugsberechtigter".

4 a) Hannah Münstermann ist am Überschuss der Versicherungsgesellschaft beteiligt. Erklären Sie der Kundin, wodurch die Überschüsse entstehen und in welcher Form die jährlichen Überschussanteile den Versicherungsnehmern zufließen.

b) Wie werden die jährlichen Überschussanteile bei der von Hannah Münstermann abgeschlossenen Lebensversicherung verwendet?

c) Die Kundin möchte wissen, warum in ihrem Fall der Abkürzungsvorgang mit dem Schlussalter 62 beendet wird (vgl. Versicherungsschein).

5 Erklären Sie der Kundin Hannah Münstermann den im Versicherungsschein verwendeten Begriff „Rückkaufswert". Begründen Sie ihr, warum der Rückkaufswert verglichen mit der Summe der eingezahlten Beiträge so niedrig ist.

Geben Sie der Kundin in diesem Zusammenhang auch Auskunft darüber, aus welchen Bestandteilen sich der Versicherungsbeitrag zusammensetzt.

6 Informieren Sie die Kundin über die besonderen steuerlichen Vorteile ihres Lebensversicherungsvertrags bei Auszahlung der Kapitalversicherung.

7 Geben Sie Auskunft darüber, wann im Erlebensfall die Versicherungssumme ausgezahlt wird.

8 Frau Münstermann möchte weiterhin wissen, unter welchen Voraussetzungen die abgeschlossene Unfalltod-/ bzw. Berufsunfähigkeitszusatzversicherung in Anspruch genommen werden kann und welche Leistungen die Versicherung jeweils übernimmt.

Machen Sie sich vor der Beantwortung dieser Frage mit den entsprechenden Versicherungsbedingungen im Internet vertraut.

9 Hannah Münstermann ist arbeitslos geworden. Ende des Jahres 2030 möchte sie den Lebensversicherungsvertrag vorzeitig auflösen.

a) Warum raten Sie der Kundin von einer Auflösung des Lebensversicherungsvertrags ab?

b) Beraten Sie Frau Münstermann über vertragserhaltende Möglichkeiten und gehen Sie dabei auf die Auswirkungen auf den Versicherungsvertrag sowie den Versicherungsschutz ein.

c) Auf welche Versicherungssumme würde im Falle einer Beitragsfreistellung die Versicherung von Frau Münstermann umgestellt?

Auszug aus dem Ratgeber „Richtig vorgesorgt – da können Sie sicher sein!":

Lebensversicherung

Was ist eine Kapitallebensversicherung?

Die Kapitallebensversicherung stellt eine Verbindung der Todes- mit der Erlebensfallversicherung dar. Die vereinbarte Versicherungssumme wird fällig bei Tod der versicherten Person, spätestens aber beim Ablauf der vereinbarten Vertragsdauer. Die Versicherung erfüllt durch die Absicherung der Hinterbliebenen im Falle des vorzeitigen Todes und den Aufbau einer eigenen Altersversorgung für den Versicherten einen doppelten Zweck. Normalerweise ist die Versicherungssumme für den Todes- und Erlebensfall gleich hoch. Entsprechend dem individuellen Sicherungsbedarf können Todes- und Erlebensfallleistung jedoch auch unterschiedlich gestaltet werden.

Wer ist wer beim Lebensversicherungsvertrag?

Als **Versicherungsnehmer** sind Sie unser Vertragspartner. Sie haben es auch übernommen, die Beiträge zu zahlen. Der **Versicherte** hingegen ist die Person, deren Leben mit der Versicherung lebensversichert ist. Meist sind Versicherungsnehmer und Versicherter ein und dieselbe Person.

Die von Ihnen zum Empfang der Versicherungsleistung bestimmte Person ist **Bezugsberechtigter.** Es empfiehlt sich, insbesondere für den Todesfall, stets die Bezugsberechtigung namentlich festzulegen, z. B. Ihren Ehepartner oder Ihre Kinder. Prüfen Sie von Zeit zu Zeit, ob die Bezugsberechtigung noch Ihren Wünschen entspricht. Die Bezugsberechtigung kann jederzeit widerrufen werden, falls sie nicht ausdrücklich als unwiderruflich bezeichnet worden ist.

Wann beginnt und endet der Versicherungsschutz?

Der Versicherungsschutz beginnt mit der Zahlung des ersten Beitrages nach Aushändigung des Versicherungsscheines, jedoch nicht vor dem im Versicherungsschein angegebenen Beginn der Versicherung. Die Versicherungsleistung wird in tariflich vorgesehenem Umfang bei Tod des Versicherten, spätestens aber zum vereinbarten Ablauftermin fällig; damit endet der Versicherungsschutz.

Der Versicherungsschutz endet vorzeitig,

- wenn Sie den Vertrag schriftlich kündigen, zu dem Termin, zu dem die Kündigung wirksam wird, oder
- wenn trotz schriftlicher Anmahnung die Beiträge nicht rechtzeitig entrichtet werden und die im Mahn- und Kündigungsschreiben gesetzte Frist verstrichen ist.

Was müssen Sie über die Beitragszahlung wissen?

Sie zahlen einen Einmalbeitrag oder Jahresbeiträge. Der Jahresbeitrag kann je nach Vereinbarung auch in monatlichen, vierteljährlichen oder halbjährlichen Raten entrichtet werden. Sie können bei Bedarf eine Änderung der Zahlungsweise beantragen. Der Versicherungsbeitrag setzt sich aus dem Risikoanteil, dem Sparanteil und dem Kostenanteil zusammen. Der **Risikoanteil** ist für die Fälle gedacht, in denen der Versicherungsnehmer den Ablauf des Versicherungsvertrages nicht erlebt. Da das Versicherungsunternehmen für die Zeit vom Tod bis zum Laufzeitende des Vertrags keine Beiträge mehr erhält und trotzdem die volle Versicherungssumme auszahlen muss, ist es zwingend notwendig, Rückstellungen zu treffen. Obwohl der Todesfall eines einzelnen Versicherungsnehmers unter versicherungstechnischen Gesichtspunkten „zufällig" ist, kann das Versicherungsunternehmen den voraussichtlichen Geldbedarf für die Gesamtheit aller Versicherungsnehmer mithilfe von Sterbetafeln schätzen, die auf langfristigen Daten basieren. Die relative Höhe des Risikoanteils im Vergleich zum Gesamtbeitrag hängt vom Eintrittsalter des Versicherungsnehmers und von der Laufzeit des Vertrags ab. Der **Sparanteil** steht dem Versicherungsnehmer nach Ablauf des Versicherungsvertrags einschließlich der Guthabenzinsen und der Gewinnbeteiligung zur Verfügung. Die vom Versicherungsunternehmen zu garantierende Mindestverzinsung beträgt 0,25 %[1].

Der **Verwaltungskostenanteil** deckt die Provision der Vertreter, die Verwaltung des Versicherungsunternehmers und die Werbemaßnahmen. Das Versicherungsunternehmen braucht die Beiträge nicht separat in den Risiko-, Spar- und Kostenanteil aufzuschlüsseln. Der Versicherungsnehmer weiß also nicht, welcher Teil seines monatlichen Beitrags der Risikoabsicherung dient, in den Spartopf wandert bzw. zu den Verwaltungskosten beiträgt. Bei den Versicherungsunternehmen ist es üblich, den Verwaltungskostenanteil besonders in den ersten Jahren relativ hoch anzusetzen, denn der Versicherungsvertreter erhält seine Provision ja unmittelbar nach Abschluss des Vertrags. Das ist der Grund, warum die vorzeitige Auflösung eines Versicherungsvertrags für den Versicherungsnehmer besonders in den Anfangsjahren mit erheblichen Nachteilen verbunden ist und der **Rückkaufswert** nur relativ langsam ansteigt. Der Rückkaufswert ist derjenige Betrag, den der Versicherungsnehmer bei vorzeitiger Vertragsauflösung ausgezahlt bekommt oder mit dem er einen laufenden Versicherungsvertrag beleihen kann, etwa, um einen Hausbau zu finanzieren.

Das Versicherungsunternehmen teilt dem Versicherungsnehmer den momentanen Rückkaufswert eines Vertrages auf Anfrage mit.

Was heißt Überschussbeteiligung in der Lebensversicherung?

Die Versicherungsunternehmen legen die Sparanteile der Versicherungsbeiträge möglichst günstig an den Kapitalmärkten an und erzielen höhere Erträge als rechnerisch veranschlagt, die als Zinsgewinn den Versicherungsnehmern in Form von Überschüssen zugute kommen. Neben dem Zinsgewinn gibt es noch zwei weitere Quellen, aus denen die Gewinnbeteiligung entsteht. Zu einem Sterblichkeitsgewinn kommt es, wenn die für Todesfälle benötigten Aufwendungen niedriger sind als das Versicherungsunternehmen anhand der Sterbetafeln kalkuliert hatte.

Außerdem können Rationalisierungen im Verwaltungsbereich zu Kosteneinsparungen führen. Der größte Teil der Überschüsse fließt als Gewinnbeteiligung an die Versicherungsnehmer zurück, wobei mehrere Wege möglich sind:

- Erhöhung der Versicherungssumme,
- Ausschüttung an die Versicherungsnehmer,
- verzinsliche Kapitalansammlung,
- Verkürzung der Laufzeit.

Wie werden die Leistungen aus Kapitallebensversicherungen steuerlich behandelt?

Die Kapitalerträge als Differenz zwischen eingezahlten Beiträgen und erreichter Ablaufleistung (= Ertragsanteil) unterliegen der Abgeltungsteuer[2]. Von ihnen wird bei Auszahlung Kapitalertragsteuer von 25 % zuzüglich Solidaritätszuschlag und ggf. Kirchensteuer einbehalten, sofern dem Versicherer kein Freistellungsauftrag vorliegt. Liegt der persönliche Steuersatz unter 25 %, kann zu viel gezahlte Abgeltungsteuer über die Steuererklärung zurückgefordert werden. Läuft der Vertrag allerdings mindestens 12 Jahre und ist der Versicherte bei Auszahlung mindestens 62 Jahre alt, werden die Kapitalerträge nur zur Hälfte mit dem individuellen Steuersatz besteuert.

Was tun, wenn die Beiträge nicht mehr gezahlt werden können?

Wichtige Gründe, wie z. B. Krankheit oder Arbeitslosigkeit, können dazu führen, dass Sie eine Zeit lang die Beiträge zu Ihrer Lebensversicherung nicht mehr aufbringen können. Eine überstürzte Kündigung des Vertrags wäre dann sicherlich der schlechteste Ausweg. Lassen Sie sich in einer solchen Situation rechtzeitig von uns beraten. Wir haben je nach Lage Ihres Falles verschiedene Möglichkeiten, Ihnen zu helfen, z. B. durch

- Umstellung der Zahlungsweise in kleinere Raten,
- Stundung der Beiträge für eine befristete Zeit,
- vorübergehende Reduzierung auf Risikobeiträge (Risikozwischenbeitrag)

1 Dieser Satz gilt für Verträge, die ab dem 01.01.2022 abgeschlossen wurden.

2 Im Einkommensteuergesetz wird der Begriff „Kapitalertragsteuer" verwendet. Die Kapitalertragsteuer ist eine Erhebungsform der Einkommensteuer. Ab dem 01.01.2009 wird sie in Form der Abgeltungsteuer erhoben.

- Gewinnverrechnung/Verrechnung mit bereits erzielten Überschüssen,
- Vorauszahlung auf ein bereits angesammeltes Deckungskapital,
- Herabsetzung der Versicherungssumme,
- sonstige versicherungstechnische Maßnahmen zur Zahlungserleichterung, wie Beitragsfreistellung oder Verlängerung der Versicherungsdauer und Ausschluss von Zusatzversicherungen.

Was geschieht, wenn eine Kündigung wirklich unumgänglich ist?

Eine Kündigung der Lebensversicherung ist nicht nur mit dem Verlust des Versicherungsschutzes verbunden, sondern auch mit finanziellen Nachteilen. Der bei der Kündigung zu zahlende **Rückkaufswert** entsteht erst nach einer gewissen Anlaufzeit. Das liegt daran, dass das Versicherungsunternehmen vom ersten Tag an den vollen Versicherungsschutz übernommen hat. Das kostet Geld. Hinzu kommen u.a. die Kosten für die Beratung und die Bemühungen beim Abschluss, die Prüfung der Gesundheitsverhältnisse und die dazu erforderlichen medizinischen Auskünfte sowie die sonstigen mit der Einrichtung des Vertrages und seiner Verwaltung verbundenen Aufwendungen. Die einmaligen, zu Beginn anfallenden Kosten werden in der Lebensversicherung nicht gesondert neben den Beiträgen in Rechnung gestellt, sondern in der Anlaufzeit aus den Beiträgen bestritten. Aus den genannten Gründen können zur Bildung des Rückkaufswertes nicht die vollen Beiträge verwendet werden; im Allgemeinen ergibt sich ein Rückkaufswert erst vom 2. Versicherungsjahr an. Statt die Auszahlung des Rückkaufswertes zu verlangen, können Sie Ihre Lebensversicherung auch in eine beitragsfreie Versicherung umwandeln. Dadurch vermindert sich verständlicherweise die Versicherungssumme. Die Beitragszahlung hört mit der Umwandlung in eine beitragsfreie Versicherung auf. Zur Höhe des Rückkaufswertes und der beitragsfreien Versicherungssumme gibt die im Versicherungsschein enthaltene Tabelle einen Überblick. Sie ist amtlich genehmigt.

Was tun, wenn die Lebensversicherung fällig wird?

Bei Fälligkeit der Versicherungsleistung werden außer der Angabe, wohin der Betrag zu überweisen ist, im Allgemeinen noch folgende Unterlagen benötigt:

Bei Ablauf des Versicherungsvertrages

- der Versicherungsschein mit etwaigen Nachträgen,
- der Nachweis der letzten Beitragszahlung;

bei Tod des Versicherten zusätzlich

- eine amtliche, Alter und Geburtsort enthaltende Sterbeurkunde,
- ein ärztliches oder amtliches Zeugnis über den Krankheitsverlauf und die Todesursache.

Lernbuch Kap. 20.5.1.3

7 Über Versicherungsformen bedarfsgerecht informieren

Situation:

Die folgenden Kunden sind auf der Suche nach einem passenden Versicherungsprodukt für ihre private Vorsorge:

1. Emil Herzog, 30 Jahre alt, ledig, möchte einen Versicherungsschutz, der sich ständig den Einkommenssteigerungen und dem steigenden Lebensstandard anpasst, sodass er sich bei Ablauf der Versicherung mit dem ausgezahlten Kapital das erlauben kann, was er nach heutigen Maßstäben von der Versicherungssumme erwartet.

2. Das Ehepaar Leandro und Alexandra Makris ist seit vier Jahren verheiratet und hat zwei Kinder im Alter von drei und einem Jahr. Vor einem Jahr hat die Familie Wohneigentum erworben (Einfamilienhaus), zu dessen Finanzierung sie 200 000,00 EUR Fremdkapital zu bedienen hat. Nennenswerte Geldbeträge sind nach dem Erwerb des Hauses nicht angespart und können auch in den nächsten Jahren wegen der hohen monatlichen Belastung nicht angespart werden. Herr Makris ist nicht berufstätig, da er sich um die Erziehung der Kinder kümmert.

   Das Ehepaar wünscht finanziellen Schutz.

3. Jonathan Stolte, 35 Jahre alt, verheiratet, möchte eine Versicherung abschließen, bei der er im Alter eine lebenslange garantierte monatliche Rente erhält. Die abzuschließende Versicherung soll auch Hinterbliebenenvorsorge und Berufsunfähigkeitsvorsorge einschließen.

4. Nadine Müller, alleinstehend, Mutter eines zweijährigen Sohnes, möchte Vorsorge gegen das finanzielle Risiko eines vorzeitigen Todesfalls treffen, um die Zukunft ihres Kindes zu sichern.

5. Alma Fernandez möchte eine Lebensversicherung abschließen, die die Chance des Wertzuwachses bietet. Sie möchte, dass die Sparanteile ihrer Versicherung in Investmentanteilen, Aktien, festverzinslichen Wertpapieren oder Immobilien angelegt werden.

6. Leonard Peters, 69 Jahre alt, im Ruhestand, möchte 100 000,00 EUR in eine Versicherung einzahlen, um ab sofort eine lebenslange Rente zu erhalten.

7. Dieter Decker und seine Lebensgefährtin Sigrid Selke haben ein freistehendes Einfamilienhaus in exklusiver Wohngegend gemeinsam finanziert. Das Bauvorhaben ist nur durch beide Gehälter der Lebenspartner finanzierbar. Dieter Decker und Sigrid Selke möchten sich gegenseitig absichern.

8. Inge Lange und Petra Siebert gründen eine Lebensmittelgroßhandlung in der Rechtsform der OHG mit einem Gesellschaftskapital von 400 000,00 EUR, das sie zu gleichen Teilen aufgebracht haben. Die beiden Geschäftspartnerinnen wollen sich gegenseitig absichern, ohne Kapital anzusammeln.

9. Hasan Yildiz, 25 Jahre alt, ledig, möchte eine Versicherung abschließen, bei der er die Vorteile einer lebenslangen Rente mit der Möglichkeit kombiniert, sich durch Einzahlungen in Investmentfonds direkt an den Renditechancen des Kapitalmarkts zu beteiligen.

Aufgabe:

Schlagen Sie Ihren Kunden eine geeignete Versicherungsform vor. Werten Sie die dazu abgedruckten Werbetexte aus. Nennen Sie die besonderen Merkmale der vorgeschlagenen Versicherungsart.

Die HUK-Coburg-Leben hat für alle Alters- und Personengruppen die passende Lebensversicherung.
Der Versicherungsschutz lässt sich ganz auf Ihre persönlichen Bedürfnisse abstimmen.

Risikolebensversicherung

Wollen Sie nur Ihre Familie absichern, weil Sie z. B. einen Kredit aufgenommen haben, ist unsere Risikoversicherung der passende Tarif. Sie ist auch die richtige Ergänzung, wenn Sie Ihre Familie für einen kürzeren Zeitraum höher absichern müssen, weil Sie z. B. bauen.

Für junge Leute bietet unsere Risikoversicherung preisgünstig finanzielle Sicherheit für die Familie.
Der besondere Vorteil: Die Risikoversicherung kann später in eine kapitalbildende Lebensversicherung umgewandelt werden.

Eine Leistung wird nur dann fällig, wenn der Versicherte während der Laufzeit stirbt. Deshalb sind die Beiträge für diese Versicherung äußerst niedrig. Durch Verrechnung der Überschussanteile mit den Beiträgen (netto) werden sie noch günstiger.

So wenig kostet unsere Risikoversicherung bei einer Versicherungssumme von 100 000 EUR und einer Laufzeit von 10 Jahren:

Eintrittsalter	Jahresbeiträge	
	brutto	netto[1]
25	216,00	129,60
30	241,00	144,60
35	316,00	189,60

Risikolebensversicherung auf zwei verbundene Leben

Mit diesem Tarif sichern sich 2 Personen gegenseitig ab. Z. B. Doppelverdiener, die ein Bauvorhaben durch zwei Gehälter finanzieren. Fällt ein Gehalt durch den Tod eines Ehegatten oder Lebenspartners weg, ist die Baufinanzierung durch die Lebensversicherung gesichert.

Die vereinbarte Versicherungssumme wird fällig, sobald eine Person stirbt. Sterben beide gleichzeitig, wird die Versicherungssumme nur einmal fällig.

So wenig kostet unsere Risikoversicherung auf zwei verbundene Leben mit einer Versicherungssumme von 100 000 EUR und einer Laufzeit von 10 Jahren:

Eintrittsalter	Monatsbeiträge	
	brutto	netto[1]
25	31,50	19,50
30	32,29	19,99
35	37,89	23,46
40	53,03	32,83

Kapitallebensversicherung (Gemischte Versicherung)

Die Gemischte Versicherung können Sie sehr vielseitig verwenden:
Sie schafft finanzielle Sicherheit und Vorsorge für die Familie.
Sie ist der ideale Baustein für die eigenverantwortliche Altersvorsorge.
Sie kann zur Finanzierung der eigenen vier Wände verwendet werden.

Die Versicherungssumme und das Überschussguthaben werden bei Tod sofort, spätestens aber bei Ablauf des Vertrages, ausgezahlt. Wenn Sie die Gemischte Versicherung „dynamisch" abschließen, passt sich die Versicherung Ihrem ständig steigenden Lebensstandard an.

So sieht die Leistung unserer Gemischten Versicherung bei einer Laufzeit von 30 Jahren und einem monatlichen Inkassobeitrag von 100,00 EUR mit Überschuss-Sofortverrechnung aus:

Eintrittsalter	Garantierte Versicherungssumme	Ablaufleistung nach 30 Jahren
25	64 961	126 138
30	62 992	122 908
35	59 546	116 821

Verbundene Kapitallebensversicherung

Bei der Verbundenen Lebensversicherung sind 2 Personen versichert. Wenn einer der beiden Versicherten stirbt, werden die Versicherungssumme und das angesammelte Überschussguthaben sofort fällig und an den überlebenden Partner ausgezahlt.

Die Versicherungssumme und das Überschussguthaben werden natürlich auch dann ausgezahlt, wenn beide Partner den Ablauf des Vertrages erleben.

So sieht die Leistung unserer Verbundenen Lebensversicherung bei einer Laufzeit von 30 Jahren und einem monatlichen Inkassobeitrag von 100,00 EUR mit Überschuss-Sofortverrechnung aus:

Eintrittsalter	Garantierte Versicherungssumme	Ablaufleistung nach 30 Jahren
25	61 633	119 033
30	59 732	116 181
35	56 097	110 214
40	50 362	100 038

Unsere Lebensversicherung ist flexibel: *Bei der Gemischten und Verbundenen Lebensversicherung müssen Sie nicht bis zum Ende der Laufzeit auf Ihr Geld warten.*

Wenn Ihr angespartes Kapital zusammen mit dem Überschussguthaben die Versicherungssumme erreicht – frühestens nach 12 Jahren – beginnt die Abrufphase.

Sagen Sie uns dann, wann Sie Ihr Geld haben wollen, und Sie erhalten ***Ihr Guthaben ohne jegliche Abzüge*** *ausgezahlt.*

1 Nettobeiträge sind für das laufende Kalenderjahr garantiert und gelten auch weiterhin, sofern nicht andere Überschusssätze deklariert werden.

Ausbildungsversicherung

Mit einer Ausbildungsversicherung sparen Sie mit System für eine sichere Zukunft Ihrer Kinder.

Die Versicherungsleistung zahlen wir zu dem von Ihnen gewünschten Zeitpunkt aus. Versichert wird, wer für die Ausbildung des Kindes sorgen will (z. B. Vater, Mutter, Paten). Bei Tod des Versicherten übernehmen wir die Beitragszahlung, sodass zum vereinbarten Termin trotzdem die volle Versicherungsleistung zur Verfügung steht.

So sieht die Leistung unserer Ausbildungsversicherung bei einer Laufzeit von 20 Jahren und einem monatlichen Inkassobeitrag von 50,00 EUR mit Überschuss-Sofortverrechnung aus:

Eintrittsalter	Garantierte Versicherungssumme	Ablaufleistung nach 20 Jahren
25	17 061	25 967
30	17 005	25 889
35	16 859	25 671

Dynamische Lebensversicherung

Versicherungsschutz immer aktuell

Bei dieser Versicherungsform steigt der Versicherungsschutz, und damit auch die Versicherungsleistung, durch regelmäßige Erhöhungen der Versicherungssumme kontinuierlich an.

Sie haben damit nicht nur ständig einen aktuellen Versicherungsschutz, der Ihrem jeweiligen Lebensstandard entspricht. Sie können auch sicher sein, dass Sie sich eines Tages bei Ablauf der Versicherung mit dem ausgezahlten Kapital das erlauben können, was Sie nach heutigen Maßstäben von der Versicherungssumme erwarten.

Überschussbeteiligung

Die Dynamische Debeka-Lebensversicherung wächst aber nicht nur durch das regelmäßige Ansteigen der Versicherungssumme, sondern auch durch die Überschussanteile, die zu einer beträchtlichen Erhöhung der Versicherungsleistung führen.

Drei Modelle

Drei Modelle stehen zur Auswahl, um die Versicherungssumme regelmäßig zu erhöhen:

Modell A
Jährliche Anpassung der Versicherungssumme durch Erhöhung des Beitrages um den Prozentsatz, um den der Höchstbeitrag zur gesetzlichen Rentenversicherung steigt.

Modell B
Erhöhung der Versicherungssumme alle zwei Jahre um 10 % der ursprünglichen Versicherungssumme.

Modell C
Erhöhung der Versicherungssumme alle zwei Jahre um 20 % der ursprünglichen Versicherungssumme.

Sollten Sie einmal finanziell nicht dazu in der Lage sein, so können Sie, ohne Angaben von Gründen, im Rahmen der entsprechenden Bestimmungen Erhöhungen auslassen.

Ein kluger Schritt fürs ganze Leben! Debeka

Lebensversicherungsverein a.G.
Sitz Koblenz am Rhein

Fondsgebundene Lebensversicherung

Im Unterschied zur konventionellen Lebensversicherung wird bei dieser Form der Geldanlage der Beitrag nicht ausschließlich von einer Versicherungsgesellschaft verwaltet, sondern teilweise an eine Kapitalverwaltungsgesellschaft weitergeleitet, die das Geld dann auf verschiedene Finanzanlagen verteilt. Einen weiteren Anteil des Beitrages verwendet die Gesellschaft als Risikoprämie für die Lebensversicherung und zur Deckung der Verwaltungskosten.

Nach Ablauf des Vertrages wird der Wert der Fondsanteile ausgehändigt oder ausbezahlt. Sollten sich allerdings die Kurse der am Fonds beteiligten Wertpapiere zu diesem Zeitpunkt auf einem niedrigen Niveau befinden, dann wird auch der ausgezahlte Betrag entsprechend niedriger ausfallen. Deshalb sollten Sie vor Abschluss eines solchen Vertrages in den Versicherungsbedingungen nachlesen, ob die Versicherungsgesellschaft anbietet, den Wert der Fondsanteile zu einem ungünstigen Zeitpunkt nicht auszuzahlen, sondern zu warten, bis sich die Kurse wieder erholt haben.

Stirbt der Versicherte während der Vertragslaufzeit, wird eine fest vereinbarte Geldsumme (die Versicherungssumme) an die Hinterbliebenen ausgezahlt. Hat das Fondsguthaben einen höheren Wert als die Versicherungssumme, wird das Fondsguthaben ausgezahlt.

Klassische private Rentenversicherung

Wenn Sie ein finanzielles Polster für den Ruhestand ansparen und im Alter monatlich etwas davon entnehmen, reicht Ihr Geld nur für eine begrenzte Zeit. Je länger Sie im Ruhestand leben, desto mehr Geld benötigen Sie natürlich. Doch wer kann schon sagen, wie alt er wird?

Mit dieser Rente vermeiden Sie das Risiko, dass Ihr Geld einmal aufgebraucht ist.
Sie zahlt garantiert Monat für Monat, ein Leben lang:

- die jährliche Mindestrente beträgt 200,00 EUR.
- der Mindestbeitrag beträgt 25,00 EUR pro Zahlungsperiode.
- das Mindesteintrittsalter beträgt 15 Jahre und das Höchsteintrittsalter 80 Jahre.
- das Höchstalter bei Rentenbeginn beträgt 85 Jahre.

Die Rente können Sie mit weiteren Zusatzbausteinen kombinieren. Sie können:

- eine Hinterbliebenenvorsorge einschließen, um Ihre Angehörigen finanziell abzusichern. Im Falle Ihres Todes erhält die mitversicherte Person eine lebenslange Rente oder eine einmalige Kapitalzahlung. Für den Fall eines Unfalltodes kann eine zusätzliche Kapitalzahlung vereinbart werden.
- eine Berufsunfähigkeitsvorsorge einschließen, um sich gegen erhebliche Einkommenseinbußen und zusätzliche finanzielle Belastungen im Falle von Berufsunfähigkeit abzusichern. Bei Berufsunfähigkeit zahlen Sie keine Beiträge mehr und bekommen eine Berufsunfähigkeitsrente. Zum vereinbarten Rentenbeginn erhalten Sie dann trotzdem Ihre Rente in voller Höhe.

Fondsgebundene private Rentenversicherung

Schon ab dem ersten Beitrag erwerben Sie Anteile an ausgewählten Top-Investmentfonds, entsprechend der individuell wählbaren und jederzeit kostenlos änderbaren Anlagestrategie. Der Wert der Fondsanteile (Policenwert) ist am Ende der Versicherung ausschlaggebend für die Höhe der lebenslangen privaten Rente.

Bankhaus Brinkhoff

Private Rentenversicherung mit sofort beginnender Rente

Eine gute Idee zur richtigen Zeit:

Sie zahlen einen einmaligen Beitrag und wir zahlen Ihnen dafür eine Rente – garantiert, solange Sie leben. Die Höhe Ihrer lebenslangen Rente hängt dabei im Wesentlichen von zwei Faktoren ab: von der Summe, die Sie einbringen, und von Ihrem Alter bei Rentenbeginn. Neben individuellen Gestaltungsmöglichkeiten ergänzt eine attraktive Überschussbeteiligung die garantierte Rente.

Lernbuch Kap. 20.5.2

8 Arten von privaten Rentenversicherungen vergleichen

Situation:

Die Barmenia Lebensversicherung a. G. bietet – wie alle anderen Versicherer auch – unterschiedliche Arten von privaten Rentenversicherungen an.

Im Folgenden sind wesentliche Produktinformationen zur „Barmenia BasisRente Invest" und zur „Barmenia Privatrente Invest" wiedergegeben.

Barmenia BasisRente Invest

Barmenia
EINFACH. MENSCHLICH.

Die Barmenia BasisRente (Rürup-Rente) bietet eine erstklassige Möglichkeit, den Ruhestand finanziell abzusichern und gleichzeitig von steuerlichen Vorteilen zu profitieren.

Bei der Barmenia BasisRente handelt es sich um eine kapitalgedeckte Altersversorgung, die den Regelungen eines zertifizierten Basisrentenvertrags und den Vorschriften des Altersvorsorgeverträge-Zertifizierungsgesetzes entspricht. Der Staat unterstützt Sie beim Aufbau der Altersvorsorge durch die Möglichkeit, die Beiträge in der Steuererklärung als Sonderausgaben anzusetzen.

Die Barmenia BasisRente Invest ist eine fondsgebundene Rentenversicherung. Sie bietet vor Beginn der Rentenzahlung (Ansparphase) Versicherungsschutz unter unmittelbarer Beteiligung an der Wertentwicklung eines Sondervermögens (Anlagestock). Der Anlagestock besteht aus Anteilen von Fonds, an die die Leistungen aus Ihrer Versicherung gebunden sind, und wird gesondert von unserem sonstigen Vermögen angelegt. Die auf Ihre Versicherung anfallenden Anteileinheiten bilden das fondsgebundene Deckungskapital. Mit Beginn der Rentenzahlung entnehmen wir dem Anlagestock die auf Ihre Versicherung entfallenden Anteile und legen deren Wert in unserem sonstigen Vermögen an.

Da die Entwicklung der Vermögenswerte des Anlagestocks nicht vorauszusehen ist, können wir die Höhe der versicherten Rente vor dem Beginn der Rentenzahlung nicht garantieren. Sie haben die Chance, insbesondere bei Kurssteigerungen der Wertpapiere des Anlagestocks einen Wertzuwachs zu erzielen; bei Kursrückgängen tragen Sie im Gegenzug auch das Risiko der Wertminderung. Das bedeutet, dass die Rente je nach Entwicklung der Vermögenswerte des Anlagestocks höher oder niedriger ausfallen wird.

Erleben Sie den vereinbarten Rentenbeginn (Beginn der Auszahlungsphase), zahlen wir die versicherte Rente, solange Sie leben. Rentenzahlungen dürfen Sie frühestens ab Vollendung der 62. Lebensjahres erhalten. Über die Rentenzahlungen hinaus erfolgen keine Auszahlungen. Ein Kapitalwahlrecht besteht nicht.

Im Falle Ihres Todes während der Ansparphase steht das vorhandene Deckungskapital und im Fall Ihres Todes nach Rentenbeginn das zu Rentenbeginn vorhandene Kapital abzüglich der gezahlten Renten für eine Hinterbliebenenabsicherung zur Verfügung.

Hinterbliebene im Sinne des Einkommensteuergesetzes sind Ihr Ehegatte oder eingetragener Lebenspartner im Zeitpunkt des Todes und jedes Kind, für das Ihnen zum Todeszeitpunkt ein Anspruch auf Kindergeld oder ein Kinderfreibetrag zugestanden hat. Bei mehreren Kindern wird der insgesamt für die Hinterbliebenenabsicherung zur Verfügung stehende Betrag in gleicher Höhe auf die Kinder aufgeteilt. Sind im Fall Ihres Todes keine Hinterbliebenen im Sinne des Einkommensteuergesetzes vorhanden, wird keine Versicherungsleistung fällig.

Sie erhalten gem. § 153 des Versicherungsvertragsgesetzes eine Überschussbeteiligung. Diese umfasst eine Beteiligung an den Überschüssen und während des Rentenbezugs auch an den Bewertungsreserven. Überschüsse können aus drei verschiedenen Quellen entstehen:

- den Kapitalerträgen
- dem Risikoergebnis
- dem übrigen Ergebnis

Vor Rentenbeginn ist das Deckungskapital nicht in unserem sonstigen Vermögen, sondern im Anlagestock angelegt. Deshalb erhalten fondsgebundene Rentenversicherungen vor Rentenbeginn keine Überschüsse aus den Erträgen unserer Kapitalanlagen. Mit Beginn der Rentenzahlung wird das Deckungskapital dem Anlagestock entnommen und der Wert in unserem sonstigen Vermögen angelegt, sodass Überschüsse aus den Kapitalerträgen entstehen können. Weitere Überschüsse entstehen, wenn die Lebensdauer der versicherten Person niedriger ist als bei der Tarifkalkulation zugrunde gelegt. In diesem Fall müssen wir weniger Rente als ursprünglich angenommen zahlen und können daher die Versicherungsnehmer an dem entstehenden Risikoergebnis beteiligen. Am übrigen Ergebnis werden die Versicherungsnehmer nach der derzeitigen Fassung der Mindestzuführungsverordnung grundsätzlich zu mindestens 50 % beteiligt. Überschüsse aus dem übrigen Ergebnis können beispielsweise entstehen, wenn

- die Kosten niedriger sind als bei der Tarifkalkulation angenommen oder
- wir andere Einnahmen als aus dem Versicherungsgeschäft haben, z. B. Erträge aus Dienstleistungen, die wir für andere Unternehmen erbringen.

Die Beiträge zur Barmenia BasisRente sind als Sonderausgaben schrittweise abzugsfähig von 60 % in 2005 bis 100 % in 2025. Im Jahre 2022 können 94 % auf maximal 25 639,00 EUR bzw. 51 278,00 EUR als Altersvorsorgeaufwendungen geltend gemacht werden.

Die Leistungen aus der Barmenia BasisRente werden schrittweise nachgelagert besteuert, der steuerpflichtige Anteil für jeden Rentnerjahrgang steigt von 50 % in 2005 bis auf 100 % in 2040. Im Jahre 2022 beträgt der steuerpflichtige Anteil der Rente 82 %. Der verbleibende steuerfreie Anteil wird als EUR-Betrag festgeschrieben und bleibt lebenslang bestehen (persönlicher Rentenfreibetrag).

Interessant ist die Barmenia BasisRente für Selbstständige und Besserverdiener, die die Beiträge für diese Form der Altersvorsorge steuerlich absetzen möchten, und für Ehepaare, für die bei gemeinsamer Veranlagung der doppelte Höchstbetrag beim Sonderausgabenabzug gilt.

Barmenia PrivatRente Invest

Wenn attraktive Renditechancen des Kapitalmarkts locken, wollen manche ihre Möglichkeiten ausloten – auch wenn das gewisse Risiken mit sich bringt.

Die Barmenia PrivatRente Invest ist ideal für diejenigen, die bewusst in Wertpapiere investieren wollen. Und auch für alle, die eine bereits vorhandene private Altersvorsorge sinnvoll ergänzen möchten – mit der Chance auf eine besonders gute Rendite.

Die Barmenia PrivatRente Invest ist eine fondsgebundene Rentenversicherung. Sie bietet vor Beginn der Rentenzahlung (Aufschubzeit) Versicherungsschutz unter unmittelbarer Beteiligung an der Wertentwicklung eines Sondervermögens (Anlagestock). Der Anlagestock besteht aus Anteilen von Fonds, an die die Leistungen aus Ihrer Versicherung gebunden sind, und wird gesondert von unserem sonstigen Vermögen angelegt. Die auf Ihre Versicherung anfallenden Anteileinheiten bilden das fondsgebundene Deckungskapital. Mit Beginn der Rentenzahlung entnehmen wir dem Anlagestock die auf Ihre Versicherung entfallenden Anteile und legen deren Wert in unserem sonstigen Vermögen an.

Da die Entwicklung der Vermögenswerte des Anlagestocks nicht vorauszusehen ist, können wir die Höhe der versicherten Rente vor dem Beginn der Rentenzahlung nicht garantieren. Sie haben die Chance, insbesondere bei Kurssteigerungen der Wertpapiere des Anlagestocks einen Wertzuwachs zu erzielen; bei Kursrückgängen tragen Sie im Gegenzug auch das Risiko der Wertminderung. Das bedeutet, dass die Rente je nach Entwicklung der Vermögenswerte des Anlagestocks höher oder niedriger ausfallen wird.

Erlebt die versicherte Person den vereinbarten Rentenbeginn, zahlen wir die versicherte Rente, solange die versicherte Person lebt. Wir zahlen die Rente lebenslänglich je nach vereinbarter Rentenzahlungsweise jährlich, halbjährlich, vierteljährlich oder monatlich an den vereinbarten Fälligkeitstagen. Sie können verlangen, dass wir statt der Renten eine einmalige Leistung (Kapitalabfindung) zum Fälligkeitstag der ersten Rente zahlen. Dazu muss die versicherte Person diesen Termin erleben. Mit der Kapitalabfindung erlischt die Versicherung.

Sofern Sie nichts anderes bestimmen, erbringen wir im Falle des Todes der versicherten Person während der Aufschubzeit eine Todesfallleistung in Höhe der eingezahlten Beiträge, mindestens jedoch des vorhandenen Werts des Deckungskapitals (Kapitalschutz). Sofern Sie nichts anderes bestimmen, zahlen wir im Fall des Todes der versicherten Person nach Rentenbeginn das zu Rentenbeginn vorhandene Kapital abzüglich der gezahlten Renten aus (Kapitalrückzahlung).

Sie erhalten gem. § 153 des Versicherungsvertragsgesetzes eine Überschussbeteiligung. Diese umfasst eine Beteiligung an den Überschüssen und während des Rentenbezugs auch an den Bewertungsreserven. Überschüsse können aus drei verschiedenen Quellen entstehen:

- den Kapitalerträgen
- dem Risikoergebnis
- dem übrigen Ergebnis

Vor Rentenbeginn ist das Deckungskapital nicht in unserem sonstigen Vermögen, sondern im Anlagestock angelegt. Deshalb erhalten fondsgebundene Rentenversicherungen vor Rentenbeginn keine Überschüsse aus Erträgen unserer Kapitalanlagen. Mit Beginn der Rentenzahlung wird das Deckungskapital dem Anlagestock entnommen und der Wert in unserem sonstigen Vermögen angelegt, sodass Überschüsse aus den Kapitalerträgen entstehen können. Weitere Überschüsse entstehen, wenn die Lebensdauer der versicherten Person niedriger ist als bei der Tarifkalkulation zugrunde gelegt. In diesem Fall müssen wir weniger Renten als ursprünglich angenommen zahlen und können daher die Versicherungsnehmer an dem entstehenden Risikoergebnis beteiligen. Am übrigen Ergebnis werden die Versicherungsnehmer nach der derzeitigen Fassung der Mindestzuführungsverordnung grundsätzlich zu mindestens 50 % beteiligt. Überschüsse aus dem übrigen Ergebnis können beispielsweise entstehen, wenn

- die Kosten niedriger sind als bei der Tarifkalkulation angenommen oder
- wir andere Einnahmen als aus dem Versicherungsgeschäft haben, z. B. Erträge aus Dienstleistungen, die wir für andere Unternehmen erbringen.

Die Beiträge zur Barmenia PrivatRente Invest sind nicht steuerlich absetzbar. Entscheiden Sie sich für eine Rentenzahlung, so müssen diese mit ihrem Ertragsanteil (= Zins- und Überschussanteil) zu Ihrem persönlichen Steuersatz versteuert werden. Der steuerpflichtige Ertragsanteil bestimmt sich nach dem Alter des Rentenberechtigten zu Beginn der Rentenzahlung. Entscheiden Sie sich für eine Kapitalabfindung, so unterliegen die Erträge (= Unterschiedsbetrag zwischen der Versicherungsleistung und der Summe der geleisteten Beiträge) der Abgeltungsteuer. Nach mindestens 12 Jahren Laufzeit sowie ab dem 62. Lebensjahr müssen nur die Hälfte der Erträge versteuert werden.

Interessant ist die PrivatRente Invest für alle, die bewusst in Wertpapiere investieren, eine gute Rendite erzielen und die private Vorsorge ergänzen wollen.

Aufgabe:

Vergleichen Sie die BasisRente Invest mit der PrivatRente Invest und stellen Sie Unterschiede und Gemeinsamkeiten heraus.
Füllen Sie die nachfolgende Tabelle aus.

	BasisRente Invest	PrivatRente Invest
Versicherungsform		
Versicherungsleistung bei Erleben des Rentenbeginns		
Versicherungsleistung im Todesfall vor Rentenbeginn		
Versicherungsleistung bei Tod nach Rentenbeginn		
Überschussbeteiligung		
steuerliche Behandlung		
Chancen-Risiko Profil der Anlage		
Geeignet für		

1 Finanzierungsmöglichkeiten von Unternehmen aufzeigen sowie rechtliche Grundlagen im Rahmen von Finanzierungen im Firmenkundengeschäft beachten

Lernbuch Kap. 21.1.2

Situation:

Die Westdeutsche Energie AG, die Heinz Werner Spielwaren-Großhandel OHG und die Industrie und Verkehr AG veröffentlichen zum 31. Dezember 20.. die folgenden Bilanzen:

a)

Westdeutsche Energie AG

Bilanz zum 31. Dezember 20..

AKTIVA	Vorjahr TEUR	31.12.20.. TEUR
Anlagevermögen		
Immaterielle Vermögensgegenstände	1 762	1 409
Sachanlagen	431 681	378 330
Finanzanlagen	213 367	219 270
Summe Anlagevermögen	**646 810**	**599 009**
Umlaufvermögen		
Vorräte	4 876	4 990
Forderungen und sonstige Vermögensgegenstände	113 296	44 960
Wertpapiere	0	16 000
Flüssige Mittel	24 396	64 492
Summe Umlaufvermögen	**142 568**	**130 442**
Rechnungsabgrenzungsposten	**2 403**	**2 384**
Summe Aktiva	**791 781**	**731 835**

PASSIVA	Vorjahr TEUR	31.12.20.. TEUR
Eigenkapital		
Grundkapital	101 250	101 250
Kapitalrücklagen	99 289	99 289
Gewinnrücklagen	116 613	132 613
Bilanzgewinn	30 486	20 496
Summe Eigenkapital	**347 638**	**353 648**
Sonderposten	**61 544**	**61 544**
Rückstellungen	**55 813**	**55 813**
Verbindlichkeiten	**209 103**	**260 000**
Rechnungsabgrenzungsposten	**117 683**	**830**
Summe Passiva	**791 781**	**731 835**

b)

Heinz Werner Spielwaren-Großhandel OHG

Aktiva (in Euro) — **Bilanz per 31. Dez. 20..** — **Passiva (in Euro)**

Aktiva	Euro	Passiva		Euro
I. Anlagevermögen		I. Eigenkapital		2 000 000,00
1. Grundstücke u. Gebäude	1 680 000,00	Kapital Heinz W.	1 000 000	
2. Fuhrpark	630 000,00	Kapital Inge W.	500 000	
3. Betriebs- und Geschäftsausstattung	460 000,00	Kapital Paul W.	500 000	
II. Umlaufvermögen		II. Fremdkapital		
1. Warenbestand	920 000,00	1. Hypothekenverbindlichkeiten		1 310 000,00
2. Forderungen aus Warenlieferungen	110 000,00	2. Darlehensverbindlichkeiten		405 000,00
3. Kasse	15 000,00	3. Verbindlichkeiten aus Lieferungen und Leistungen		240 000,00
4. Bankguthaben	140 000,00			
	3 955 000,00			3 955 000,00

Nürnberg, 15. März 20.. *Heinz Werner* *Inge Werner* *Paul Werner*

Bemerkungen: Die Kapitaleinlage von Heinz Werner erhöhte sich gegenüber dem Vorjahr um 100 000,00 EUR, die von Inge und Paul Werner um jeweils 50 000,00 EUR. Die Verbindlichkeiten aus Lieferungen und Leistungen stiegen um 43 000,00 EUR. Hypotheken- und Darlehensverbindlichkeiten veränderten sich gegenüber dem Vorjahr nicht.

c)

Industrie und Verkehr AG
Frankfurt am Main

Konzernabschluss – Kurzfassung

Bilanz zum 31. Dezember 20..

AKTIVA	Vorjahr TEUR	31.12.20.. TEUR
Anlagevermögen		
Immaterielle Vermögensgegenstände	26518	26687
Sachanlagen	1531641	1556860
Finanzanlagen		
Anteile an verbundenen Unternehmen	20120	8104
Beteiligungen an assoziierten Unternehmen	47343	62065
Übrige Finanzanlagen	87507	99796
	1713129	1753512
Umlaufvermögen		
Vorräte	1046299	642414
Forderungen u. sonstige Vermögensgegenstände:		
Forderungen aus Lieferungen und Leistungen	1773250	1689410
Übrige Forderungen u. sonstige Vermögensgegenstände	592020	605325
Wertpapiere	429569	483199
Flüssige Mittel	289018	412193
	4130156	3832541
Rechnungsabgrenzungsposten	16917	11100
Steuerabgrenzung	6889	6612
	5867091	5603765

PASSIVA	Vorjahr TEUR	31.12.20.. TEUR
Eigenkapital		
Gezeichnetes Kapital	600000	700000
Kapitalrücklagen	526394	555280
Gewinnrücklagen	128565	262923
Konzerngewinn	0	48000
	1254959	1566203
Sonderposten mit Rücklageanteil	9064	6527
Rückstellungen		
Pensionsrückstellungen	488953	399895
Übrige Rückstellungen	1419873	1414367
	1908826	1820789
Verbindlichkeiten		
Verbindlichkeiten gegenüber Kreditinstituten	909496	601413
Übrige Verbindlichkeiten	1778317	1603433
	2687813	2204846
Rechnungsabgrenzungsposten	6429	11927
	5867091	5603765

Aufgaben:

1 Stellen Sie in den obigen Bilanzen fest, wie sich das jeweilige Unternehmen im Verlauf eines Jahres (Berichtsjahr verglichen mit dem Vorjahr) finanziert hat. Nennen Sie die entsprechenden Finanzierungsbegriffe.

2 Im Rahmen von Finanzierungen im Firmenkundengeschäft gilt es, wichtige Vorschriften der Capital Requirements Regulation (CRR) sowie des Kreditwesengesetzes zu beachten.
Erläutern Sie drei dieser Vorschriften in ihren Grundzügen.

2 Die Kreditfähigkeit und die Kreditwürdigkeit von Geschäfts- und Firmenkunden prüfen

Lernbuch Kap. 21.3

Situation:

Die Bauschreinerei Reckmeyer GmbH will durch den Kauf einer Standbohrmaschine im Wert von 305 000,00 EUR und einer Drehbank im Wert von 220 000,00 EUR ihre Betriebskapazität erweitern.

Herr Reckmeyer nimmt Kontakt mit Ihnen als Firmenkundenberater(-in) Ihres Kreditinstituts auf. Seit Jahren besteht zu der Reckmeyer GmbH eine gute Geschäftsverbindung. In einem Kreditvorgespräch soll das Finanzierungsvorhaben der GmbH besprochen werden.

Aufgaben:

1 a) Ist Herr Reckmeyer grundsätzlich zur Vertretung der GmbH berechtigt?

b) Mit welchen Unterlagen können Sie die Vertretungsberechtigung zur Kreditaufnahme für die Reckmeyer GmbH überprüfen?

2 Überprüfen Sie mittels des vorliegenden Handelsregisterauszugs, wer zur Kreditaufnahme für die Reckmeyer GmbH berechtigt ist.

Amtsgericht Hameln **HRB 23129**

Nr. der Eintragung	a) Firma b) Sitz c) Gegenstand d. Unternehmens	Grund- oder Stammkapital Euro	Vorst., persönl. haft. Gesellsch. Geschäftsführer, Abwickler	Prokura	Rechtsverhältnisse	a) Tag d. Eintr. u. Unterschrift b) Bemerkungen
1	2	3	4	5	6	7
1	a) Reckmeyer GmbH b) Hameln c) Bauschreinerei	25 000,00	Stefan Reckmeyer, Kaufmann in Hameln	Einzelprokurist: Klaus Stoffels	Gesellschaft mit beschränkter Haftung; Gesellschaftsvertrag vom 18. Mai 1998. Die Gesellschaft hat einen oder mehrere Geschäftsführer. Jeder Geschäftsführer vertritt die Gesellschaft allein. Die Geschäftsführer sind von den Beschränkungen des § 181 BGB befreit. Der Geschäftsführer Stefan Reckmeyer ist befugt, die Gesellschaft bei der Vornahme von Rechtsgeschäften mit sich selbst – oder zugleich als Vertreter eines Dritten – uneingeschränkt zu vertreten, § 181 BGB.	a) 6. Juni 1998 Müller b) Ges. Vertreter B1.4R

Die Kontoführungsunterlagen der Bank über die Reckmeyer GmbH weisen zusätzlich noch nachstehenden Verfügungsberechtigten über das Konto der Reckmeyer GmbH aus.

Art der Zeichnung[1]	Handlungsbevollmächtigter
E	Name Cordula Öllers
	Unterschriftsprobe Cordula Öllers

Auszug aus den Bedingungen zur Vollmachterteilung für Firmenkunden: „Die umseitig genannten Handlungsbevollmächtigten haben auch die Befugnis, Wechselverbindlichkeiten einzugehen und Kreditverträge abzuschließen."

1 E = Einzelzeichnung, K = Kollektivzeichnung

3 Erläutern Sie, ob auch Cordula Öllers

a) gemäß § 54 HGB

b) gemäß Kontoführungsunterlage zur Kreditaufnahme berechtigt ist.

Handelsgesetzbuch (HGB)

§ 54 [Handlungsvollmacht]

(1) Ist jemand ohne Erteilung der Prokura zum Betrieb eines Handelsgewerbes oder zur Vornahme einer bestimmten zu einem Handelsgewerbe gehörigen Art von Geschäften oder zur Vornahme einzelner zu einem Handelsgewerbe gehöriger Geschäfte ermächtigt, so erstreckt sich die Vollmacht (Handlungsvollmacht) auf alle Geschäfte und Rechtshandlungen, die der Betrieb eines derartigen Handelsgewerbes oder die Vornahme derartiger Geschäfte gewöhnlich mit sich bringt.

(2) Zur Veräußerung oder Belastung von Grundstücken, zur Eingehung von Wechselverbindlichkeiten, zur Aufnahme von Darlehen und zur Prozessführung ist der Handlungsbevollmächtigte nur ermächtigt, wenn ihm eine solche Befugnis besonders erteilt ist.

(3) Sonstige Beschränkungen der Handlungsvollmacht braucht ein Dritter nur dann gegen sich gelten zu lassen, wenn er sie kannte oder kennen musste.

4 Erklären Sie Herrn Reckmeyer die Vorteile, die sich aus einer Kreditfinanzierung für sein Unternehmen ergeben.

Fortsetzung der Situation:

Der Reckmeyer GmbH steht ein Kontokorrentkredit mit einem Limit von 300 000,00 EUR auf dem Firmenkonto zur Verfügung. Der Kontokorrentkredit soll in voller Höhe bestehen bleiben. Durch die Neuinvestition wird verstärkter Auftragseingang erwartet.

Herr Reckmeyer ist bereit, der GmbH aus seinem Privatvermögen 45 000,00 EUR als Zuführung zum Stammkapital zur Verfügung zu stellen. Außerdem wird ein Festgeld der GmbH über 30 000,00 EUR fällig, welches zur Finanzierung der Neuanschaffungen beitragen soll. Die Kosten für Transport und Aufstellarbeiten der Maschinen werden mit ca. 15 000,00 EUR veranschlagt.

Aufgaben:

5 Ermitteln Sie den Finanzierungsbedarf des Kunden.

6 Zählen Sie mögliche Unterlagen auf, die zur Prüfung der Kreditwürdigkeit herangezogen werden können. Unterscheiden Sie dabei vom Kunden zu beschaffende Unterlagen und solche, die die Bank selbst beschaffen kann.

Welche werden Sie von Herrn Reckmeyer einfordern?

7 Führen Sie je drei Aspekte der persönlichen bzw. der materiellen Kreditwürdigkeit an, die die Bank bei Firmenkunden überprüfen wird.

8 Bei der Vergabe von Krediten sind die von der Bundesanstalt für Finanzdienstleistungsaufsicht (BaFin) aufgestellten Mindestanforderungen an das Risikomanagement einzuhalten.

a) Welche „Allgemeinen Anforderungen" für das Kreditgeschäft formulieren die MaRisK (MaRisK vgl. S. 209 f.)?

b) Nennen und kennzeichnen Sie die Bereiche der Aufbauorganisation im Kreditgeschäft.

c) Was ist bei Kreditentscheidungen zu beachten?

d) Welche Bereiche werden von den MaRisK der Ablauforganisation zugeordnet?

e) Ordnen Sie je einen Vorgang „Markt" und „Marktfolge" zu.

f) Welche Anforderungen hat das Risikoklassifizierungsverfahren zu erfüllen?

9 Zunehmend werden von Banken bei der Kreditwürdigkeitsprüfung umweltrelevante Aspekte berücksichtigt. Formulieren Sie drei Fragestellungen, die von der Bank in eine Checkliste zur Überprüfung von umweltrelevanten Kriterien im Rahmen der Kreditwürdigkeitsprüfung aufgenommen werden könnten.

Mindestanforderungen an das Risikomanagement der Kreditinstitute (MaRisK) (Stand: 10/2021)

Das Kreditgeschäft unterliegt strengen Mindestanforderungen. Diese ergeben sich aus den von der Bundesanstalt für Finanzdienstleistungsaufsicht (BaFin) im Dezember 2005 veröffentlichten Mindestanforderungen für das Risikomanagement (MaRisK). Darin sind die bisher getrennten Mindestanforderungen an das Betreiben von Handelsgeschäften (MaH), die Mindestanforderungen an die Ausgestaltung der internen Revision (MaIR) und die Mindestanforderungen an das Kreditgeschäft (MaK) in einem Regelwerk zusammengefasst worden. Für das Kreditgeschäft gelten die nachstehenden Anforderungen.

BTO 1 Kreditgeschäft

1 Dieses Modul stellt Anforderungen an die Ausgestaltung der Aufbau- und Ablauforganisation, die Verfahren zur Früherkennung von Risiken und die Verfahren zur Klassifizierung der Risiken im Kreditgeschäft. [...]

BTO 1.1 Funktionstrennung und Votierung

1 Maßgeblicher Grundsatz für die Ausgestaltung der Prozesse im Kreditgeschäft ist die klare aufbauorganisatorische Trennung der Bereiche Markt und Marktfolge bis einschließlich der Ebene der Geschäftsleitung. Bei kleinen Instituten sind unter bestimmten Voraussetzungen Ausnahmen hinsichtlich der Funktionstrennung möglich.

2 Abhängig von Art, Umfang, Komplexität und Risikogehalt des Kreditengagements erfordert eine Kreditentscheidung zwei zustimmende Voten der Bereiche Markt und Marktfolge. [...] Soweit die Entscheidungen von einem Ausschuss getroffen werden, sind die Mehrheitsverhältnisse innerhalb eines Ausschusses so festzulegen, dass der Bereich Marktfolge nicht überstimmt werden kann.

3 [...]

4 Für Kreditentscheidungen bei Geschäften, die unter Risikogesichtspunkten als nicht wesentlich einzustufen sind, kann das Institut bestimmen, dass nur ein Votum erforderlich ist („nicht-risikorelevante Kreditgeschäfte"). [...]

5 Jeder Geschäftsleiter kann im Rahmen seiner Krediteinzelkompetenz eigenständig Kreditentscheidungen treffen und auch Kundenkontakte wahrnehmen; die aufbauorganisatorische Trennung der Bereiche Markt und Marktfolge bleibt davon unberührt. Zudem sind zwei Voten einzuholen, soweit dies unter Risikogesichtspunkten erforderlich sein sollte. Falls die im Rahmen einer Krediteinzelkompetenz getroffenen Entscheidungen von den Voten abweichen oder wenn sie vom Geschäftsleiter getroffen werden, der für den Bereich Marktfolge zuständig ist, sind sie im Risikobericht besonders hervorzuheben (BT 3.2 Tz. 3).

6 Das Institut hat eine klare und konsistente Kompetenzordnung für Entscheidungen im Kreditgeschäft festzulegen. Für den Fall voneinander abweichender Voten sind in der Kompetenzordnung Entscheidungsregeln zu treffen: Der Kredit ist in diesen Fällen abzulehnen oder zur Entscheidung auf eine höhere Kompetenzstufe zu verlagern (Eskalationsverfahren).

7 Die Überprüfung bestimmter, unter Risikogesichtspunkten festzulegender Sicherheiten ist außerhalb des Bereichs Markt durchzuführen. [...]

BTO 1.2 Anforderungen an die Prozesse im Kreditgeschäft

1 Das Institut hat Prozesse für die Kreditbearbeitung (Kreditgewährung und Kreditweiterbearbeitung), die Kreditbearbeitungskontrolle, die Intensivbetreuung, die Problemkreditbearbeitung und die Risikovorsorge einzurichten. Die Verantwortung für deren Entwicklung und Qualität muss außerhalb des Bereichs Markt angesiedelt sein.

2 Das Institut hat Bearbeitungsgrundsätze für die Prozesse im Kreditgeschäft zu formulieren, die, soweit erforderlich, in geeigneter Weise zu differenzieren sind (z. B. nach Kreditarten). Darüber hinaus sind die vom Institut akzeptierten Sicherheitenarten sowie die Verfahren zur Wertermittlung, Verwaltung und Verwertung dieser Sicherheiten festzulegen. [...]

3 + 4 [...]

5 Die für das Adressenausfallrisiko eines Kreditengagements bedeutsamen Aspekte sind herauszuarbeiten und zu beurteilen, wobei die Intensität dieser Tätigkeiten vom Risikogehalt des Engagements abhängt. Branchen- und gegebenenfalls Länderrisiken sind in angemessener Weise zu berücksichtigen. Kritische Punkte eines Engagements sind hervorzuheben und gegebenenfalls unter der Annahme verschiedener Szenarien darzustellen.

6 + 7 [...]

8 Abhängig vom Risikogehalt der Kreditgeschäfte sind sowohl im Rahmen der Kreditentscheidung als auch bei turnusmäßigen oder anlassbezogenen Beurteilungen die Risiken eines Engagements mithilfe eines Risikoklassifizierungsverfahrens zu bewerten. Eine Überprüfung der Risikoeinstufung ist jährlich durchzuführen.

9 Zwischen der Einstufung im Risikoklassifizierungsverfahren und der Konditionengestaltung sollte ein sachlich nachvollziehbarer Zusammenhang bestehen.

10 Das Institut hat ein der Kompetenzordnung entsprechendes Verfahren einzurichten, in dem festgelegt ist, wie Überschreitungen von Limiten zu behandeln sind. [...]

11 Im Hinblick auf die erforderlichen Kreditunterlagen ist ein Verfahren einzurichten, das deren zeitnahe Einreichung überwacht und eine zeitnahe Auswertung gewährleistet. Für ausstehende Unterlagen ist ein entsprechendes Mahnverfahren einzurichten.

12 Das Institut hat standardisierte Kreditvorlagen zu verwenden, soweit dies in Anbetracht der jeweiligen Geschäftsarten möglich und zweckmäßig ist, wobei die Ausgestaltung der Kreditvorlagen von Art, Umfang, Komplexität und Risikogehalt der Kreditgeschäfte abhängt.

13 Vertragliche Vereinbarungen im Kreditgeschäft sind auf der Grundlage rechtlich geprüfter Unterlagen abzuschließen.

14 Für die einzelnen Kreditverträge sind rechtlich geprüfte Standardtexte zu verwenden, die anlassbezogen zu aktualisieren sind. Falls bei einem Engagement (z. B. im Rahmen von Individualvereinbarungen) von den Standardtexten abgewichen werden soll, ist, soweit unter Risikogesichtspunkten erforderlich, vor Abschluss des Vertrages die rechtliche Prüfung durch eine vom Bereich Markt unabhängige Stelle notwendig.

BTO 1.2.1 Kreditgewährung

1 Der Prozess der Kreditgewährung umfasst die bis zur Bereitstellung des Kredites erforderlichen Arbeitsabläufe. Dabei sind die für die Beurteilung des Risikos wichtigen Faktoren unter besonderer Berücksichtigung der Kapitaldienstfähigkeit des Kreditnehmers beziehungsweise des Objektes/Projektes zu analysieren und zu beurteilen, wobei die Intensität der Beurteilung vom Risikogehalt der Engagements abhängt (z.B. Kreditwürdigkeitsprüfung, Risikoeinstufung im Risikoklassifizierungsverfahren oder eine Beurteilung auf der Grundlage eines vereinfachten Verfahrens).

2 Bei Immobiliar-Verbraucherdarlehen sind auch zukünftige, als wahrscheinlich anzusehende Einkommensschwankungen in die Beurteilung der Kapitaldienstfähigkeit einzubeziehen. Alle für die Kreditgewährung relevanten Informationen sind vollständig zu dokumentieren und über die Laufzeit des Kredits aufzubewahren.

3 Die Werthaltigkeit und der rechtliche Bestand von Sicherheiten sind grundsätzlich vor der Kreditvergabe zu überprüfen. [...] Bei der Überprüfung der Werthaltigkeit kann auf bereits vorhandene Sicherheitenwerte zurückgegriffen werden, sofern keine Anhaltspunkte für Wertveränderungen vorliegen.

4 Hängt der Sicherheitenwert maßgeblich von den Verhältnissen eines Dritten ab (z.B. Bürgschaft), so ist eine angemessene Überprüfung der Adressenausfallrisiken des Dritten durchzuführen.

BTO 1.2.2 Kreditweiterbearbeitung

1 Im Rahmen der Kreditweiterbearbeitung ist zu überwachen, ob die vertraglichen Vereinbarungen vom Kreditnehmer eingehalten werden. [...]

2 Eine Beurteilung der Adressenausfallrisiken ist jährlich durchzuführen, wobei die Intensität der Beurteilungen vom Risikogehalt der Engagements abhängt (z.B. Kreditwürdigkeitsprüfung, Risikoeinstufung im Risikoklassifizierungsverfahren oder eine Beurteilung auf der Grundlage eines vereinfachten Verfahrens).

3 Die Werthaltigkeit und der rechtliche Bestand von Sicherheiten sind im Rahmen der Kreditweiterbearbeitung in Abhängigkeit von der Sicherheitenart zu überwachen. Ab einer vom Institut unter Risikogesichtspunkten festzulegenden Grenze sind die Sicherheiten in angemessenen Abständen zu überprüfen und ggf. neu zu bewerten.

4 Außerordentliche Überprüfungen von Engagements einschließlich der Sicherheiten sind zumindest dann unverzüglich durchzuführen, wenn dem Institut aus externen oder internen Quellen Informationen bekannt werden, die auf eine wesentliche negative Änderung der Risikoeinschätzung der Engagements oder der Sicherheiten hindeuten. Derartige Informationen sind unverzüglich an alle einzubindenden Organisationseinheiten weiterzuleiten.

BTO 1.2.3 Kreditbearbeitungskontrolle

1 Für die Kreditbearbeitung sind prozessabhängige Kontrollen einzurichten, die gewährleisten, dass die Vorgaben der Organisationsrichtlinien eingehalten werden. Die Kontrollen können auch im Rahmen des üblichen Vier-Augen-Prinzips erfolgen.

2 Insbesondere ist zu kontrollieren, ob die Kreditentscheidung entsprechend der festgelegten Kompetenzordnung erfolgte und ob vor der Valutierung die Voraussetzungen beziehungsweise Auflagen aus dem Kreditvertrag erfüllt sind.

BTO 1.2.4 Intensivbetreuung

1 Das Institut hat Kriterien festzulegen, wann ein Engagement der Intensivbetreuung zuzuordnen ist. Die Verantwortung für die Entwicklung und Qualität dieser Kriterien sowie deren regelmäßige Überprüfung muss außerhalb des Bereichs Markt angesiedelt sein.

2 [...]

3 Die einer Intensivbetreuung unterliegenden Engagements sind nach einem festzulegenden Turnus auf ihre weitere Behandlung hin zu überprüfen (weitere Intensivbetreuung, Rückführung in die Normalbetreuung, Abgabe an die Abwicklung oder die Sanierung).

BTO 1.2.5 Behandlung von Problemkrediten

1 Das Institut hat Kriterien festzulegen, die die Abgabe eines Engagements an die auf die Sanierung beziehungsweise Abwicklung spezialisierten Mitarbeiter oder Bereiche beziehungsweise deren Einschaltung regeln. Die Verantwortung für die Entwicklung und die Qualität dieser Kriterien sowie deren regelmäßige Überprüfung muss außerhalb des Bereichs Markt angesiedelt sein. Die Federführung für den Sanierungs- beziehungsweise den Abwicklungsprozess oder die Überwachung dieser Prozesse ist außerhalb des Bereichs Markt wahrzunehmen.

2, 3, 4, 5, 6, 7, 8, 9 [...]

BTO 1.2.6 Risikovorsorge

1 Das Institut hat Kriterien festzulegen, auf deren Grundlage unter Beachtung der angewandten Rechnungslegungsnormen Wertberichtigungen, Abschreibungen und Rückstellungen für das Kreditgeschäft (einschließlich der Länderrisikovorsorge) zu bilden sind (z. B. ein institutsinternes Forderungsbewertungsverfahren).

2 Die erforderliche Risikovorsorge ist zeitnah zu ermitteln und fortzuschreiben. Ein erheblicher Risikovorsorgebedarf ist der Geschäftsleitung unverzüglich mitzuteilen.

3 [...]

BTO 1.3.1 Verfahren zur Früherkennung von Risiken

1 Das Verfahren zur Früherkennung von Risiken dient insbesondere der rechtzeitigen Identifizierung von Kreditnehmern, bei deren Engagements sich erhöhte Risiken abzuzeichnen beginnen. Damit soll das Institut in die Lage versetzt werden, in einem möglichst frühen Stadium Gegenmaßnahmen einleiten zu können (z. B. Intensivbetreuung von Engagements).

2 Für diese Zwecke hat das Institut auf der Basis quantitativer und qualitativer Risikomerkmale Indikatoren für eine frühzeitige Risikoidentifizierung zu entwickeln.

3 [...]

BTO 1.4 Risikoklassifizierungsverfahren

1 In jedem Institut sind aussagekräftige Risikoklassifizierungsverfahren für die erstmalige beziehungsweise die turnusmäßige oder anlassbezogene Beurteilung der Adressenausfallrisiken sowie gegebenenfalls der Objekt-/Projektrisiken einzurichten. Es sind Kriterien festzulegen, die im Rahmen der Beurteilung der Risiken eine unverzügliche und nachvollziehbare Zuweisung in eine Risikoklasse gewährleisten.

2 Die Verantwortung für Entwicklung, Qualität und Überwachung der Anwendung der Risikoklassifizierungsverfahren muss außerhalb des Bereichs Markt angesiedelt sein.

3 Maßgebliche Indikatoren für die Bestimmung der Adressenausfallrisiken im Risikoklassifizierungsverfahren müssen neben quantitativen auch, soweit möglich, qualitative Kriterien sein. Es ist insbesondere zu berücksichtigen, inwieweit der Kreditnehmer in der Lage ist, künftig Erträge zu erwirtschaften, um den ausgereichten Kredit zurückzuführen.

4 Die Klassifizierungsverfahren sind in angemessener Weise in die Prozesse des Kreditgeschäfts und gegebenenfalls die Kompetenzordnung einzubinden.

Fortsetzung der Situation:

Wie vereinbart, reicht Herr Reckmeyer die Bilanzen und Gewinn- und Verlustrechnungen der letzten drei Jahre ein. Die Bilanzangaben werden in ein spezielles Bilanzprogramm eingegeben.

Als Kreditsachbearbeiter(-in) sollen Sie die Kundenbilanz bezüglich der Liquiditätslage, des Vermögens- und Finanzaufbaus, der Eigenkapitalausstattung und der Ertragslage auswerten.

Als Hilfsmittel zur Analyse der Bilanz sowie der Gewinn- und Verlustrechnung liegt Ihnen die nachstehende Übersicht vor.

Bilanz- und G+V-Analyse im Rahmen der materiellen Kreditwürdigkeitsprüfung[1]

Beurteilung der Finanzlage

I. Kennziffern zur Liquidität (Zahlungsfähigkeit)	Je größer die liquiden Mittel, desto eher ist das Unternehmen in der Lage, kurzfristige Zahlungsverpflichtungen zu erfüllen.
1. Barliquidität $\text{Liquidität 1. Grades} = \frac{\text{liquide Mittel 1. Grades}}{\text{kurzfristige Verbindlichkeiten}} \cdot 100$	Deckung der kurzfristigen Verbindlichkeiten durch Kassenbestand, Bankguthaben, Schecks. Eine geringe Barliquidität ist häufig der Grund für die Kreditaufnahme.
2. Einzugsbedingte Liquidität $\text{Liquidität 2. Grades} = \frac{\text{liquide Mittel 1. + 2. Grades}}{\text{kurzfristige Verbindlichkeiten}} \cdot 100$	Deckung der kurzfristigen Verbindlichkeiten durch liquide Mittel 1. Grades + 2. Grades (Forderungen aus Lieferungen und Leistungen).
3. Umsatzbedingte Liquidität $\text{Liquidität 3. Grades} = \frac{\text{liquide Mittel 1. + 2. + 3. Grades}}{\text{kurzfristige Verbindlichkeiten}} \cdot 100$	Deckung der kurzfristigen Verbindlichkeiten durch liquide Mittel 1. Grades + 2. Grades (Forderungen aus Lieferungen und Leistungen) + 3. Grades (Vorräte).
II. Kennziffern zur Kapitalstruktur	
1. Eigenfinanzierungsgrad (Eigenkapitalquote) $\text{Eigenkapitalquote} = \frac{\text{Eigenkapital}}{\text{Bilanzsumme}} \cdot 100$	Je größer die Eigenkapitalquote, desto günstiger wird aufgrund der Haftungsfunktion des Eigenkapitals die Kreditwürdigkeit beurteilt. Aussagen über die Unabhängigkeit der Unternehmensleitung von Fremdkapitalgebern und über die Abhängigkeit von Gläubigern.
2. $\text{Fremdkapitalquote} = \frac{\text{Fremdkapital}}{\text{Bilanzsumme}} \cdot 100$	Je geringer die Fremdkapitalquote, desto positiver wird die Kapitaldienstfähigkeit des Unternehmens eingeschätzt. Unter Kapitaldienstfähigkeit versteht man die Fähigkeit, die laufenden Kreditverpflichtungen zu erfüllen.
III. Kennziffern zur Vermögensstruktur $\text{Anlagequote} = \frac{\text{Anlagevermögen}}{\text{Bilanzsumme}} \cdot 100$	Je größer die Anlagequote, desto geringer ist die Anpassungsfähigkeit des Unternehmens an konjunkturelle und strukturelle Veränderungen; branchenspezifische Vermögensstrukturen sind zu berücksichtigen. Bei geringer Kapazitätsauslastung steigen bei einem hohen anlagebedingten Fixkostenblock die Stückkosten → Verschlechterung der Marktposition.
IV. Kennziffern zur Anlage-/Vermögensstruktur (Anlagedeckung) $\text{Anlagedeckungsgrad 1} = \frac{\text{Eigenkapital}}{\text{Anlagevermögen}} \cdot 100$ $\text{Anlagedeckungsgrad 2} = \frac{\text{Eigenkapital + langfr. Fremdkap.}}{\text{Anlagevermögen}} \cdot 100$	Deckung des Anlagevermögens durch Eigenkapital und langfristiges Fremdkapital. Je größer der Anlagedeckungsgrad, desto positiver wird das Finanzierungsverhalten der Unternehmung beurteilt. Nach der „Goldenen Bilanzregel" sollen die langfristig im Unternehmen gebundenen Vermögensteile in vollem Umfang durch Eigenkapital und langfristiges Fremdkapital finanziert sein.

1 Die im Folgenden angegebenen Kennziffern und Rentabilitäts-Kennzahlen sind abgestimmt mit der Formelsammlung für die schriftliche Abschlussprüfung im Ausbildungsberuf „Bankkaufmann/Bankkauffrau".

Beurteilung der Erfolgslage

I. Kapitalrentabilität $\text{Eigenkapitalrentabilität} = \frac{\text{Betriebsergebnis}}{\text{Eigenkapital}^{1}} \cdot 100$ $\text{Gesamtkapitalrentabilität} = \frac{\text{Betriebsergebnis} + \text{Zinsaufwendungen}}{\text{Bilanzsumme}^{1}} \cdot 100$	Je größer die Eigenkapital- bzw. Gesamtkapitalrentabilität, desto höher hat sich das investierte Kapital verzinst. Eine zusätzliche Kreditaufnahme ist unter Rentabilitätsgesichtspunkten vertretbar, wenn sich dadurch die Eigenkapitalrentabilität erhöht. Die Eigenkapitalrentabilität steigt, wenn die Investitionserträge höher sind als die Fremdkapitalkosten. Dieser Mehrertrag erhöht den Gewinn und damit bei unverändertem Eigenkapital die Eigenkapitalrentabilität („Leverage-Effekt der Finanzierung").
II. Umsatzrentabilität $\text{Umsatzrentabilität} = \frac{\text{Betriebsergebnis}}{\text{Umsatzerlöse}} \cdot 100$	Aussagen über den prozentualen Anteil des Jahreserfolges an den Umsatzerlösen. Umsatzrentabilität von 3,96 % bedeutet z. B., dass je 1,00 EUR Umsatz 3,96 Cents verdient wurden.
Der Cashflow ist der Nettozufluss an liquiden Mitteln, den ein Unternehmen innerhalb einer Rechnungsperiode regelmäßig aus den Umsatzerlösen erwirtschaften kann. Er macht Aussagen über die Selbstfinanzierungskraft des Unternehmens. Cashflow = Betriebsergebnis + planmäßige Abschreibungen auf Sachanlagen + Zuführung zu den langfristigen Rückstellungen. Je größer der Cashflow, desto größer sind die Ertragskraft und der Finanzierungsspielraum (Investitions- und Schuldentilgungskraft) der Unternehmung.	
III. Cashflow-Rentabilität $\text{Cashflow-Rate} = \frac{\text{Cashflow}}{\text{Umsatzerlöse}} \cdot 100$	Die Cashflow-Rate gibt an, in welchem Umfang das Unternehmen in der Lage ist, liquide Mittel aus eigener Kraft am Markt zu erwirtschaften. (Wie viel Prozent der Umsatzerlöse sind als Liquidität im Unternehmen geblieben und stehen zur Finanzierung von Investitionen, zur Rückzahlung von Verbindlichkeiten und zur Gewinnausschüttung zur Verfügung?)
$\text{Cashflow-Gesamtkapitalrentabilität} = \frac{\text{Cashflow}}{\text{durchschnittlich eingesetztes Kapital}} \cdot 100$	Sie gibt den Umfang der Mittel an, die das durchschnittlich eingesetzte Kapital dem Unternehmen zur eigenen Kapitalerhöhung und damit für Investitionen zur Verfügung stellte.

Aufgabe:

10 Berechnen Sie auf der Grundlage der „Kurzinformation der Bilanzdaten der Reckmeyer GmbH" (siehe S. 213) die jeweiligen Kennzahlen und tragen Sie die Ergebnisse in den nachstehend abgebildeten Auswertungsbogen (siehe S. 214) ein (die Zahlen der beiden Vorjahre sind bereits berechnet und eingetragen). Pensionsrückstellungen werden dem langfristigen Fremdkapital zugeordnet.

[1] zum Jahresende

Kurzinformation der Bilanzdaten der Reckmeyer GmbH in TEUR

AKTIVA	Vorjahr 3	Vorjahr 2	Vorjahr 1
I. Anlagevermögen			
– Grundstücke, Gebäude	3150	3150	2800
– Inventar, Maschinen	2080	2060	2975
II. Umlaufvermögen			
– Roh-, Hilfs-, Betriebsstoffe	1900	2050	1700
– Unfertige Erzeugnisse	1880	2150	2050
– Fertige Erzeugnisse	1250	2600	2150
– Forderungen aus Lieferungen und Leistungen	2300	2040	2365
– Kasse, Bankguthaben, Schecks	680	325	225
= *Bilanzsumme*	*13240*	*14375*	*14265*

PASSIVA	Vorjahr 3	Vorjahr 2	Vorjahr 1
I. Eigenkapital			
– Gezeichnetes Kapital	1250	1250	1250
– Rücklagen	2450	2450	2450
II. Pensionsrückstellungen	400	420	450
III. Verbindlichkeiten			
– Langfristige Verbindlichkeiten	5300	5450	5800
– Kurzfristige Bankverbindlichkeiten	2300	2400	2800
– Lieferantenverbindlichkeiten (kurzfristig)	1540	2405	1515
= *Bilanzsumme*	*13240*	*14375*	*14265*

Gewinn- und Verlustrechnung (in TEUR)	Vorjahr 3	Vorjahr 2	Vorjahr 1
Umsatzerlöse (netto)	19850	21800	23990
± Bestandsveränderungen an fertigen und unfertigen Erzeugnissen	+ 50	+ 90	+ 110
+ Andere aktivierte Eigenleistungen	0	0	0
+ Sonstige betriebliche Erträge	+ 10	+ 40	+ 6
– Materialaufwand	– 8200	– 8610	– 9040
– Personalaufwand	–10170	–11465	–12510
– Planmäßige Abschreibungen auf Sachanlagen	– 370	– 410	– 440
– Sonstige betriebliche Aufwendungen	– 300	– 301	– 456
= Betriebsergebnis	+ 870	+ 1144	+ 1660

Die Zinsaufwendungen betrugen im Vorjahr 1: 946 TEUR, im Vorjahr 2: 710 TEUR und im Vorjahr 3: 760 TEUR.

Auswertungsbogen:

Bilanzkennziffer/ Bilanzrelation	Vorjahr 3	Vorjahr 2	Vorjahr 1	% der Branche im Vorjahr 1
Eigenkapitalquote	27,95 %	25,74 %		24,7
Fremdkapitalquote	72,05 %	74,26 %		75,3
Anlagequote	39,50 %	36,24 %		42,1
Anlagedeckungsgrad 1	70,75 %	71,02 %		92,5
Anlagedeckungsgrad 2	179,73 %	183,69 %		168,8
Liquidität 1. Grades	17,71 %	6,76 %		56,7
Liquidität 2. Grades	77,60 %	49,22 %		93,2
Liquidität 3. Grades	208,59 %	190,74 %		140,8
Eigenkapitalrentabilität	23,51 %	30,92 %		40,7
Gesamtkapitalrentabilität	12,31 %	12,90 %		16,9
Umsatzrentabilität	4,38 %	5,25 %		6,0

Aufgaben:

11 Beurteilen Sie anhand der Ergebnisse

a) die Eigenkapitalausstattung und die Fremdkapitalquote.

b) das Verhältnis von Anlage- zu Gesamtvermögen.
(Welche Nachteile bringt ein hohes Anlagevermögen mit sich?)

c) die Finanzierung des Anlagevermögens.
(Erläutern Sie auch, welche „Regel" in diesem Zusammenhang von der Reckmeyer GmbH beachtet werden sollte.)

d) die Liquiditätslage der Reckmeyer GmbH.
(Ist das Unternehmen in der Lage, seine kurzfristigen Verbindlichkeiten zu erfüllen?)

e) die Verzinsung des eingesetzten Eigen- und Gesamtkapitals.
(Erläutern Sie in diesem Zusammenhang auch, ob es sich für die Reckmeyer GmbH gelohnt hat, Fremdkapital aufzunehmen.)

f) die Umsatzrentabilität.

12 Im Rahmen der Kreditwürdigkeitsprüfung berechnet die Bank weiterhin den sogenannten „Cashflow" der Reckmeyer GmbH.

a) Welche zusätzliche Aussagekraft besitzt die Berechnung des „Cashflow" im Vergleich zum ausgewiesenen Betriebsergebnis?

b) Berechnen Sie den Cashflow der Vorjahre 2 und 1 und erläutern Sie das Ergebnis Ihrer Berechnungen für die Reckmeyer GmbH.

c) Ermitteln Sie die „Cashflow-Rate" und interpretieren Sie das Ergebnis.

13 Welche kritischen Anmerkungen können generell zur Prüfung der Kreditwürdigkeit mittels einer Jahresabschlussanalyse gemacht werden?

14 Führen Sie Maßnahmen an, die die Kreditwürdigkeitsprüfung per Bilanzanalyse ergänzen.

Fortsetzung der Situation:

Nach der Analyse der Jahresabschlüsse wird beim Kreditscoring in der Firmenkundenabteilung der Bank ein Risikofaktor des Kreditnehmers anhand eines Vordrucks ermittelt.

Aufgabe:

15 Ermitteln Sie den Kundenrisikofaktor für die Reckmeyer GmbH mithilfe des nachstehenden Auszugs aus dem Formular der Bank.

Berücksichtigen Sie dabei die Ergebnisse der Bilanzanalyse der Reckmeyer GmbH, die nachstehenden Auszüge aus den Gesprächsnotizen mit dem Kunden und den Bericht einer Betriebsbesichtigung. Die bisherige Kontoführung gab keinen Anlass zu Beanstandungen.

Kundengespräch mit Herrn Reckmeyer am ...

Die Firma Reckmeyer GmbH stellt im Wesentlichen Treppenstufen und Holzfenster her. Die Auftragslage ist trotz der angespannten Lage in der Baubranche zufriedenstellend. Man erwarte in Zukunft eine etwas anziehende Baukonjunktur. Das Unternehmen sei bereits für die nächsten acht Monate ausgelastet, daher auch die Investitionswünsche.

Der anwesende Steuerberater Hermann Nauen erläuterte: Der Umsatz hat sich im laufenden Jahr bereits um ca. 5 % erhöht. (Nach Auskunft von Herrn Reckmeyer liege man damit über dem Branchendurchschnitt.) Der Gewinn liegt bisher um ca. 2 % über den bisherigen Vorjahreswerten.

Der Vertrieb der Produkte wird weiter ausgebaut. Man sei eine weitere Kooperation mit einer Bauhauskette – mittlerweile die vierte – eingegangen. Die Produkte sind im Markt gut eingeführt. Vom Produktionsstandort können alle Verkaufsstellen innerhalb eines Tages erreicht werden.

Herr Reckmeyer ist seit 25 Jahren in diesem Bereich tätig. Nach fünf Jahren Produktionsleitung bei einem namhaften Konkurrenten habe er sich vor 10 Jahren selbstständig gemacht. Er sei Praktiker und kenne die Branche von der Pieke auf. Die kaufmännischen Angelegenheiten werden von einem Steuerberater erledigt.

Herr Reckmeyer machte in dem Gespräch einen kompetenten und zuverlässigen Eindruck. Alle Fragen wurden offen beantwortet.

Betriebsbesichtigung am ...

Der Betrieb machte einen ordentlichen und sauberen Eindruck. Die Maschinen sind durchschnittlich vier Jahre alt und sollen nach und nach auf den neuesten Stand gebracht werden.

Fil.-Nr.	Kunden-Stammnummer	Name des Kunden	Vormerkung in TEUR	Gesamtzahl der Raster des Protokolls	Lfd. Nr.
800	7420300	Reckmeyer GmbH		1	1

Teil A: Ermittlung des Kundenrisikofaktors

	schlecht/n. b.*	noch ausr.	zufriedenst.	gut	(Wert eintragen)	Summe
I. Finanzielle Verhältnisse						
Haftende Eigenmittel/Nettovermögen	9	6	3	0		
Ertragslage/Einkommenssituation	9	6	3	0		
Liquidität/Finanzstruktur	9	6	3	0		
II. Wirtschaftliches Umfeld	schlecht/n. b.*	noch ausr.	zufriedenst.	gut		
Qualität Produkt/Vertrieb; Serviceangebot, Standort	9	6	3	0		
Entwicklung seit letzter Bilanz, Steuererklärung etc.	9	6	3	0		
Zukunftsperspektiven (z. B. auch Branchenperspektiven, Umweltprobleme, private Situation)	9	6	3	0		
III. Managementqualität/Vertrauenswürdigkeit	schlecht/n. b.*	noch ausr.	zufriedenst.	gut		
Fachliche/technische Qualifikation	6	4	2	0		
Kaufm. Qualifikation/Qualität des Rechnungswesens	6	4	2	0		
Beziehung zur Bank (z. B. Informationsverhalten, Kontoführung, Einhaltung von Zusagen)	9	6	3	0		

Ermittlung des rechnerischen Kundenrisikofaktors (KRF)

0–10 = A+ 11–15 = A 16–20 = A–	Kreditnehmer mit überdurchschnittlich guter Bonität.
21–25 = B+ 26–30 = B 31–35 = B–	Kreditnehmer mit guter (B+) bis noch zufriedenstellender (B–) Bonität, die i. d. R. mehr auf Bankkredit angewiesen sind und (insbesondere bei B–) eingehender(er) Kreditanalyse und Risikosteuerung bedürfen.
36–40 = C+ 41–45 = C 46–50 = C–	Kreditnehmer von stark eingeschränkter Schuldendienstfähigkeit, die mit speziellen Risiken oder erhöhten Unsicherheiten behaftet sind; Engagements i. d. R. nur auf gut besicherter Basis vertretbar.
51 und höher = D	Kreditnehmer, deren wirtschaftliche Überlebensfähigkeit infrage gestellt ist. Risiko nicht vertretbar.

Gesamtsumme ______

Rechnerischer KRF ______

Tatsächlicher KRF ______

* nicht bekannt

Lernbuch Kap. 21.4.2.1

3 Mithilfe des Kreditoren- und Debitorenziels die Liquidität beurteilen

Situation:

Das Rechnungswesen eines Betriebes der chemischen Industrie weist in den beiden letzten Jahren u. a. folgende Zahlen aus:

Bilanz-/GuV-Position	Berichtsjahr in TEUR	Vorjahr in TEUR
■ Forderungen aus Lieferungen und Leistungen (Jahresdurchschnitt)	570	680
■ Verbindlichkeiten aus Lieferungen und Leistungen (Jahresdurchschnitt)	840	1 020
■ Materialaufwand	6 000	7 500
■ Umsatzerlöse	3 600	3 000

Aufgaben:

1 Errechnen Sie für die beiden Jahre das Debitoren-(Kunden-)ziel und das Kreditoren-(Lieferanten-)ziel und erläutern Sie die Aussagekraft der beiden Kennziffern.

Auszug aus dem Handbuch für Finanzmanagement:

Kreditorenziel (Lieferantenziel)

Diese Kennziffer sagt aus, wie viele Tage Lieferantenziel das zu prüfende Unternehmen im Geschäftsjahr in Anspruch genommen hat, d. h. nach wie viel Tagen die Rechnungen vom zu prüfenden Unternehmen durchschnittlich bezahlt wurden. Diese Kennzahl dient zur Liquiditätsbeurteilung.

Das Kreditorenziel wird folgendermaßen errechnet:

$$\text{Durchschnittliches Kreditorenziel in Tagen} = \frac{\text{Verbindlichkeiten aus Lief. und Leist. (Jahresdurchschnitt)}}{\text{Materialaufwand}} \cdot 365$$

Beträgt das Kreditorenziel im Vorjahr 30 Tage und im laufenden Jahr 40 Tage, so hat sich diese Kennziffer wesentlich verschlechtert.

Ursachen dieser Entwicklung könnten sein:

- günstigere Zahlungsbedingungen der Lieferer,
- verschlechterte Zahlungsmoral bzw. -fähigkeit gegenüber den Lieferern,
- erhöhter Kapitalbedarf für Investitionen oder Umschuldungen u. a.

Folgen dieser Entwicklung könnten sein:

- schlechtere Kreditwürdigkeit, weil zu erkennen ist, dass zunehmend sehr teure Liefererkredite in Anspruch genommen werden mussten,
- verstärkte Einflussnahme der Lieferer,
- verstärkte Forderung von Sicherheitsleistungen,
- Verschlechterung der eingeräumten Zahlungsbedingungen.

Debitorenziel (Kundenziel)

Die Kennziffer zeigt die durchschnittliche Zahlungsdauer der Kunden des zu prüfenden Unternehmens auf, d. h. nach wie vielen Tagen die Rechnungen durch Kunden des zu prüfenden Unternehmens durchschnittlich bezahlt wurden. Die Kennziffer ist ebenfalls wichtig für die Beurteilung der Liquidität des zu prüfenden Unternehmens.

Das Debitorenziel wird folgendermaßen ermittelt:

$$\text{Durchschnittliches Debitorenziel in Tagen} = \frac{\text{Forderungen aus Lief. und Leist. (Jahresdurchschnitt)}}{\text{Umsatzerlöse}} \cdot 365$$

Je höher das durchschnittliche Debitorenziel, desto schlechter ist die Finanzlage des Unternehmens.

Mögliche Ursachen für eine Liquiditätsverschlechterung könnten sein:

- Von den Kunden wird ein längeres Zahlungsziel in Anspruch genommen, weil die Unternehmung z. B. die Überwachung der Zahlungseingänge vernachlässigt oder vermehrt Zugeständnisse bei Zahlungsvereinbarungen macht.
- Die Unternehmung hat die Warenvorräte zusätzlich aufgestockt. Sie könnte günstige Einkaufsmöglichkeiten genutzt oder das Warensortiment verbreitert haben.
- Die Verkaufsumsätze bleiben hinter den Erwartungen der Unternehmung zurück. Hierbei könnten die Kaufzurückhaltung von Kunden oder ein falsches Warensortiment eine Rolle gespielt haben.

Die erwähnten Tatbestände binden zusätzliche Liquidität in der Unternehmung.

Kreditorenziel und Debitorenziel sollten möglichst übereinstimmen, um den Kapitalbedarf von außen zu minimieren.

Quelle: In Anlehnung an: Hahn, Werner: Finanzbuchhaltung und Kostenrechnung in kaufmännischen Unternehmungen, Bad Homburg vor der Höhe 1991, S. 419f.

2 Der Kreditsachbearbeiter berechnet nachstehende Werte aus den Angaben des Kreditantragstellers:

	Vorvorjahr	Vorjahr	Berichtsjahr	Branche
Debitorenziel	21	22	36	45
Kreditorenziel	110	82	139	96

Beurteilen Sie die jeweilige Entwicklung und finden Sie mögliche Ursachen.

3 Den Erläuterungen zur Position „Forderungen aus Lieferungen und Leistungen" der Jahresbilanz entnehmen Sie nachstehende Zahlen:

Forderungsbestand zu Beginn des Berichtsjahres	12800 TEUR
Forderungsbestand am Ende des Geschäftsjahres	13400 TEUR
Umsatzerlöse des Berichtsjahres	115200 TEUR
Zahlungseingänge für Forderungen	114400 TEUR

a) Berechnen Sie den Durchschnittsbestand der Forderungen aus Lieferungen und Leistungen während des Geschäftsjahres.

b) Berechnen Sie die Umschlagshäufigkeit des Durchschnittsbestandes unter Hinzuziehung der Zahlungseingänge für Forderungen.

c) Berechnen Sie das Zahlungsziel, das die Kunden der Unternehmung durchschnittlich in Anspruch nehmen.

Fortsetzung der Situation:

Für eine materielle Kreditwürdigkeitsprüfung liegen die folgenden Daten vor:

	Vorvorjahr	Vorjahr	Berichtsjahr	Branche
❶ Eigenkapitalquote	21,8	21,4	34,1	30,1
❷ Gesamtkapitalrentabilität	7,8	7,4	6,3	7,2
❸ Liquidität 3. Grades	239,7	203,9	181,9	159,3
❹ Anlagedeckung I	75,8	79,9	65,1	82,3
❺ Anlagedeckung II	132,1	144,9	127,8	142,6

Aufgabe:

4 Beurteilen Sie die Entwicklung des Betriebes mittels der vorgegebenen Kennzahlen und finden Sie mögliche Ursachen für die Entwicklung.

Lernbuch Kap. 21.5.1

4 Einem Firmen-/Geschäftskunden eine Kontokorrentkreditlinie einräumen

Situation:

Das Modegeschäft Stilvoll e.K. plant den Einkauf der neuen Sommerkollektion in Höhe von 50000,00 EUR und benötigt für diesen zusätzlichen Kapitalbedarf eine Finanzierung Ihres Kreditinstituts. Das Modehaus verfügt über eine ausgezeichnete Bonität. In einem Beratungsgespräch empfehlen Sie der Inhaberin Cathy Bohmert eine entsprechende Erhöhung ihres Kontokorrentkredits.

Aufgaben:

1 Warum empfehlen Sie der Kundin einen Kontokorrentkredit und nicht ein langfristiges Darlehen?

2 Nennen Sie Merkmale dieser Kreditart aus Sicht des Modegeschäfts.

3 Frau Bohmert erklärt Ihnen, dass sie bisher immer das Zahlungsziel ihres Lieferanten von 60 Tagen in Anspruch genommen hat, obwohl sie bei Zahlung innerhalb von 15 Tagen 2 % Skonto abziehen könnte. Sie fragt sich, ob sich die Zahlung der Rechnung unter Abzug von Skonto lohnt, wenn sie dafür das Geschäftsgirokonto in Höhe des gesamten Zahlungsbetrags überziehen muss. Weisen Sie der Kundin rechnerisch die Vorteilhaftigkeit einer Kontoüberziehung nach, wenn sie die Rechnung ihres Lieferanten am letzten Tag der Skontofrist bezahlen würde. Der Sollzins, den die Bank für den Kontokorrentkredit berechnet, liegt bei 7 % p.a.

4 Zeigen Sie der Kundin Argumente auf, die in diesem Fall für den Kontokorrentkredit anstelle des Lieferantenkredits als geeignete Kreditform sprechen.

Fortsetzung der Situation:

Der Kreditrahmen des Modegeschäfts Stilvoll e.K. wird nach der Kreditprüfung auf 75000,00 EUR (neues Limit) erhöht. Die Kundeninformation zur „Abrechnung von Firmenkonten" enthält nachstehenden Text (Auszug):

Firmenkonten werden grundsätzlich wie Privatkonten abgerechnet. Dabei unterscheidet die Bank zwischen dem eingeräumten Überziehungskredit (Dispositionskredit) und dem geduldeten Überziehungskredit (Kontoüberziehung). Diese Art der Abrechnung wird in der Regel bei Kleinbetrieben vorgenommen. Mittlere Betriebe und Großbetriebe können mit der Bank andere Formen der Abrechnung vereinbaren. Über die konkreten Ausgestaltungen entscheidet der Firmenkundenbetreuer. Firmenkonten werden monatlich abgerechnet.

Postengebühren

Zusätzlich zu den Zinsen und zinsähnlichen Entgelten berechnet die Bank Entgelte für weitere Leistungen.[1] Der Firmenkunde hat die Wahl zwischen einer Pauschalabrechnung pro Monat (z.B. 15,00 EUR mit 100 elektronischen Freiposten) oder einer Einzelabrechnung, die sich in erster Linie daran orientiert, ob der Kunde seine Aufträge beleghaft oder beleglos bzw. elektronisch erteilt.

Überziehungszins

Die Beanspruchung nicht ausdrücklich vereinbarter Kreditlinien bringt der Bank höhere Risiken in Bezug auf Bonität und Liquiditätssteuerung. Gleichwohl ist es üblich, bei Firmenkunden in deren eigenem Interesse kurzfristige Überschreitungen eines Kreditrahmens zuzulassen. Für die Überschreitung des Kreditrahmens wird ein höherer Zinssatz verlangt. Die Differenz zum normalen Sollzins wird als „Überziehungszins" bezeichnet. Dieser beträgt zz. 3 % p. a. Er kann auch als Gesamtzins berechnet werden, z. B. Sollzins 11 % p. a. und Überziehungszins 14 % p. a.

1 Laut Urteil des Bundesgerichtshofes sind Kontoführungsgebühren bei Kreditkonten unzulässig. Die kontoführende Bank erbringe für die vereinnahmte Kontoführungsgebühr keine Sonderleistung, sondern genüge lediglich ihrer Rechnungslegungspflicht.

Die Bank bietet der Kundin folgende Konditionen für den neuen Kreditrahmen an:

Modell 1:

– Sollzinsen (incl. Überziehung):	11 % p.a.
– Überziehungszinsen:	3 % p.a.
– Habenzinsen:	0,50 % unter dem 3-Monats-Euribor-Satz*

Modell 2:

Sollzinsen (bis Limit):	11 % p.a.
Überziehungszinsen (über Limit; Gesamtzins):	14 % p.a.
Habenzinsen:	0,50 % unter dem 3-Monats-Euribor-Satz*

* Der 3-Monats-Euribor-Satz beträgt 0,656 % p.a.

Aufgaben:

5 Die Monatsabrechnung für Oktober des Jahres ergibt folgende Ergebnisse:

Habenzinszahlen:	#	3150
Sollzinszahlen innerhalb des Limits:	#	42000
Überziehungszinszahlen:	#	375

Erstellen Sie die Abrechnungen für den Kunden nach beiden Modellen.

6 Vergleichen und interpretieren Sie die Ergebnisse.

Lernbuch Kap. 21.5.2

5 Einem Firmen-/Geschäftskunden ein Bankaval zur Verfügung stellen

Situation:

Sebastian Stiller, Inhaber des Unternehmens „Worldconnect – Telekommunikation Stiller e. K." in 40219 Düsseldorf, Friedenstraße 92, hat in einer regionalen Tageszeitung vom 23. Oktober 20.. nebenstehende Anzeige (Auszüge) gelesen.

TAGESZEITUNG

23.10.20..

Öffentliche Ausschreibung

Die Kliniken Essen-Mitte, Huyssens-Stiftung/Knappschaft GmbH, Henricistraße 92, 45136 Essen, schreiben für den Ausbau einer Naturheilklinik mit 202 Betten folgende Arbeiten öffentlich aus:

1. Maler-, Lackier- und Tapezierarbeiten lt. DIN 18363 und DIN 18366
2. Lieferung einer Telekommunikationsanlage

Die Ausschreibungsunterlagen können ab sofort gegen Vorabsendung eines Verrechnungsschecks in Höhe von 35,00 EUR im Architekturbüro Thiede, Messthaler und Klösges, Kavalleriestraße 8, 40213 Düsseldorf, bei Herrn Heck angefordert werden. [...]

Die Ausschreibungsunterlagen zur Telekommunikationsanlage enthalten u. a. nachstehende Vertragsbedingungen (Auszüge):

[...]

6. Berücksichtigt werden nur Gebote, die eine unwiderrufliche Bürgschaft eines in der Bundesrepublik zugelassenen Kreditinstituts in Höhe von 5 % der Gebotssumme enthalten, gültig für 90 Tage ab Schlusstermin. Die Bürgschaft wird nur dann fällig, wenn der Bieter sein Gebot nicht mehr aufrechterhält oder den Abschluss eines Vertrages verweigert, der seinem Gebot entspricht.

7. Als Sicherheit für die Gewährleistung werden 5 % der Abrechnungssumme einbehalten. Der Auftragnehmer kann stattdessen eine Bürgschaft eines in der Bundesrepublik Deutschland zugelassenen Kreditinstituts stellen.

[...]

Herr Stiller möchte den Auftrag erhalten. Der Auftragswert liegt gemäß seinem vorbereiteten Gebot bei 45 000,00 EUR. Da sich der Kunde bisher nicht an öffentlichen Ausschreibungen beteiligt hat, sucht er am 27. Oktober 20.. die Sparkasse Düsseldorf auf und legt Ihnen die Anzeige und die Ausschreibungsunterlagen vor.

Im Rahmen Ihrer Kundenbetreuung schlagen Sie Herrn Stiller einen Avalkredit vor. Herrn Stiller ist diese Kreditart unbekannt.

Aufgaben:

1 Erklären Sie dem Kunden das Prinzip eines Avalkredits.

2 Erläutern Sie die in den Ausschreibungsunterlagen geforderten Bürgschaftsarten mithilfe der nachstehenden Information:

Arten von Bankavalen/Bankbürgschaften

1. Bietungsaval

Ein Projekt wird öffentlich ausgeschrieben, d. h. Aufforderung der öffentlichen Hand an Privatunternehmen, für die Durchführung öffentlicher Vorhaben, z. B. Straßen-, Schul- oder Krankenhausbau, innerhalb einer bestimmten Frist Angebote abzugeben. Ein Unternehmen reicht sein Angebot ein mit der Verpflichtung zur Zahlung einer Vertragsstrafe bis zu 10 % des Auftragsgegenwertes, falls es als Anbieter bei Erteilung des Zuschlags (= Annahme des Angebots) zu seinem Angebot nicht mehr stehen kann. Die Bank garantiert die Zahlung der Vertragsstrafe („Konventionalstrafe").

2. Anzahlungsbürgschaft

Der Käufer einer Ware leistet Anzahlung bei Auftragserteilung gegen Garantie der Bank des Verkäufers, die Rückzahlung des angezahlten Betrages sicherzustellen, falls der Verkäufer seinen Verpflichtungen nicht nachkommt. Die Bank garantiert die Rückzahlung der Anzahlung.

3. Lieferungs- und Leistungs-/Vertragserfüllungsbürgschaft

Der Verkäufer verpflichtet sich, eine nach Form, Menge, Qualität und Zeitpunkt vertragsgemäße Lieferung zu erbringen; andernfalls ist eine Vertragsstrafe bis zu 20 % des Auftrags-/Warenwertes zu zahlen. Die Bank garantiert die Zahlung der Vertragsstrafe.

4. Gewährleistungsbürgschaft

Der Verkäufer verpflichtet sich, insbesondere technisch einwandfreie Ware zu liefern. (Dies ist besonders bei Investitionsgütern üblich.) Er hat dafür eine bestimmte Zeit lang (bei Investitionsgütern meist sechs Monate ab Betriebsbereitschaft des Anlagegutes) mit der Zahlung einer Vertragsstrafe einzustehen. Die Bank garantiert die Zahlung der Vertragsstrafe.

3 Herr Stiller möchte nähere Einzelheiten über die Abwicklung von Bankavalen/Bankbürgschaften wissen. Beschreiben Sie Herrn Stiller die Abwicklung eines Avalkredits ab Vorliegen des Kreditantrags bis zur Bereitstellung des Kredits.

Fortsetzung der Situation:

Herr Stiller möchte sich in Zukunft an weiteren Ausschreibungen beteiligen. Deshalb soll ein Avalkontingent von 100 000,00 EUR vereinbart werden. Die Sparkasse schließt mit dem Kunden nachstehenden Avalkredit-Rahmenvertrag (siehe S. 222) und händigt ihm die Bedingungen für das Avalgeschäft aus.

Aufgabe:

4 a) Welche Art der Bürgschaft bzw. des Avals wird Herr Stiller vor Abgabe des Gebots beantragen? Geben Sie auch die Betragshöhe an.

b) Welche Bedeutung hat der folgende Ausschnitt aus der Anlage zum Bürgschaftsauftrag?

STADT-SPARKASSE DÜSSELDORF

Anlage zur Finanzierung vom: ....

Auftraggeber/Kreditnehmer:

Avalkredit: 998 7471 Kliniken Essen-Mitte/Stiller

(X) Der Auftraggeber weist die Sparkasse an, gegenüber dem Begünstigten selbst oder durch eine Zweitbank in deren Namen eine **Bürgschaft auf erstes Anfordern** zu übernehmen.

c) Erläutern Sie die Rechtsverhältnisse, die im Zusammenhang mit der Bereitstellung der Bürgschaft/des Avals zwischen den Beteiligten entstehen.

d) Berechnen Sie die entstehenden Kosten, wenn die Bürgschaft über volle drei Monate läuft.

e) Erläutern Sie, warum die Kosten vergleichsweise gering sind.

Avalkredit-Rahmenvertrag

Avalkontingent Nr.: 998 7471 001

Worldconnect-Telecommunikation Stiller e. K.
Friedenstraße 92
40219 Düsseldorf

– nachstehend der Kreditnehmer genannt –

vereinbart mit der

Stadt-Sparkasse Düsseldorf
Berliner Allee 33
40212 Düsseldorf

– nachstehend die Sparkasse genannt –

im Auftrag des Kreditnehmers Avale zu seinen oder anderen Gunsten bis zu einem Gesamtbetrag von 100 000,00 EUR

(i. W. einhunderttausend Euro)

zu übernehmen.

Für den Rahmenvertrag gelten **neben den beigefügten Bedingungen für das Avalgeschäft** folgende Bedingungen:

Vertragsdauer

Der Vertrag wird bis auf weiteres geschlossen und kann von jedem Teil jederzeit ohne Einhaltung einer Kündigungsfrist gekündigt werden. Für die zur Zeit der Kündigung bereits übernommenen Avale gelten die Bestimmungen dieses Vertrages fort. Die Sparkasse kann jedoch – ... – vom Kreditnehmer Befreiung von diesen Avalverpflichtungen verlangen.

Avalprovision für Inlandsavale

Für die im Rahmen dieses Vertrages übernommenen Avale berechnet die Sparkasse ein einmaliges Ausfertigungsentgelt von 25,00 EUR und eine von ihr für Kredite dieser Art jeweils festgesetzte Provision, zurzeit 3 % p. a., die anteilig nachträglich zum jeweiligen Monatsende dem Girokonto belastet wird. Die Provisionshöhe beträgt mindestens 2,50 EUR für jeden angefangenen Kalendermonat. Die Belastung erfolgt auf Girokonto Nr. 998 7471. Eine Anzeige hierzu erhält der Kreditnehmer in seinem Kontoauszug. Änderungen der Avalprovision werden ihm mitgeteilt.

Zu verbürgender Anspruch

Der Kreditnehmer weist die Sparkasse in seinen Aufträgen zur Übernahme von Bürgschaften gegenüber dem jeweiligen Begünstigten wie folgt an:

a) Bei Übernahme einer **Bürgschaft auf erstes Anfordern** ist die Sparkasse berechtigt, auf die schlüssig vorgetragene Behauptung des Bürgschaftsfalles durch den Begünstigten die Bürgschaftssumme sofort auszuzahlen. Dafür reicht bereits aus, dass der Begünstigte die in der Bürgschaftsurkunde genannten Bedingungen schriftlich darlegt, ohne irgendwie auf Einzelheiten des Geschäftsverhältnisses zwischen ihm und dem Kreditnehmer hinzuweisen. Die Sparkasse kann bei Übernahme einer solchen Bürgschaftsverpflichtung gegen ihre Inanspruchnahme grundsätzlich keine Einreden oder Einwendungen aus dem Vertragsverhältnis zwischen Kreditnehmer und Begünstigtem erheben. Die Sparkasse wird den Kreditnehmer von der Zahlungsaufforderung und der Absicht zu zahlen, unterrichten.

b) Bei Übernahme einer **Bürgschaft ohne Zahlung auf erstes Anfordern** wird die Sparkasse den Kreditnehmer von der Zahlungsaufforderung unterrichten und um Weisung bitten. Vor einer Zahlung an den Begünstigten wird die Sparkasse Einreden oder Einwendungen berücksichtigen, die der Kreditnehmer in Bezug auf das Vertragsverhältnis zum Begünstigten geltend machen kann, wenn deren Voraussetzungen klar und unstreitig sind.

Offenlegungs- und Auskunftsvereinbarungen

[...]

Rechtswirksamkeit

Sollten Vereinbarungen, die in diesem Vertrag getroffen sind ganz oder teilweise der Rechtswirksamkeit ermangeln oder nicht durchgeführt werden, so sollen dennoch die übrigen Vereinbarungen wirksam bleiben.

Allgemeine Geschäftsbedingungen

Die Sparkasse weist ausdrücklich darauf hin, dass ergänzend ihre Allgemeinen Geschäftsbedingungen (AGB) Vertragsbestandteil sind. Diese liegen in den Kassenräumen zur Einsichtnahme aus. Jeder Vertragspartner erhält ein Exemplar der AGB, soweit noch keine Geschäftsverbindung besteht.

Bedingungen für das Avalgeschäft

– Auszug –

STADT-SPARKASSE DÜSSELDORF

Das Kreditinstitut übernimmt im Auftrag von Kunden Bürgschaften ... – nachstehend einheitlich die Haftungszusage genannt – zu folgenden Bedingungen:

1. Direkte/indirekte Haftungszusage, Abfassung

Das Kreditinstitut kann die Haftungszusage selbst erstellen (direkte Haftungszusage) oder durch ein anderes Kreditinstitut (Zweitbank) in dessen Namen erstellen lassen.

Sofern das Kreditinstitut oder die Zweitbank bei der Abfassung der Urkunde über die Übernahme der Haftungszusage (Urkunde) den Weisungen des Auftraggebers folgt, trifft es diesem gegenüber keine Prüfungs- und Hinweispflicht.

Bürgschaften übernimmt das Kreditinstitut selbstschuldnerisch unter Verzicht auf die Einreden der Anfechtbarkeit und der Aufrechenbarkeit.

2. Avalkonto/Avalprovision

Mit Aushändigung/Absendung der Urkunde oder Absendung des Auftrags zur Erstellung einer Haftungszusage an die Zweitbank wird das Avalkonto des Auftraggebers mit dem zugesagten Betrag belastet. Von diesem Zeitpunkt an wird dem Auftraggeber Avalprovision auf den belasteten Betrag bis zur Ausbuchung in Rechnung gestellt. [...]

3. Rückgabe der Urkunde, Haftungsentlassung

Der Auftraggeber hat nach Beendigung/Erledigung der Haftungszusage für die Rückgabe der Urkunde, hilfsweise für die Haftungsentlassung des Kreditinstituts Sorge zu tragen.

4. Ausbuchung

Bei direkten Haftungszusagen, für die in der Urkunde ein Verfalltag bestimmt ist, wird das Kreditinstitut die Belastung nach Ablauf des Verfalltages aus dem Avalkonto ausbuchen, wenn folgende Voraussetzungen vorliegen:

- Die Haftungszusage erlischt nach ihrem eindeutigen Wortlaut, wenn vor Ablauf des Verfalltages keine Inanspruchnahme erfolgt und
- die Haftungszusage deutschem Recht unterstellt und
- das Kreditinstitut nicht fristgerecht in Anspruch genommen worden ist.

Sollte das Kreditinstitut aufgrund ausländischen Rechts in einem solchen Fall vom Begünstigten nach Ablauf des Verfalltages noch aus der Haftungszusage in Anspruch genommen werden, so wird es nur zahlen, wenn eine Ermächtigung des Auftraggebers zur Zahlung oder eine vollstreckbare Entscheidung auf Zahlung vorliegt.

In den übrigen Fällen wird das Kreditinstitut den Betrag der Haftungszusage auf dem Avalkonto ausbuchen, wenn es die über die Haftungszusage ausgestellte Urkunde zurückerhalten hat oder von dem Begünstigten bzw. der Zweitbank eindeutig aus der Haftung entlassen worden ist.

5. Berechtigung zur Hinterlegung bei Inanspruchnahme

Das Kreditinstitut ist – im gleichen Maße, wie dies gegenüber dem Begünstigten in der Haftungszusage vereinbart ist – auch berechtigt, den zugesagten Betrag zu hinterlegen.

6. Prüfung von Unterlagen

Hat das Kreditinstitut im Zusammenhang mit der Haftungszusage Urkunden/Erklärungen entgegenzunehmen, so wird es mit der Sorgfalt eines ordentlichen Kaufmanns prüfen, ob diese der äußeren Form nach den Bedingungen für die Inanspruchnahme aus der Haftungszusage entsprechen.

Dem Kreditinstitut obliegen keine weitergehenden Prüfungspflichten, insbesondere auf Echtheit und Unverfälschtheit, Formrichtigkeit, Vollständigkeit oder Rechtswirksamkeit der Urkunden/Erklärungen und der in ihnen enthaltenen allgemeinen oder besonderen Bedingungen oder auf Richtigkeit mitgelieferter Übersetzungen.

Erklärungen sind auch dann als ordnungsgemäß anzusehen, wenn sie per Kabel, Telegramm, Fernschreiben oder über sonstige Nachrichtensysteme übermittelt worden sind.

7. Aufwendungsersatz

Der Auftraggeber hat dem Kreditinstitut alle Aufwendungen valutengleich zu ersetzen, die im Zusammenhang mit der Ausführung seines Auftrages – auch nach Ausbuchung der Haftungszusage und/oder im Zusammenhang mit außergerichtlicher oder gerichtlicher Rechtsverfolgung im In- oder Ausland – entstehen. [...]

Soweit das Kreditinstitut die Aufwendungen nicht einem laufenden Konto im Rahmen eines Guthabens oder einer Kreditlinie belasten kann, sind die von dem Kreditinstitut allgemein für Überziehungen berechneten Zinsen, Gebühren und Provisionen zu zahlen.

8. Stellung von Sicherheiten

Der Auftraggeber ist entsprechend der in Nr. 22 AGB getroffenen Regelung verpflichtet, dem Kreditinstitut auf Verlangen bankmäßige Sicherheiten oder Bardeckung zu stellen oder bestehende Sicherheiten zu verstärken, wenn sich aufgrund nachträglich eingetretener oder bekannt gewordener Umstände eine Veränderung der Risikolage ergibt. [...]

9. Gerichtsstand

[...]

Fortsetzung der Situation:

Der Kreditnehmer erhält den Zuschlag zur Installation der Telekommunikationsanlage. Die Arbeiten sollen bis zum 31.12.20.. fertiggestellt und vom Auftraggeber abgenommen sein.

Nachstehendes Schreiben verschickt die Sparkasse an die Kliniken Essen-Mitte:

STADT-SPARKASSE DÜSSELDORF

Abteilung Kreditsekretariat
Berliner Allee 33
40212 Düsseldorf

Kliniken Essen-Mitte
Henricistraße 92
45136 Essen

Ihr Gesprächspartner:
Paul Reichmann
Telefon: 0211/878-2211
Telefax: 0211/878-1748
Internet: www.sskduesseldorf.de

30. Oktober 20..

Bürgschaft – Zahlung auf erstes Anfordern

Avalkredit Nr. 998 7471 111

Wir verbürgen uns Ihnen gegenüber selbstschuldnerisch – und zwar unter Verzicht auf die Einreden der Anfechtbarkeit, Aufrechenbarkeit und Vorausklage gemäß §§ 770, 771 BGB – bis zum Höchstbetrage von

2250,00 EUR, in Worten zweitausendzweihundertundfünfzig Euro

für Ihre Ansprüche aus

Lieferung einer Telekommunikationsanlage über insgesamt 45000,00 EUR gemäß Vertrag Nr. 1234 vom 29.10.20..

gegen

Worldconnect-Telekommunikation Stiller e.K.
Friedenstr. 92
40219 Düsseldorf

Aus der Bürgschaft können wir nur auf Zahlung von Geld in Anspruch genommen werden.

Die Bürgschaft ist **auf erstes Anfordern zahlbar**, wenn Sie uns schriftlich bestätigen, dass Ihre Forderungen gegen den Hauptschuldner aus den genannten Geschäften fällig sind und dieser trotz Mahnung seinen vertraglichen Leistungspflichten nicht nachgekommen ist.

Die Verpflichtungen aus der Bürgschaft enden, wenn die Forderung erlischt oder wenn uns diese Bürgschaftsurkunde zurückgegeben wird, spätestens aber, wenn Ansprüche gegen uns aus der Bürgschaft nicht bis zum 30.04.20.. geltend gemacht worden sind.

Meyer *Leopold*
Stadt-Sparkasse Düsseldorf

Aufgabe:

5 Bezeichnen und erläutern Sie die Art der herausgelegten Bürgschaft.

Fortsetzung der Situation:

Die Sparkasse hat eine weitere Bürgschaft für die Worldconnect-Telekommunikation übernommen.

Textauszug:

Wir wurden davon unterrichtet, dass zwischen Ihnen und der Firma Worldconnect-Telekommunikation Stiller e. K., Friedenstr. 92, 40219 Düsseldorf ein Vertrag zu einem Gesamtpreis von 270000,00 EUR abgeschlossen worden ist, der eine Anzahlung von 10% des Gesamtpreises gegen die Erstellung eines Bankavals vorsieht.

Wir, die Stadtsparkasse Düsseldorf, verpflichten uns hiermit unwiderruflich, an Sie auf Ihre erste schriftliche Anforderung hin unverzüglich einen Betrag bis zur Höhe von

27000,00 EUR
(i. W. siebenundzwanzigtausend Euro)

zu zahlen, wenn Sie uns gleichzeitig bestätigen, dass der Verkäufer seinen vertraglichen Pflichten nicht nachgekommen ist.

Aufgaben:

6 Bezeichnen und erläutern Sie die Art der Bürgschaft.

7 Führen Sie drei Gründe an, die gemäß der „Bedingungen für das Avalgeschäft" zum Erlöschen eines Einzelavals führen.

Lernbuch Kap. 21.5.3

6 Dem Kunden ein Investitionsdarlehen anbieten

Situation:

Sie sind Firmenkundenberater(-in) der Kundenbank AG. Ihr Kunde, die LORKA Hoch- und Tiefbau GmbH, vertreten durch den geschäftsführenden Gesellschafter Paul Lorenz, plant die Anschaffung eines neuen Montagekrans zum Kaufpreis von 230 000,00 EUR. Herr Lorenz möchte den Kaufpreis des Montagekrans in voller Höhe über die Kundenbank AG finanzieren. Er schätzt die tatsächliche betriebliche Nutzungsdauer des Montagekrans auf 10 Jahre, die steuerlich maßgebliche betriebsgewöhnliche Nutzungsdauer lt. AfA-Tabelle beträgt 13 Jahre.

Sie besprechen mit Herrn Lorenz die Details zur Finanzierung.

Aufgaben:

1 Empfehlen Sie dem Kunden eine unter betriebswirtschaftlichen Gesichtspunkten zu wählende Laufzeit der Finanzierung und begründen Sie diese.

2 Nennen und erklären Sie Herrn Lorenz zwei infrage kommende Darlehensarten unter Berücksichtigung der Tilgungsmodalitäten.

3 Erklären Sie dem Kunden die möglichen Zinsvereinbarungen für das zu beantragende Darlehen und empfehlen Sie ihm unter Berücksichtigung der jetzigen Marktlage eine Zinsvereinbarung.

Fortsetzung der Situation:

Zur Beurteilung der Kreditwürdigkeit der LORKA Hoch- und Tiefbau GmbH liegen Ihnen folgende Kennziffern vor:

Kennziffer	vorletztes Geschäftsjahr	letztes Geschäftsjahr	prognostizierte Zahlen für das laufende Geschäftsjahr	Branchendurchschnitt im letzten Geschäftsjahr
Eigenkapitalquote	14,23 %	16,80 %	18,12 %	10,00 %
Gesamtkapitalrentabilität	10,80 %	11,40 %	13,00 %	9,50 %
Cashflow	164 TEUR	185 TEUR	196 TEUR	–

Aufgaben:

4 Erläutern Sie die vorliegenden Kennzahlen und beurteilen Sie deren Entwicklung.

5 Für die Bonitätsprüfung nutzen Sie nicht nur die Jahresabschlussanalyse. Nennen Sie weitere Unterlagen, die für die Kreditwürdigkeitsprüfung von Bedeutung sind.

Fortsetzung der Situation:

Die bisherige monatliche Belastung für bereits bestehende Darlehen der LORKA Hoch- und Tiefbau GmbH bei der Kundenbank AG beträgt 4380,00 EUR. Diese Darlehen sind u.a. mit einer werthaltigen Grundschuld über 150000,00 EUR an dem Privatgrundstück von Herrn Lorenz abgesichert. Der Beleihungswert der Immobilie beträgt 460000,00 EUR. Das beantragte Darlehen würde mit 3,5 % p.a. verzinst und in gleichbleibenden monatlichen Beträgen über die Nutzungsdauer getilgt.

Aufgaben:

6 Ermitteln Sie unter Angabe des Rechenweges den gesamten Kapitaldienst, den die LORKA Hoch- und Tiefbau GmbH im ersten Jahr nach Auszahlung des neuen Darlehens aufbringen muss.

7 Entscheiden Sie, ob die Kapitaldienstfähigkeit der LORKA Hoch- und Tiefbau GmbH für die zukünftige Gesamtbelastung gegeben ist, und begründen Sie Ihre Entscheidung.

8 Die Kundenbank AG will das Kreditengagement nicht ohne zusätzliche Sicherheiten erhöhen. Nennen Sie auf der Basis der Ihnen vorliegenden Informationen drei mögliche Sicherheiten und beurteilen Sie ihre Werthaltigkeit.

7 Über Leasing als Finanzierungsmöglichkeit Auskunft erteilen

Lernbuch Kap. 21.6.1

Situation:

Sie sind Kundenberater(-in) in der Kundenbank AG. Juri Anders, geschäftsführender Gesellschafter der Harzer Möbelwerkstätten GmbH, plant die Anschaffung einer Holzbearbeitungsmaschine. Die Maschine soll gemäß Angebot 45 000,00 EUR inklusive Umsatzsteuer kosten. Da das Unternehmen den Kaufpreis der Holzbearbeitungsmaschine finanzieren möchte, hat Herr Anders heute mit Ihnen einen Beratungstermin vereinbart.

Im Gespräch legt Ihnen Herr Anders folgende Werbeanzeige vor, die er im Internet gefunden hat:

Herr Anders möchte diese Finanzierungsmöglichkeit genauer kennenlernen und bittet Sie um Beratung. Im Vorfeld des Gesprächs informieren Sie sich mithilfe des Artikels „Wirtschaftsgüter mieten statt kaufen" (siehe S. 228) über die Grundlagen des Leasings.

Aufgaben:

1 Erläutern Sie Herrn Anders den Unterschied zwischen einer Leasing- und einer klassischen Investitionsfinanzierung.

Zeigen Sie ihm auch den Unterschied zwischen Leasing und einer „echten" Miete auf.

2 Erklären Sie dem Kunden, wie ein Leasingvertrag in seinem Fall zustande käme.

3 Verdeutlichen Sie Herrn Anders die Vor- und Nachteile des Leasings.

Wirtschaftsgüter mieten statt kaufen

Leasing wird neben der klassischen Investitionsfinanzierung über Fremdkapital immer beliebter. Neben den steuerlichen Vorteilen wirkt sich vor allem die Finanzierung bilanzneutral aus. Unterschieden wird zwischen dem Leasing von Mobilien (z.B. Kraftfahrzeuge, Maschinen) und dem Immobilienleasing (z.B. gewerblich genutzte Gebäude).

Was ist Leasing?

Wer least, mietet ein Wirtschaftsgut mittel- bis langfristig, kauft es aber nicht. Der Leasingnehmer kann das Leasingobjekt wie ein Eigentümer nutzen und besitzt oft am Ende der Grundmietzeit eine Kaufoption. Das Leasingobjekt bleibt in der Regel juristisch und wirtschaftlich das Eigentum des Leasinggebers. Der Unterschied zwischen Leasing und Mieten besteht darin, dass der Nutzer des Leasingobjektes alle Rechte, Risiken und Pflichten hat, die bei der traditionellen Miete in der Regel der Vermieter trägt.

Im Gegensatz zu einem Mietvertrag haftet der Leasingnehmer für Beschädigungen und für den Ausfall des Produktes. Er muss Reparaturen selbst ausführen und das Objekt instand halten – es sei denn, er hat einen Fullservice-Leasing-Vertrag abgeschlossen. Üblich ist diese Leasingform im Kfz-Bereich. Beim Fullservice-Leasing übernimmt beispielsweise der Leasinggeber die gesamte Verwaltung inklusive Wartung, Verschleißreparaturen, Versicherung, Kfz-Steuern usw.

Ein Objekt ist leasingfähig, wenn es als selbstständiges Wirtschaftsgut genutzt werden kann und fungibel ist, d.h., ein Leasinggegenstand muss so beschaffen sein, dass der Leasinggeber ihn auch nach Ablauf der vereinbarten Mietzeit weiterverwerten kann.

Was sind die Vorteile von Leasing?

Die Leasingraten können als Betriebsausgaben steuerlich in voller Höhe geltend gemacht werden. Da der Nutzer nicht Eigentümer ist, taucht das Objekt in seiner Bilanz nicht auf – somit steigt die Eigenkapitalquote und die Bilanz wird nicht belastet. Auch der Kreditrahmen bei der Bank muss nicht erhöht werden. Trotzdem können die oft teuren Wirtschaftsgüter sofort im Betrieb genutzt werden. Die Höhe der laufenden Leasingraten wird meist durch eine Sondervorauszahlung reduziert, die im Jahr der Zahlung voll als Betriebsausgabe abgesetzt werden kann.

Weitere Vorteile sind:

- Leasing ist kostenkongruent, d.h., die Kosten und Erträge der Investition verlaufen parallel.
- Im Gegensatz zum Kauf führt Leasing nicht zu einer sofortigen Belastung der Liquidität zum Zeitpunkt der Investition.
- Da der Leasingnehmer während der gesamten Investitionsdauer seine ihm zur Verfügung stehenden Mittel nicht im Leasinggegenstand, d.h. in seinem Anlagevermögen, binden muss, können die Mittel anderweitig eingesetzt werden, z.B. für die Ausweitung des Warenlagers.
- Da die Bindung an im Leasingverfahren gemietete Wirtschaftsgüter immer kürzer ist als an gekaufte Wirtschaftsgüter, bietet Leasing die Möglichkeit, das Investitionsrisiko und das Überalterungsrisiko zu verringern.
- Gleichbleibende Leasingzahlungen bilden eine klare Kalkulationsgrundlage für die gesamte Vertragsdauer.
- Leasing ist bilanzneutral.

Welche Nachteile hat Leasing?

Leasingverträge sind in der Regel unkündbar und haben eine Laufzeit von mehreren Jahren, bei Immobilien auch Jahrzehnten. Damit geht man eine langfristige vertragliche Bindung ein. Durch die Leasingraten erhöhen sich nicht nur die monatlichen Fixkosten, auch die Gesamtkosten sind gegenüber einem Sofortkauf höher.

Die Leasingrate wird monatlich an den Leasinggeber gezahlt. Sie berechnet sich aus den Einflussgrößen Kaufpreis, Zinssatz, Laufzeit, dem Restwert und der Sondervorauszahlung.

Wie funktioniert Leasing?

Leasingverträge können auf verschiedene Weise zustande kommen:

- Der Leasingnehmer kann das von ihm gewünschte Wirtschaftsgut beim Lieferanten aussuchen und sich dann an die Leasinggesellschaft – den Leasinggeber – wenden, der dieses Wirtschaftsgut in eigenem Namen und für eigene Rechnung kauft und an den Leasingnehmer vermietet.
- Der Leasingnehmer kann sich aber auch gleich an den Leasinggeber wenden und dessen Know-how bei der Beschaffung, bei technischen Fragen usw. in Anspruch nehmen.
- Eine weitere Möglichkeit bietet das sogenannte „sale-and-lease-back"-Verfahren: Dabei kauft der Leasinggeber den Leasinggegenstand, der neu oder bereits genutzt sein kann, vom Leasingnehmer und vermietet ihn an den Leasingnehmer zurück.

Kein Leasing ohne überzeugendes Konzept

Wer über Leasing Wirtschaftsgüter finanzieren will, braucht – wie bei jeder Finanzierung – ein überzeugendes Unternehmenskonzept: Seriosität und Zukunftsfähigkeit müssen dabei genauso nachgewiesen werden wie die Chancen am Markt und der durchdachte Business- und Finanzplan.

Quelle: Bundesverband Deutscher Leasingunternehmen e.V., zitiert nach: https://www.ihk-nuernberg.de/de/IHK-Magazin-WiM/W M-Archiv/WIM-Daten/2004-04/Special/Finanzierung/Wirtschaftsgueter-mieten-statt-kaufen.jsp

Fortsetzung der Situation:

Herr Anders hat sich mit der MaLeaseMe AG zwecks Leasing einer Holzbearbeitungsmaschine in Verbindung gesetzt und von der MaLeaseMe AG den folgenden Entwurf eines Leasingvertrags zugesandt bekommen.

In einem weiteren Beratungsgespräch mit Ihnen bittet er Sie um Beantwortung einiger Fragen zu diesem Vertragsentwurf.

MaLeaseMe AG

Leasingvertrag (Teilamortisierungsvertrag mit Andienungsrecht)

LEASINGVERTRAG – Auszug –

Zwischen

MaLeaseMe AG – nachfolgend Leasinggeber –

und

Harzer Möbelwerkstätten GmbH – nachfolgend Leasingnehmer genannt –

wird folgender Vertrag geschlossen:

§ 1 Vertragsgegenstand

Der Leasinggeber überlässt dem Leasingnehmer das im Folgenden näher bezeichnete Leasinggut zur entgeltlichen Nutzung.

§ 2 Vertragsdauer

(1) Das Leasingverhältnis wird auf 72 Monate (40 % bis 90 % der betriebsgewöhnlichen Nutzungsdauer des Leasingguts) geschlossen.

(2) Das Leasingverhältnis beginnt mit dem Tag der Übernahme des Leasingguts durch den Leasingnehmer und endet mit Ablauf des 72ten Monats, der auf den Monat der Übernahme folgt (Grundmietzeit).

§ 3 Beschaffung des Leasingguts

(1) Der Leasinggeber ist verpflichtet, das Leasinggut entsprechend den Angaben in § 1 und nach den Weisungen des Leasingnehmers bei dem vom Leasingnehmer benannten Lieferanten zu dessen Lieferbedingungen zu beschaffen und dem Leasingnehmer zur Nutzung zu überlassen.

(2) Der Leasingnehmer erkennt die Lieferbedingungen des Lieferanten an.

§ 4 Höhe und Fälligkeit der Leasingrate

(1) Der Leasingnehmer hat die Leasingraten monatlich zum 1. im Voraus zu zahlen. Die Anzahl der Leasingraten entspricht der vereinbarten Vertragsdauer in Monaten.

(2) Leasinggeber und Leasingnehmer sind sich darüber einig, dass die Summe der Leasingraten die Anschaffungs- und Finanzierungskosten des Leasinggebers nebst dessen Gewinn nicht decken. Die Amortisation des während der unkündbaren Leasingdauer nicht amortisierten Betrages erfolgt durch die Vereinbarung eines Andienungsrechts.

§ 5 Gewährleistung

(1) Der Leasingnehmer ist verpflichtet, nach Abnahme des Leasingguts etwaige Ansprüche – insbesondere Mängelansprüche – unmittelbar gegenüber dem Lieferanten des Leasingguts geltend zu machen.

(2) Soweit der Leasingnehmer Mängelansprüche gegenüber dem Lieferanten des Leasingguts geltend macht, ist er nicht berechtigt, die Zahlung von Leasingraten gegenüber dem Leasinggeber zurückzuhalten.

§ 6 Kündigung

(1) Die ordentliche Kündigung des Leasingvertrags vor Ablauf der Grundmietzeit ist ausgeschlossen. Das Recht beider Vertragsparteien zur außerordentlichen Kündigung des Leasingvertrags bei Vorliegen eines wichtigen Grundes bleibt hiervon unberührt.

(2) Der Leasinggeber ist zur außerordentlichen Kündigung insbesondere dann berechtigt,

wenn

- der Leasingnehmer mit der Zahlung von zwei Leasingraten in Verzug geraten ist;
- der Leasingnehmer das Leasinggut vertragswidrig benutzt und diesen Fehlgebrauch – trotz schriftlicher Abmahnung des Leasinggebers mit angemessener Fristsetzung – nicht beendet;
- über das Vermögen des Leasingnehmers ein Insolvenz- oder Vergleichsverfahren beantragt oder eröffnet wird.

(3) Im Falle der außerordentlichen Kündigung ist der Leasingnehmer verpflichtet, das Leasingobjekt unverzüglich an den Leasinggeber herauszugeben und an den Leasinggeber eine Abschlusszahlung zu leisten. Diese berechnet sich aus der Differenz der Vollamortisierung und der Summe der vom Leasingnehmer bis zu diesem Zeitpunkt bereits geleisteten Leasingraten. Auf die Abschlusszahlung sind 90 % des Erlöses, den der Leasinggeber aus der anderweitigen Verwertung des Leasingguts erzielt, anzurechnen.

§ 7 Sonstige Rechte und Pflichten des Leasinggebers

(1) Der Leasinggeber ist bereit, mit dem Leasingnehmer über eine Verlängerung des Leasingvertrags zu verhandeln. Kommt nach Ablauf dieses Leasingverhältnisses ein Verlängerungsvertrag zwischen dem Leasinggeber und dem Leasingnehmer nicht zustande, so hat der Leasinggeber das Recht, von dem Leasingnehmer die Übernahme des Leasingguts in Höhe einer Vollamortisierung zu verlangen. Der Leasingnehmer hat gegen den Leasinggeber keinen Anspruch auf Übernahme des Leasingguts.

[...]

Aufgaben:

4 Erläutern Sie Herrn Anders, was man unter einem Teilamortisierungsvertrag mit Andienungsrecht versteht.

5 Der Kunde möchte wissen, warum das Leasingverhältnis für 40 % bis 90 % der gewöhnlichen Nutzungsdauer geschlossen wird.

Auszug aus dem Handbuch für kundenzentriertes Finanzmanagement:

Die 40-90-Regel für Unternehmen ein absolutes Muss

Leasing bringt Unternehmen zahlreiche Steuervorteile ein – gleich ob es sich um die Anschaffung einer Pkw-Flotte handelt, das Leasing von Maschinen und ITK-Equipment oder Ihr Unternehmen ein Gebäude least. Voraussetzung, um als Unternehmen die Vorteile ausschöpfen zu können, ist jedoch, dass Sie beim Leasing die sogenannte 40-90-Regel beachten. Ihr Unternehmen profitiert nur dann umfassend von den finanziellen und steuerlichen Vorteilen des Leasings, wenn das Finanzamt auch tatsächlich die Leasinggesellschaft als Eigentümerin des Leasinggegenstands ansieht – und nicht etwa Ihr Unternehmen.

Stuft das Finanzamt Ihr Unternehmen hingegen als Eigentümer des Leasinggegenstands ein, wird es Ihren Leasingvertrag steuerlich wie einen Ratenkauf behandeln. Die fatale Folge: Sie müssen den Leasinggegenstand abschreiben und können nur den Zinsanteil der Leasingraten als Betriebsausgaben geltend machen.

Ob das Wirtschaftsgut der Leasinggesellschaft oder Ihrem Unternehmen zuzurechnen ist, das beurteilt das Finanzamt vor allem nach dem Verhältnis von Grundmietzeit und betriebsgewöhnlicher Nutzungsdauer des Wirtschaftsguts gemäß der amtlichen Abschreibungstabelle.

Kritisch ist vor allem folgende Konstruktion: Beträgt die Grundmietzeit weniger als 40 % oder mehr als 90 % der üblichen Nutzungsdauer, wird Ihnen als Leasingnehmer der Leasinggegenstand von Anfang an als Eigentum zugerechnet.

Für Sie bedeutet die 40-90-Regel konkret: Die Grundmietzeit muss länger als 40 % der üblichen Nutzungsdauer währen, darf aber keinesfalls länger als 90 % der Zeit dauern.

Quelle: perspektive-mittelstand.de/Leasing

6 Geben Sie dem Kunden an, wie die Beschaffung der Holzbearbeitungsmaschine gemäß Leasingvertragsentwurf vorgesehen ist.

7 a) Beschreiben Sie Herrn Anders das Kündigungsrecht, das der Leasingvertragsentwurf vorsieht.

b) Verdeutlichen Sie ihm die Gefahr, die während der Grundmietzeit für sein Unternehmen mit dieser Kündigungsregelung verbunden sein kann.

c) Erklären Sie ihm die Folgen einer außerordentlichen Kündigung des Leasingvertrags durch den Leasinggeber.

8 Das Factoring als Finanzierungsalternative einsetzen

Lernbuch Kap. 21.6.2

Situation:

Die mittelständische Büromöbelhersteller BüMobila GmbH mit einem Jahresumsatz von ca. 12 Mio. EUR hat einen Kundenstamm von ca. 150 Großhandelsunternehmen, denen ein branchenübliches Zahlungsziel von 60 Tagen eingeräumt wird.

Die Geschäftsführerin Birte Kempinski hat von einem befreundeten Unternehmen gehört, dass man dort das „Factoring" nutzt. Deshalb bittet sie ihre(n) Firmenkundenberater(-in) um ein Beratungsgespräch. Um Frau Kempinski situationsgerecht beraten zu können, informieren Sie sich zuvor mittels des nachstehenden Auszugs aus der Informationsbroschüre „Factoring – eine vielseitige Finanzdienstleistung" (siehe S. 232).

Aufgaben:

1 a) Erklären Sie der Kundin, was man unter Factoring versteht.

b) Erläutern Sie ihr, welche rechtliche Vereinbarung erforderlich ist, damit der Factor die Forderungen erwirbt.

c) Factoring wird regelmäßig als „offenes Factoring" vereinbart. Erläutern Sie der Kundin den Sachverhalt.

2 Verdeutlichen Sie Frau Kempinski die Beziehungen zwischen den Factoring-Partnern mittels des abgebildeten Schaubildes, indem Sie die unten angeführten Begriffe einfügen.

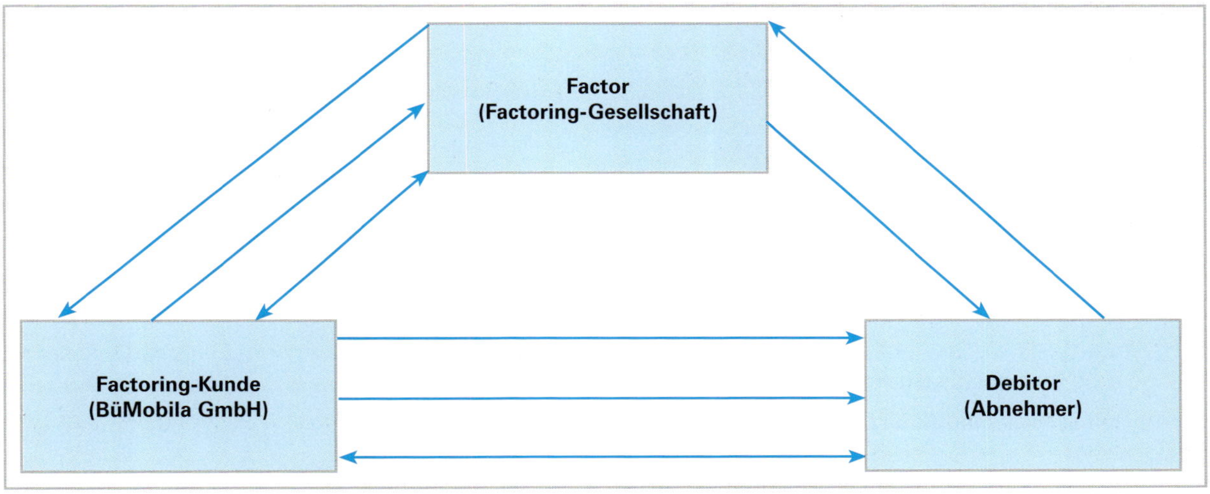

Begriffe:

- Kaufvertrag
- Bezahlung der Forderung bei Fälligkeit
- Forderung
- Kaufpreiszahlung Factoring
- Forderungsverkauf (Factoringvertrag)
- Abtretung der Forderung
- Offenlegung der Abtretung
- Lieferung von Waren gegen Ziel

3 a) Frau Kempinski möchte wissen, welche Leistungen der Factor für die BüMobila GmbH erbringt.

b) Erläutern Sie ihr, welche Kosten die BüMobila GmbH für das Factoring zu tragen hat.

4 Begründen Sie, warum der Factor mit der BüMobila GmbH Finanzierungslimite für jeden einzelnen Abnehmer vereinbart.

5 Der BüMobila GmbH werden nur 90 % der jeweiligen Forderungssumme sofort bei Vorlage der Rechnung bezahlt. Die Kundin möchte die verminderte Gutschrift erklärt bekommen.

6 a) Im Factoring-Vertrag wird die sofortige Begleichung von Lieferantenverbindlichkeiten verlangt. Begründen Sie Frau Kempinski diese Vereinbarung.

b) Führen Sie eine weitere mögliche Beeinträchtigung der Forderungen der BüMobila GmbH an.

Auszug aus der Informationsbroschüre „Factoring – eine vielseitige Finanzdienstleistung"

Factoring kurz erklärt

■ Was ist Factoring?

Unter Factoring versteht man den Kauf von Geldforderungen aus Waren- und Dienstleistungsgeschäften. Der Factor übernimmt dabei die kurzfristige Umsatzfinanzierung, indem er für die offenen Forderungen sofort Zahlungen leistet. Das erhöht die Liquidität des Factorkunden parallel zum Umsatz. Außerdem übernimmt der Factor mit dem Forderungsankauf auch das volle Ausfallrisiko/Delkredererisiko regresslos. Zur Leistung des Factors gehört darüber hinaus auch das Debitorenmanagement, d. h. die Führung der Debitorenkonten, die laufende Bonitätsprüfung, das Inkasso und Mahnwesen.

■ Factoringverfahren

Unternehmen (Kunde) und Factor schließen einen Vertrag, auf dessen Grundlage alle künftigen Forderungen des Unternehmens laufend gekauft werden.

Zuvor hat der Kunde dem Factor seine Abnehmer und den jeweiligen gewünschten Finanzierungsrahmen genannt. Der Factor prüft daraufhin die Bonität der einzelnen Abnehmer und vereinbart mit seinem Kunden entsprechende Finanzierungslimite. Innerhalb dieser Limite übernimmt er dann die Finanzierung der Forderungen und das volle Ausfallrisiko. Der Factorkunde informiert seine Abnehmer über die künftige Zusammenarbeit mit dem Factor. Im Rahmen der vereinbarten Finanzierungsgrenzen bezahlt der Factor bis zu 90 % der jeweiligen Forderungssumme sofort bei Vorlage der Rechnung. Der Rest dient als Sicherheit für mögliche Skontoabzüge oder zur Regulierung von Reklamationen. Sobald der Abnehmer an den Factor gezahlt hat oder spätestens zu einem vereinbarten Zeitpunkt nach Fälligkeit wird auch dieser Rest an den Factorkunden überwiesen, unter Verrechnung des fälligen Factoringentgelts und der Zinsen.

■ Factoring schafft Wettbewerbsvorteile

Factoring erweist sich als besonders vorteilhaft bei Unternehmen, die ihrerseits durch Skontierung oder Sonderrabatte beim Einkauf Vorteile nutzen können. Mithilfe von Factoring ist das Unternehmen außerdem in der Lage, seinen Kunden längere Zahlungsziele einzuräumen. Dies ist vor allem im Auslandsgeschäft mitentscheidend für den Erfolg und Misserfolg eines geplanten Geschäftsabschlusses.

■ Factoring deckt Ausfallrisiko bis zu 100 %

Factoring bietet den Unternehmen Schutz vor Zahlungsausfällen auf der Debitorenseite. Der Factor übernimmt das Ausfallrisiko bis zu hundert Prozent regresslos. Er prüft auch laufend die Bonität der Kunden und trägt auf diese Weise zur Absicherung des Lieferanten gegen Ausfallrisiken bei.

■ Factoring entlastet das Debitorenmanagement

Zum einen spart das Unternehmen durch den Service des Factors Sach- und Personalkosten bei der Debitorenbuchhaltung. Zum anderen entfällt der Aufwand für Inkasso und Mahnwesen sowie eventuell erforderliche Rechtsverfolgung. Factoringinstitute sind mit ausländischen Zahlungsgepflogenheiten und Rechtsverhältnissen vertraut; auch diese Erfahrung bietet den Unternehmen besonders im internationalen Geschäft unschätzbare Vorteile.

■ Factoring als wichtige Ergänzung zum Bankkredit

Factoring ist vor allem für mittelständische Unternehmen interessant, die einen festen Stamm gewerblicher Abnehmer beliefern und deren Umsatz expandiert. Die Kunden nehmen gewöhnlich Zahlungsziele bis zu 90 Tage in Anspruch, die durch Factoring problemlos überbrückt werden können. Neben Unternehmen aus Produktion und Großhandel nutzen zunehmend auch Dienstleistungsunternehmen Factoring zur Umsatzfinanzierung und Risikoabsicherung.

Wenn sich ein Unternehmer näher mit Factoring befassen will, sollte er zwei Fragen beantworten:

1. Reicht der Kreditrahmen der Bank, um den laufenden Umsatz nachhaltig zu finanzieren? Spätestens dann, wenn Sie beim Einkauf auf Skonti verzichten müssen, führt der Liquiditätsgewinn durch Factoring zu einem Ertragsvorteil.
2. Besteht ausreichender Schutz vor Zahlungsausfällen bei Debitoren?

Eine laufende Bonitätskontrolle ist auch bei Stammkunden unverzichtbar. Auslandsgeschäfte sind naturgemäß gegen Ausfälle besonders anfällig; auch ist die Rechtsverfolgung im Ausland erheblich erschwert. Ständig ausreichende Liquidität und Absicherung gegen Forderungsausfälle im Inland und Ausland sind wesentliche Vorteile des Factoring.

■ Genaues Rechnen lohnt sich

Mit der Finanzierung der angekauften Forderungen fallen Zinsen in Höhe der marktüblichen Kontokorrentzinsen an; sie werden für die tatsächliche Laufzeit der finanzierten Forderung berechnet. Für die Übernahme des Ausfallrisikos und des Debitorenmanagements berechnen die Factors ein Entgelt, das je nach Arbeitsaufwand und Höhe des geschätzten Risikos zwischen 0,8 % und 2,5 % des angekauften Forderungsbetrages liegt. Fallweise werden auch anteilige Kosten für die laufende Bonitätsprüfung berechnet.

Den Kosten des Factoring steht der Nutzen gegenüber, der sich vor allem aus Skontoerträgen und anderen Einkaufsvorteilen, aus vermiedenen Forderungsausfällen und aus gesparten Kosten für das Debitorenmanagement ergibt. Darüber hinaus bietet Factoring weitere Vorteile, die sich nur schwer in Zahlen fassen lassen, aber gerade für mittelständische Unternehmen besonders wichtig sind. Dazu zählen die Sicherung der Existenz durch jederzeit ausreichende Liquidität, eine günstigere Bilanzstruktur, mehr Zeit für den eigentlichen Unternehmenszweck. In der Regel übersteigt der Nutzen des Factoring die damit verbundenen Kosten.

Quelle: Deutscher Factoring-Verband e. V., 55116 Mainz.

Fortsetzung der Situation:

Die Bilanz der BüMobila GmbH verändert sich durch die Inanspruchnahme des Factorings wie folgt:

Bilanz vor Factoring

– Anlagevermögen	2500 TEUR	– Eigenkapital	2000 TEUR
– Waren	1000 TEUR	– langfristiges Fremdkapital	1300 TEUR
– Forderungen a. Warenlieferungen	2000 TEUR	– Lieferantenverbindlichkeiten	1000 TEUR
– Kasse/Bank	300 TEUR	– kurzfristige Bankschulden	1500 TEUR
	5800 TEUR		5800 TEUR

Liquiditätszufluss- und Liquiditätsverwendung durch das Factoring:

– Liquiditätszufluss:	angekaufte Forderungen	2000 TEUR
	– 10 % Abschlag (Sperrkonto)	200 TEUR
	= Liquiditätszufluss	1800 TEUR
– Liquiditätsverwendung:	Tilgung Lieferantenverbindlichkeiten	833 TEUR
	+ Tilgung kurzfristiger Bankschulden	967 TEUR
	= Liquiditätsverwendung	1800 TEUR

Bilanz nach Factoring

– Anlagevermögen	2500 TEUR	– Eigenkapital	2000 TEUR
– Waren	1000 TEUR	– langfristiges Fremdkapital	1300 TEUR
– Forderungen an Factor	200 TEUR	– Lieferantenverbindlichkeiten	167 TEUR
– Kasse/Bank	300 TEUR	– kurzfristige Bankschulden	533 TEUR
	4000 TEUR		4000 TEUR

Aufgaben:

7 Erläutern Sie Frau Kempinski die wesentlichen erkennbaren Veränderungen des Bilanzbildes bezüglich Liquidität, Bilanzsumme, Relation von Eigen- und Fremdkapital, Finanzierung des Umlaufvermögens und Gesamtkapitalrentabilität (das Betriebsergebnis des Unternehmens soll unverändert bleiben).

8 Vergleichen Sie das Factoring mit der Sicherungszession. Füllen Sie dazu die folgende Übersicht aus:

Merkmale	Factoring	Sicherungszession
Vertrag/Rechtsgrundlage		
Grund für Abtretung (Motiv)		
Offenlegung		
Rückübertragung		
Finanzierungswert der Forderungen		
Delkredererisiko		
Auswirkung auf die Bilanz		

Lernbuch Kap. 21.7.1

9 Die Bürgschaft als Kreditsicherung im Firmenkundenkreditgeschäft einsetzen

Situation:

Die Vitalis Fruchtsaft GmbH hat bei ihrer Bank einen Investitionskredit zur Finanzierung einer Abfüllanlage über 55 000,00 EUR beantragt. Nach erfolgter Kreditprüfung ist die Bank bereit, den Kredit unter nachstehenden Auflagen zu gewähren:

1. Sicherungsübereignung der finanzierten Anlage,
2. Übernahme einer selbstschuldnerischen Höchstbetragsbürgschaft über 25 000,00 EUR durch die Vitalis Fruchtimport GmbH, die 100 %ige Gesellschafterin der Vitalis Fruchtsaft GmbH (alleiniger Gesellschafter und Geschäftsführer der Vitalis Fruchtimport GmbH ist Dominique Reiter) ist.

Herr Reiter meldet sich aus Spanien, wo er geschäftlich unterwegs ist und anschließend noch drei Wochen Urlaub machen möchte. Er ist bereit, sich sofort am Telefon wie gewünscht zu verbürgen.

Aufgaben:

1 Beurteilen Sie die Rechtswirksamkeit einer derartigen Erklärung auf der Grundlage der Bestimmungen des HGB.

Handelsgesetzbuch (HGB)

§ 350 [Formfreiheit]

Auf eine Bürgschaft, ein Schuldversprechen oder ein Schuldanerkenntnis finden, sofern die Bürgschaft auf der Seite des Bürgen, das Versprechen oder das Anerkenntnis auf der Seite des Schuldners ein Handelsgeschäft ist, die Formvorschriften des § 766 Satz 1 und 2, des § 780 und des § 781 Satz 1 und 2 des Bürgerlichen Gesetzbuchs keine Anwendung.

§ 343 [Begriff der Handelsgeschäfte]

Handelsgeschäfte sind alle Geschäfte eines Kaufmanns, die zum Betriebe seines Handelsgewerbes gehören.

§ 344 [Vermutung für das Handelsgeschäft]

(1) Die von einem Kaufmanne vorgenommenen Rechtsgeschäfte gelten im Zweifel als zum Betriebe seines Handelsgewerbes gehörig.

(2) [...]

2 Die Bank besteht aus Beweisgründen auf einer schriftlichen Bürgschaftserklärung und faxt ein ausgefülltes Bürgschaftsformular nach Spanien. Herr Reiter faxt es unterschrieben an die Bank zurück.

a) Beurteilen Sie die Rechtssituation.

b) Machen Sie einen Lösungsvorschlag.

MÜNSTER (RP). Rechtsgeschäfte, für die das Gesetz Schriftform – also eigenhändige Unterschrift oder notariell beglaubigte Handzeichen – vorsieht, sollten nicht mit modernen Kommunikationstechniken wie Fax oder E-Mail getätigt werden, warnte die ARAG und verwies auf ein Urteil des Amtsgerichts Münster (Az. 8 C 228/98). Es hatte die Fax-Bitte eines Vermieters um Zustimmung zur Mieterhöhung als Formfehler gewertet, weil die nach dem Gesetz erforderliche eigenhändige Unterschrift fehlte.

Quelle: Rheinische Post vom 08.01.2000

Fortsetzung der Situation:

Zur Besicherung von Investitionskrediten werden von Ihrer Bank Bürgschaften der Ehefrauen der Kreditnehmer in Erwägung gezogen. Der Bundesgerichtshof musste sich mit dem Problem der Wirksamkeit einer Bürgschaft durch Angehörige mit unzulänglichem Einkommen und Vermögen beschäftigen.

Aufgaben:

3 a) Lesen Sie dazu nachstehende Informationen und stellen Sie fest, unter welchen beiden Voraussetzungen eine Bürgschaft als sittenwidrig angesehen werden muss.

Auszüge aus: **Die Gratwanderung der Banken bei Bürgschaftsverträgen**
Handelsblatt vom 14./15. 12. 1996

mf DÜSSELDORF. Das Bundesverfassungsgericht hat mit seinem Beschluss vom 19. 10. 1993 (NJW 1994, 46) eine Wende im Kreditsicherungsrecht eingeleitet. Streitpunkt war die Wirksamkeit einer Bürgschaft oder Schuldmitübernahme durch Angehörige mit unzulänglichem Einkommen und Vermögen.

In Umsetzung der Vorgaben hat der Bundesgerichtshof (BGH) unter gewissen Voraussetzungen die Bürgschaftsübernahme wegen Sittenwidrigkeit nach § 138 BGB für nichtig erklärt:

Zunächst müsse ein auffälliges Missverhältnis zwischen der übernommenen Haftung und der Leistungsfähigkeit des Bürgen bestehen. Für die Beurteilung der Leistungsfähigkeit sei nicht nur auf die bei Vertragsschluss bestehenden, sondern auch in absehbarer Zeit realistischerweise zu erwartenden Einkommens- und Vermögensverhältnisse abzustellen.

Zudem müssten weitere, den Bürgen erheblich belastende Umstände vorliegen, die in Verbindung mit dem auffälligen Missverhältnis zusammen zu einer unerträglichen Störung der Vertragspartei führen.

Wenn Angehörige für den Schuldner bürgen

Liegen diese beiden Voraussetzungen vor, ist das Rechtsgeschäft objektiv sittenwidrig. Für die nach § 138 BGB zudem erforderliche subjektive Sittenwidrigkeit muss der Gläubiger diese Umstände kennen bzw. sich dieser Erkenntnis zumindest leichtfertig verschließen. Das in dem Ausnutzen der familiären Hilfsbereitschaft liegende sittenwidrige Verhalten des Angehörigen könne der Bank zugerechnet werden, sofern sie eine solche Einflussnahme auf den Angehörigen kannte oder sich einer solchen Erkenntnis bewusst verschlossen habe. Die durch das nahe Angehörigenverhältnis bestehende typische Gefahrenlage für die Entschließungsfreiheit des Angehörigen verlange es, die Anforderungen an die Sicherheitenpraxis der Banken in diesen Fällen zu erhöhen.

Verpflichtet sich der Bürge in einem Umfang, der seine gegenwärtigen und zukünftig zu erwartenden Einkommens- und Vermögensverhältnisse weit übersteigt, ist ein solcher Vertrag nichtig, wenn der Bürge durch zusätzliche, dem Gläubiger zurechenbare Umstände in seiner Entscheidungsfreiheit durch ein rechtlich oder sittlich zu beanstandenes Verhalten beeinträchtigt worden und so ein unerträgliches Ungleichgewicht zwischen den Vertragspartnern entstanden ist.

BGB

§ 138 [Sittenwidriges Rechtsgeschäft; Wucher]

(1) Ein Rechtsgeschäft, das gegen die guten Sitten verstößt, ist nichtig.

(2) Nichtig ist insbesondere ein Rechtsgeschäft, durch das jemand unter Ausbeutung der Zwangslage, der Unerfahrenheit, des Mangels an Urteilsvermögen oder der erheblichen Willensschwäche eines anderen sich oder einem Dritten für eine Leistung Vermögensvorteile versprechen oder gewähren lässt, die in einem auffälligen Missverhältnis zu der Leistung stehen.

Auszüge aus: **Aktuelle BGH-Rechtsprechung zum Bürgschaftsrecht (I), Ahrend Weber**
Die Bank 6/97 (S. 353–357)

Vermögenslose Bürgen

Die Privatautonomie ist ein Strukturelement der freiheitlichen Gesellschaftsordnung und schließt die Freiheit ein, auch wirtschaftlich unvernünftige, unsinnige und riskante Geschäfte abzuschließen. Wäre es anders, würde Geschäftsfähigkeit nur noch im Rahmen der vorhandenen Mittel gewährt, was eine Entmündigung weiter Bevölkerungskreise zur Folge hätte.

Nichtigkeit tritt somit grundsätzlich erst dann ein, wenn der Bürge durch weitere Umstände, die der Bank zugerechnet werden können, belastet wird. Insoweit kommt in Betracht die Verharmlosung der Tragweite der Haftung, das Verschweigen unbekannter Haftungsrisiken, die verwerfliche Begründung einer Zwangslage oder die Ausnutzung der Geschäftsunerfahrenheit des Bürgen.

Bürgschaften von Ehegatten

Komplizierter ist demgegenüber die Frage nach der Wirksamkeit der Bürgschaft eines finanziell überforderten Ehegatten, der in seiner Entscheidungsfreiheit jedenfalls von der Bank in keiner Weise beeinträchtigt worden ist. Dieser Fall dürfte der Regelfall sein, denn die Banken pflegen nicht darauf zu insistieren, dass die Bürgschaften Vermögensloser als Sicherheiten beigebracht werden.

Vielmehr ist es vielfach so, dass einer Bank, die vom Hauptschuldner um die Gewährung eines wirtschaftlich kaum vertretbaren Kredits angegangen wird, eine solche Sicherheit geradezu aufgedrängt wird.

Die Rechtsprechung des Bundesgerichtshofs zu diesem Themenkomplex ist von einer komplizierten Regel-Ausnahmesystematik gekennzeichnet, die hier nur knapp skizziert werden kann. Wie bereits dargelegt, führt die Vermögenslosigkeit für sich genommen nicht zur Unwirksamkeit der Bürgschaft. Diese kann ausnahmsweise nach § 138 Abs. 1 BGB nichtig sein, wenn sich der Vertrag bei vernünftiger Betrachtungsweise als wirtschaftlich sinnlos erweist.

Andererseits ist die Bürgschaft einer solchen leistungsunfähigen Person wirksam, wenn die Bank ein berechtigtes Interesse an dieser Bürgschaft hat. Ein solches berechtigtes Interesse kann im Schutz vor möglichen Vermögensverlagerungen liegen. Besteht die Gefahr der Vermögensverschiebung nicht mehr – etwa wegen einer zwischenzeitlichen Ehescheidung – kommt eine Anpassung des Vertrages nach den Grundsätzen des Wegfalls der Geschäftsgrundlage in Betracht, d. h. der Bürge wird von der Haftung frei.

Entscheidendes Kriterium dieser Rechtsprechung ist die Frage nach der Leistungsfähigkeit des Bürgen. Der Bundesgerichtshof hat hierzu ein kompliziertes Berechnungsschema entwickelt.

Danach ist ein Bürge dann nicht leistungsfähig, wenn er mit dem pfändungsfreien Einkommen, das er im Zeitpunkt der Inanspruchnahme durch den Gläubiger tatsächlich erzielt, nicht im Stande ist, binnen fünf Jahren ein Viertel seiner Verpflichtungen bei Außerachtlassung anfallender Zinsen tilgen zu können. Belastungen aufgrund anderweitiger Verbindlichkeiten bleiben dabei außer Ansatz.

Anregungen

Die Banken sollten demzufolge bei jeder Kreditvergabe prüfen, ob aus Kreditsicherungsgesichtspunkten eine Bürgschaft notwendig ist. Eine Bürgschaft sollte nicht unreflektiert und ohne wirtschaftlichen Anlass sozusagen routinehaft verlangt werden. Wenn ein Bedürfnis für eine zusätzliche Absicherung besteht, sollte geprüft werden, ob der Bürge für die eingegangene Verpflichtung leistungsfähig ist. An einer wertlosen Bürgschaft kann auch die Bank kein Interesse haben. Stellt sie fest, dass eine zusätzliche Absicherung durch den Bürgen nicht erfolgen kann, sollte sie von der Hereinholung der Bürgschaft Abstand nehmen.

b) Welche Folge hat die Sittenwidrigkeit einer Bürgschaft für die Bank?

4 Entscheiden Sie, ob Sie die Bürgschaften 1 bis 4 zur Besicherung eines Kredits hereinnehmen würden. Begründen Sie Ihre Entscheidung bezüglich der Werthaltigkeit der Bürgschaften unter Berücksichtigung der vorstehenden Informationen.

Bürgschaft 1:

Der Bürgschaftsbetrag lautet über 10000,00 EUR.

Sicherungszweck:
Investitionskredit über 35000,00 EUR.

Die Bürgschaft soll von der Ehefrau des Geschäftsinhabers gegeben werden.

Güterrechtsvereinbarung des Ehepaares:
gesetzlicher Güterstand.

Die Ehefrau arbeitet als verbeamtete Lehrerin an einem Gymnasium, das Nettoeinkommen beträgt ca. 2000,00 EUR im Monat. Bei der Bürgin ist kein nennenswertes Vermögen vorhanden.

Bürgschaft 2:

Der Bürgschaftsbetrag lautet über 100000,00 EUR.

Sicherungszweck:
Investitionskredit über 100000,00 EUR.

Die Bürgschaft soll von der Ehefrau des Geschäftsinhabers gegeben werden.

Güterrechtsvereinbarung des Ehepaares:
gesetzlicher Güterstand.

Die Ehefrau erzielt kein eigenes Einkommen. Bei der Bürgin ist kein nennenswertes Vermögen vorhanden.

Bürgschaft 3:

Der Bürgschaftsbetrag lautet über 25000,00 EUR.

Sicherungszweck:
Investitionskredit über 25000,00 EUR.

Die Bürgschaft soll von der Ehefrau des Geschäftsinhabers gegeben werden.

Güterrechtsvereinbarung des Ehepaares:
gesetzlicher Güterstand.

Die Ehefrau arbeitet als Aushilfsverkäuferin in einer Bäckerei, Nettoeinkommen im Monat 315,00 EUR. Bei der Bürgin ist kein nennenswertes Vermögen vorhanden.

Bürgschaft 4:

Der Bürgschaftsbetrag lautet über 50000,00 EUR.
Vertragsklausel: „Die Bürgschaft dient lediglich der Erfassung zukünftigen Vermögenserwerbs, insbesondere durch Vermögensübertragung des Hauptschuldners auf den Bürgen."

Sicherungszweck:
Investitionskredit über 50000,00 EUR.

Die Bürgschaft soll von der Ehefrau des Geschäftsinhabers gegeben werden.

Güterrechtsvereinbarung des Ehepaares:
Gütertrennung.

Die Ehefrau arbeitet als teilzeitbeschäftigte Büroangestellte im Betrieb ihres Mannes mit. Nettoeinkommen im Monat ca. 650,00 EUR.

10 Einen Firmenkredit durch die Sicherungsübereignung von Produktionsmaschinen absichern

Lernbuch Kap. 21.7.2

Situation:

Die Schreinerei Paul Tepper GmbH in Hameln möchte zur Erweiterung ihrer Produktionskapazitäten einen Investitionskredit aufnehmen. Die Volksbank Hameln ist nach der Prüfung der Kreditwürdigkeit grundsätzlich bereit, die gewünschten Objekte, eine Standbohrmaschine und eine Drehbank, zu finanzieren. Zur Sicherung des Kredits wird von der Volksbank die Sicherungsübereignung der zu finanzierenden Maschinen gefordert. Herr Tepper als alleiniger Gesellschafter und Geschäftsführer ist damit einverstanden.

Folgender Sicherungsübereignungsvertrag wird zwischen der Bank und der Schreinerei Tepper GmbH geschlossen:

Sicherungsübereignung mit Übergabeersatz (Auszug)

Sicherungsgeber (Name, Anschrift)

Paul Tepper GmbH
Danziger Str. 3
31789 Hameln

Bank

Volksbank Hameln
Pferdemarkt 181
31785 Hameln

Sicherungsgeber und **Bank** schließen folgenden Sicherungsvertrag:

1.) Zur Sicherung aller bestehenden, künftigen und bedingten Ansprüche der Bank … gegen Firma Paul Tepper GmbH, Danziger Str. 3, 31789 Hameln … aus der Geschäftsverbindung …, auch wenn die Sicherheit anlässlich einer bestimmten Kreditgewährung bestellt wird, übereignet der Sicherungsgeber der Bank die unten genannten Gegenstände mit Bestandteilen und Zubehör.

2.) Der Sicherungsgeber erklärt, dass er Eigentümer dieser Gegenstände ist und dass er frei über diese Gegenstände verfügen kann. Der Sicherungsgeber ist zur Abgabe dieser Erklärung nicht berechtigt, wenn die Gegenstände ihm unter Eigentumsvorbehalt geliefert und bei Abgabe der Erklärung noch nicht restlos bezahlt oder bereits anderweitig sicherungsübereignet sind.

3.) Sicherungsgeber und Bank sind sich darüber einig, dass das Eigentum an den unten genannten Gegenständen mit Bestandteilen und Zubehör auf die Bank übergeht. Die Übergabe wird durch folgende Vereinbarung ersetzt: Die Bank belässt dem Sicherungsgeber die als Sicherheit dienenden Gegenstände zur unentgeltlichen Verwahrung in seinem unmittelbaren Besitz und gestattet ihm ihre weitere Benutzung.
Der Sicherungsgeber verpflichtet sich, die Gegenstände sachgemäß zu lagern, pfleglich zu behandeln und instand zu halten. …

4.) Sollte der Sicherungsgeber entgegen der in Nr. 2 abgegebenen Erklärung nicht Eigentümer der Gegenstände sein, überträgt er hiermit sein Anwartschaftsrecht bzw. seinen Anspruch auf Rückübertragung des Eigentums auf die Bank. Erwirbt der Sicherungsgeber gleichwohl später das Eigentum an diesen Gegenständen, so geht im Augenblick des Eigentumserwerbs das Eigentum auf die Bank über. …

5.) …

6.) Der Sicherungsgeber verpflichtet sich,
   a) auf Verlangen der Bank die Gegenstände in einer der Bank zweckmäßig erscheinenden Weise zu kennzeichnen,
   b) auf Verlangen der Bank die als Sicherheit dienenden Gegenstände von anderen Gegenständen getrennt zu halten,
   c) die Gegenstände ohne vorherige Zustimmung der Bank nicht aus den unten bezeichneten Räumen zu entfernen …,
   d) der Bank jederzeit Zutritt zu den Gegenständen zu gewähren, ihr Auskunft zu erteilen und ggf. Schriftstücke zur Einsicht vorzulegen,
   e) die Sicherungsübereignung jedem Dritten bekannt zu geben, der das Sicherungseigentum der Bank beeinträchtigen könnte,
   f) der Bank unverzüglich von drohenden bzw. eingetretenen Beeinträchtigungen des Sicherungseigentums (z. B. Beschädigung, Pfändung) zu benachrichtigen.

7.) Der Sicherungsgeber verpflichtet sich, die der Bank übereigneten Gegenstände für die Dauer der Übereignung gegen diejenigen Gefahren, für die der Bank ein Versicherungsschutz erforderlich erscheint, in ausreichender Höhe zu versichern und dies der Bank auf Verlangen jederzeit, insbesondere durch Vorlage der Versicherungsscheine, nachzuweisen. Der Sicherungsgeber wird bei dem Versicherer beantragen, der Bank einen Sicherungsschein zu erteilen. …

8.) Die Bank ist befugt, bei Vorliegen eines wichtigen Grundes, insbesondere wenn Sicherungsgeber oder Schuldner ihren Verpflichtungen der Bank gegenüber nicht nachkommen, die Gegenstände in ihren unmittelbaren Besitz zu nehmen. … Kommt der Sicherungsgeber seinen Verbindlichkeiten bei Fälligkeit nicht nach, so ist die Bank befugt, die Sicherheiten ohne gerichtliches Verfahren unter tunlichster Rücksichtnahme auf den Sicherungsgeber zu beliebiger Zeit an einem ihr geeignet erscheinenden Ort auf einmal oder nach und nach zu verwerten. Die Bank ist berechtigt, die Gegenstände zu einem angemessenen Preis selbst zu übernehmen. Der Sicherungsgeber ist verpflichtet, auf Verlangen der Bank das Sicherungsgut zu verwerten oder bei der Verwertung mitzuwirken. Der Sicherungsgeber hat alles, was er bei der Verwertung des Sicherungsgutes erlangt …, unverzüglich an die Bank herauszugeben. Einen etwa verbleibenden Überschuss hat die Bank dem Sicherungsgeber unverzüglich auszuzahlen, soweit er nicht Dritten zusteht.

9.) Die Bank hat auf Verlangen des Sicherungsgebers ihre Rechte aus diesem Vertrag nach billigem Ermessen freizugeben, soweit sie diese nicht nur vorübergehend nicht mehr benötigt.

10.) ...

11.) Ist der Sicherungsgeber nicht zugleich Schuldner der persönlichen Forderung der Bank, so dienen seine Zahlungen oder Erlöse aus der Verwertung der Sicherungsgegenstände bis zur vollständigen Befriedigung der Bank als Sicherheitsleistung.

12.) ...

13.) ...

14.) ...

15.) Ergänzend gelten die Allgemeinen Geschäftsbedingungen der Bank, deren Wortlaut in den Geschäftsräumen der Bank eingesehen werden kann. Der Sicherungsgeber kann die Aushändigung dieser Allgemeinen Geschäftsbedingungen verlangen.

Hameln, den 20.09.20..
Ort, Datum

Paul Tepper GmbH
Paul Tepper
Sicherungsgeber

Hameln, den 20.09.20..
Ort, Datum

Volksbank Hameln
Müller
Sicherungsnehmer

Hiermit verzichte ich auf das mir an den unten stehenden Gegenständen jetzt und in Zukunft zustehende Vermieter- oder Verpächterpfandrecht.

Hameln, den 22.09.20..
Ort, Datum

A Cormier
Vermieter/Verpächter

Verzeichnis der übereigneten Gegenstände

Genaue Bezeichnung der Gegenstände z.B. bei Maschinen: Fabrikat, Fabrik-Nr. und Motor-Nr.; bei Kraftfahrzeugen: Fabrikat, Typ, Fahrgestell-Nr., Motor-Nr. und polizeiliches Kennzeichen;	Genauer Aufbewahrungsort, ggf. Lageskizze beifügen	Zeitwert EUR
1 Standbohrmaschine Type: Sichel, Baujahr: 20.. Masch.-Nr. 36 178	Betriebsräume der Paul Tepper GmbH Danziger Str. 3 31789 Hameln	55 000,00
1 Drehbank Type: Matador, Baujahr: 20.. Masch.-Nr. 91 500	wie oben	45 000,00

Aufgaben:

1 Ermitteln Sie in dem abgebildeten Sicherungsübereignungsvertrag die Klauseln, durch die die Volksbank Hameln (Sicherungsnehmer) das Sicherungseigentum an den zu finanzierenden Gegenständen erwirbt.

2 a) Klären Sie die Besitz- und Eigentumsverhältnisse nach der Sicherungsübereignung.

b) Welcher der beiden Vertragspartner hat die sicherungsübereigneten Gegenstände zu bilanzieren? Begründen Sie Ihre Antwort.

c) Welchen Vorteil bietet der Tepper GmbH die Sicherungsübereignung im Vergleich zu einer Verpfändung?

3 Warum werden die sicherungsübereigneten Gegenstände im Verzeichnis der übereigneten Gegenstände (vgl. Sicherungsübereignungsvertrag) genau bezeichnet (z. B. durch Fabrikat, Fabrik-Nr.), und warum wird ein genauer Aufbewahrungsort ggf. mit beigefügter Lageskizze verlangt?

4 Angenommen, die zu finanzierenden Gegenstände seien der Schreinerei Tepper GmbH unter Eigentumsvorbehalt geliefert worden.

a) Was versteht man unter „Eigentumsvorbehalt"?

b) Welche Vereinbarung im Sicherungsübereignungsvertrag berücksichtigt das Interesse der Volksbank Hameln im Hinblick auf den Eigentumsvorbehalt? Erklären Sie in diesem Zusammenhang den Begriff „Anwartschaftsrecht".

5 Erläutern Sie, welche Bedeutung die Unterschrift der Greiner GmbH im Sicherungsübereignungsvertrag hat.

6 a) Beschreiben Sie drei weitere Risiken, die den Wert der übereigneten Sicherheiten gefährden können.

b) Machen Sie jeweils einen Vorschlag, wie die unter a) beschriebenen Risiken abgewehrt bzw. gemindert werden können.

Tragen Sie Ihre Lösungen in die nachstehende Tabelle ein:

a) Risiko	b) Sicherungsmaßnahme

7 Die vom Kunden übereigneten Maschinen sind von ihm gegen alle Risiken zu versichern. Durch welche Maßnahmen kann die Volksbank sicherstellen, dass im Schadensfall die Zahlung der Versicherungsleistung unmittelbar an die Bank erfolgt?

8 Zu welchem Zeitpunkt endet das Sicherungseigentum der Bank an der Standbohrmaschine und der Drehbank?

Begründen Sie Ihre Antwort.

Fortsetzung der Situation:

Im Vorjahr wurde für die Finanzierung einer Baumaßnahme (Erweiterung der Produktionsräume) der Schreinerei Tepper GmbH eine Grundschuld zugunsten der Sparkasse Hameln auf das firmeneigene Grundstück der GmbH, auf dem sich auch die Produktionsräume mit den Maschinen befinden, eingetragen.

Aufgaben:

9 Zeigen Sie den Konflikt auf, der zwischen den beiden Sicherungsrechten – der Grundschuld und der Sicherungsübereignung – besteht.

Nehmen Sie dabei Bezug auf die nachstehenden Auszüge aus dem BGB.

10 Welche zusätzliche Maßnahme müsste von der Volksbank Hameln ergriffen werden, damit der obige Sicherungsübereignungsvertrag ohne Einschränkungen rechtswirksam zustande kommt?

Bürgerliches Gesetzbuch (BGB)

§ 97 [Zubehör]

(1) Zubehör sind bewegliche Sachen, die, ohne Bestandteile der Hauptsache zu sein, dem wirtschaftlichen Zwecke der Hauptsache zu dienen bestimmt sind und zu ihr in einem dieser Bestimmung entsprechenden räumlichen Verhältnisse stehen. Eine Sache ist nicht Zubehör, wenn sie im Verkehr nicht als Zubehör angesehen wird.

(2) Die vorübergehende Benutzung einer Sache für den wirtschaftlichen Zweck einer anderen begründet nicht die Zubehöreigenschaft. Die vorübergehende Trennung eines Zubehörstücks von der Hauptsache hebt die Zubehöreigenschaft nicht auf.

§ 98 [Gewerbliches und landwirtschaftliches Inventar]

Dem wirtschaftlichen Zwecke der Hauptsache sind zu dienen bestimmt:

1. bei einem Gebäude, das für einen gewerblichen Betrieb dauernd eingerichtet ist, insbesondere bei einer Mühle, einer Schmiede, einem Brauhaus, einer Fabrik, die zu dem Betrieb bestimmten Maschinen und sonstigen Gerätschaften;
2. bei einem Landgut das zum Wirtschaftsbetrieb bestimmte Gerät und Vieh, die landwirtschaftlichen Erzeugnisse, soweit sie zur Fortführung der Wirtschaft bis zu der Zeit erforderlich sind, zu welcher gleiche oder ähnliche Erzeugnisse voraussichtlich gewonnen werden, sowie der vorhandene, auf dem Gut gewonnene Dünger.

§ 1113 [Gesetzlicher Inhalt der Hypothek]

(1) Ein Grundstück kann in der Weise belastet werden, dass an denjenigen, zu dessen Gunsten die Belastung erfolgt, eine bestimmte Geldsumme zur Befriedigung wegen einer ihm zustehenden Forderung aus dem Grundstück zu zahlen ist (Hypothek).

(2) Die Hypothek kann auch für eine künftige oder eine bedingte Forderung bestellt werden.

§ 1120 [Erstreckung auf Erzeugnisse, Bestandteile und Zubehör]

Die Hypothek erstreckt sich auf die von dem Grundstück getrennten Erzeugnisse und sonstigen Bestandteile, [...], sowie auf das Zubehör des Grundstücks mit Ausnahme der Zubehörstücke, welche nicht in das Eigentum des Eigentümers des Grundstücks gelangt sind.

§ 1192 [Anwendbare Vorschriften]

(1) Auf die Grundschuld finden die Vorschriften über die Hypothek entsprechende Anwendung, [...].

(1a) [...]

(2) Für Zinsen der Grundschuld gelten die Vorschriften über die Zinsen einer Hypothekenforderung.

11 Wertpapiere aus einem Depot zur Sicherung eines Firmenkredits verpfänden

Lernbuch Kap. 21.7.3

Situation:

Der Bekleidungshersteller Modena Moden KG hat einen Kredit in Höhe von 50 000,00 EUR zur Finanzierung eines Großauftrags von 2 000 Damen- und Herrenpullovern bei der OstseeSparkasse Rostock beantragt. Zur Absicherung des Kredits bietet die Komplementärin, Fabienne Becker, die Verpfändung von Wertpapieren aus ihrem privaten Depot, das bei der OstseeSparkasse Rostock geführt wird, an.

Die Kundin legt den folgenden Depotauszug vor:

Depotauszug Depotnummer: 673 2546 01 Auszug: 1

Nennbetrag/Stück		Wertpapiergattung		Fälligkeit	Kurswert in EUR
Stück	1 850	BASF AG Aktien ISIN DE000BASF111	Kurs 50,00		92 500,00
EUR	50 000,00	2,5 % Anleihe der Bundesrepublik Deutschland ISIN DE0001102341	Kurs 171,94 %	15. 08. 2046	85 970,00

Frau Becker bittet Sie als Firmenkundenberater/-in der OstseeSparkasse Rostock um Auskunft, ob eine Besicherung des Kredits durch Verpfändung ihrer Wertpapiere möglich ist.

Sie informieren die Kundin darüber, dass die Wertpapiere als Sicherheit dienen können, allerdings nicht mit ihrem Kurswert, sondern nur bis zum sogenannten „Beleihungswert“.

$$\text{Beleihungswert} = \frac{\text{Kurswert} \cdot \text{Beleihungssatz}}{100}$$

Die Beleihungssätze der Sparkasse betragen für inländische Aktien 60 % und für inländische Anleihen 80 %.

Aufgaben:

1 Begründen Sie die unterschiedlichen Beleihungssätze für Aktien und Anleihen.

2 Ermitteln Sie die für die Besicherung des Kredits erforderliche Anzahl von BASF-Aktien.

3 Ermitteln Sie den für die Besicherung des Kredits erforderlichen Nennwert der Bundesanleihe (kleinste Stückelung: 100,00 EUR).

4 a) Wie wird das Pfandrecht an diesen Wertpapieren bestellt?

Neunter Abschnitt (Auszug BGB)
Pfandrecht an beweglichen Sachen und an Rechten
Erster Titel – Pfandrecht an beweglichen Sachen

§ 1204 [Gesetzlicher Inhalt des Pfandrechts an beweglichen Sachen]

(1) Eine bewegliche Sache kann zur Sicherung einer Forderung in der Weise belastet werden, dass der Gläubiger berechtigt ist, Befriedigung aus der Sache zu suchen (Pfandrecht).

(2) Das Pfandrecht kann auch für eine künftige oder eine bedingte Forderung bestellt werden.

§ 1205 [Bestellung]

(1) Zur Bestellung des Pfandrechts ist erforderlich, dass der Eigentümer die Sache dem Gläubiger übergibt und beide darüber einig sind, dass dem Gläubiger das Pfandrecht zustehen soll. Ist der Gläubiger im Besitze der Sache, so genügt die Einigung über die Entstehung des Pfandrechts.

(2) Die Übergabe einer im mittelbaren Besitze des Eigentümers befindlichen Sache kann dadurch ersetzt werden, dass der Eigentümer den mittelbaren Besitz auf den Pfandgläubiger überträgt und die Verpfändung dem Besitzer anzeigt.

§ 1292 [Verpfändung von Orderpapieren]

Zur Verpfändung eines Wechsels oder eines anderen Papiers, das durch Indossament übertragen werden kann, genügt die Einigung des Gläubigers und des Pfandgläubigers und die Übergabe des indossierten Papiers.

§ 1293 [Pfandrecht an Inhaberpapieren]

Für das Pfandrecht an einem Inhaberpapier gelten die Vorschriften über das Pfandrecht an beweglichen Sachen.

b) Tragen Sie die Rechtsbeziehungen in die nachstehende Skizze ein und kennzeichnen Sie die Besitz- und Eigentumsverhältnisse nach der Verpfändung.

Vervollständigen Sie die Skizze durch folgende Begriffe: Pfandvertrag, Verpfänder, Eigentümer, unmittelbarer Besitzer, Pfandnehmer, mittelbarer Besitzer.

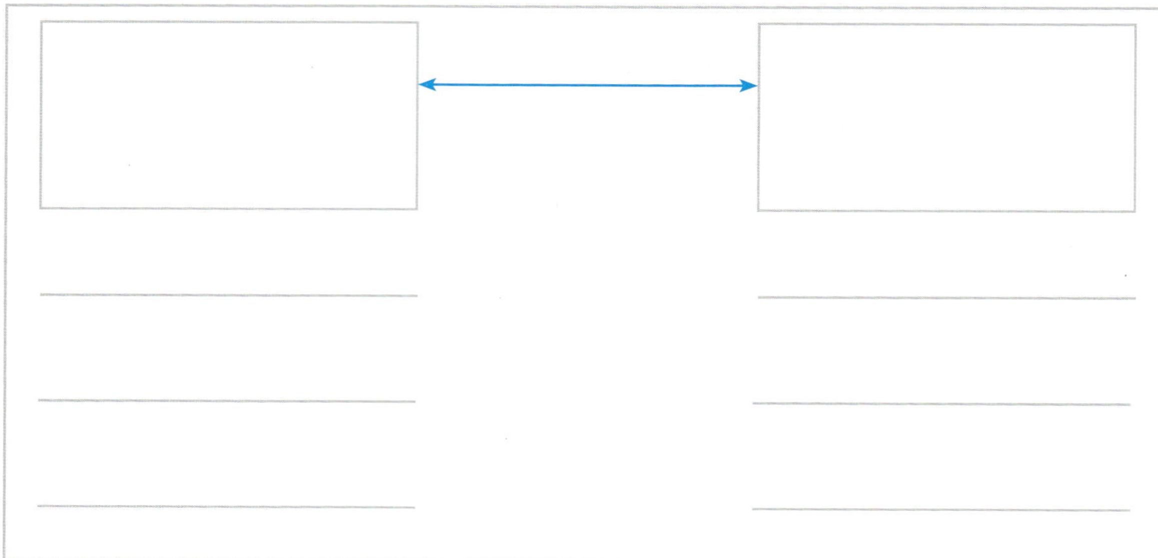

5 Die Sparkasse vereinbart am 15. März 20.. mit der Kundin die Verpfändung der Bundesanleihe.

a) Begründen Sie der Kundin diese Entscheidung.

b) Füllen Sie den nachstehenden Verpfändungsvertrag aus (siehe S. 243).

6 Welche verwaltungsmäßige Maßnahme ist von der Sparkasse zu ergreifen?

7 a) Wie wird die Sparkasse reagieren, wenn der Kurs der Bundesanleihe auf 150,00 sinkt?

b) Stellen Sie fest, welchen Nennwert der Bundesanleihe die Kundin zusätzlich zu den bereits verpfändeten Anleihen verpfänden muss.

c) Nennen Sie die Hauptursache für den Kursrückgang der Anleihe.

8 Wie wird die Bank die verpfändeten Wertpapiere verwerten, wenn die Modena Moden KG der geforderten Kreditrückzahlung nicht nachkommen kann?

Sparkasse

OstseeSparkasse

Verpfändung von Wertpapieren im Depot (Auszug)

Geschäftszeichen

Ort, Datum

Zur Sicherung aller Ansprüche gem. Nr. 2 bestellt/bestellen

– nachstehend der Verpfänder genannt – der Sparkasse ein Pfandrecht an den bei ihr hinterlegten, unten näher bezeichneten Wertpapieren, auch soweit sie einem Sammeldepot beigefügt sind, einschließlich der Zins-, Gewinnanteil- und Erneuerungsscheine;

Depot Nr.

1 Verpfänder

1 Verpfändete Wertpapiere

Bezeichnung der Wertpapiere	*Nennbetrag/Stück EUR*	*Kurs EUR / %*	*Kurswert EUR*	*Beleihungswert EUR*
	Insgesamt			

Orderpapiere sind mit einem Blankogiro zu versehen. Bezugsrechte, Optionsrechte oder ähnliche Rechte, die aufgrund der verpfändeten Wertpapiere gegenwärtig entstanden sind oder künftig entstehen werden, sind hiermit sicherungshalber an die Sparkasse abgetreten.

2 Sicherungszweck

Die verpfändeten Papiere dienen zur Sicherung der Ansprüche, die der Sparkasse aus dem nachstehend bezeichneten Kreditvertrag zustehen.

Bezeichnung des Kreditvertrages:

3 Verzicht auf Einreden

Der Verpfänder verzichtet auf die Einreden der Anfechtbarkeit und der Aufrechenbarkeit gem. §§ 1211, 770 BGB. Auf die sonstigen Einreden nach § 1211 BGB wird verzichtet, soweit sie nicht unbestritten oder nicht rechtskräftig festgestellt sind. Der Verpfänder kann keine Rechte aus der Art oder dem Zeitpunkt der Verwertung oder der Aufgabe anderweitiger Sicherheiten herleiten. Die Sparkasse ist nicht verpflichtet, sich zunächst an andere Sicherheiten zu halten, bevor sie den Verpfänder in Anspruch nimmt.

4 Einziehung fälliger Beträge

Die Sparkasse ist berechtigt, auch bevor ihre eigene Forderung fällig ist, die Zinsen bzw. Gewinnanteile sowie etwaige sonstige Erträgnisse der verpfändeten Wertpapiere, ggf. auch den Kapitalbetrag, ohne Mitwirkung des Verpfänders bei Fälligkeit einzuziehen. Soweit nicht die Forderung der Sparkasse nach § 1288 Abs. 2 BGB als durch die Einziehung berichtigt gilt, ist die Sparkasse berechtigt, ohne Mitwirkung des Verpfänders den Erlös nach § 1288 Abs. 1 BGB bei sich auf Sparkonto auf den Namen des Verpfänders oder durch Erwerb anderer Wertpapiere anzulegen. An dem Sparguthaben oder den aus dem Erlös erworbenen Wertpapieren wird der Sparkasse hiermit ein Pfandrecht unter den Bedingungen dieses Vertrages bestellt. Der Verpfänder ist während der Dauer der Verpfändung nicht berechtigt, die Herausgabe der zu den verpfändeten Wertpapieren gehörenden Zins- oder Gewinnanteilscheine zu verlangen.

5 Verwertung der Sicherheiten

5.1 Die Sparkasse ist berechtigt, falls ihre durch das Pfandrecht gesicherten Forderungen nicht innerhalb 4 Woche(n) nach Eintritt der jeweiligen Fälligkeit befriedigt werden, die Pfandgegenstände nach vorheriger Androhung gemäß den Bestimmungen in § 1220 BGB an jedem ihr zweckmäßig erscheinenden Ort versteigern zu lassen oder, soweit das nach den Bestimmungen in § 1221, § 1234 Abs. 1, § 1235 Abs. 2, § 1295 BGB zulässig ist, freihändig zu verkaufen und sich aus dem Erlös zu befriedigen.

Es ist nicht erforderlich, dass vorher ein Vollstreckungstitel erworben wird und dass die Bestimmungen über die Zwangsvollstreckung beachtet werden. Die Geltung des § 777 ZPO[1] wird ausgeschlossen. Unter mehreren Sicherheiten hat die Sparkasse das Wahlrecht. Bei der Auswahl und Verwertung wird die Sparkasse auf die berechtigten Belange des Verpfänders tunlichst Rücksicht nehmen.

5.2 Reicht der Verwertungserlös nicht zur Befriedigung sämtlicher durch das Pfandrecht gesicherten Forderungen aus, so kann ihn die Sparkasse nach billigem Ermessen verrechnen. Das gleiche gilt für Zahlungen zur Ablösung des Pfandrechts. Die Regelung in Nr. 8 Abs. 1 bleibt unberührt.

6 Besondere Vereinbarungen

7 Nachschusspflicht des Kunden

7.1 Sollte sich der Kurswert bzw. der Rückkaufspreis der verpfändeten Werte aus irgendeinem Grunde verringern, so ist der Verpfänder – wenn er zugleich der Kreditnehmer ist – auf Verlangen der Sparkasse verpflichtet, unverzüglich weitere Werte herzugeben, andersartige, der Sparkasse genehme Sicherheiten zu stellen oder seine Schuld entsprechend zu tilgen. Kommt er dieser Nachschusspflicht nicht nach, so ist die Sparkasse berechtigt, ihre Forderungen sofort fällig zu stellen und sich aus dem Pfand gemäß den Bestimmungen in Nr. 5 zu befriedigen.

7.2 An allen Wertpapieren, die der Sparkasse künftig gemäß diesen Bestimmungen oder aus anderen Gründen auf ihren Wunsch übergeben werden, wird der Sparkasse hiermit ein Pfandrecht unter den Bedingungen dieses Vertrages bestellt.

Ort, Datum

Firma und Unterschrift(en) des Verpfänders

Fortsetzung der Situation:

Die Kundin Fabienne Becker unterhält neben dem Wertpapierdepot bei der OstseeSparkasse Rostock noch ein Wertpapierdepot bei der Deutschen Bank, in dem die folgenden Werte enthalten sind.

Deutsche Bank AG

Depotauszug

Nennbetrag/Stück	Wertpapiergattung	Fälligkeit	Kurswert in EUR
Stück 6000	GESCO INDUSTRIE HOLD. AG AKT ISIN DE000A1K0201 Kurs 15,50 EUR		93000,00
Stück 2000	Deutz AG AKTIEN ISIN DE0006305006 Kurs 4,48 EUR		8960,00
Stück 125	Bayer AG AKTIEN ISIN DE000BAY0017 Kurs 56,56 EUR		7070,00
Stück 50	RHEINMETALL AG VORZ. AKTIEN O. ST. ISIN DE0007030009 Kurs 80,20 EUR		4010,00
Stück 1000	Software AG AKTIEN ISIN DE000A2GS401 Kurs 40,56 EUR		40560,00

Die Kundin fragt an, ob für die Besicherung des Kredits an die Modena Moden KG auch die GESCO Industrie Holding AG-Aktien infrage gekommen wären.

Aufgabe:

9 Wie wäre das Pfandrecht an diesen Wertpapieren zu bestellen gewesen, wenn sie im Depot der Deutschen Bank verblieben wären?

Beachten Sie bei Ihrer Antwort den nachfolgenden Auszug aus den „Allgemeinen Geschäftsbedingungen der Deutschen Bank".

AGB Banken

14. Vereinbarung eines Pfandrechts zugunsten der Bank

(1) Einigung über das Pfandrecht

Der Kunde und die Bank sind sich darüber einig, dass die Bank ein Pfandrecht an den Wertpapieren und Sachen erwirbt, an denen eine inländische Geschäftsstelle im bankmäßigen Geschäftsverkehr Besitz erlangt hat oder noch erlangen wird. Die Bank erwirbt ein Pfandrecht auch an den Ansprüchen, die dem Kunden gegen die Bank aus der bankmäßigen Geschäftsverbindung zustehen oder künftig zustehen werden (zum Beispiel Kontoguthaben).

(2) Gesicherte Ansprüche

Das Pfandrecht dient der Sicherung aller bestehenden, künftigen und bedingten Ansprüche, die der Bank mit ihren sämtlichen in- und ausländischen Geschäftsstellen aus der bankmäßigen Geschäftsverbindung gegen den Kunden zustehen [...]

12 Die Globalzession zur Sicherung eines Firmenkredits einsetzen

Lernbuch
Kap. 21.7.4

Situation:

Die Spielwarengroßhandlung Roskothen OHG, Am Brodhagen 26, 33613 Bielefeld, nimmt bei der HypoVereinsbank AG, 33613 Bielefeld, zur Finanzierung ihres Warenlagers einen Betriebsmittelkredit in Höhe von 100 000,00 EUR in Anspruch.

Zur Sicherung der Ansprüche der Bank gegenüber dem Kreditnehmer wurde am 1. Oktober 20.. nachstehender Sicherungsvertrag geschlossen (siehe S. 246 f.).

Aufgaben:

1 a) Erläutern Sie die rechtliche Bedeutung der Vereinbarungen unter 1. „Gegenstand der Abtretung".

b) Geben Sie ein weiteres Beispiel für eine derartige vertragliche Regelung.

c) Welchen Vorteil hat die Vereinbarung mittels Anfangsbuchstaben?

2 Zu welchem Zeitpunkt erfolgt der Rechtsübergang der Forderungen auf die Bank?

3 a) Bezeichnen Sie die beteiligten Personen und stellen Sie die Rechtsverhältnisse zwischen den Beteiligten nach der Zession dar:

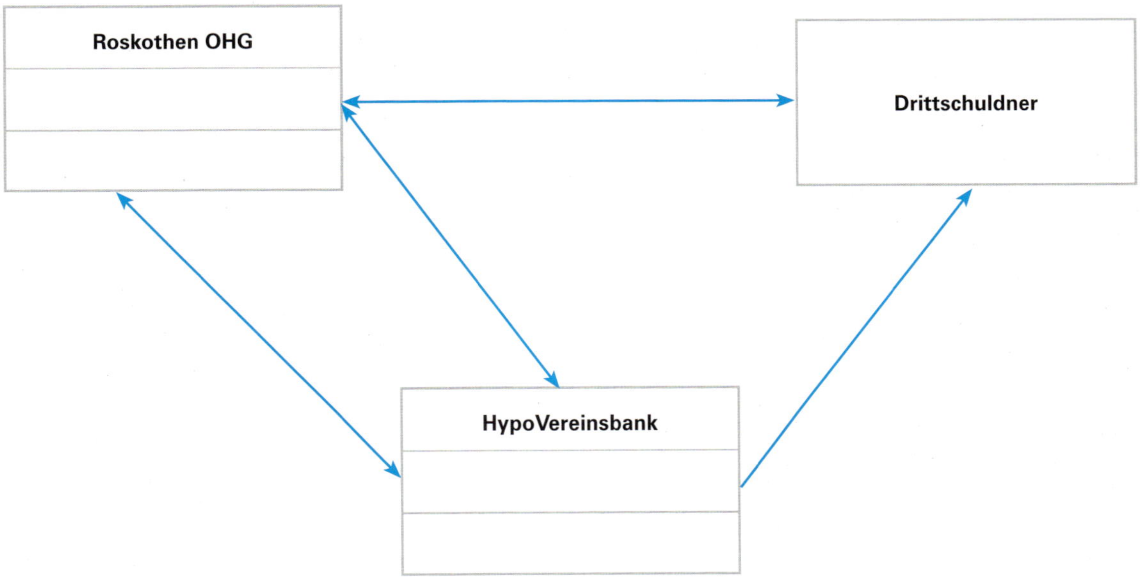

b) Beschreiben Sie die Rechtsfolgen der Abtretung von Forderungen für den Kreditnehmer und das Kreditinstitut im Vergleich zur Verpfändung der Forderungen.

4 a) Wird die Bank die Abtretung als offene oder als stille Zession behandeln? Begründen Sie Ihre Meinung.

b) Beschreiben Sie das mögliche Verfahren der Offenlegung unter Berücksichtigung vertraglicher Klauseln.

c) Wie kann die Bank ohne Offenlegung der Abtretung dafür sorgen, dass die Forderungen an sie gezahlt werden?

Zwischen

Roskothen OHG, Am Brodhagen 26, 33613 Bielefeld

(nachstehend „Sicherungsgeber" genannt) und der

HypoVereinsbank

AKTIENGESELLSCHAFT

(nachstehend „Bank" genannt)

wird folgender

Globalabtretungsvertrag

abgeschlossen:

1. Gegenstand der Abtretung

(1) Der Sicherungsgeber tritt hiermit an die Bank seine sämtlichen bestehenden und künftigen Forderungen aus Warenlieferungen und Leistungen ab, die ihm gegen alle Schuldner mit den Anfangsbuchstaben ...A.... bis einschließlich ...K.... zustehen, ohne Rücksicht darauf, ob die Drittschuldner ihren Sitz oder Wohnsitz innerhalb oder außerhalb der Grenzen der Bundesrepublik Deutschlands haben.

(2) Für die Feststellung der Anfangsbuchstaben ist maßgebend

a) bei Nichtkaufleuten, Einzelfirmen, Personengesellschaften und sonstigen Drittschuldnern, deren Name (Firmenbezeichnung) aus Personennamen besteht oder mit solchen beginnt, der erste Familienname (nicht Vorname, Adelsbezeichnung, Zusatz wie "Gebrüder" usw.),

b) bei allen anderen Drittschuldnern das erste Wort der Firmenbezeichnung oder sonstige Bezeichnung.

2. Zeitpunkt des Übergangs der Forderung

Die gegenwärtigen Forderungen gehen mit Abschluß dieses Vertrages, alle künftig entstehenden Forderungen jeweils mit ihrer Entstehung auf die Bank über.

3. Sicherungszweck

(1) Die Abtretung dient zur Sicherung aller bestehenden, künftigen und bedingten Ansprüche, die der Bank mit ihren sämtlichen in- und ausländischen Geschäftsstellen aus der bankmäßigen Geschäftsverbindung gegen

a) den Sicherungsgeber [1]

b) nachfolgend Angabe des Namens oder der Firma des Kreditnehmers, falls mit Sicherungsgeber nicht identisch

....

....

....

zustehen.

(2) Hat der Kreditnehmer die Haftung für Verbindlichkeiten eines anderen Kunden der Bank übernommen (z. B. als Bürge), so sichert die Abtretung die aus der Haftungsübernahme folgende Schuld erst ab deren Fälligkeit und nur dann, wenn der Kreditnehmer zugleich auch der Sicherungsgeber ist.

4. Abtretung von Ansprüchen aus einem Kontokorrentverhältnis

Besteht zwischen dem Sicherungsgeber und den Drittschuldnern ein echtes oder unechtes Kontokorrentverhältnis oder wird später ein solches begründet, so tritt er hiermit an die Bank zusätzlich die Forderungen aus gezogenen oder in Zukunft zu ziehenden Salden, das Recht auf Feststellung des Saldos sowie das Recht auf Kündigung des Kontokorrents ab.

5. Übergang von Rechten und Sicherheiten

Mit den abgetretenen Forderungen gehen die Rechte aus den zugrunde liegenden Rechtsgeschäften auf die Bank über. Soweit für die abgetretenen Forderungen Sicherheiten bestellt sind, die nicht schon kraft Gesetzes auf die Bank übergehen, kann die Bank deren Übertragung auf sich verlangen.

6. Rechte von Vorbehaltslieferanten

(1) Falls der Bank eine Forderung abgetreten ist, die von einem Lieferanten des Sicherungsgebers aufgrund eines branchenüblichen verlängerten Eigentumsvorbehalts gegenwärtig oder künftig berechtigterweise in Anspruch genommen werden kann, wird die Abtretung erst mit Erlöschen des verlängerten Eigentumsvorbehalts wirksam. Soweit die Forderung einem Lieferanten nur teilweise zusteht, ist die Abtretung an die Bank zunächst auf den Forderungsteil beschränkt, der dem Sicherungsgeber zusteht; der verbleibende Teil geht auf die Bank erst über, wenn er durch den verlängerten Eigentumsvorbehalt nicht mehr erfaßt wird.

(2) Der Sicherungsgeber tritt der Bank seine etwaigen Ansprüche auf Rückabtretung der an den Lieferanten aufgrund des verlängerten Eigentumsvorbehalts abgetretenen Forderungen sowie seine etwaigen Ansprüche auf Abführung der an den Lieferanten geflossenen Erlöse mit allen Nebenrechten ab.

(3) Die Bank ist berechtigt, den verlängerten Eigentumsvorbehalt durch Befriedigung des Lieferanten abzulösen.

7. Bestandslisten

(1) Der Sicherungsgeber hat der Bank bis spätestens zum fünften Werktag eines jeden **Kalendervierteljahres** unter Bezugnahme auf diesen Vertrag eine Bestandsliste über die an die Bank abgetretenen, noch ausstehenden Forderungen einzureichen. Zur Wahrung ihrer berechtigten Belange kann die Bank auch in kürzeren Zeitabständen die Einreichung von Bestandslisten verlangen. Aus der Bestandsliste sollen Namen und Anschriften der Drittschuldner, Betrag sowie Rechnungs- und Fälligkeitstag und der Gesamtbetrag der Lieferantenverbindlichkeiten einschließlich begebener Akzepte ersichtlich sein.

(2) Die nach Nr. 1 dieses Vertrags abgetretenen Forderungen stehen der Bank auch dann zu, wenn sie aus irgend einem Grund nicht oder nicht in voller Höhe in den der Bank eingereichten Listen verzeichnet sein sollten.

(3) Sofern der Sicherungsgeber die Buchführung und/oder Datenverarbeitung von einem Dritten vornehmen läßt, wird die Bank hiermit ermächtigt, im eigenen Namen und auf Kosten des Sicherungsgebers die Bestandslisten unmittelbar bei dem Dritten einzuholen.

8. Blankobenachrichtigungsschreiben

Der Sicherungsgeber hat der Bank auf ihre Anforderung Blankobenachrichtigungsschreiben zur Unterrichtung der Drittschuldner über die Abtretung auszuhändigen. Die Bank ist berechtigt, vom Sicherungsgeber unterschriebene Blankobenachrichtigungsschreiben zu vervielfältigen.

9. Verkauf der Forderungen

Der Verkauf der an die Bank abgetretenen Forderungen im Rahmen eines echten Factoring-Geschäftes bedarf der vorherigen schriftlichen Zustimmung der Bank.

10. Einziehung der Forderungen durch den Sicherungsgeber, Abtretung der Ansprüche aus Schecks und Wechseln

Dem Sicherungsgeber ist es gestattet, die an die Bank abgetretenen Forderungen im Rahmen eines ordnungsgemäßen Geschäftsbetriebes einzuziehen. Wenn der Sicherungsgeber zur Bezahlung der der Bank abgetretenen Forderungen Schecks oder Wechsel erhält, tritt der Sicherungsgeber die ihm daraus zustehenden Ansprüche schon jetzt im voraus sicherungshalber an die Bank ab. Die Bank kann zur Wahrung ihrer berechtigten Belange die Einziehungsbefugnis widerrufen, beschränken oder für die Einziehung Auflagen erteilen.

11. Einziehung der Forderungen durch die Bank

(1) Die Bank ist berechtigt, die Einziehungsbefugnis zu widerrufen und die Forderungsabtretungen auch im Namen des Sicherungsgebers gegenüber den jeweiligen Drittschuldnern offenzulegen

1) Bitte streichen, falls nicht gewünscht.

und die Forderungen einzuziehen, wenn der Kreditnehmer mit fälligen Zahlungen auf die durch diesen Vertrag gesicherten Forderungen in Verzug ist, seine Zahlungen eingestellt hat oder die Eröffnung eines gerichtlichen Insolvenzverfahrens über sein Vermögen beantragt worden ist. Diese Maßnahmen wird die Bank nur in dem Umfang ergreifen, als sie zur Erfüllung der rückständigen Forderungen erforderlich sind.

(2) Die Offenlegung der Forderungsabtretung und die Einziehung der Forderungen wird die Bank dem Sicherungsgeber mit einer Frist von zwei Wochen schriftlich androhen. Einer Androhung und Fristsetzung bedarf es jedoch nicht, wenn der Sicherungsgeber seine Zahlungen eingestellt hat oder die Eröffnung eines gerichtlichen Insolvenzverfahrens über sein Vermögen beantragt worden ist.

(3) Erlischt die Einziehungsbefugnis des Sicherungsgebers, so kann die Bank die Aushändigung aller Unterlagen über die abgetretenen Forderungen verlangen.

(4) Wenn die Bank Forderungen selbst einzieht, darf sie alle Maßnahmen und Vereinbarungen mit den Drittschuldnern treffen, die zur Realisierung der Forderung erforderlich sind, insbesondere Stundung und Nachlässe gewähren und Vergleiche abschließen.

(5) Der Sicherungsgeber wird auf Verlangen der Bank für diese die Forderungen einziehen.

12. Informationspflichten des Sicherungsgebers

Werden abgetretene Forderungen gepfändet oder sonstwie beeinträchtigt, hat der Sicherungsgeber die Bank hiervon unverzüglich zu informieren und den Pfandgläubiger unverzüglich schriftlich von dem Sicherungsrecht der Bank zu unterrichten.

13. Einsichts- und Prüfungsrechte der Bank

(1) Der Sicherungsgeber ist verpflichtet, der Bank auf Verlangen alle Auskünfte, Nachweise und Urkunden zu geben, die zur Prüfung, Bewertung und zur Geltendmachung der abgetretenen Forderungen erforderlich sind. Beim Einsatz von EDV-Anlagen hat der Sicherungsgeber die erforderlichen Belege auszudrucken; falls der Ausdruck nicht vorgenommen wird, sind der Bank die hierfür erforderlichen Datenträger und EDV-Programme auszuhändigen, damit sie sich selbst die Ausdrucke erstellen kann. Für die Erstellung von Bestandslisten gilt Nr. 7 Abs. 3.

(2) Der Sicherungsgeber gestattet der Bank, zur Prüfung und Geltendmachung der abgetretenen Forderungen seine Unterlagen einzusehen oder durch einen Bevollmächtigten einsehen zu lassen.

14. Sicherheitenfreigabe

(1) Nach Befriedigung ihrer durch die Abtretung gesicherten Ansprüche hat die Bank an den Sicherungsgeber die ihr abgetretenen Forderungen zurückzuübertragen und einen etwaigen Übererlös aus der Verwertung herauszugeben. Die Bank wird jedoch die Sicherheit an einen Dritten übertragen, falls sie hierzu verpflichtet ist; dies ist zum Beispiel dann der Fall, wenn der Sicherungsgeber zugleich der Kreditnehmer ist und ein Bürge die Bank befriedigt hat.

(2) Die Bank ist schon vor vollständiger Befriedigung ihrer durch die Abtretung gesicherten Ansprüche verpflichtet, auf Verlangen ihr abgetretene Forderungen sowie auch etwaige andere, ihr bestellte Sicherheiten (z. B. übereignete Sachen, Grundschulden) nach ihrer Wahl an den jeweiligen Sicherungsgeber ganz oder teilweise freizugeben, sofern der realisierbare Wert sämtlicher Sicherheiten 120 % der gesicherten Ansprüche der Bank nicht nur vorübergehend überschreitet. Wenn in etwaigen weiteren Sicherungsverträgen ein niedrigerer Prozentsatz vereinbart ist, ist dieser niedrigere Satz maßgeblich.

15. Bewertung der Forderungen

(1) Zur Ermittlung des **realisierbaren Wertes** der abgetretenen Forderungen wird vom Nennwert der in den Bestandslisten als abgetreten gemeldeten Forderungen ausgegangen. Hiervon werden zunächst solche Forderungen abgesetzt,

- bei denen die Abtretung ausgeschlossen oder von der Zustimmung der Drittschuldner abhängig gemacht worden ist und bei denen diese Zustimmung nicht vorliegt;
- die gemäß Nr. 6 wegen eines branchenüblichen verlängerten Eigentumsvorbehalts nicht an die Bank abgetreten worden sind;
- denen aufrechenbare Forderungen gegenüberstehen;
- bei denen die Rechtswirksamkeit der Abtretung im Hinblick auf den Sitz des Drittschuldners im Ausland und die Geltung ausländischen Rechts von der Bank mit vertretbarem Aufwand nicht festgestellt werden kann;
- die einredebehaftet sind, weil die zugrundeliegenden Leistungen nicht vollständig oder nicht mangelfrei erbracht worden sind.

(2) In Zweifelsfällen (z. B. bei Auslandsforderungen) ist die Bank berechtigt, die jeweiligen Forderungen an den Sicherungsgeber zurückzuübertragen.

(3) Von dem vorstehend ermittelten Nennbetrag ist ein

Sicherheitsabschlag von 20 %

wegen etwaiger möglicher Forderungsausfälle vorzunehmen. Sofern ein Prozentsatz nicht eingetragen ist, wird ein Abzug nicht vorgenommen.

(4) Der Sicherungsgeber und die Bank können eine Neubewertung des Sicherungsguts verlangen, wenn dessen tatsächlicher Wert infolge von zwischenzeitlichen Veränderungen von dem vorstehend ermittelten Wert wesentlich abweicht.

16. Rechtswirksamkeit

Sollte eine Bestimmung dieses Vertrages nicht rechtswirksam sein oder nicht durchgeführt werden, so wird dadurch die Gültigkeit des übrigen Vertragsinhalts nicht berührt. Das gilt insbesondere, wenn die Unwirksamkeit sich nur auf einzelne Forderungen oder Forderungsteile erstreckt.

Ort, Datum

Bielefeld, 1. Oktober 20..

HypoVereinsbank AG, Bielefeld

Müller Clemens

(Unterschrift des Sicherungsnehmers)

Ort, Datum

Bielefeld, 1. Oktober 20..

Roskothen OHG, 33613 Bielefeld

Roskothen

(Unterschrift des Sicherungsgebers)

HypoVereinsbank

AKTIENGESELLSCHAFT

5 a) Führen Sie zwei Beeinträchtigungen an, die den Sicherungswert der abgetretenen Forderungen einschränken können und zeigen Sie jeweils eine Schutzmaßnahme zum Ausschluss bzw. zur Reduzierung der aufgeführten Probleme auf.

Tragen Sie Ihre Lösungen in nachstehende Tabelle ein.

	Beeinträchtigung	Schutzmaßnahme
1		
2		

b) Stellen Sie fest, ob die Bank vertragliche Regelungen zur Einschränkung der Risiken in die Vertragsbedingungen aufgenommen hat. Benennen Sie jeweils die Vertragsziffern.

6 Ein Schuldner hat im Kaufvertrag ausdrücklich die Abtretung der Forderung gemäß § 399 BGB ausgeschlossen.

a) Erläutern Sie unter Berücksichtigung des § 354 a HGB den Abtretungsausschluss unter Kaufleuten.

b) Wie wird die Bank derartige Forderungen bewerten?

Bürgerliches Gesetzbuch (BGB)

§ 399 [Ausschluss der Abtretung bei Inhaltsänderung oder Vereinbarung]

Eine Forderung kann nicht abgetreten werden, wenn die Leistung an einen anderen als den ursprünglichen Gläubiger nicht ohne Veränderung ihres Inhalts erfolgen kann oder wenn die Abtretung durch Vereinbarung mit dem Schuldner ausgeschlossen ist.

Handelsgesetzbuch (HGB)

§ 354 a [Wirksamkeit der Abtretung einer Geldforderung]

Ist die Abtretung einer Geldforderung durch Vereinbarung mit dem Schuldner gemäß § 399 des Bürgerlichen Gesetzbuchs ausgeschlossen und ist das Rechtsgeschäft, das diese Forderung begründet hat, für beide Teile ein Handelsgeschäft, oder ist der Schuldner eine juristische Person des öffentlichen Rechts oder ein öffentlich-rechtliches Sondervermögen, so ist die Abtretung gleichwohl wirksam. Der Schuldner kann jedoch mit befreiender Wirkung an den bisherigen Gläubiger leisten. Abweichende Vereinbarungen sind unwirksam.

Fortsetzung der Situation:

Die SPILA GMBH, Hersteller von Spielwaren, liefert 500 Stück Computerspiele an die Roskothen OHG, die ihrerseits die Spiele an die Spielwarenhandlung Felix Bertram, Haberstraße 98, 33613 Bielefeld zum Preise von 10 800,00 EUR inkl. MwSt verkauft und dieser ein Zahlungsziel von 60 Tagen einräumt.

SPILA GMBH
SPIELWARENHERSTELLUNG

SPILA GmbH · Gabelweg 27 · 26127 Oldenburg
Roskothen OHG
Am Brodhagen 26
33613 Bielefeld

Bei Zahlung bitte angeben!
Kunden-Nr.: 2112
Ihr Auftrag: 18. 10. 20..
Datum: 21. 10. 20..

Rechnung Nr. 41-11

Artikel-Nr.	Artikelbezeichnung	Menge/Einheit	Einzelpreis in EUR	Rabatt %	Gesamtpreis in EUR
6701	Computerspiele „Animal-world"	500 St.	21,85	42,0	6 336,50
			Versandkosten		190,10
					6 526,60
			+ 19 % MwSt		1 240,05
					7 766,65

Zahlbar netto innerhalb von 60 Tagen.

Unsere Ware bleibt bis zur restlosen Begleichung aller unserer Forderungen aus dem Vertrage unser Eigentum. Sofern der Käufer Kaufmann ist und der Vertrag zu seinem Geschäftsbetrieb gehört, ist er berechtigt, Vorbehaltsware im Rahmen eines ordnungsgemäßen Geschäftsverkehrs weiter zu veräußern. Für diesen Fall tritt uns der Käufer hiermit den Vergütungsanspruch gegen seinen Vertragspartner im Voraus ab.

Erfüllungsort und Gerichtsstand ist für beide Teile Oldenburg.

Sitz der Gesellschaft:	Landessparkasse Oldenburg	Handelsregister:	Aufsichtsratsvorsitz:	Geschäftsführer:
Gabelweg 27 26127 Oldenburg	IBAN: DE91 2805 0100 9272 3008 73 BIC: BRLADE21LZO	Amtsgericht Oldenburg HRB 71006	Fiete Brewer	Karl Dallmann

Aufgaben:

7 a) Bezeichnen und erläutern Sie den Abschnitt der Zahlungsbedingungen in der Rechnung der SPILA GMBH an die Roskothen OHG.

b) Prüfen Sie, wem die durch die Globalabtretung erfasste Forderung gegenüber der Spielwarenhandlung zusteht. Erläutern Sie die Rechtslage unter Hinzuziehung nachstehenden Artikels:

Aus der Rechtsprechung des Bundesgerichtshofes zur Globalzession

(Urteil AZ VII ZR 334/89 v. 06. 12. 90) Globalzessionen sind sittenwidrig, nichtig und unwirksam, wenn sie nicht die Schranken des Bundesgerichtshofes beachten. Nach dieser Rechtssprechung muss ein Gläubiger, will er den Vorwurf der Sittenwidrigkeit einer zur Sicherheit vereinbarten Globalzession vermeiden, hinreichend auf berechtigte Interessen des Schuldners und anderer Gläubiger Rücksicht nehmen. So darf der Gläubiger den Schuldner in seiner wirtschaftlichen Handlungsfreiheit nicht unbillig behindern und er darf nicht einer Kredittäuschung oder sonstigen Gläubigergefährdung Vorschub leisten. Ferner muss der Gläubiger die gebotene Rücksicht nehmen auf übliche vertragliche Verpflichtungen, wie sie sich etwa aus Verlängerungen des Eigentumsvorbehalts ergeben. Außerdem muss der Gläubiger verhindern, dass die Sicherheiten übermäßig anwachsen, also eine Übersicherung entstehen kann. Die Klage einer Volksbank wurde in dem Urteil abgewiesen, weil die Abtretungsvereinbarung keine Freigabeverpflichtung enthielt.

c) Welche Vereinbarungen trifft die Bank mit dem Kreditnehmer, wenn es zu derartigen Konflikten kommt? Nehmen Sie den Globalzessionsvertrag für die Beantwortung dieser Frage zu Hilfe.

Lernbuch Kap. 21.8

13 Ursachen der Kreditgefährdung erkennen und Maßnahmen zu deren Vermeidung einleiten

Situation:

Dem Heizungs- und Installationsmeister Alexander Lübbe – eingetragener Kaufmann – wurde von Ihrem Kreditinstitut ein Investitionskredit zur Finanzierung von zwei Firmenfahrzeugen gewährt. Die beiden Fahrzeuge wurden der Bank sicherungsübereignet.

Im Rahmen der „Kreditweiterbearbeitung" versuchen Sie als Kreditsachbearbeiter/-in durch geeignete Maßnahmen Kreditgefährdungen zu erkennen und zu begrenzen.

Aufgaben:

1 Führen Sie geeignete Maßnahmen zur Erkennung von Kreditgefährdungen an.

2 Führen Sie Maßnahmen zur Begrenzung von Kreditrisiken an.

Fortsetzung der Situation:

Nach zwei Jahren Kreditlaufzeit kann der Kunde Lübbe die Raten für den aufgenommenen Investitionskredit nicht mehr bezahlen. Es kommt zur Einstellung der Zins- und Tilgungszahlungen.

Aufgabe:

3 Führen Sie Maßnahmen an, die Ihr Kreditinstitut in dieser Situation ergreifen sollte.

14 Rechte der Bank im Insolvenzverfahren geltend machen

Lernbuch Kap. 21.11

Situation:

Die Franken Fertighaus AG, Lendelallee 173, 14469 Potsdam, hat einen Antrag auf Eröffnung eines Insolvenzverfahrens gestellt.

Aufgaben:

1 Lösen Sie folgenden Aufgaben mithilfe des nachstehenden Artikels, des abgebildeten Schaubildes zur Insolvenz einer AG und der Auszüge aus der Insolvenzordnung:

a) Nennen Sie die Gründe für die Beantragung eines Insolvenzverfahrens.

b) Bei welchem Gericht ist der Antrag zu stellen?

c) Wer kann den Antrag auf Eröffnung des Insolvenzverfahrens neben der Fertighaus AG noch stellen?

d) Wer vertritt die AG grundsätzlich nach der Beantragung des Insolvenzverfahrens?

e) Welche beiden alternativen Ziele werden mit der Durchführung des Insolvenzverfahrens verfolgt?

2 Den kreditgebenden Banken stehen verschiedene Sicherheiten für ihre Forderungen gegen die Franken Fertighaus AG zur Verfügung:

- Sicherungsübereignung von Firmenfahrzeugen und Baugeräten
- Sicherungsabtretung von Forderungen aus dem Verkauf von Fertighäusern
- Pfandrecht an Kontoguthaben
- Grundschulden auf Firmengrundstücken

Welches Recht steht den Banken bezüglich ihrer Sicherheiten gemäß Insolvenzordnung zu? Wer ist grundsätzlich für die Verwertung der Sicherheiten verantwortlich?

Ergänzen Sie dazu nachstehende Tabelle:

Sicherheit	Recht der Bank	Verwertung

Stichwort: Insolvenzverfahren

Ein Insolvenzverfahren wird eingeleitet, wenn eine Firma oder ein Privatmann überschuldet oder zahlungsunfähig ist. Ziel ist, unter Aufsicht eines Gerichts das verbliebene Vermögen unter den Gläubigern aufzuteilen. Dazu werden Geld, Material, Grundstücke und Maschinen in die Insolvenzmasse aufgenommen und verwertet.

Ansprüche können alle geltend machen, die noch Geld zu bekommen haben. Den Antrag auf Eröffnung eines Insolvenzverfahrens kann sowohl der Schuldner selbst als auch ein Gläubiger stellen.

Bevor ein Verfahren aber eröffnet wird, prüft das Amtsgericht, ob überhaupt genügend Geld zur Deckung der Kosten vorhanden ist. Wenn zu wenig Geld vorhanden ist, wird der Antrag abgewiesen. In diesem Fall gibt es kein Insolvenzverfahren, und die Gläubiger müssen auf eigene Faust versuchen, an ihr Geld zu kommen.

Wird ein Verfahren eröffnet, bestellt das Gericht einen Insolvenzverwalter, der die Geschäfte führt, die Bücher prüft, eine Übersicht über das Vermögen erstellt und die Zahlungsansprüche der Gläubiger entgegen nimmt. Er kümmert sich auch um die Belange der Arbeitnehmer.

Wenn alle Ansprüche der Gläubiger und das Rest-Vermögen erfasst sind, setzt das Gericht eine Quote für die Begleichung der Schulden fest. Sie zeigt an, wie viel Prozent ihrer Forderungen die Gläubiger ausgezahlt bekommen. Dabei sind die Banken im Vorteil: Im Gegensatz zu den Arbeitnehmern haben sie ihre Kreditforderungen durch Ansprüche auf Maschinen oder Grundstücke abgesichert.

Neben der Abwicklung des Unternehmens besteht bei einem Insolvenzverfahren aber auch die Möglichkeit, die Firma grundlegend zu reorganisieren, durch Stundungen oder Forderungsverzicht. AP

Quelle: Rheinische Post vom 03.04.2002.

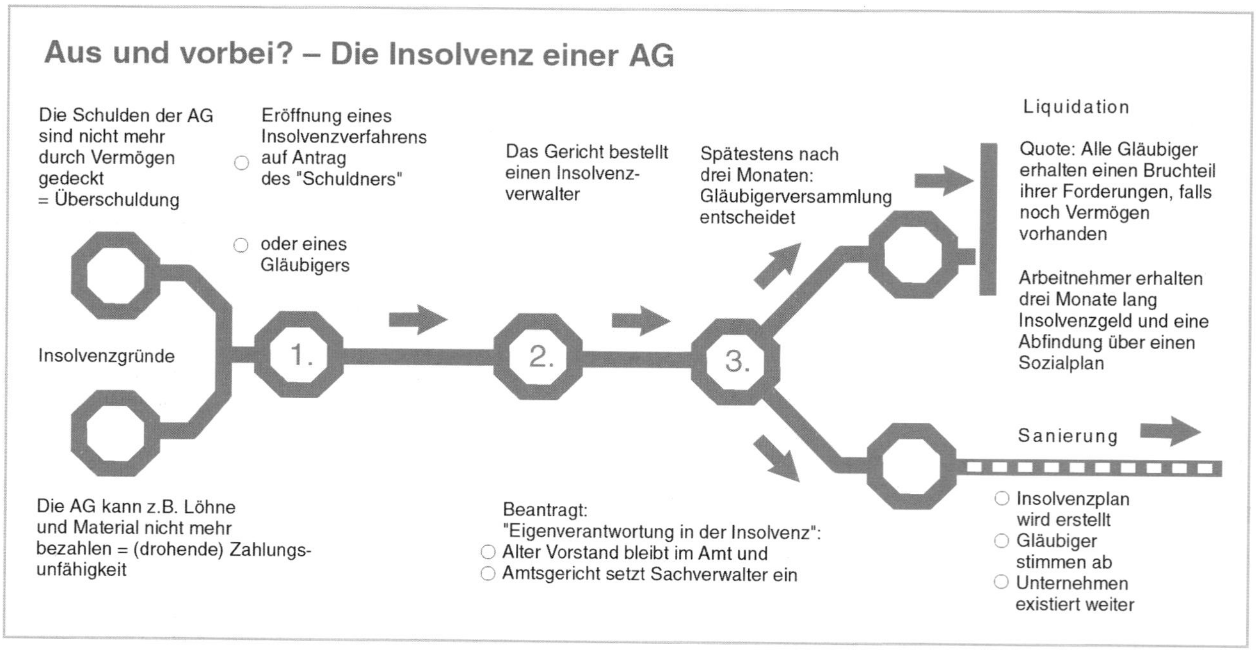

Auszug Insolvenzordnung (InsO)

§ 1 [Ziele des Insolvenzverfahrens]

Das Insolvenzverfahren dient dazu, die Gläubiger eines Schuldners gemeinschaftlich zu befriedigen, indem das Vermögen des Schuldners verwertet und der Erlös verteilt oder in einem Insolvenzplan eine abweichende Regelung insbesondere zum Erhalt des Unternehmens getroffen wird. Dem redlichen Schuldner wird Gelegenheit gegeben, sich von seinen restlichen Verbindlichkeiten zu befreien.

§ 2 [Amtsgericht als Insolvenzgericht]

(1) Für das Insolvenzverfahren ist das Amtsgericht, in dessen Bezirk ein Landgericht seinen Sitz hat, als Insolvenzgericht für den Bezirk dieses Landgerichts ausschließlich zuständig.

(2) (3) [...]

§ 3 [Örtliche Zuständigkeit]

(1) Örtlich zuständig ist ausschließlich das Insolvenzgericht, in dessen Bezirk der Schuldner seinen allgemeinen Gerichtsstand hat. Liegt der Mittelpunkt einer selbstständigen wirtschaftlichen Tätigkeit des Schuldners an einem anderen Ort, so ist ausschließlich das Insolvenzgericht zuständig, in dessen Bezirk dieser Ort liegt.

(2) (3) [...]

§ 13 [Eröffnungsantrag]

(1) Das Insolvenzverfahren wird nur auf schriftlichen Antrag eröffnet. Antragsberechtigt sind die Gläubiger und der Schuldner.

(2) (3) (4) [...]

§ 14 [Antrag eines Gläubigers]

(1) Der Antrag eines Gläubigers ist zulässig, wenn der Gläubiger ein rechtliches Interesse an der Eröffnung des Insolvenzverfahrens hat und seine Forderung und den Eröffnungsgrund glaubhaft macht. [...]

(2) Ist der Antrag zulässig, so hat das Insolvenzgericht den Schuldner zu hören.

(3) [...]

§ 16 [Eröffnungsgrund]

Die Eröffnung des Insolvenzverfahrens setzt voraus, dass ein Eröffnungsgrund gegeben ist.

§ 17 [Zahlungsunfähigkeit]

(1) Allgemeiner Eröffnungsgrund ist die Zahlungsunfähigkeit.

(2) Der Schuldner ist zahlungsunfähig, wenn er nicht in der Lage ist, die fälligen Zahlungspflichten zu erfüllen. Zahlungsunfähigkeit ist in der Regel anzunehmen, wenn der Schuldner seine Zahlungen eingestellt hat.

§ 18 [Drohende Zahlungsunfähigkeit]

(1) Beantragt der Schuldner die Eröffnung des Insolvenzverfahrens, so ist auch die drohende Zahlungsunfähigkeit Eröffnungsgrund.

(2) Der Schuldner droht zahlungsunfähig zu werden, wenn er voraussichtlich nicht in der Lage sein wird, die bestehenden Zahlungspflichten im Zeitpunkt der Fälligkeit zu erfüllen.

(3) [...]

§ 19 [Überschuldung]

(1) Bei einer juristischen Person ist auch die Überschuldung Eröffnungsgrund.

(2) Überschuldung liegt vor, wenn das Vermögen des Schuldners die bestehenden Verbindlichkeiten nicht mehr deckt. [...]

(3) [...]

§ 32 [Grundbuch]

(1) Die Eröffnung des Insolvenzverfahrens ist in das Grundbuch einzutragen:

1. bei Grundstücken, als deren Eigentümer der Schuldner eingetragen ist;
2. bei den für den Schuldner eingetragenen Rechten an Grundstücken und an eingetragenen Rechten, wenn nach der Art des Rechts und den Umständen zu befürchten ist, dass ohne die Eintragung die Insolvenzgläubiger benachteiligt würden.

(2) (3) [...]

§ 35 [Begriff der Insolvenzmasse]

(1) Das Insolvenzverfahren erfasst das gesamte Vermögen, das dem Schuldner zur Zeit der Eröffnung des Verfahrens gehört und das er während des Verfahrens erlangt (Insolvenzmasse).

(2) (3) (4) [...]

§ 47 [Aussonderung]

Wer auf Grund eines dinglichen oder persönlichen Rechts geltend machen kann, dass ein Gegenstand nicht zur Insolvenzmasse gehört, ist kein Insolvenzgläubiger. Sein Anspruch auf Aussonderung des Gegenstands bestimmt sich nach den Gesetzen, die außerhalb des Insolvenzverfahrens gelten.

§ 49 [Abgesonderte Befriedigung aus unbeweglichen Gegenständen]

Gläubiger, denen ein Recht auf Befriedigung aus Gegenständen zusteht, die der Zwangsvollstreckung in das unbewegliche Vermögen unterliegen (unbewegliche Gegenstände), sind nach Maßgabe des Gesetzes über die Zwangsversteigerung und die Zwangsverwaltung zur abgesonderten Befriedigung berechtigt.

§ 50 [Abgesonderte Befriedigung der Pfandgläubiger]

(1) Gläubiger, die an einem Gegenstand der Insolvenzmasse ein rechtsgeschäftliches Pfandrecht, ein durch Pfändung erlangtes Pfandrecht oder ein gesetzliches Pfandrecht haben, sind nach Maßgabe der §§ 166 bis 173 für Hauptforderung, Zinsen und Kosten zur abgesonderten Befriedigung aus dem Pfandgegenstand berechtigt.

(2) [...]

§ 51 [Sonstige Absonderungsberechtigte]

Den in § 50 genannten Gläubigern stehen gleich:

1. Gläubiger, denen der Schuldner zur Sicherung eines Anspruchs eine bewegliche Sache übereignet oder ein Recht übertragen hat;
2. 3. 4. [...]

§ 165 [Verwertung unbeweglicher Gegenstände]

Der Insolvenzverwalter kann beim zuständigen Gericht die Zwangsversteigerung oder die Zwangsverwaltung eines unbeweglichen Gegenstandes der Insolvenzmasse betreiben, auch wenn an dem Gegenstand ein Absonderungsrecht besteht.

§ 166 [Verwertung beweglicher Gegenstände]

(1) Der Insolvenzverwalter darf eine bewegliche Sache, an der ein Absonderungsrecht besteht, freihändig verwerten, wenn er die Sache in seinem Besitz hat.

(2) Der Verwalter darf eine Forderung, die der Schuldner zur Sicherung eines Anspruchs abgetreten hat, einziehen oder in anderer Weise verwerten.

(3) [...]

Notizen

Notizen

Notizen